Blueprints de Aprendizado de Máquina e Ciência de Dados para Finanças

Blueprints de Aprendizado de Máquina e Ciência de Dados para Finanças

Desenvolvendo desde Estratégias de Trades até Robôs Advisors com Python

Hariom Tatsat, Sahil Puri e Brad Lookabaugh

ALTA BOOKS
GRUPO EDITORIAL
Rio de Janeiro, 2024

Blueprints de Aprendizado de Máquina e Ciência de Dados para Finanças

ISBN: 978-85-508-2182-5

Impresso no Brasil — 1ª Edição, 2024 — Edição revisada conforme o Acordo Ortográfico da Língua Portuguesa de 2009.

Dados Internacionais de Catalogação na Publicação (CIP)
(BENITEZ Catalogação Ass. Editorial, MS, Brasil)

T21b

1.ed. Tatsat, Hariom
Blueprints de aprendizado de máquina e ciência de dados para finanças : desenvolvendo desde estratéias de trades até robôs advosors com Python / Jariom Tatsat, Brad Lookbaugh, Sahil Puri; tradução Alberto Streicher. - 1.ed. - Rio de Janeiro : Alta Books, 2024.
400 p.; il.; 15,7 x 23 cm.

Título original: Machine learning and data science blueprints for finance.

ISBN 978-85-508-2182-5

1. Algoritmos. 2. Arquitetura da informação.3. Dados(Processamento). 4. Finanças - Gestão. 5. Inteligência artificial. 6. Python (Linguagem de programação para computadores). I. Lookbaugh, Alberto. II. Puri, Sahil. III. Streicher, Alberto. IV. Título.

2024/90 CDD 005

Índice para catálogo sistemático:

1. Blueprints : Processamento de dados : Finanças : Arquitetura da informação 005

Aline Graziele Benitez - Bibliotecária - CRB-1/3129

Produção Editorial: Grupo Editorial Alta Books
Diretor Editorial: Anderson Vieira
Vendas Governamentais: Cristiane Mutüs
Gerência Comercial: Claudio Lima
Gerência Marketing: Andréa Guatiello

Produtora Editorial: Isabella Gibara
Tradução: Alberto Streicher
Copidesque: Renan Amorim
Revisão: Hellen Suzuki / Denise Himpel
Diagramação: Junior Santos
Revisão Técnica: Eduardo O. Cardoso (Pesquisador e Cientista de Dados)

ALTA BOOKS
GRUPO EDITORIAL

Rua Viúva Cláudio, 291 — Bairro Industrial do Jacaré
CEP: 20.970-031 — Rio de Janeiro (RJ)
Tels.: (21) 3278-8069 / 3278-8419
www.altabooks.com.br — altabooks@altabooks.com.br
Ouvidoria: ouvidoria@altabooks.com.br

Editora **afiliada à:**

Sumário

PARTE II - APRENDIZADO SUPERVISIONADO

PARTE IV - APRENDIZADO POR REFORÇO E PROCESSAMENTO DE LINGUAGEM NATURAL

Prefácio

O valor do aprendizado de máquina (AM) nas finanças está cada dia mais aparente. Há a expectativa de que o aprendizado de máquina seja crucial para o funcionamento dos mercados financeiros. Analistas, gestores de portfólios, traders e diretores de investimento deveriam estar familiarizados com as técnicas de AM. Para os bancos e outras instituições financeiras que buscam melhorar suas análises financeiras, otimizar os processos e aumentar a segurança, o AM está se tornando a tecnologia de escolha. A tendência de seu uso em instituições está aumentando, e seu potencial para melhorar diversos sistemas pode ser observado nas estratégias de trading, na precificação e na gestão de risco.

Embora o aprendizado de máquina esteja fazendo incursões significativas em todos os lados do setor de serviços financeiros, há um vácuo entre as ideias e a implementação de algoritmos de aprendizado de máquina. Uma profusão de materiais está disponível na internet nessas áreas, mas a maioria está desorganizada. Além disso, a maior parte da literatura se limita apenas ao trading algorítmico. *Blueprints de Aprendizado de Máquina e Ciência de Dados para Finanças* preenche esse vácuo e oferece uma caixa de ferramentas de aprendizado de máquina customizada para o mercado financeiro, que permite ao leitor fazer parte da revolução do AM. Este livro não se limita aos investimentos ou às estratégias de trading; o foco está em impulsionar a arte e o ofício de criar algoritmos orientados pelo AM que sejam cruciais no setor financeiro.

Implementar modelos de aprendizado de máquina nas finanças é mais fácil do que geralmente se acredita. Também há um equívoco de que o big data é necessário para desenvolver modelos de aprendizado de máquina. Os estudos de caso neste livro abrangem todas as áreas de AM e buscam resolver tais equívocos. Este livro não tratará apenas da teoria e dos estudos de caso relacionados com o uso de AM em estratégias de trading, mas também mergulhará fundo em outros conceitos cruciais que você "precisa saber", como gestão de portfólio, precificação de derivativos, detecção de fraudes, score de crédito corporativo e desenvolvimento de robôs advisors e de chatbots. Serão abordados problemas da vida real enfrentados por profissionais, e soluções cientificamente sólidas serão oferecidas, apoiadas por códigos e exemplos.

A base de código em Python para este livro (conteúdo disponível em *https://github.com/tatsath/fin-ml*)[1] será útil e servirá como um ponto de partida para os profissio-

1 O conteúdo deste e dos demais links ao longo deste livro se encontra em inglês e é de total responsabilidade dos autores. [N. do T.]

nais do setor que estão desenvolvendo seus projetos. Os exemplos e os estudos de caso mostrados no livro demonstram técnicas que podem ser aplicadas facilmente a uma ampla gama de conjuntos de dados. Os estudos de casos futurísticos, como o aprendizado por reforço para trading, a criação de um robô advisor e o uso de aprendizado de máquina para precificação de instrumentos financeiros, inspiram os leitores a pensar fora da caixa e os motiva a aproveitar ao máximo os modelos e os dados disponíveis.

Para Quem É Este Livro

O formato do livro e a lista de tópicos abordados o tornam adequado para profissionais que trabalham com fundos de hedge, bancos de investimento e de varejo e fintechs. Talvez você seja cientista de dados, engenheiro de dados, pesquisador quantitativo, arquiteto de aprendizado de máquina ou engenheiro de software. Além disso, o livro também será útil para os profissionais que trabalham em funções de suporte, como compliance e risco.

Este livro agregará valor, seja para um trader quantitativo em um fundo de hedge, buscando ideias para usar o aprendizado por reforço para fazer trading com criptomoedas, ou para um analista quantitativo em um banco de investimentos, em busca de técnicas baseadas em aprendizado de máquina [do inglês, machine learning] para aumentar a velocidade de calibração dos modelos de precificação. A teoria, os conceitos e o código-base mencionados no livro serão extremamente proveitosos em cada passo do ciclo de vida do desenvolvimento do modelo, desde a geração de ideias até a implementação do modelo. Os leitores podem usar o código-base compartilhado e testar por si sós as soluções propostas, permitindo que sua experiência seja de "mão na massa". Os leitores precisam ter um conhecimento básico de estatística, aprendizado de máquina e Python.

Como Este Livro Está Organizado

Este livro apresenta uma introdução bastante abrangente sobre como o aprendizado de máquina e a ciência de dados podem ser usados para criar modelos em inúmeras áreas das finanças. Ele está organizado em quatro partes.

Parte I: A Conjuntura

A primeira parte apresenta um panorama geral sobre o aprendizado de máquina nas finanças e os alicerces para sua implementação. Estes capítulos servem como uma base para os estudos de caso que abordam diferentes tipos de aprendizado de máquina apresentados no restante do livro.

Os capítulos da primeira parte são os seguintes:

Capítulo 1. Aprendizado de Máquina nas Finanças: O Cenário

Este capítulo apresenta um panorama das aplicações do aprendizado de máquina nas finanças e oferece um breve resumo dos diversos tipos de AM.

Capítulo 2. Desenvolvendo um Modelo de Aprendizado de Máquina em Python

Este capítulo analisa o ecossistema baseado em Python para o aprendizado de máquina. Ele também aborda os passos para o desenvolvimento de um modelo de AM na estrutura em Python.

Capítulo 3. Redes Neurais Artificiais

Considerando que uma rede neural artificial (ANN - artificial neural network) é um algoritmo que é usado como base em todos os tipos de aprendizado de máquina, este capítulo examina os detalhes das ANNs, incluindo uma implementação detalhada de um modelo de ANN usando as bibliotecas Python.

Parte II: Aprendizado Supervisionado

A segunda parte trata dos algoritmos fundamentais de aprendizado supervisionado e ilustra aplicações específicas e estudos de caso.

Os capítulos da segunda parte são os seguintes:

Capítulo 4. Aprendizado Supervisionado: Modelos e Conceitos

Este capítulo apresenta uma introdução às técnicas de aprendizado supervisionado (classificação e regressão). Visto que diversos modelos são comuns na classificação e na regressão, os detalhes desses modelos são apresentados juntamente com outros conceitos, como o de seleção de modelo e de métricas de avaliação para a classificação e a regressão.

Capítulo 5. Aprendizado Supervisionado: Regressão (Incluindo Modelos de Séries Temporais)

Os modelos de regressão baseados no aprendizado supervisionado são os modelos de aprendizado de máquina mais comumente usados em finanças. Este capítulo fala sobre os modelos, desde a regressão linear básica até o aprendizado profundo [do inglês, deep learning] avançado. Os estudos de caso mencionados nesta seção incluem modelos para a previsão do preço de ações, precificação de derivativos e gestão de portfólio.

Capítulo 6. Aprendizado Supervisionado: Classificação

Classificação é uma subcategoria do aprendizado supervisionado na qual o objetivo é prever rótulos de classe categóricos de novas instâncias, com base em observações passadas. Esta seção analisa diversos estudos de caso fundamentados em técnicas baseadas em classificação, como a regressão logística, as máquinas de vetores de suporte [Support Vector Machines] e as florestas aleatórias [Random Forests].

Parte III: Aprendizado Não Supervisionado

A terceira parte aborda os algoritmos fundamentais de aprendizado não supervisionado e oferece aplicações e estudos de caso.

Os capítulos da Parte Três são os seguintes:

Capítulo 7. Aprendizado Não Supervisionado: Redução de Dimensionalidade

Este capítulo descreve as técnicas essenciais para reduzir o número de dimensões em um conjunto de dados ao passo que retêm a maior parte das informações úteis e discriminatórias. O capítulo também analisa a abordagem-padrão à redução de dimensionalidade por meio da análise de componentes principais e trata de estudos de caso sobre a gestão de portfólio, as estratégias de trading e a construção da yield curve (curva da taxa de juros).

Capítulo 8. Aprendizado Não Supervisionado: Agrupamento

Este capítulo aborda os algoritmos e as técnicas relacionados ao agrupamento e à identificação de grupos de objetos que compartilham um grau de semelhança. Os estudos de caso que utilizam o agrupamento em estratégias de trading e de gestão de portfólio são apresentados neste capítulo.

Parte IV: Aprendizado por Reforço e Processamento de Linguagem Natural

A quarta parte fala sobre as técnicas de aprendizado por reforço e de processamento de linguagem natural (PLN).

Os capítulos da Parte Quatro são os seguintes:

Capítulo 9. Aprendizado por Reforço

Este capítulo aborda os conceitos e os estudos de caso sobre o aprendizado por reforço, que têm um grande potencial de aplicação no setor financeiro. A principal ideia do aprendizado por reforço de "maximizar as recompensas" se alinha perfeitamente com a motivação central de diversas áreas dentro das finanças. Os estudos de caso relacionados às estratégias de trading, à otimização de portfólio e ao hedge de derivativos são apresentados neste capítulo.

Capítulo 10. Processamento de Linguagem Natural

Este capítulo descreve as técnicas de processamento de linguagem natural e analisa os passos essenciais para transformar dados textuais em representações significativas de diversas áreas financeiras. Os estudos de caso relacionados com a análise de sentimento, os chatbots e a interpretação de documentos são abordados.

Convenções Usadas Neste Livro

As seguintes convenções tipográficas são usadas neste livro:

Itálico

Indica novos termos, URLs, endereços de e-mail e nomes e extensões de arquivos.

`Fonte monoespaçada`

Usada para linhas de código, bem como dentro dos parágrafos, para fazer referência a elementos de software, como nomes de variáveis ou de funções, bancos de dados, tipos de dados, variáveis de ambiente, instruções (statements) e palavras-chave.

Este símbolo significa uma dica ou sugestão.

Este símbolo representa uma obervação geral.

Este símbolo indica um aviso ou alerta.

Este símbolo indica um blueprint.

Usando o Código Apresentado no Livro

Todos os códigos deste livro (estudos de caso e templates mestre) estão disponíveis no GitHub: *https://github.com/tatsath/fin-ml*. O código está hospedado em uma plataforma na nuvem, de modo que todos os estudos de caso podem ser executados sem a necessidade de instalar um pacote em uma máquina local; basta acessar *https://mybinder.org/v2/gh/tatsath/fin-ml/master*. Você também os encontrará no site da editora Alta Books, em https://altabooks.com.br, basta buscar pelo ISBN ou nome do livro.

Este livro está aqui para ajudá-lo a terminar seu trabalho. Em geral, caso o código de exemplo seja fornecido, você poderá usá-lo em seus programas e documentação. Não é necessário entrar em contato conosco pedindo permissão, a menos que esteja reproduzindo uma porção significativa do código. Por exemplo, escrever um programa que usa diversos blocos de código deste livro não exige permissão. Vender ou distribuir exemplos dos livros da Alta Books exige permissão. Responder a uma pergunta citando este livro e exemplos de código não exige permissão. Incorporar uma quantidade significativa de exemplos de código deste livro na documentação de seu produto exige permissão.

Nós apreciamos, mas em geral não exigimos, atribuição. Uma atribuição em geral inclui autor, título, editora e data de publicação. Por exemplo: TATSAT, Hariom; PURI, Sahil; LOOKABAUGH, Brad. *Blueprints de aprendizado de máquina e ciência de dados para finanças. Rio de Janeiro:* Alta Books, 2024.

Caso considere que seu uso dos exemplos de códigos não se encaixe nos usos comuns ou nas permissões concedidas acima, sinta-se livre para nos contatar pelo e-mail *permissions@oreilly.com.*

Bibliotecas Python

O livro usa Python 3.7. É recomendado instalar o gerenciador de pacotes Conda para criar um ambiente Conda e instalar as bibliotecas necessárias. As instruções de instalação estão disponíveis em inglês no arquivo README file (*https://github.com/tatsath/fin-ml*).

Agradecimentos

Queremos agradecer a todos que nos ajudaram a tornar este livro uma realidade. Em especial, a Jeff Bleiel por seu feedback honesto e sagaz e por nos orientar ao longo de todo o processo. Somos imensamente agradecidos a Juan Manuel Contreras, Chakri Cherukuri e Gregory Bronner, que tiraram um tempo em suas vidas ocupadas para revisar nosso livro detalhadamente. O livro foi muito beneficiado por seus feedbacks e sugestões valiosos. Muito obrigado à equipe fabulosa da O'Reilly, em especial a Michelle Smith, por acreditar neste projeto e nos ajudar a definir seu escopo.

Agradecimentos Especiais de Hariom

Gostaria de agradecer à minha esposa, Prachi, e aos meus pais, pelo amor e apoio. Um agradecimento especial ao meu pai, por me encorajar em todas minhas realizações e por ser uma fonte contínua de inspiração.

Agradecimentos Especiais de Sahil

Muito obrigado à minha família, que sempre me encorajou e apoiou em todos os meus empreendimentos.

Agradecimentos Especiais de Brad

Muito obrigado à minha esposa, Megan, por seu infinito amor e apoio.

PARTE I

A Conjuntura

CAPÍTULO 1

Aprendizado de Máquina nas Finanças: O Cenário

O aprendizado de máquina promete abalar grandes parcelas das finanças
— The Economist (2017)

Há uma nova onda de aprendizado de máquina e ciência de dados nas finanças, e as aplicações relacionadas transformarão o setor nas próximas décadas.

Atualmente, a maioria das empresas financeiras, incluindo os fundos de hedge, bancos de investimento e de varejo e as fintechs, está adotando e investindo pesadamente no aprendizado de máquina. Nos próximos anos, as instituições financeiras precisarão de mais e mais especialistas em aprendizado de máquina e ciência de dados.

Recentemente, o aprendizado de máquina nas finanças se tornou mais proeminente devido à disponibilidade de vastas quantidades de dados e de um poder computacional mais acessível financeiramente. O uso da ciência de dados e do aprendizado de máquina está explodindo exponencialmente em todas as áreas das finanças.

O sucesso do aprendizado de máquina nas finanças depende da criação de uma infraestrutura eficiente, usando a caixa correta de ferramentas e aplicando os algoritmos certos. Os conceitos relacionados a esses fundamentos do aprendizado de máquina nas finanças são demonstrados e utilizados ao longo deste livro.

Neste capítulo, apresentamos uma introdução à aplicação atual e futura do aprendizado de máquina nas finanças, incluindo um breve resumo dos diferentes tipos de aprendizado de máquina. Este capítulo e os próximos dois servem como base para os estudos de caso apresentados no restante do livro.

Aplicações Atuais e Futuras do Aprendizado de Máquina nas Finanças

Vamos dar uma olhada em algumas aplicações promissoras do aprendizado de máquina nas finanças. Os estudos de caso apresentados neste livro abordam todas as aplicações mencionadas.

Trading Algorítmico

Trading algorítmico (do inglês *algorithmic trading* ou apenas *algo trading*) significa usar algoritmos para realizar trades de forma autônoma. Tendo origem na década de 1970, o trading algorítmico (às vezes chamado de Sistema Automatizado de Trades – Automated Trading Systems, que pode-se afirmar ser uma descrição mais precisa) envolve o uso de instruções automatizadas pré-programadas de trading para tomar decisões de negociações extremamente rápidas e objetivas.

O aprendizado de máquina promete levar o algo trading para novos patamares. Além de as estratégias mais avançadas poderem ser empregadas e adaptadas em tempo real, as técnicas baseadas em aprendizado de máquina podem oferecer ainda mais caminhos para a obtenção de insights especiais quanto aos movimentos dos mercados. A maioria dos fundos de hedge e das instituições financeiras não revela abertamente suas abordagens baseadas em aprendizado de máquina ao trading (por um bom motivo), mas o AM está desempenhando um papel cada vez mais importante na calibração em tempo real das decisões de trading.

Gestão de Portfólio e Robô Advisors

Firmas de gestão de ativos e riquezas estão explorando potenciais soluções de inteligência artificial (IA) para melhorar suas decisões de investimentos e fazer uso de suas coleções valiosas de dados históricos.

Um exemplo disso é o uso de *robôs advisors*, que são algoritmos criados para calibrar um portfólio financeiro aos objetivos e à tolerância ao risco de seu usuário. Além disso, eles oferecem consultorias e serviços financeiros automatizados para investidores e clientes finais.

O usuário insere seus objetivos financeiros (por exemplo, aposentar-se aos 65 anos com US$250 mil guardados), idade, renda e os ativos financeiros que possui. O advisor (ou consultor, o *alocador*) diversifica os investimentos em várias classes de ativos e instrumentos financeiros para alcançar os objetivos do usuário.

O sistema então se adapta a mudanças nos objetivos do usuário e no mercado em tempo real, buscando sempre encontrar a melhor opção para os objetivos originais do usuário. Os robôs advisors ganharam uma tração significativa entre os consumidores que não precisam de um consultor humano para se sentirem confortáveis para investir.

Detecção de Fraudes

A fraude é um problema enorme para as instituições financeiras e um dos principais motivos para impulsionar o aprendizado de máquina nas finanças.

Atualmente há um risco significativo de segurança de dados devido ao alto poder computacional, ao uso frequente da internet e a uma quantidade crescente de dados empresariais sendo armazenada online. Embora os sistemas anteriores de detecção de fraudes financeiras dependessem muito de conjuntos complexos e robustos de regras, a detecção moderna de fraudes vai além de seguir uma checklist de fatores de risco — ela aprende e se ajusta a novas ameaças de segurança em potencial ou reais.

O aprendizado de máquina é idealmente apropriado para combater as transações financeiras fraudulentas. Isso porque seus sistemas podem escanear conjuntos de dados enormes, detectar atividades incomuns e sinalizá-las imediatamente. Dado o número incalculavelmente alto de maneiras que a segurança pode ser violada, os sistemas genuínos de aprendizado de máquina serão uma necessidade absoluta no futuro próximo.

Subscrição de Empréstimos/Cartões de Crédito/Seguros

A subscrição pode ser descrita como um trabalho perfeito para o aprendizado de máquina em finanças, e, certamente, há muita preocupação no setor de que as máquinas substituam uma grande parcela das atuais posições de subscrição.

Especialmente em grandes empresas (grandes bancos e companhias de seguro com capital aberto), os algoritmos de aprendizado de máquina podem ser treinados com milhões de exemplos de dados de consumidores quanto aos resultados de seus empréstimos e seguros, por exemplo, se a pessoa ficou inadimplente em seu empréstimo ou financiamento imobiliário.

Tendências financeiras subjacentes podem ser avaliadas com algoritmos e analisadas continuamente para detectar propensões que possam influenciar o risco na concessão de empréstimo e subscrição de seguros no futuro. Os algoritmos podem realizar tarefas automatizadas, como associar registros de dados, identificar exceções e calcular se um solicitante se qualifica para um produto de crédito ou seguro.

Automação e Chatbots

A automação é evidentemente compatível com as finanças. Ela reduz a tensão que as tarefas repetitivas e com baixo valor exercem nos funcionários humanos. Ainda, resolve a rotina e os processos cotidianos, liberando as equipes para concluírem seu trabalho de alto valor. Com isso, ela leva a grandes economias de tempo e de dinheiro.

Acrescentar o aprendizado de máquina e a IA ao mix de automação oferece um outro nível de apoio aos funcionários. Com acesso a dados relevantes, o aprendizado de máquina e a IA podem oferecer uma análise profunda de dados para ajudar as equipes de finanças nas decisões difíceis. Em alguns casos, elas podem até recomendar as melhores ações para que os processos sejam aprovados e executados.

A IA e a automação no setor financeiro também conseguem aprender a reconhecer erros, reduzindo o tempo desperdiçado entre a descoberta e a resolução. Isso significa que há menos chances de os integrantes humanos da equipe atrasarem seus relatórios, conseguindo assim completar o trabalho com menos erros.

Os chatbots de IA podem ser implementados para dar apoio aos consumidores de produtos financeiros e bancários. Com o aumento da popularidade de softwares de bate-papo em tempo real em empresas bancárias e financeiras, os chatbots são a revolução natural.

Gestão de Risco

As técnicas de aprendizado de máquina estão transformando como abordamos a gestão de risco. Todos os aspectos para a compreensão e controle dos riscos estão sendo revolucionados por meio do crescimento de soluções impulsionadas pelo aprendizado de máquina. Os exemplos vão desde decidir quanto um banco deve emprestar a um cliente até melhorar o compliance e reduzir o modelo de risco.

Predição de Preços de Ativos

A predição dos preços de ativos é considerada a área financeira mais sofisticada e frequentemente discutida. Predizer os preços dos ativos permite à pessoa entender os fatores que influenciam o mercado e especular a performance dos ativos. Tradicionalmente, a predição dos preços de ativos era feita por meio da análise histórica de relatórios financeiros e da performance do mercado, para determinar que posição assumir para um valor mobiliário ou uma classe de ativo específicos. No entanto, com um aumento espetacular na quantidade de dados financeiros, as abordagens tradicionais de análise e de estratégias de seleção de ações estão sendo suplementadas com técnicas baseadas em AM.

Precificação de Derivativos

Os sucessos recentes do aprendizado de máquina, assim como o ritmo rápido da inovação, indicam que as aplicações de AM para a precificação de derivativos devem vir a ser amplamente utilizadas nos próximos anos. O mundo dos modelos de Black e Scholes, o efeito "sorriso" de volatilidade e os modelos de planilhas do Excel devem começar a ser menos usados, à medida que métodos mais avançados se tornam prontamente disponíveis.

Os modelos clássicos de precificação de derivativos são criados com base em diversas hipóteses, nada práticas, para reproduzir uma relação empírica entre os dados subjacentes de entrada (preço de strike, tempo de vencimento e tipo de opção) e o preço dos derivativos observados no mercado. Os métodos de aprendizado de máquina não se baseiam em diversas hipóteses; eles apenas tentam estimar uma função entre os dados de entrada e o preço, minimizando a diferença entre os resultados do modelo e o alvo.

A velocidade mais rápida de implantação permitida pelas ferramentas de AM de última geração é apenas uma das vantagens que acelerarão o uso do aprendizado de máquina na precificação de derivativos.

Análise de Sentimento

A análise de sentimento envolve a leitura cuidadosa de volumes enormes de dados não estruturados, como vídeos, transcrições, fotos, arquivos de áudio, publicações nas redes sociais, artigos e documentos empresariais, para determinar o sentimento do mercado. A análise de sentimento é crucial para todas as empresas do mercado atual e é um exemplo excelente do aprendizado de máquina nas finanças.

O uso mais comum da análise de sentimento no setor financeiro é a análise das notícias financeiras — em especial, prever o comportamento e as possíveis tendências do mercado. A bolsa de valores se movimenta em reação a miríades de fatores relacionados aos humanos, e espera-se que o aprendizado de máquina consiga replicar e potencializar a intuição humana relacionada às atividades financeiras ao descobrir novas tendências e sinais reveladores.

Contudo, grande parte das aplicações futuras do aprendizado de máquina será em entender as redes sociais, as tendências de notícias e outras fontes de dados relacionadas com a previsão de sentimentos dos consumidores quanto aos desenvolvimentos do mercado. Elas não ficarão limitadas a prever apenas os preços de ações e os trades.

Liquidação Financeira

A liquidação financeira é o processo de transferência dos valores mobiliários para a conta do comprador e do dinheiro para a conta do vendedor, após a transação de um ativo financeiro.

Apesar de a maioria das liquidações financeiras ser realizada automaticamente e com pouca ou nenhuma interação humana, cerca de 30% delas precisam ser feitas manualmente.

O uso do aprendizado de máquina pode não apenas identificar o motivo de liquidações não terem sido realizadas, mas também pode analisar por que a transação foi rejeitada, oferecer uma solução e prever quais transações podem vir a falhar no futuro. O que normalmente exigiria de cinco a dez minutos para um humano para resolver, o aprendizado de máquina pode fazer em uma fração de segundo.

Lavagem de Dinheiro

Um relatório da ONU estima que a quantia de dinheiro lavado no mundo todo por ano fica entre 2% a 5% do PIB global. As técnicas de AM podem analisar dados internos, públicos e transacionais a partir de uma rede mais ampla de clientes em uma tentativa de identificar sinais de lavagem de dinheiro.

Aprendizado de Máquina, Aprendizado Profundo, Inteligência Artificial e Ciência de Dados

Para a maioria das pessoas, os termos *aprendizado de máquina*, *aprendizado profundo*, *inteligência artificial* e *ciência de dados* são confusos. De fato, muitos usam esses termos de forma intercambiável.

A Figura 1-1 mostra as relações entre IA, aprendizado de máquina, aprendizado profundo e ciência de dados. O aprendizado de máquina é um subconjunto de IA que consiste em técnicas que permitem aos computadores identificarem padrões nos dados e entregarem aplicações de IA. Por sua vez, o aprendizado profundo é um subconjunto de aprendizado de máquina que permite aos computadores resolver problemas mais complexos.

A ciência de dados não é exatamente um subconjunto de aprendizado de máquina, mas ela utiliza o aprendizado de máquina, o aprendizado profundo e a IA para analisar dados e chegar a conclusões executáveis. Ela combina essas três áreas com outras disciplinas, como análise de big data e computação em nuvem.

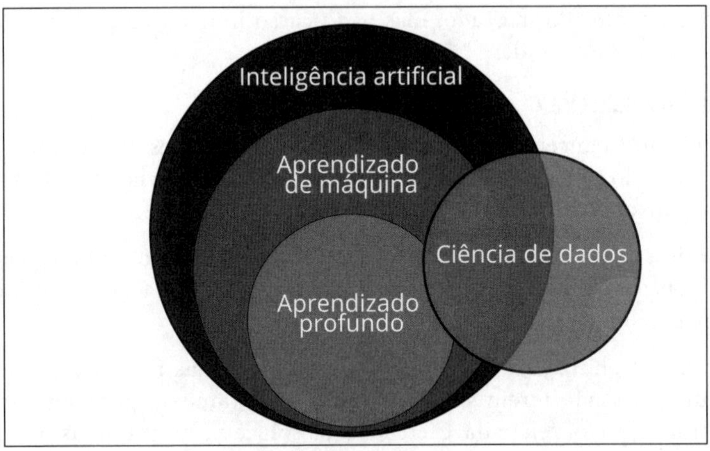

Figura 1-1. IA, aprendizado de máquina, aprendizado profundo e ciência de dados

A seguir, veja um resumo dos detalhes sobre a inteligência artificial, o aprendizado de máquina, o aprendizado profundo e a ciência de dados:

Inteligência artificial

A inteligência artificial é o campo de estudo pelo qual um computador (e seus sistemas) desenvolve a habilidade de realizar exitosamente tarefas complexas que normalmente exigem inteligência humana. Tais tarefas incluem, mas não estão limitadas a, percepção visual, reconhecimento de fala, tomada de decisões e tradução de idiomas. A IA é geralmente definida como a ciência de fazer os computadores realizarem coisas que necessitam de inteligência quando são feitas pelos humanos.

Aprendizado de máquina

O aprendizado de máquina é uma aplicação da inteligência artificial que concede ao sistema de IA a capacidade de aprender automaticamente com o ambiente e aplicar essas lições para tomar decisões melhores. Há uma variedade de algoritmos usados pelo aprendizado de máquina para, de forma iterativa, aprender, descrever e melhorar os dados, identificar padrões e, depois, agir com base nesses padrões.

Aprendizado profundo

O aprendizado profundo é um subconjunto de aprendizado de máquina que envolve o estudo de algoritmos relacionados com as redes neurais artificiais que contêm muitos blocos (ou camadas) empilhados um sobre o outro. O design dos modelos de aprendizado profundo é inspirado na rede neural biológica do cérebro humano. Ele busca analisar os dados com uma estrutura lógica semelhante a como os humanos chegam a conclusões.

Ciência de dados

A ciência de dados é um campo interdisciplinar semelhante à mineração de dados que usa métodos, processos e sistemas científicos para extrair conhecimento ou insight dos dados em diversas formas, sejam estruturados ou não estruturados. A ciência de dados é diferente do AM e da IA, pois seu objetivo é obter insights sobre os dados e compreendê-los ao usar diferentes ferramentas e técnicas científicas. No entanto, há diversas ferramentas e técnicas que são comuns tanto ao AM como à ciência de dados, algumas das quais são demonstradas neste livro.

Tipos de Aprendizado de Máquina

Esta seção esboçará todos os tipos de aprendizado de máquina usados em diferentes estudos de caso apresentados neste livro para diversas aplicações financeiras. Os três tipos de aprendizado de máquina, como apresentados na Figura 1-2, são o aprendizado supervisionado, o aprendizado não supervisionado e o aprendizado por reforço.

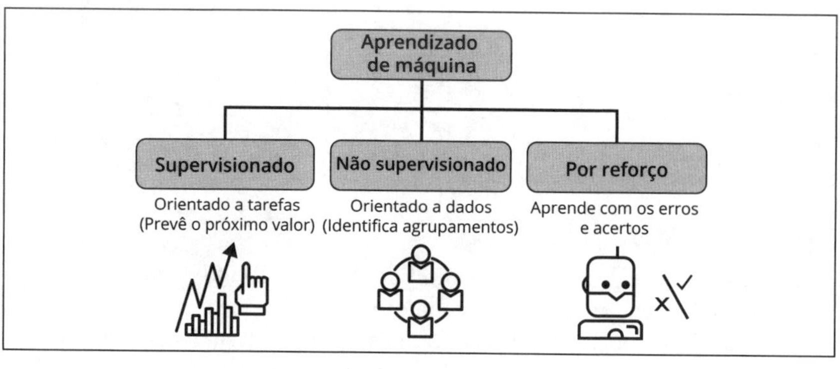

Figura 1-2. Tipos de aprendizado de máquina

Supervisionado

O principal objetivo do *aprendizado supervisionado* é treinar um modelo a partir de dados rotulados, o que nos permite fazer previsões sobre dados futuros ou não analisados. Aqui, o termo *supervisionado* faz referência a um conjunto de amostras nas quais os sinais desejados de output ou saída (rótulos) já são conhecidos. Há dois tipos de algoritmos de aprendizado supervisionado: classificação e regressão.

Classificação

Classificação é uma subcategoria do aprendizado supervisionado na qual o objetivo é prever os rótulos de classe categóricos de novas instâncias, com base em observações passadas.

Regressão

Regressão é outra subcategoria de aprendizado supervisionado usada na predição de saídas contínuas. Na regressão, recebemos um número de variáveis preditoras (explanatórias) e uma variável de resposta contínua (saída ou alvo), e tentamos encontrar uma relação entre essas variáveis que nos permita prever um resultado ou uma saída.

Um exemplo de regressão versus classificação é mostrado na Figura 1-3. O gráfico à esquerda mostra um exemplo de regressão. A variável de resposta contínua é o retorno, e os valores observados estão plotados em relação às saídas previstas. À direita, a saída é um rótulo de classe categórico, se o mercado está subindo (bull) ou caindo (bear), e é um exemplo de classificação.

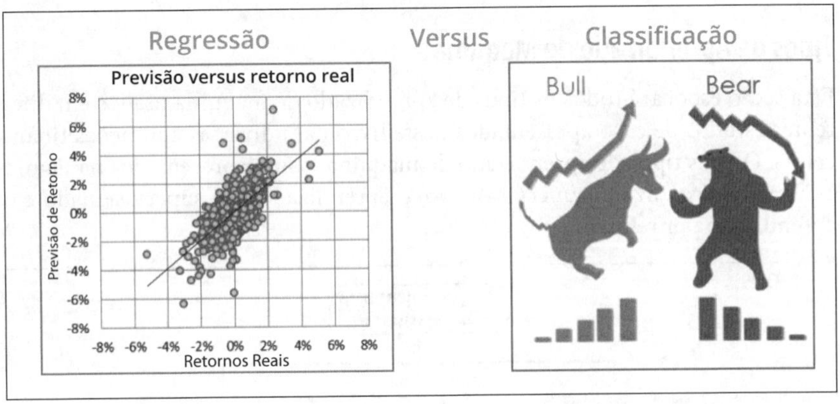

Figura 1-3. Regressão versus classificação

Não Supervisionado

Aprendizado não supervisionado é um tipo de aprendizado de máquina usado para extrair inferências a partir de conjuntos de dados que consistem em dados de entrada sem respostas rotuladas. Há dois tipos de aprendizado não supervisionado: redução de dimensionalidade e agrupamento.

Redução de dimensionalidade

Redução de dimensionalidade é o processo para reduzir o número de features, ou variáveis, em um conjunto de dados, ao passo que preserva as informações e a performance geral do modelo. É uma forma comum e poderosa de lidar com conjuntos de dados que têm um grande número de dimensões.

A Figura 1-4 ilustra esse conceito, em que a dimensão dos dados é convertida de duas dimensões (X_1 e X_2) para uma (Z_1). Z_1 transmite informações semelhantes incorporadas em X_1 e X_2 e reduz a dimensão dos dados.

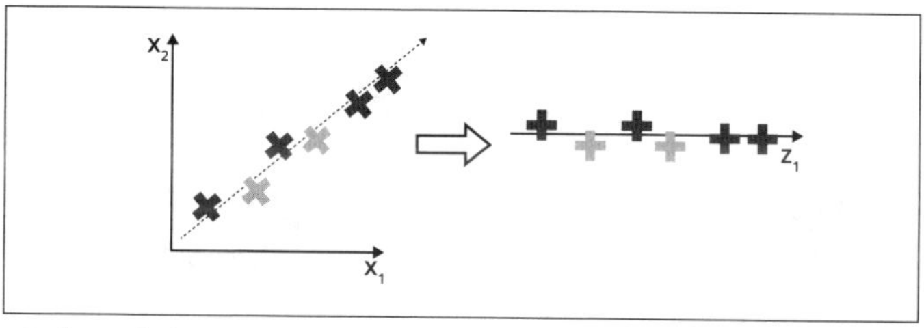

Figura 1-4. Redução de dimensionalidade

Agrupamento

Agrupamento é uma subcategoria de técnicas de aprendizado não supervisionado que nos permite descobrir estruturas escondidas nos dados. O objetivo do agrupamento é encontrar grupos naturais nos dados, de forma que os itens no mesmo agrupamento sejam mais semelhantes entre si do que àqueles de outros agrupamentos.

Um exemplo de agrupamento é mostrado na Figura 1-5, em que podemos ver todos os dados agrupados em dois grupos distintos pelo algoritmo de agrupamento.

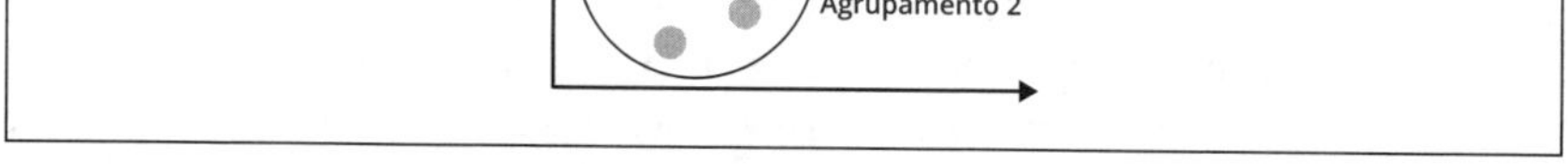

Figura 1-5. Agrupamento

Aprendizado por Reforço

Aprender com as experiências e as recompensas ou punições associadas é o conceito central por trás do *aprendizado por reforço* (APR). Ele trata de efetuar ações apropriadas para maximizar a recompensa em uma situação específica. O sistema de aprendizado, chamado de *agente*, pode observar o ambiente, selecionar e efetuar ações e receber recompensas (ou penalidades na forma de recompensas negativas), como mostrado na Figura 1-6.

O aprendizado por reforço difere do aprendizado supervisionado da seguinte forma: no aprendizado supervisionado, os dados de treinamento têm o gabarito de respostas, então o modelo é treinado com as respostas corretas disponíveis. No aprendizado por reforço, não há uma resposta explícita. O sistema de aprendizado (agente) decide o que fazer para realizar a tarefa recebida e aprende se isso foi uma ação correta com base na recompensa. O algoritmo determina o gabarito de respostas por meio de sua experiência.

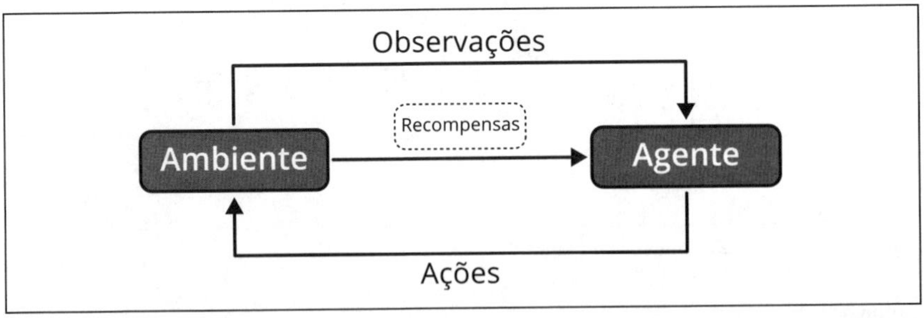

Figura 1-6. Aprendizado por reforço

São estes os passos do aprendizado por reforço:

1. Primeiro, o agente interage com o ambiente ao realizar uma ação.
2. Depois, o agente recebe uma recompensa com base na ação realizada.
3. Com base na recompensa, o agente recebe uma observação e entende se a ação foi boa ou ruim. Caso tenha sido boa — ou seja, se o agente recebeu uma boa recompensa —, então o agente preferirá realizar essa ação. Caso a recompensa tenha sido menos favorável, o agente tentará realizar outra ação para receber uma recompensa melhor. Trata-se basicamente de um processo de aprendizado por meio de tentativa e erro.

Processamento de Linguagem Natural

O processamento de linguagem natural (PLN) é uma ramificação da IA que aborda os problemas que surgem ao fazermos uma máquina entender a estrutura e o significado da linguagem natural usada pelos humanos. Diversas técnicas de aprendizado de máquina e de aprendizado profundo são usadas dentro do PLN.

O PLN tem muitas aplicações nos setores financeiros, em áreas como análise de sentimento, chatbots e processamento de documentos. Muitas informações, como relatórios do lado vendedor (sell side), teleconferências com investidores e manchetes de jornais, são comunicadas por meio de texto, tornando o PLN bastante útil no domínio financeiro.

Considerando a aplicação extensiva dos algoritmos de PLN com base no aprendizado de máquina para as finanças, há um capítulo neste livro (Capítulo 10) dedicado ao PLN e estudos de caso relacionados.

Resumo do Capítulo

O aprendizado de máquina está fazendo incursões significativas em todos os lados do setor de serviços financeiros. Este capítulo falou sobre diferentes aplicações de aprendizado de máquina nas finanças, de trading algorítmicos a robôs advisors. Essas aplicações serão abordadas posteriormente nos estudos de caso neste livro.

Próximos Passos

Quanto às plataformas usadas para o aprendizado profundo, o ecossistema Python está crescendo e é uma das linguagens de programação mais dominantes para o aprendizado de máquina. No próximo capítulo, aprenderemos sobre os passos de desenvolvimento de modelos, desde a preparação dos dados até a implantação do modelo em uma estrutura baseada em Python.

Resumo do Capítulo

CAPÍTULO 2

Desenvolvendo um Modelo de Aprendizado de Máquina em Python

Com relação às plataformas usadas para o aprendizado de máquina, há muitos algoritmos e linguagens de programação. No entanto, o ecossistema Python é um dos mais dominantes e que mais cresce no âmbito do aprendizado de máquina.

Dadas a popularidade e a alta taxa de adoção dele, usaremos o Python como a principal linguagem de programação ao longo do livro. Este capítulo apresenta o panorama de um framework de aprendizado de máquina baseado em Python. Primeiro, veremos os detalhes dos pacotes Python usados para o aprendizado de máquina, seguidos pelos passos de desenvolvimento do modelo no framework Python.

Os passos do desenvolvimento do modelo no Python apresentados neste capítulo servem como a base dos estudos de caso apresentados no restante do livro. O framework Python também pode ser utilizado para o desenvolvimento de qualquer modelo para finanças baseado em aprendizado de máquina.

Por que Python?

Estes são alguns dos motivos da popularidade do Python:

- Sintaxe de alto nível (em comparação com linguagens de nível inferior como C, Java e C++). Os aplicativos podem ser desenvolvidos escrevendo menos linhas de código, tornando o Python atrativo tanto para iniciantes quanto para programadores avançados.
- Ciclo eficiente de vida de desenvolvimento.
- Grande coleção de bibliotecas administradas pela comunidade e de código aberto.
- Portabilidade forte.

A simplicidade do Python atrai muitos desenvolvedores que criam novas bibliotecas para o aprendizado de máquina, levando à sua forte adoção.

Pacotes Python para Aprendizado de Máquina

Os principais pacotes Python que são usados para aprendizado de máquina estão destacados na Figura 2-1.

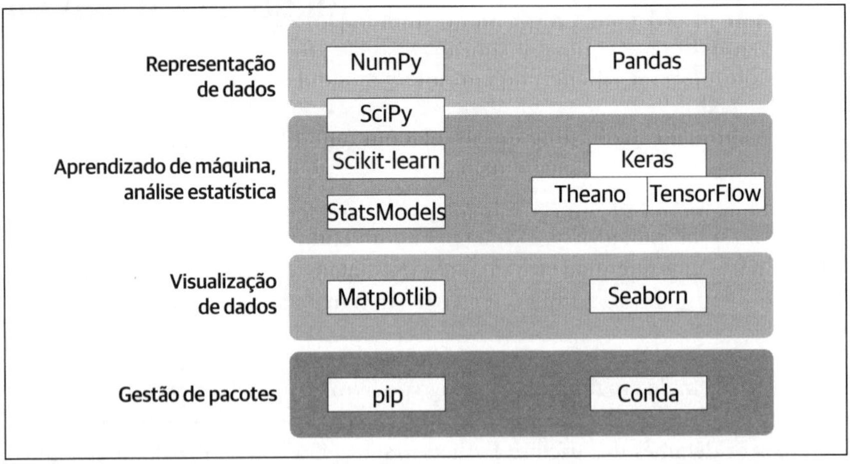

Figura 2-1. Pacotes Python

Aqui temos um breve resumo de cada um desses pacotes:

NumPy (https://numpy.org)
: Disponibiliza apoio para arrays grandes e multidimensionais, bem como uma coleção extensiva de funções matemáticas.

Pandas (https://pandas.pydata.org)
: Uma biblioteca para manipulação e análise de dados. Entre outros recursos, ela oferece estrutura de dados para trabalhar com tabelas e as ferramentas para manipulá-las.

Matplotlib (https://matplotlib.org)
: Uma biblioteca de plotagem que permite a criação de gráficos e plotagens em 2D.

SciPy (https://www.scipy.org)
: A combinação de NumPy, Pandas e Matplotlib é normalmente conhecida como SciPy, que se trata de um ecossistema de bibliotecas Python para matemática, ciências e engenharia.

Scikit-learn (https://scikit-learn.org) (ou sklearn)
: Uma biblioteca de aprendizado de máquina que oferece uma ampla gama de algoritmos e utilitários.

StatsModels (https://www.statsmodels.org)
: Um módulo Python que fornece classes e funções para a estimativa de inúmeros modelos estatísticos, bem como para a condução de testes estatísticos e exploração de dados estatísticos.

TensorFlow (https://www.tensorflow.org) e Theano (http://deeplearning.net/software/theano)
: Bibliotecas de dataflow que facilitam o trabalho com redes neurais.

Keras (https://keras.io)
: Uma biblioteca de redes neurais artificiais que pode atuar como uma interface simplificada para os pacotes TensorFlow/Theano.

Seaborn (https://seaborn.pydata.org)
: Uma biblioteca de visualização de dados baseada em Matplotlib. Disponibiliza uma interface de alto nível para a elaboração de gráficos estatísticos atraentes e informativos.

pip (https://pypi.org/project/pip) e Conda (https://docs.conda.io/en/latest)
: São gerenciadores de pacotes Python. O pip facilita a instalação, o upgrade e a desinstalação de pacotes Python. O Conda administra pacotes Python e dependências de bibliotecas fora dos pacotes Python.

Python e Instalação de Pacotes

Há diferentes formas de instalar o Python. Porém é altamente recomendado que você o instale usando o Anaconda (*https://www.anaconda.com*). O Anaconda contém Python, SciPy e Scikit-learn.

Depois de instalar o Anaconda, um servidor Jupiter pode ser iniciado localmente. Basta abrir o terminal da máquina e digitar este código:

```
$jupyter notebook
```

> Todos os exemplos de códigos deste livro usam Python 3 e são apresentados em notebooks Jupyter. Diversos pacotes Python, especialmente Scikit-learn e Keras, são usados extensivamente nos estudos de caso.

Passos para o Desenvolvimento de um Modelo no Ecossistema Python

É crucialmente importante trabalhar nos problemas de aprendizado de máquina do início ao fim. O aprendizado de máquina aplicado não terá vida a menos que todos os passos estejam bem definidos.

A Figura 2-2 mostra uma ideia geral de template simples de aprendizado de máquina em sete passos, que pode ser usado para iniciar qualquer modelo de aprendizado de máquina em Python. Os primeiros passos incluem a análise exploratória e a preparação de dados, que são tipicamente baseados em ciência de dados visando extrair significado e insights dos dados. Eles são seguidos pela avaliação, o ajuste e a finalização do modelo.

Figura 2-2. Passos para o desenvolvimento de um modelo

Todos os estudos de caso apresentados neste livro seguem o modelo padrão de desenvolvimento com sete passos. No entanto, em outros, alguns passos são pulados, renomeados ou reordenados com base no grau de adequação e intuição dos mesmos.

Blueprint de Desenvolvimento de Modelo

A próxima seção fala sobre os detalhes de cada passo de desenvolvimento do modelo que dão suporte ao código Python.

1. Definição do Problema

O primeiro passo em qualquer projeto é a definição do problema. Algoritmos poderosos podem ser usados para resolvê-lo, mas os resultados não terão qualquer serventia se o problema errado for solucionado.

O framework a seguir deve ser usado para definir o problema:

1. Descreva o problema informal e formalmente. Liste suposições e problemas semelhantes.
2. Liste a motivação para resolver o problema, os benefícios trazidos pela resolução e como ela será usada.
3. Descreva como o problema seria resolvido usando o conhecimento do domínio.

2. Carregando os dados e os pacotes

O segundo passo lhe dá tudo de que precisa para começar a trabalhar no problema. Isso inclui carregar bibliotecas, pacotes e funções necessárias para o desenvolvimento do modelo.

2.1. Carregue as bibliotecas. Um código simples para isso é este:

```
# Carregar bibliotecas
import pandas as pd
from matplotlib import pyplot
```

Os detalhes das bibliotecas e dos módulos para funcionalidades específicas estão definidos posteriormente nos estudos de caso individuais.

2.2. Carregue os dados. Os itens a seguir devem ser verificados e removidos antes de os dados serem carregados:

- Cabeçalhos de colunas.
- Comentários ou caracteres especiais.
- Delimitador.

Há muitas formas de carregar dados. Alguns dos mais comuns são estes:

Carregue arquivos CSV com Pandas

```
from pandas import read_csv
filename = 'xyz.csv'
data = read_csv(filename, names=names)
```

Carregue arquivos de um URL

```
from pandas import read_csv
url = 'https://goo.gl/vhm1eU'
names = ['age', 'class']
data = read_csv(url, names=names)
```

Carregue arquivos usando pandas_datareader

```
import pandas_datareader.data as web

ccy_tickers = ['DEXJPUS', 'DEXUSUK']
idx_tickers = ['SP500', 'DJIA', 'VIXCLS']

stk_data = web.DataReader(stk_tickers, 'yahoo')
ccy_data = web.DataReader(ccy_tickers, 'fred')
idx_data = web.DataReader(idx_tickers, 'fred')
```

3. Análise exploratória de dados

Neste passo, analisamos o conjunto de dados.

3.1. Estatística descritiva. Entender o conjunto de dados é um dos passos mais importantes do desenvolvimento de modelo. Os passos para fazer isso incluem:

1. Ver os dados brutos.
2. Avaliar as dimensões do conjunto de dados.
3. Avaliar os tipos de atributos de dados.

4. Resumir a distribuição, a estatística descritiva e a relação entre as variáveis no conjunto de dados.

Esses passos estão demonstrados a seguir no código Python:

`Ver os dados`

```
set_option('display.width', 100)
dataset.head(1)
```

`Output`

	Idade	Sexo	Trabalho	Casa	Poupança	Conta corrente	Quantia crédito	Duração	Motivo	Risco
0	67	homem	2	própria	NaN	pouco	1169	6	rádio/TV	bom

`Avaliar as dimensões do conjunto de dados`

```
dataset.shape
```

`Output`

```
(284807, 31)
```

Os resultados mostram a dimensão do conjunto de dados e mostram que ele tem 284.807 linhas e 31 colunas.

`Avaliar os tipos de atributos de dados`

```
# tipos
set_option('display.max_rows', 500)
dataset.dtypes
```

`Resumir os dados usando estatística descritiva`

```
# descrever dados
set_option('precision', 3)
dataset.describe()
```

`Output`

	Idade	Trabalho	Quantia de Crédito	Duração
qte	1000.000	1000.000	1000.000	1000.000
média	35.546	1.904	3271.258	20.903
padrão	11.375	0.654	2822.737	12.059
mín	19.000	0.000	250.000	4.000
25%	27.000	2.000	1365.500	12.000
50%	33.000	2.000	2319.500	18.000
75%	42.000	2.000	3972.250	24.000
máx	75.000	3.000	18424.000	72.000

3.2. Visualização dos dados. A maneira mais rápida de aprender mais sobre os dados é os visualizando. A visualização envolve entender de forma independente cada atributo do conjunto de dados.

Estes são alguns dos tipos de gráficos:

Univariados
: Histogramas e gráficos de densidade.

Multivariados
: Matriz de correlação e gráfico de dispersão.

O código Python para os tipos de gráficos univariados está ilustrado com exemplos a seguir:

Univariado: histograma

```
from matplotlib import pyplot
dataset.hist(sharex=False, sharey=False, xlabelsize=1, ylabelsize=1,\
figsize=(10,4))
pyplot.show()
```

Univariado: gráfico de densidade

```
from matplotlib import pyplot
dataset.plot(kind='density', subplots=True, layout=(3,3), sharex=False,\
legend=True, fontsize=1, figsize=(10,4))
pyplot.show()
```

A Figura 2-3 ilustra a saída.

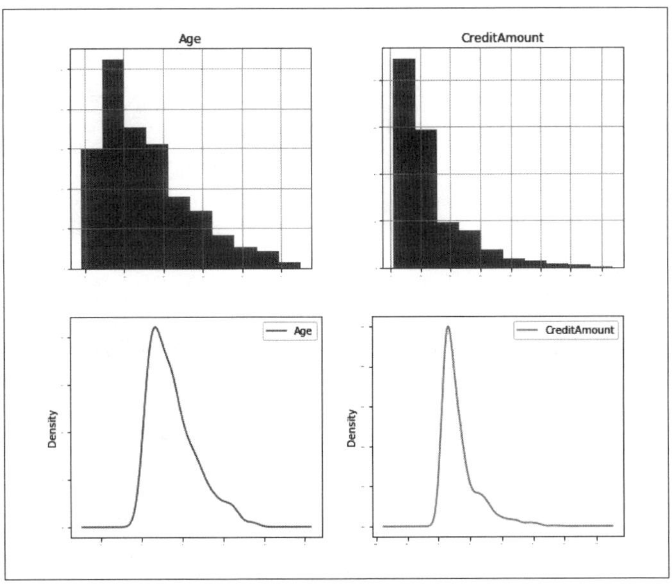

Figura 2-3. Histograma (acima) e gráfico de densidade (abaixo)

O código Python para os tipos de gráficos multivariados está ilustrado com exemplos a seguir:

```
Multivariado: matriz de correlação
    from matplotlib import pyplot
    import seaborn as sns
    correlation = dataset.corr()
    pyplot.figure(figsize=(5,5))
    pyplot.title('Correlation Matrix')
    sns.heatmap(correlation, vmax=1, square=True,annot=True,cmap='cubehelix')

Multivariado: gráfico de dispersão
    from pandas.plotting import scatter_matrix
    scatter_matrix(dataset)
```

A Figura 2-4 ilustra a saída.

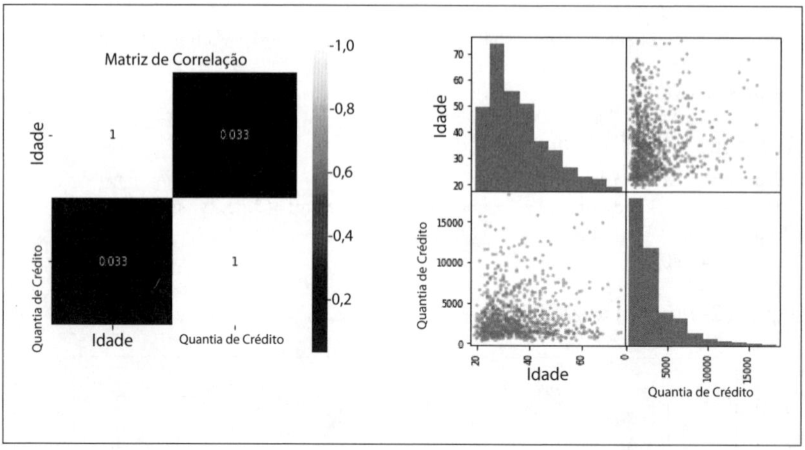

Figura 2-4. Correlação (esquerda) e dispersão (direita)

4. Preparação dos dados

A preparação dos dados é o passo de pré-processamento no qual os dados de uma ou mais fontes são limpos e transformados para melhorar sua qualidade antes de serem usados.

4.1. Limpeza de dados. Na modelagem de aprendizado de máquina, os dados incorretos podem ser custosos. A limpeza dos dados envolve conferir o seguinte:

Validade
: Tipo, alcance etc.

Acurácia
: O grau em que os dados estão próximos a valores verdadeiros.

Completude

O grau em que todos os dados necessários são conhecidos.

Uniformidade

O grau em que os dados estão especificados usando a mesma unidade de mensuração.

As diferentes opções para realizar a limpeza dos dados incluem:

Retirar os valores "NA" dos dados

```
dataset.dropna(axis=0)
```

Preencher "NA" com 0

```
dataset.fillna(0)
```

Preencher NAs com a média da coluna

```
dataset['col'] = dataset['col'].fillna(dataset['col'].mean())
```

4.2. Seleção de features. Os features dos dados usados para treinar os modelos de aprendizado de máquina têm influência enorme na performance. Features irrelevantes ou parcialmente relevantes podem impactar negativamente a performance do modelo. A seleção de features[1] é um processo no qual os features nos dados que contribuem mais para a previsão da variável ou da saída são automaticamente selecionados.

Os benefícios de realizar a seleção de features antes da modelagem são:

Redução do ajuste excessivo (overfitting)[2]

Dados menos redundantes significam menos oportunidades para o modelo tomar decisões com base no ruído.

Melhora na performance

Menos dados enganosos significa melhor performance de modelagem.

Redução do tempo de treinamento e do volume de memória (memory footprint)

Menos dados significa treinamento mais rápido e menos volume de memória.

A amostra de feature a seguir é um exemplo que demonstra quando os dois melhores features são selecionados usando a função `SelectKBest` (*https://oreil.ly/JDo-F*) em sklearn. Essa função classifica os features usando uma função subjacente e, depois, remove todos, com exceção do feature *k* com a classificação mais alta:

---

1 A seleção de features é mais relevante para os modelos de aprendizado supervisionado, e é descrita com mais detalhes nos estudos de casos nos Capítulos 5 e 6.

2 O overfitting é analisado em detalhes no Capítulo 4.

```
from sklearn.feature_selection import SelectKBest
from sklearn.feature_selection import chi2
bestfeatures = SelectKBest( k=5)
fit = bestfeatures.fit(X,Y)
dfscores = pd.DataFrame(fit.scores_)
dfcolumns = pd.DataFrame(X.columns)
featureScores = pd.concat([dfcolumns,dfscores],axis=1)
print(featureScores.nlargest(2,'Score')) #exibe 2 melhores features
```

`Output`

```
              Specs      Score
2         Variable1  58262.490
3         Variable2    321.031
```

Quando os features são irrelevantes, eles devem ser retirados. Isso está ilustrado no exemplo de código a seguir:

```
#retirando os features antigos
dataset.drop(['Feature1','Feature2','Feature3'],axis=1,inplace=True)
```

4.3. Transformação de dados. Muitos algoritmos de aprendizado de máquina fazem suposições sobre os dados. É uma boa prática realizar a preparação dos dados de tal maneira que os exponha da melhor forma possível para os algoritmos de aprendizado de máquina. Isso pode ser realizado pela transformação de dados.

As diferentes abordagens para fazer isso são estas:

Redimensionamento

Quando os dados abrangem atributos com escalas variantes, muitos algoritmos de aprendizado de máquina podem se beneficiar com o *redimensionamento* de todos os atributos para a mesma escala. Os atributos são normalmente redimensionados na faixa entre zero e um. Isso é útil para os algoritmos de otimização usados no core dos algoritmos de aprendizado de máquina e também ajuda a acelerar os cálculos em um algoritmo:

```
from sklearn.preprocessing import MinMaxScaler
scaler = MinMaxScaler(feature_range=(0, 1))
rescaledX = pd.DataFrame(scaler.fit_transform(X))
```

Padronização

A *padronização* é uma técnica proveitosa para transformar atributos para uma distribuição normal (*https://oreil.ly/4a70f*) com uma média de 0 e um desvio-padrão de 1. É mais adequada para técnicas que presumem que as variáveis de entrada representam uma distribuição normal:

```
from sklearn.preprocessing import StandardScaler
scaler = StandardScaler().fit(X)
StandardisedX = pd.DataFrame(scaler.fit_transform(X))
```

Normalização

A *normalização* se refere ao dimensionamento de cada observação (linha) para ter um comprimento de 1 (chamado de norma de unidade ou vetor). Este método de pré-processamento pode ser útil para conjuntos de dados escassos de atributos de escalas variantes, especialmente para aplicar em algoritmos que dão diferentes pesos aos valores de entrada:

```
from sklearn.preprocessing import Normalizer
scaler = Normalizer().fit(X)
NormalizedX = pd.DataFrame(scaler.fit_transform(X))
```

5. Modelos de avaliação

Depois de termos estimado a performance do nosso algoritmo, podemos retreinar o algoritmo final com a totalidade do conjunto de dados de treinamento e deixá-lo pronto para o uso operacional. A melhor forma de fazer isso é avaliar sua performance com um novo conjunto de dados. Diferentes técnicas de aprendizado de máquina exigem métricas distintas de avaliação. Além da performance do modelo, diversos outros fatores como simplicidade, interpretabilidade e tempo de treinamento são considerados para a seleção de um modelo. Os detalhes sobre esses fatores são apresentados no Capítulo 4.

5.1. Divisão para treinamento e teste. O método mais simples que podemos usar para avaliar a performance de um algoritmo de aprendizado de máquina é utilizar diferentes conjuntos de dados de treinamento e de teste. Podemos pegar nosso conjunto de dados original e dividi-lo em duas partes: treinar o algoritmo com a primeira parte; fazer previsões com a segunda parte; e avaliar as previsões com relação aos resultados esperados. O tamanho da divisão pode depender do tamanho e dos detalhes do conjunto de dados, embora seja comum usar 80% dos dados para treinamento e os 20% restantes para os testes. As diferenças nos conjuntos de dados de treinamento e de teste podem trazer resultados significativos para a estimativa de precisão. Os dados podem ser facilmente divididos em conjuntos de treinamento e de testes usando a função `train_test_split` disponível no sklearn:

```
# dividir dataset de validação para o fim
validation_size = 0.2
seed = 7
X_train, X_validation, Y_train, Y_validation =\
train_test_split(X, Y, test_size=validation_size, random_state=seed)
```

5.2. Identificar métricas avaliativas. A escolha de qual métrica usar para avaliar os algoritmos de aprendizado de máquina é muito importante. Um aspecto fundamental da métrica de avaliação é sua capacidade para discernir os diferentes resultados de modelos. Os tipos diferentes de métricas avaliativas usadas para os diferentes tipos de modelos de AM são analisados detalhadamente em diversos capítulos deste livro.

5.3. Comparar modelos e algoritmos. É uma arte e uma ciência selecionar um modelo ou um algoritmo de aprendizado de máquina. Não há uma panaceia. Existem diversos fatores para além do modelo de performance que podem impactar a decisão de escolher um algoritmo de aprendizado de máquina.

Vamos entender o processo de comparação de modelos com um exemplo simples. Definimos duas variáveis, *X* e *Y*, e tentamos criar um modelo para prever *Y* usando *X*. Como primeiro passo, os dados são divididos em grupos de treinamento e de teste, como mencionado na seção anterior:

```
import numpy as np
import matplotlib.pyplot as plt
from sklearn.model_selection import train_test_split
validation_size = 0.2
seed = 7
X = 2 - 3 * np.random.normal(0, 1, 20)
Y = X - 2 * (X ** 2) + 0.5 * (X ** 3) + np.exp(-X)+np.random.normal(-3, 3, 20)
# transformando os dados para incluir outro eixo
X = X[:, np.newaxis]
Y = Y[:, np.newaxis]
X_train, X_test, Y_train, Y_test = train_test_split(X, Y,\
test_size=validation_size, random_state=seed)
```

Não temos ideia de qual algoritmo se sairá bem nesse problema. Vamos programar nosso teste agora. Usaremos dois modelos — uma regressão linear e uma regressão polinomial para ajustar *Y* em *X*. Avaliaremos os algoritmos usando a métrica *Root Mean Squared Error (RMSE – raiz do erro quadrático médio)*, que é uma das medidas de performance do modelo. A RMSE nos dará uma ideia geral do nível de erro de todas as previsões (zero é perfeito):

```
from sklearn.linear_model import LinearRegression
from sklearn.metrics import mean_squared_error, r2_score
from sklearn.preprocessing import PolynomialFeatures

model = LinearRegression()
model.fit(X_train, Y_train)
Y_pred = model.predict(X_train)

rmse_lin = np.sqrt(mean_squared_error(Y_train,Y_pred))
r2_lin = r2_score(Y_train,Y_pred)
print("RMSE for Linear Regression:", rmse_lin)

polynomial_features= PolynomialFeatures(degree=2)
x_poly = polynomial_features.fit_transform(X_train)

model = LinearRegression()
model.fit(x_poly, Y_train)
Y_poly_pred = model.predict(x_poly)

rmse = np.sqrt(mean_squared_error(Y_train,Y_poly_pred))
r2 = r2_score(Y_train,Y_poly_pred)
print("RMSE for Polynomial Regression:", rmse)
```

Output

```
RMSE for Linear Regression: 6.772942423315028
RMSE for Polynomial Regression: 6.420495127266883
```

Podemos ver que a RMSE da regressão polinomial é levemente melhor do que a da regressão linear.[3] Sendo assim, ela será o modelo preferido neste passo.

6. Refinamento do modelo

Encontrar a melhor combinação de hiperparâmetros de um modelo pode ser tratado como um problema de busca.[4] Tal exercício de busca é normalmente conhecido como *refinamento do modelo [model tuning]* e é um dos passos mais importantes do desenvolvimento do modelo. Compreende a busca dos melhores parâmetros do modelo ao usar técnicas como *grid search*. Você cria um grid com todas as combinações possíveis de hiperparâmetros e treina o modelo usando cada uma delas. Além da grid search, há diversas outras técnicas para o tuning de modelo, incluindo a busca randomizada a otimização bayesiana (*https://oreil.ly/ZGVPM*) e hyperbrand.

Nos estudos de caso apresentados neste livro, focamos basicamente o grid search para o tuning do modelo.

Continuando nosso exemplo, temos o polinomial como o melhor modelo: em seguida, execute uma grid search para o modelo, reajustando a regressão polinomial com graus diferentes. Comparamos os resultados da RMSE para todos os modelos:

```
Deg= [1,2,3,6,10]
results=[]
names=[]
for deg in Deg:
    polynomial_features= PolynomialFeatures(degree=deg)
    x_poly = polynomial_features.fit_transform(X_train)

    model = LinearRegression()
    model.fit(x_poly, Y_train)
    Y_poly_pred = model.predict(x_poly)

    rmse = np.sqrt(mean_squared_error(Y_train,Y_poly_pred))
    r2 = r2_score(Y_train,Y_poly_pred)
    results.append(rmse)
    names.append(deg)
plt.plot(names, results,'o')
plt.suptitle('Algorithm Comparison')
```

3 É importante observar que a diferença na RMSE é pequena nesse caso, e talvez não se repita com uma divisão diferente dos dados para treinamento e teste.

4 Os hiperparâmetros são as características externas do modelo, podem ser considerados como configurações do modelo e não são estimados com base em parâmetros de modelos semelhantes a dados.

```
Output
```

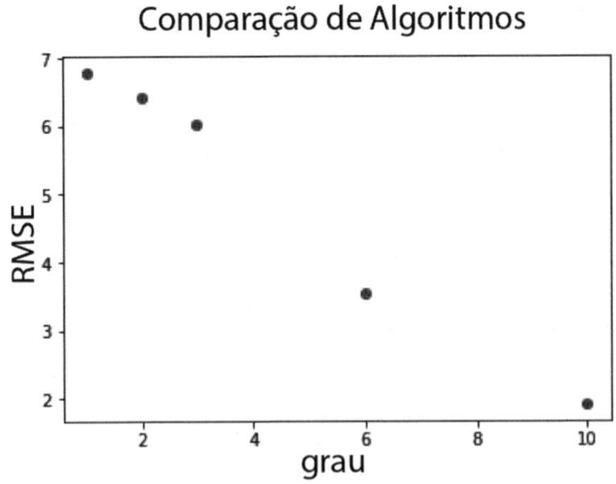

A RMSE diminui quando o grau aumenta, e a menor RMSE é para o modelo com grau 10. No entanto, os modelos com graus mais baixos que 10 performaram bem, e o conjunto de teste será usado para finalizar o melhor modelo.

Embora o conjunto genérico de parâmetros de entrada para cada algoritmo forneça um ponto de partida para a análise, talvez ele não tenha as configurações ideais para o conjunto de dados e a empresa específicos.

7. Finalize o modelo

Aqui, realizamos os passos finais para a seleção do modelo. Primeiro, executamos as previsões sobre o conjunto de dados de teste com o modelo treinado. Depois, tentamos entender a intuição do modelo e a salvamos para usos futuros.

7.1. Performance com o conjunto de dados de teste. O modelo selecionado durante os passos de treinamento é avaliado novamente com o conjunto de teste. Esse conjunto nos permite comparar modelos diferentes de maneira não enviesada ao basearmos as comparações em dados que não foram usados em qualquer parte do treinamento. Os resultados do teste para o modelo desenvolvido no passo anterior são mostrados neste exemplo:

```
Deg= [1,2,3,6,8,10]
for deg in Deg:
    polynomial_features= PolynomialFeatures(degree=deg)
    x_poly = polynomial_features.fit_transform(X_train)
    model = LinearRegression()
    model.fit(x_poly, Y_train)
    x_poly_test = polynomial_features.fit_transform(X_test)
    Y_poly_pred_test = model.predict(x_poly_test)
    rmse = np.sqrt(mean_squared_error(Y_test,Y_poly_pred_test))
    r2 = r2_score(Y_test,Y_poly_pred_test)
    results_test.append(rmse)
```

```
    names_test.append(deg)
plt.plot(names_test, results_test,'o')
plt.suptitle('Algorithm Comparison')
```

Output

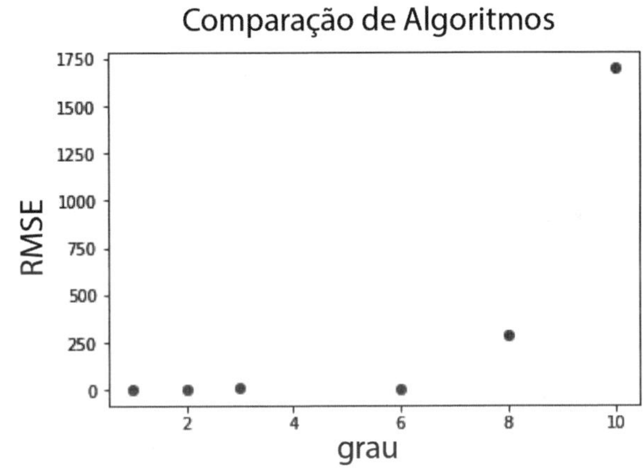

No conjunto de treinamento, vimos que a RMSE diminui com um aumento no grau do modelo polinomial, e o polinomial de grau 10 teve a menor RMSE. No entanto, como mostrado na saída anterior para o polinomial de grau 10, embora o conjunto de treinamento tenha obtido os melhores resultados, os resultados no conjunto de teste são ruins. Para o polinomial de grau 8, a RMSE no conjunto de teste é relativamente mais alta. O polinomial de grau 6 mostra o melhor resultado no conjunto de teste (embora a diferença seja pequena quando comparada com outros polinomiais de graus menores no conjunto de teste), assim como bons resultados no conjunto de treinamento. Por esses motivos, esse é o modelo preferido.

Além da performance do modelo, há diversos outros fatores a considerarmos para a seleção de um modelo, como simplicidade, interpretabilidade e tempo de treinamento. Esses fatores serão analisados nos próximos capítulos.

7.2. **Intuição do modelo/variável.** Este passo envolve considerarmos uma visão holística da abordagem adotada para resolver o problema, incluindo as limitações do modelo em relação ao resultado desejado, as variáveis usadas e os parâmetros do modelo selecionado. Os detalhes sobre a intuição do modelo e da variável com relação a diferentes tipos de modelos de aprendizado de máquina são apresentados em capítulos e estudos de casos subsequentes.

7.3. **Salvar/implantar.** Depois de acharmos um modelo preciso de aprendizado de máquina, ele deve ser salvo e carregado para garantirmos seu uso posterior.

Pickle é um dos pacotes para salvar e carregar um modelo treinado em Python. Ao usar as operações desse pacote, os modelos treinados de aprendizado de máquina podem ser salvos no formato *serializado* para um arquivo. Posteriormente, esse arquivo serializado pode ser carregado para desserializar o modelo para seu uso. O código de exemplo a seguir demonstra como salvar o modelo para um arquivo e carregá-lo para fazer previsões sobre novos dados:

```
# Salve o Modelo Usando Pickle
from pickle import dump
from pickle import load
# salve o modelo no disco
filename = 'finalized_model.sav'
dump(model, open(filename, 'wb'))
# carregue o modelo do disco
loaded_model = load(filename)
```

Em anos recentes, frameworks como AutoML (*https://oreil.ly/ChjFb*) foram criados para automatizar o número máximo de passos no processo de desenvolvimento de um modelo de aprendizado de máquina. Tais frameworks permitem que os desenvolvedores do modelo criem modelos de AM com alta escala, eficiência e produtividade. Encorajo você, caro leitor, a explorá-los.

Resumo do Capítulo

Devido à popularidade, à taxa de adoção e à flexibilidade, o Python é normalmente a linguagem preferida para o desenvolvimento de aprendizado de máquina. Há muitos pacotes Python disponíveis para realizar inúmeras tarefas, incluindo limpeza e visualização de dados e o desenvolvimento de modelos. Alguns desses pacotes essenciais são Scikit-learn e Keras.

Os sete passos para o desenvolvimento de modelos mencionados neste capítulo podem ser aproveitados no desenvolvimento de qualquer modelo para finanças baseado em aprendizado de máquina.

Próximos Passos

No próximo capítulo, analisaremos o principal algoritmo para o aprendizado de máquina: a rede neural artificial. Esse é outro fundamento do aprendizado de máquina em finanças e é usado em todos os tipos de algoritmos de AM e de aprendizado profundo.

CAPÍTULO 3

Redes Neurais Artificiais

Há muitos tipos diferentes de modelos usados no aprendizado de máquina. Porém uma das classes de modelos de AM que se destaca é a rede neural artificial (RNA). Considerando que ela é usada em todos os tipos de aprendizado de máquina, este capítulo apresenta o básico sobre as RNAs.

As RNAs são sistemas computacionais baseados em uma coleção de unidades (ou nós) conectadas chamadas neurônios artificiais, que imita mais ou menos os neurônios em um cérebro biológico. Cada conexão, como as sinapses em um cérebro biológico, pode transmitir sinal de um neurônio artificial para outro. Um neurônio artificial que recebe sinal pode processá-lo e, depois, sinalizar outros neurônios artificiais conectados a ele.

O *aprendizado profundo* envolve o estudo de algoritmos complexos relacionados à RNA. A complexidade é atribuída a padrões elaborados de como a informação flui ao longo do modelo. O aprendizado profundo tem o recurso de representar o mundo como uma hierarquia aninhada de conceitos, cada um definido em relação a um conceito mais simples. As técnicas de aprendizado profundo são usadas extensivamente nas aplicações de aprendizado por reforço e de processamento de linguagem natural, as quais analisaremos nos Capítulos 9 e 10.

Analisaremos terminologias e processos detalhados utilizados no campo das RNAs[1] e cobriremos os seguintes tópicos:

- Arquitetura das RNAs: neurônios e camadas
- Treinando uma RNA: propagação para frente, retropropagação e gradiente descendente
- Hiperparâmetros das RNAs: números de camadas e nós, função de ativação, função de perda, taxa de aprendizado etc.
- Definindo e treinando um modelo baseado em rede neural profunda em Python
- Melhorando e treinando a velocidade das RNAs e dos modelos de aprendizado profundo

1 Recomendo a leitura do livro *Deep Learning* de Aaron Courville, Ian Goodfellow e Yoshua Bengio (MIT Press) para obter mais detalhes sobre a RNA e o aprendizado profundo.

RNAs: Arquitetura, Treinamento e Hiperparâmetros

As RNAs contêm múltiplos neurônios arranjados em camadas. Uma RNA passa por uma fase de treinamento ao comparar a saída modelada com a saída desejada, em que ela aprende a reconhecer padrões nos dados. Vamos analisar os componentes das RNAs.

Arquitetura

A arquitetura de uma RNA abrange neurônios, camadas e pesos.

Neurônios

A base das RNAs são os neurônios (também conhecidos como neurônios artificiais, nós ou perceptrons). Os neurônios têm uma ou mais entradas e uma saída. É possível criar uma rede de neurônios para computar proposições lógicas complexas. As funções de ativação nesses neurônios criam mapeamentos funcionais complicados e não lineares entre as entradas e a saída.[2]

Como mostrado na Figura 3-1, um neurônio pega uma entrada ($x_1, x_2 \ldots x_n$), aplica os parâmetros de aprendizado para gerar uma soma ponderada (z) e, depois, passa essa soma para uma função de ativação (f) que computa a saída $f(z)$.

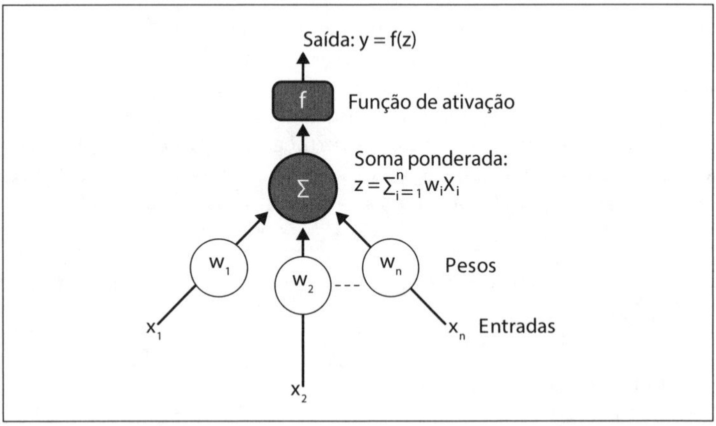

Figura 3-1. Um neurônio artificial

Camadas

A saída $f(z)$ de um único neurônio (como mostra a Figura 3-1) não conseguirá modelar tarefas complexas. Assim, de modo a lidar com estruturas mais complexas, temos múltiplas camadas desses neurônios. Conforme vamos acumulando neurônios horizontal e verticalmente, a classe de funções que podemos obter se torna cada vez mais complexa. A Figura 3-2 mostra a arquitetura de uma RNA com uma camada de entrada, uma camada de saída e uma camada oculta.

---

2 As funções de ativação são descritas em detalhes posteriormente neste capítulo.

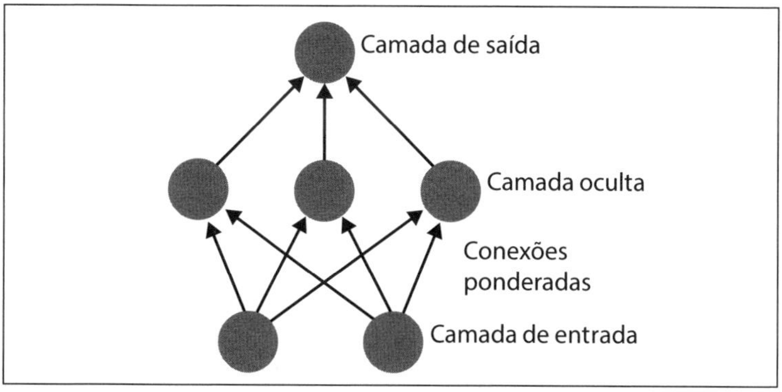

Figura 3-2. Arquitetura de uma rede neural

Camada de entrada. A camada de entrada pega a entrada do conjunto de dados e é a parte exposta da rede. Normalmente, uma rede neural é projetada tendo uma camada de entrada em que cada neurônio corresponde a um valor diferente presente no conjunto de dados de entrada. Os neurônios na camada de entrada apenas passam o valor de entrada para a próxima camada.

Camadas ocultas. As camadas depois das camadas de entrada são denominadas ocultas, pois não ficam diretamente expostas à entrada. A estrutura de rede mais simples é ter um único neurônio na camada oculta que produz o valor.

Uma RNA multicamada é capaz de resolver tarefas mais complexas relacionadas ao aprendizado de máquina devido à(s) sua(s) camada(s) oculta(s). Por causa do poder computacional cada vez maior e das bibliotecas eficientes, redes neurais com muitas camadas podem ser construídas. As RNAs com muitas camadas ocultas (mais de três) são conhecidas como *redes neurais profundas*. As redes neurais profundas possuem várias camadas ocultas, as quais permitem que a rede aprenda características dos dados em uma estrutura hierárquica. Nesta hierarquia, os atributos mais simples, aprendidos nas primeiras camadas, são combinados nas camadas subsequentes para formar atributos mais complexos. As RNAs com muitas camadas passam dados de entrada, features, por meio de operações matemáticas mais complexas do que as RNAs com menos camadas, sendo, portanto, mais computacionalmente intensivas para serem treinadas.

Camada de saída. A camada final é denominada camada de saída; ela é responsável por produzir um valor ou um vetor de valores que corresponda com o formato exigido para solucionar o problema.

Pesos de neurônios

O peso de um neurônio representa a força da conexão entre unidades e medidas de influência que a entrada terá sobre a saída. Se o peso do Neurônio 1 para o Neurônio 2 tiver uma magnitude maior, significa que o Neurônio 1 tem influência maior sobre o Neurônio 2. Os pesos próximos a zero significam que mudar essa entrada não mudará a saída. Os pesos negativos significam que aumentar essa entrada diminuirá a saída.

Treinamento

Treinar uma rede neural significa basicamente calibrar todos os pesos na RNA. Essa otimização é realizada com uma abordagem iterativa que envolve passos de propagação para frente e retropropagação.

Propagação para frente

A propagação para frente (forward propagation) é um processo de alimentar valores de entrada para a rede neural e obter uma saída, que chamamos de *valor previsto*. Quando alimentamos os valores de entrada para a primeira camada da rede neural, isso ocorre sem quaisquer operações. A segunda camada pega os valores da primeira e aplica operações de multiplicação, adição e ativação antes de passar o valor para a próxima. O mesmo processo é repetido para quaisquer camadas subsequentes até que um valor de saída da última camada seja recebido.

Retropropagação

Depois da propagação para frente, obtemos um valor previsto de uma RNA. Imagine que a saída desejada de uma rede seja *Y* e o valor previsto da rede a partir da propagação para frente seja *Y'*. A diferença entre a saída prevista e a saída desejada (*Y–Y'*) é convertida na função de perda (ou custo) *J(w)*, na qual *w* representa os pesos na RNA.[3] O objetivo é otimizar a função de perda (quer dizer, fazer com que a perda seja a menor possível) no conjunto de treinamento.

O método de otimização usado é o *gradiente descendente*. Seu objetivo é encontrar o gradiente de *J(w)* com relação a *w* no ponto atual e dar um pequeno passo na direção do gradiente negativo até que o valor mínimo seja alcançado, como mostra a Figura 3-3.

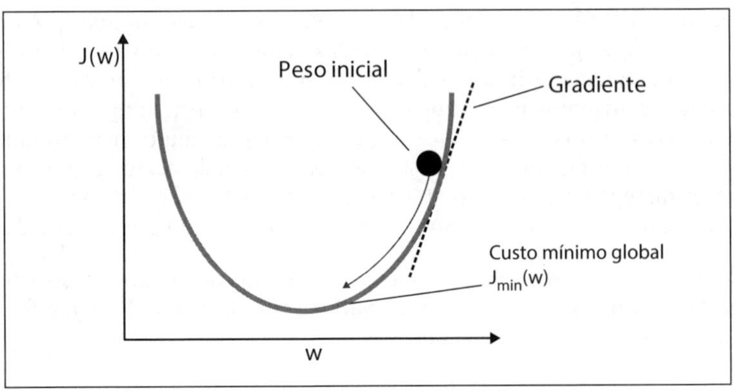

Figura 3-3. Gradiente descendente

Em uma RNA, a função *J(w)* é basicamente uma composição de camadas múltiplas, como explicado há pouco. Assim, se a Camada 1 é representada como a

3 Há diversas funções de perda disponíveis analisadas na próxima seção. A natureza do nosso problema dita a nossa escolha da função de perda.

função *p()*, a Camada 2 como *q()* e a Camada 3 como *r()*, então a função geral será *J(w)=r(q(p()))*. *w* consiste em todos os pesos das três camadas. Queremos encontrar o gradiente de *J(w)* com relação a cada componente de *w*.

Pulando os detalhes matemáticos, isso, em essência, sugere que o gradiente de um componente *w* na primeira camada dependeria dos gradientes na segunda e na terceira camadas. De igual modo, os gradientes na segunda camada dependerão dos gradientes na terceira camada. Portanto, começamos a computar as derivações na direção inversa, começando com a última camada, e usamos a retropropagação para computar os gradientes da camada anterior.

No geral, durante o processo de retropropagação, o erro modelo (diferença entre a saída prevista e a saída desejada) é retropropagado pela rede, uma camada de cada vez, e os pesos são atualizados de acordo com quanto contribuíram com o erro.

Quase todas as RNAs usam a descida do gradiente e a retropropagação. A retropropagação é uma das formas mais limpas e eficientes para encontrar o gradiente.

Hiperparâmetros

Os *hiperparâmetros* são as variáveis estabelecidas antes do processo de treinamento e não podem ser aprendidas durante ele. As RNAs possuem um grande número de hiperparâmetros, o que as torna bastante flexíveis. Todavia, essa flexibilidade dificulta o refinamento do modelo. Entender os hiperparâmetros e a intuição por trás deles nos ajuda a ter uma ideia de quais valores são razoáveis para cada hiperparâmetro, para que possamos restringir o espaço de busca. Vamos começar com o número de camadas e nós ocultos.

Número de camadas e nós ocultos

Mais camadas ou nós ocultos por camada significa mais parâmetros na RNA, permitindo que o modelo ajuste funções mais complexas. Para termos uma rede treinada que generalize bem, precisamos escolher o número ideal de camadas ocultas, assim como de nós, em cada camada oculta. Camadas e nós de menos levarão a altos erros para o sistema, pois os fatores preditivos podem ser complexos demais para um número pequeno de nós captar. Camadas e nós demais farão um sobreajuste nos dados de treinamento e não generalizarão bem.

Não há uma receita definitiva que nos diz como decidirmos o número de camadas e nós.

A quantidade de camadas ocultas depende, basicamente, da complexidade da tarefa. As tarefas muito complexas, como grandes classificações de imagens ou reconhecimento de fala, normalmente exigem redes com dezenas de camadas e uma quantidade gigantesca de dados de treinamento. Para a maioria dos problemas, podemos começar com apenas uma ou duas camadas ocultas e, depois, aumentar gradualmente esse número até começarmos a sobreajustar o conjunto de treinamento.

O número de nós ocultos deve ter relação com o número de nós de entrada e de saída, com a quantidade de dados de treinamento disponíveis e com a complexidade da função que está sendo modelada. Como regra geral, o número de nós ocultos em cada camada deve ser algo entre o tamanho da camada de entrada e o tamanho da camada de saída, idealmente, a média. Esse número não deve exceder duas vezes o número de nós de entrada para evitar o sobreajuste.

Taxa de aprendizado

Quando treinamos as RNAs, usamos muitas iterações de propagação para frente e retropropagação para otimizar os pesos. Em cada iteração, calculamos derivações da função de perda com relação a cada peso e o subtraímos desse peso. A taxa de aprendizado determina o grau de rapidez ou lentidão com que queremos atualizar os valores do peso (parâmetro). Essa taxa deve ser alta o suficiente para que convirja em uma quantidade razoável de tempo. Contudo, deve ser baixa o suficiente para que encontre o valor mínimo da função de perda.

Funções de ativação

As funções de ativação (como mostra a Figura 3-1) fazem referência às funções usadas ao longo da soma ponderada de entradas nas RNAs para obtermos a saída desejada. Elas permitem que a rede combine as entradas de maneiras mais complexas e fornecem recursos mais robustos na relação que podem modelar e na saída que podem produzir. Elas decidem quais neurônios serão ativados, quer dizer, quais informações são passadas para as camadas posteriores.

Sem as funções de ativação, as RNAs perdem o grosso de seu poder de aprendizado de representações. Há diversas funções de ativação. As mais usadas são estas:

Função linear (identidade)

É representada pela equação de uma linha reta ($f(x) = mx + c$), em que a ativação é proporcional à entrada. Se tivermos muitas camadas, e todas forem de natureza linear, a função de ativação final da última camada será a mesma da primeira. A amplitude de uma função linear é *–inf* to *+inf*.

Função sigmoide

Faz referência a uma função projetada como um gráfico em forma de S (como mostra a Figura 3-4). É representada pela equação matemática $f(x) = 1 / (1 + e^{-x})$ e fica entre 0 e 1. Uma grande entrada positiva resulta em uma grande saída positiva; uma grande entrada negativa resulta em uma grande saída negativa. Também é referida como função de ativação logística.

Função Tanh

É semelhante à função sigmoide, e sua função matemática é $Tanh(x) = 2Sigmoide(2x) - 1$, em que *Sigmoide* representa a função `sigmoid` mencionada anteriormente. A saída dessa função fica entre –1 e 1, com uma massa igual em ambos os lados do eixo zero, como na Figura 3-4.

Função ReLU

ReLU significa Rectified Linear Unit (Unidade Linear Retificada), e é representada por as $f(x) = max(x, 0)$. Assim, se a entrada for um número positivo, a função retornará o próprio número; e se a entrada for um número negativo, a função retornará zero. É a função mais comumente usada devido à sua simplicidade.

A Figura 3-4 mostra um resumo das funções de ativação analisadas nesta seção.

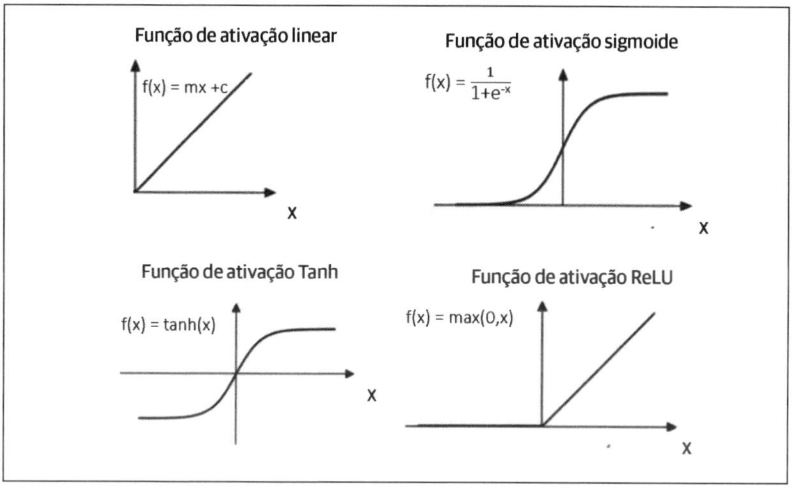

Figura 3-4. Funções de ativação

Não há regra definitiva para a escolha de uma função de ativação. A decisão depende totalmente das propriedades do problema e das relações sendo modeladas. Podemos tentar diferentes funções de ativação e selecionar aquela que nos ajuda a obter uma convergência mais rápida e um processo de treinamento mais eficiente. A escolha da função de ativação na camada de saída fica fortemente restringida pelo tipo de problema que é modelado.[4]

Funções custo

As funções custo (também conhecidas como funções de perda) são uma métrica da performance da RNA, medindo o grau de qualidade com que a RNA ajusta os dados empíricos. As duas funções de custo mais conhecidas são:

Erro quadrático médio (EQM ou MSE – mean squared error)
: É a função custo usada principalmente para problemas de regressão, em que a saída é um valor contínuo. O EQM é medido como a média da diferença quadrática entre as previsões e a observação real. É descrito com mais detalhes no Capítulo 4.

Entropia cruzada (ou perda logarítmica)
: Esta função custo é usada principalmente para problemas de classificação, em que a saída é um valor de probabilidade entre 0 e 1. A entropia cruzada aumenta à medida que a probabilidade prevista diverge do rótulo real. Um modelo perfeito teria uma entropia cruzada de zero.

4 A derivação de uma regressão ou a classificação de saída ao mudar a função de ativação da camada de saída é analisada com mais profundidade no Capítulo 4.

Otimizadores

Os otimizadores atualizam os parâmetros de peso para minimizar a função de perda.[5] As funções custo atuam como um guia da área, dizendo ao otimizador se ele está indo na direção certa para chegar ao mínimo global. A seguir, veja alguns dos otimizadores comuns:

Momentum
: O *otimizador momentum* analisa gradientes anteriores além do passo atual. Ele dá passos maiores se as atualizações anteriores e a atual movimentarem os pesos na mesma direção (ganhando impulso). Ele dará passos menores se a direção do gradiente for oposta. Uma maneira inteligente de visualizar isso é pensar em uma bola rolando em um vale; ela ganhará impulso à medida que se aproxima da parte mais baixa do vale.

AdaGrad (Adaptive Gradient Algorithm ou Algoritmo Adaptativo de Gradiente)
: O *AdaGrad* adapta a taxa de aprendizado aos parâmetros, realizando atualizações menores para parâmetros associados com features que ocorrem com frequência e atualizações maiores para parâmetros associados com features infrequentes.

RMSProp
: *RMSProp* representa Root Mean Square Propagation ou Propagação da Raiz Quadrada Média. No RMSProp, a taxa de aprendizado é ajustada automaticamente, e ele escolhe uma taxa diferente para cada parâmetro.

Adam (Adaptive Moment Estimation ou Estimativa do Momento Adaptativo)
: O *Adam* combina as melhores propriedades dos algoritmos AdaGrad e RMSProp para oferecer uma otimização, sendo um dos mais populares algoritmos de otimização de gradiente descendente.

Época

Uma rodada de atualização da rede para o conjunto completo de dados de treinamento é chamada de *época* ou *epoch*. Uma rede pode ser treinada por dezenas, centenas ou muitos milhares de épocas dependendo do tamanho dos dados e das restrições computacionais.

Tamanho de lote

O tamanho de lote (batch size) é o número de exemplos de treinamento em uma passada para frente/trás. Um tamanho de lote de 32 significa que 32 amostras do conjunto de dados de treinamento serão usadas para estimar o gradiente de erro antes que os pesos do modelo sejam atualizados. Quanto maior o lote, mais espaço de memória é necessário.

5 Veja mais detalhes sobre otimização em *https://oreil.ly/FSt-8*.

Criando um Modelo de Rede Neural Artificial em Python

No Capítulo 2, falamos sobre os passos para o desenvolvimento de ponta a ponta de um modelo em Python. Nesta seção, iremos um pouco mais a fundo nos passos envolvidos na criação de um modelo baseado em RNA em Python.

Nosso primeiro passo será falar sobre o Keras, o pacote Python criado especificamente para RNAs e aprendizado profundo.

Instalando o Keras e os Pacotes de Aprendizado de Máquina

Há diversas bibliotecas Keras que permitem a criação de modelos de RNA e aprendizado profundo de forma fácil e rápida, sem entrar nos detalhes dos algoritmos subjacentes. Keras é um dos pacotes mais fáceis de usar, que permite uma computação numérica eficiente relacionada às RNAs. Com ele, modelos complexos de aprendizado profundo podem ser definidos e implementados com apenas algumas linhas de código. Usaremos principalmente os pacotes Keras para a implementação de modelos de aprendizado profundo nos diversos estudos de caso deste livro.

Keras (*https://keras.io*) é apenas um wrapper de mecanismos de computação numérica mais complexos como TensorFlow (*https://www.tensorflow.org*) e Theano (*https://oreil.ly/-XFJP*). Para instalar o Keras, é preciso, primeiramente, instalar o TensorFlow ou o Theano.

Esta seção descreve os passos para definir e compilar um modelo baseado em RNA em Keras, com um foco nos passos a seguir.[6]

Importando os pacotes

Antes de poder começar a criar um modelo de RNA, você precisa importar dois módulos do pacote Keras: `Sequential` e `Dense`:

```
from Keraos.models import Sequential
from Keras.layers import Dense
import numpy as np
```

Carregando os dados

Este exemplo faz uso do módulo `random` do NumPy para gerar rapidamente alguns dados e rótulos a serem usados pela RNA que criaremos no próximo passo. Especificamente, uma matriz com o tamanho *(1000,10)* é construída primeiro. Em seguida, criamos uma matriz de rótulos que consiste em zeros e uns com um tamanho de *(1000,1)*:

```
data = np.random.random((1000,10))
Y = np.random.randint(2,size= (1000,1))
model = Sequential()
```

6 Os passos e o código Python relacionados para implementar o aprendizado profundo usando Keras, como demonstrado nesta seção, são utilizados em diversos estudos de caso em capítulos subsequentes.

Construção do modelo: definindo a arquitetura da rede neural

Uma forma rápida de começar é usar o modelo Keras Sequential, que é uma pilha linear de camadas. Criamos um modelo Sequential e adicionamos camadas, uma de cada vez, até que a topologia de rede esteja finalizada. A primeira coisa que precisamos fazer é garantir que a camada de entrada tenha o número certo de entradas. Podemos especificar isso quando criarmos a primeira camada. Depois, selecionamos uma camada densa ou totalmente conectada para indicar que estamos lidando com uma camada de entrada ao usarmos o argumento `input_dim`.

Acrescentamos uma camada ao modelo com a função `add()` e o número de nós em cada camada é especificado. Por fim, outra camada densa é acrescentada como uma camada de saída.

A arquitetura do modelo mostrado na Figura 3-5 é a seguinte:

- O modelo espera linhas de dados com 10 variáveis (argumento `input_dim_=10`).
- A primeira camada oculta tem 32 nós e usa a função de ativação `relu`.
- A segunda camada oculta tem 32 nós e usa a função de ativação `relu`.
- A camada de saída tem 1 nó e usa a função de ativação `sigmoid`.

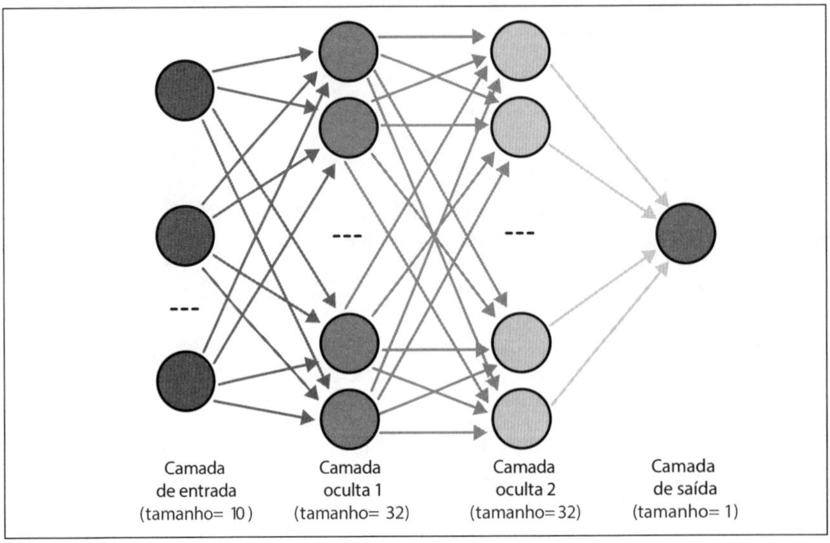

Figura 3-5. Uma arquitetura de RNA

O código Python para a rede da Figura 3-5 é este:

```
model = Sequential()
model.add(Dense(32, input_dim=10, activation= 'relu' ))
model.add(Dense(32, activation= 'relu' ))
model.add(Dense(1, activation= 'sigmoid'))
```

Compilando o modelo

Com o modelo construído, ele pode ser compilado com a ajuda da função compile(). Fazer isso potencializa as eficientes bibliotecas numéricas nos pacotes Theano ou TensorFlow. Ao compilar, é importante especificar as propriedades adicionais exigidas no treinamento da rede. Treinar uma rede significa encontrar o melhor conjunto de pesos para fazer predições para o problema em questão. Assim, devemos especificar a função de perda usada para avaliar um conjunto de pesos, o otimizador utilizado para pesquisar em pesos diferentes para a rede e quaisquer métricas opcionais que gostaríamos de coletar e reportar durante o treinamento.

No exemplo a seguir, usamos a função de perda cross-entropy, que é definida no Keras como binary_crossentropy. Também usaremos o otimizador adam, que é a opção-padrão. Por fim, visto que esse é um problema de classificação, coletaremos e reportaremos a precisão classificatória como a métrica.[7] O código Python é o seguinte:

```
model.compile(loss= 'binary_crossentropy' , optimizer= 'adam' , \
metrics=[ 'accuracy' ])
```

Ajustando o modelo

Com nosso modelo definido e compilado, chegou a hora de o executarmos com os dados. Podemos treinar — ou ajustar (fit) — nosso modelo com os dados que carregamos chamando a função fit().

O processo de treinamento executará por um número fixo de iterações (épocas) ao longo do conjunto de dados usando o argumento nb_epoch. Também podemos estabelecer o número de instâncias que são avaliadas antes que a atualização de um peso seja feita na rede. Isso é feito usando o argumento batch_size. Para este problema, executaremos um número pequeno de épocas (10) e usaremos um tamanho de lote de 32. Novamente, esses números podem ser escolhidos de forma experimental por meio de tentativa e erro. Este é o código Python:

```
model.fit(data, Y, nb_epoch=10, batch_size=32)
```

Avaliando o modelo

Já treinamos nossa rede neural com o conjunto inteiro de dados e podemos avaliar sua performance com o mesmo conjunto de dados. Isso nos dará ideia do nível de qualidade pelo qual modelamos o conjunto de dados (por exemplo, precisão de treinamento), mas não nos dará insights sobre o nível de qualidade com o qual o algoritmo performará com os novos dados. Para isso, devemos separar os dados em conjuntos de treinamento e de teste. O modelo é avaliado com o conjunto de treinamento por meio da função evaluation(). Isso gerará uma previsão para cada par de entrada e saída e coletará scores, incluindo a perda média e quaisquer métricas configuradas, como precisão. O código Python é o seguinte:

---

7 Uma análise detalhada sobre as métricas de avaliação para modelos de classificação é fornecida no Capítulo 4.

```
scores = model.evaluate(X_test, Y_test)
print("%s: %.2f%%" % (model.metrics_names[1], scores[1]*100))
```

Executando um modelo de RNA mais rápido: GPU e serviços na nuvem

Para treinar as RNAs (especialmente as redes neurais profundas com muitas camadas), é necessária uma grande quantidade de poder computacional. As Unidades Centrais de Processamento, ou CPUs — Central Processing Units —, são responsáveis por processar e executar as instruções em uma máquina local. Visto que elas são limitadas quanto ao número de cores e fazem o trabalho de forma sequencial, elas não podem fazer computações rápidas para o grande número de matrizes necessárias para treinar os modelos de aprendizado profundo. Desta forma, o treinamento de modelos de aprendizado profundo pode ser extremamente lento em CPUs.

As alternativas a seguir são úteis para executar RNAs que, em geral, exigem uma quantidade significativa de tempo para serem executadas em uma CPU:

- Executar os Notebooks localmente em uma GPU.
- Executar os Notebooks no Kaggle Kernels ou no Google Colaboratory.
- Usar o Amazon Web Services.

GPU

Uma Unidade de Processamento Gráfico, ou GPU — Graphics Processing Unit —, é composta de centenas de cores que podem lidar com milhares de threads simultaneamente. A execução das RNAs e dos modelos de aprendizado profundo pode ser acelerada pelo uso de GPUs.

Elas são especialmente adeptas do processamento de operações matriciais complexas. Os cores da GPU são altamente especializados e aceleram de forma massiva os processos como treinamento de aprendizado profundo ao tirar o processamento das CPUs e direcioná-los para os cores no subsistema da GPU.

Todos os pacotes Python relacionados a aprendizado de máquina, incluindo Tensorflow, Theano e Keras, podem ser configurados para o uso de GPUs.

Serviços na nuvem como Kaggle e Google Colab

Caso tenha um computador com uma GPU, você pode rodar as RNAs localmente. Caso contrário, recomendamos utilizar um serviço como Kaggle Kernels, Google Colab ou AWS:

Kaggle

Um popular site de ciência de dados que pertence ao Google e hospeda o serviço Jupyter, também é conhecido como Kaggle Kernels (*https://www.kaggle.com*). É gratuito e vem com os pacotes mais frequentemente usados pré-instalados. Você pode conectar um kernel a qualquer conjunto de dados hospedado no Kaggle ou, de modo alternativo, pode apenas fazer o upload de um novo conjunto de dados na hora.

Google Colaboratory
: Um ambiente Notebook Jupyter oferecido pelo Google em que você pode usar GPUs gratuitas. Os recursos do Google Colaboratory (*https://oreil.ly/keqHk*) são os mesmos que os do Kaggle.

Amazon Web Services (AWS)
: O AWS Deep Learning (*https://oreil.ly/gU84O*) disponibiliza uma infraestrutura para acelerar o aprendizado profundo na nuvem, em qualquer escala. Você pode criar rapidamente instâncias no servidor do AWS pré-instaladas com frameworks e interfaces populares de aprendizado profundo para treinar modelos de IA sofisticados e customizados, testar novos algoritmos ou aprender novas habilidades e técnicas. Esses servidores online podem executar durante mais tempo que o Kaggle Kernels. Sendo assim, para projetos grandes, pode valer a pena usar o AWS em vez de um kernel.

Resumo do Capítulo

As RNAs compreendem uma família de algoritmos usados em todos os tipos de aprendizado de máquina. Esses modelos são inspirados nas redes neurais biológicas contendo neurônios e camadas de neurônios que constituem os cérebros animais. As RNAs com muitas camadas são conhecidas como redes neurais profundas. Diversos passos, incluindo a propagação para frente e a retropropagação, são necessários para treinar essas RNAs. Os pacotes Python, como Keras, possibilitam seu treinamento com algumas linhas de código. O treinamento das redes neurais profundas exige mais poder computacional, e apenas CPUs podem não ser suficientes. As alternativas incluem as GPUs ou os serviços na nuvem, como Kaggle Kernels, Google Colaboratory ou Amazon Web Services.

Próximos Passos

Nosso próximo passo será analisar os detalhes dos conceitos do aprendizado de máquina para o aprendizado supervisionado, seguido por estudos de caso que usam os conceitos abordados neste capítulo.

PARTE II

Aprendizado Supervisionado

CAPÍTULO 4

Aprendizado Supervisionado: Modelos e Conceitos

O aprendizado supervisionado é uma área do aprendizado de máquina na qual o algoritmo escolhido tenta ajustar um alvo usando a entrada dada. Um conjunto de dados de treinamento que contém rótulos é fornecido ao algoritmo. Com base em um conjunto massivo de dados, ele aprenderá uma regra que usa para prever os rótulos em novas observações. Ou seja, os algoritmos de aprendizado supervisionado recebem dados históricos e a tarefa de encontrar a relação que tenha o melhor poder preditivo.

Há duas variedades de algoritmos de aprendizado supervisionado: algoritmos de regressão e de classificação. Os métodos de aprendizado supervisionado baseados na regressão tentam prever saídas com base nas variáveis de entrada. Os métodos de aprendizado supervisionado com base na classificação identificam a categoria à qual um conjunto de dados pertence. Os algoritmos de classificação são baseados em probabilidade, ou seja, a saída é a categoria para a qual o algoritmo encontra a probabilidade mais alta de que o conjunto de dados pertence a ela. Os algoritmos de regressão, em contraste, estimam a saída de problemas que possuem um número infinito de soluções (conjunto contínuo de possíveis saídas).

No contexto das finanças, os modelos de aprendizado supervisionado representam uma das classes mais usadas de modelos de aprendizado de máquina. Muitos algoritmos que são amplamente aplicados em tradings algorítmicos usam os modelos de aprendizado supervisionado, pois podem ser treinados de forma eficiente, são relativamente robustos em relação aos ruídos de dados financeiros e têm fortes vínculos com a teoria das finanças.

Os algoritmos baseados em regressão têm sido impulsionados por pesquisadores acadêmicos e da indústria para desenvolver inúmeros modelos de precificação de ativos. Tais modelos são usados para prever os retornos ao longo de diversos períodos e para identificar fatores significativos que motivam os retornos sobre os ativos. Há muitos outros casos de usos do aprendizado supervisionado com base na regressão na gestão de portfólios e na precificação de derivativos.

Os algoritmos baseados em classificação, por outro lado, têm sido impulsionados em diversas áreas dentro das finanças que exigem a previsão de uma reação categórica. Entre elas, temos a detecção de fraude, a previsão de inadimplência, o score de crédito, a previsão direcional de movimentos nos preços de ativos e as recomendações de compra/venda. Há muitos outros casos de uso do aprendizado supervisionado baseado na classificação, como na gestão de portfólios e nos tradings algorítmicos.

Muitos casos de uso de aprendizado de máquina supervisionado baseado na regressão e na classificação são apresentados nos Capítulos 5 e 6.

O Python e suas bibliotecas disponibilizam métodos e maneiras de implementar esses modelos de aprendizado supervisionado com apenas algumas linhas de código. Algumas dessas bibliotecas foram apresentadas no Capítulo 2. Com bibliotecas de aprendizado de máquina fáceis de usar, como Scikit-learn e Keras, é muito simples ajustar diferentes modelos de aprendizado de máquina com um determinado conjunto de dados preditivos de modelagem.

Neste capítulo, apresentamos um panorama de alto nível sobre os modelos de aprendizado supervisionado. Para uma análise minuciosa sobre os temas, recomendamos a leitura de *Mãos à Obra: Aprendizado de máquina com Scikit-Learn, Keras e TensorFlow*, 2ª edição, de Aurélien Géron (Alta Books).

Os seguintes tópicos são analisados neste capítulo:

- Conceitos básicos sobre modelos de aprendizado supervisionado (tanto regressão quanto classificação).
- Como implementar diferentes modelos de aprendizado supervisionado em Python.
- Como otimizar os modelos e identificar seus parâmetros ideais usando grid search.
- Overfitting versus underfitting e viés versus variância.
- Forças e fraquezas dos diversos modelos de aprendizado supervisionado.
- Como usar modelos múltiplos, de aprendizado profundo e RNAs para regressão e classificação.
- Como selecionar um modelo com base em diversos fatores, incluindo a performance.
- Métricas de avaliação para os modelos de classificação e de regressão.
- Como realizar a validação cruzada.

Modelos de Aprendizado Supervisionado: Visão Geral

Os problemas de modelagem de classificação preditiva são diferentes daqueles de modelagem de regressão preditiva, visto que a classificação é a tarefa de prever um rótulo discreto de classe e a regressão é a tarefa de prever uma quantidade contínua. No entanto, ambos compartilham o mesmo conceito de utilização de variáveis conhecidas para fazer previsões, e há muitas coisas que se sobrepõem entre os dois modelos. Sendo assim, os modelos de classificação e de regressão são apresentados juntos neste capítulo. A Figura 4-1 resume a lista de modelos comumente usados para classificação e regressão.

Alguns modelos podem ser usados tanto para classificação quanto para a regressão com pequenas modificações. São os *K*-vizinhos mais próximos, as árvores de decisão, o vetor de suporte, os métodos ensemble tipos bagging e boosting e as RNAs (incluindo as redes neurais profundas), como mostra a Figura 4-1. No entanto, alguns modelos, como a regressão linear e a regressão logística, não podem (pelo menos não com facilidade) ser usados para ambos os tipos de problemas.

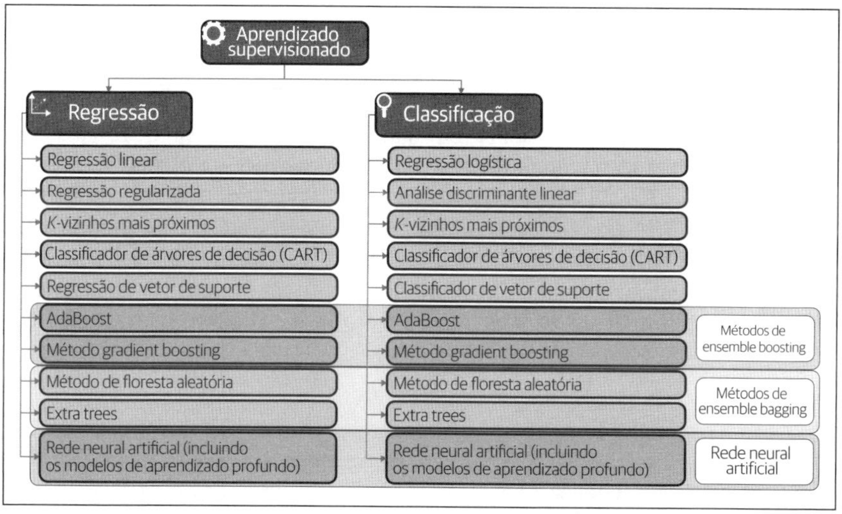

Figura 4-1. Modelos de regressão e classificação

Esta seção contém os seguintes detalhes sobre os modelos:

- Teoria dos modelos.
- Implementação em Scikit-learn ou Keras.
- Grid search para diferentes modelos.
- Prós e contras dos modelos.

> Em finanças, um foco essencial é dado aos modelos que extraem sinais de dados observados previamente a fim de prever valores futuros para a mesma série temporal. Essa família de modelos de séries temporais prevê saídas contínuas e está mais alinhada com os modelos supervisionados de regressão. Os modelos de séries temporais são analisados separadamente no capítulo sobre regressão supervisionada (Capítulo 5).

Regressão Linear (Mínimos Quadrados Ordinários)

Regressão linear (Regressão dos Mínimos Quadrados Ordinários — MQO —, ou OLS, do inglês Ordinary Least Squares) é talvez um dos algoritmos mais bem conhecidos e entendidos em estatística e aprendizado de máquina. A regressão linear é um modelo linear, ou seja, um modelo que presume uma relação linear entre as variáveis de entrada (x) e a única variável de saída (y). Seu objetivo é treinar um modelo linear para prever um novo y, considerando um x previamente não observado, com o menor número possível de erros.

Nosso modelo será uma função que prevê y, dado que $x_1, x_2 \ldots x_i$:

$$y = \beta_0 + \beta_1 x_1 + \ldots + \beta_i x_i$$

em que, β_0 é chamado intercepto, e $\beta_1 \ldots \beta_i$ são os coeficientes da regressão.

Implementação em Python

```
from sklearn.linear_model import LinearRegression
model = LinearRegression()
model.fit(X, Y)
```

Na próxima seção, falaremos sobre o treinamento de um modelo de regressão linear e sobre o grid search do modelo. No entanto, os conceitos gerais e as abordagens relacionadas são aplicáveis a todos os modelos de aprendizado supervisionado.

Treinando um modelo

Como mencionamos no Capítulo 3, treinar um modelo significa basicamente recuperar os parâmetros do modelo ao minimizar a função custo (perda). Os dois passos para treinar um modelo de regressão linear são:

Definir uma função custo (ou função de perda)

Mede o nível de imprecisão presente nas previsões do modelo. A *soma dos quadrados dos resíduos (SQR)* — ou *RSS, sum of squared residuals* —, como definida na Equação 4-1, mede a soma dos quadrados da diferença entre o valor real e o previsto, e é a função custo para a regressão linear.

Equação 4-1. Soma dos quadrados dos resíduos

$$SQR = \sum_{i=1}^{n} \left(y_i - \beta_0 - \sum_{j=1}^{n} \beta_j x_{ij}\right)^2$$

Nessa equação, β_0 é o intercepto; β_j representa o coeficiente; $\beta_1, \ldots \beta_j$ são os coeficientes da regressão; e x_{ij} representa a i^a observação e a j^a variável.

Encontrar os parâmetros que minimizam a perda

Por exemplo, tornar nosso modelo o mais preciso possível. Graficamente, em duas dimensões, isso resulta em uma linha de melhor ajuste, como mostrado na Figura 4-2. Em dimensões mais altas, teríamos hiperplanos com mais dimensões. Matematicamente, observamos a diferença entre os pontos de dados reais (y) e a previsão do nosso modelo ($\hat{y}$). Encontre a raiz dessas diferenças para evitar números negativos e penalize as grandes diferenças, depois some-as para tirar a média. Essa é uma métrica do nível em que nossos dados se ajustam à linha.

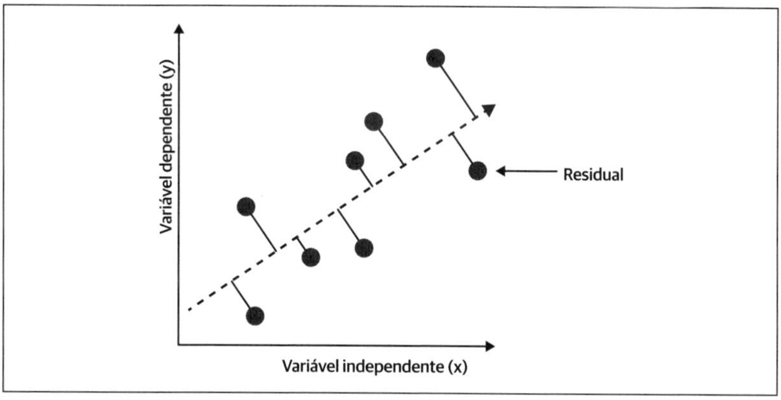

Figura 4-2. Regressão linear

Grid search

A ideia geral do grid search é criar uma grade com todas as combinações possíveis de hiperparâmetros e treinar o modelo usando cada uma delas. Os hiperparâmetros são as características externas do modelo, podem ser considerados os ajustes do modelo e não são estimados com base em parâmetros de modelo parecidos aos dados. Esses hiperparâmetros são ativados durante o grid search para obtermos uma melhor performance de modelo.

Devido à sua busca pormenorizada, o grid search certamente encontrá o parâmetro ideal dentro da grade. A desvantagem é que o tamanho da grade cresce exponencialmente com o acréscimo de mais parâmetros ou mais valores considerados.

A classe `GridSearchCV` no módulo `model_selection` do pacote sklearn facilita a avaliação sistemática de todas as combinações dos valores de hiperparâmetros que gostaríamos de testar.

O primeiro passo é criar um objeto de modelo. Depois, definimos um dicionário em que as palavras-chave nomeiam os hiperparâmetros e os valores listam as configurações do parâmetro a ser testado. Para a regressão linear, o hiperparâmetro é `fit_intercept`, que é uma variável booleana que determina calcular ou não o *intercepto* para esse modelo. Se for configurado para `False`, nenhum intercepto será usado nos cálculos:

```
model = LinearRegression()
param_grid = {'fit_intercept': [True, False]}
}
```

O segundo passo é instanciar o objeto `GridSearchCV` e fornecer o objeto estimador e a grade de parâmetro, assim como um método de score e uma escolha de validação cruzada, para o método de inicialização. A variação cruzada é um procedimento de reamostragem usado para avaliar os modelos de aprendizado, e o parâmetro de score é a métrica avaliativa do modelo:[1]

1 A validação cruzada será analisada em detalhes posteriormente neste capítulo.

Com todas as configurações feitas, podemos ajustar o `GridSearchCV`:

```
grid = GridSearchCV(estimator=model, param_grid=param_grid, scoring= 'r2', \
cv=kfold)
grid_result = grid.fit(X, Y)
```

Vantagens e desvantagens

Em termos de vantagens, a regressão linear é fácil de entender e interpretar. No entanto, pode não funcionar bem quando há uma relação não linear entre variáveis previstas e previsoras. A regressão linear tem uma tendência ao *sobreajuste/overfitting* (que veremos na próxima seção), e quando um número grande de features está presente, ela talvez não lide bem com os features irrelevantes. Ela também exige que os dados sigam certas hipóteses (*https://oreil.ly/tNDnc*), como a ausência de multicolinearidade. Caso a hipótese seja falsa, não poderemos confiar nos resultados obtidos.

Regressão Regularizada

Quando um modelo de regressão linear contém muitas variáveis independentes, seus coeficientes não serão bem determinados e o modelo terá uma tendência de se ajustar extremamente bem aos dados de treinamento (dados usados para criar o modelo), mas de se ajustar mal aos dados de teste (dados usados para testar o nível de qualidade do modelo). Isso é conhecido como sobreajuste (overfitting) ou alta variância.

Uma técnica popular para controlar o sobreajuste é a *regularização*, que envolve o acréscimo de um termo de *penalidade* para que o erro ou a função de perda desencoraje os coeficientes a alcançarem valores grandes. Em termos simples, a regularização é o mecanismo de penalidade que aplica o encolhimento aos parâmetros do modelo (levando-os próximos a zero), de modo a criar um modelo com maior precisão de previsão e interpretação. A regressão regularizada tem duas vantagens em relação à regressão linear:

Precisão preditiva
: A performance do modelo que funciona melhor com os dados de teste sugere que o modelo está tentando generalizar a partir dos dados de treinamento. Um modelo com parâmetros demais pode tentar ajustar ruídos específicos aos dados de treinamento. Ao encolher ou configurar alguns coeficientes para zero, abrimos mão da habilidade de ajustar modelos complexos (vieses maiores) em troca de um modelo mais generalizável (menor variância).

Interpretação
: Um grande número de previsores pode complicar a interpretação ou a comunicação do quadro geral dos resultados. Pode ser preferível sacrificar alguns detalhes para limitar o modelo a um subconjunto menor de parâmetros com os efeitos mais fortes.

As formas comuns de regularizar um modelo de regressão linear são estas:

Regularização L1 ou Lasso
: A *regularização Lasso* realiza a *regularização L1* ao acrescentar um fator da soma dos coeficientes de valores absolutos na função custo (SQR/RSS) para a regressão

linear, como mencionado na Equação 4-1. A equação para a regularização Lasso pode ser representada da seguinte maneira:

$$FunçãoCusto = SQR + \lambda * \sum_{j=1}^{p} |\beta_j|$$

A regularização L1 pode levar a coeficientes zero (ou seja, alguns dos features são completamente negligenciados para a avaliação da saída). Quanto maior for o valor de λ, mais features são encolhidos para zero. Isso pode eliminar inteiramente alguns features e nos dar um subconjunto de preditores, reduzindo a complexidade do modelo. Assim, a regressão Lasso não apenas ajuda na redução do sobreajuste, mas também pode ajudar na seleção de features. Os preditores não encolhidos a zero significam que são importantes, e, desta forma, a regularização L1 permite a seleção de features (seleção esparsa). O parâmetro de regularização (λ) pode ser controlado, e um valor zero de `lambda` produz a equação básica de regressão linear.

Um modelo de regressão lasso pode ser construído usando a classe `Lasso` do pacote sklearn do Python, como mostra este trecho de código:

```
from sklearn.linear_model import Lasso
model = Lasso()
model.fit(X, Y)
```

Regularização L2 ou Ridge

A *regressão Ridge* realiza a *regularização L2* ao acrescentar um fator da soma do quadrado dos coeficientes na função custo (SQR/RSS) para a regressão linear, como mencionado na Equação 4-1. A equação para a regularização Ridge pode ser representada assim:

$$FunçãoCusto = SQR + \lambda * \sum_{j=1}^{p} \beta_j^2$$

A regressão Ridge coloca restrições nos coeficientes. O termo de penalidade (λ) regulariza os coeficientes de modo que, se eles assumem valores grandes, a função otimização é penalizada. Assim, a regressão Ridge encolhe os coeficientes e ajuda a reduzir a complexidade do modelo. Encolher os coeficientes leva a uma menor variância e a um menor valor de erro. Portanto, a regressão Ridge diminui a complexidade do modelo, mas não reduz o número de variáveis; ela apenas diminui seu efeito. Quando λ está mais próximo de zero, a função custo se torna semelhante à função custo da regressão linear. Dessa forma, quanto menores forem as restrições (λ baixo) sobre os features, mais o modelo se parecerá com um modelo de regressão linear.

Um modelo de regressão Ridge pode ser construído usando a classe `Ridge` do pacote sklearn do Python, como mostra o trecho de código a seguir:

```
from sklearn.linear_model import Ridge
model = Ridge()
model.fit(X, Y)
```

Elastic net

Elastic nets/Redes elásticas acrescentam termos de regularização ao modelo, sendo uma combinação das regularizações L1 e L2, como mostra esta equação:

$$FunçãoCusto = SQR + \lambda * ((1 - \alpha) / 2 * \sum_{j=1}^{p} \beta_j^2 + \alpha * \sum_{j=1}^{p} |\beta_j|)$$

Além de estabelecer e escolher um valor λ, a elastic net também nos permite calibrar o parâmetro alfa, em que $\alpha = 0$ corresponde a ridge e $\alpha = 1$ a lasso. Portanto, podemos escolher um valor α entre *0* e *1* para otimizar a elastic net. Efetivamente, isso encolherá alguns coeficientes e estabelecerá alguns para *0* para a seleção esparsa.

Um modelo de regressão de elastic net pode ser construído usando a classe `ElasticNet` do pacote sklearn do Python, como mostra este trecho de código:

```
from sklearn.linear_model import ElasticNet
model = ElasticNet()
model.fit(X, Y)
```

Para todas as regressões regularizadas, λ é o parâmetro essencial a ser calibrado durante a grid search no Python. Em uma elastic net, α pode ser um parâmetro adicional a ser calibrado.

Regressão Logística

Regressão logística é um dos algoritmos mais usados para a classificação. O modelo de regressão logística surge do desejo de modelar as probabilidades das classes de saída dada uma função que seja linear em x, ao mesmo tempo que garante que as probabilidades de saída somem 1 e permaneçam entre 0 e 1, o que esperamos das probabilidades.

Se treinarmos um modelo de regressão linear com diversos exemplos em que $Y = 0$ ou *1*, podemos acabar prevendo algumas probabilidades que são menores que zero ou maiores que um, algo que não faz sentido. Sendo assim, usamos um modelo de regressão logística (ou modelo *logit*), que é uma modificação da regressão linear que garante apresentar como saída uma probabilidade entre 0 e 1, ao aplicar a função `sigmoid`.[2]

A Equação 4-2 mostra o modelo de regressão logística. De modo semelhante à regressão linear, os valores de entrada (x) são combinados linearmente usando pesos ou valores de coeficiente para prever um valor de saída (y). A saída da Equação 4-2 é uma probabilidade que é transformada em um valor binário (*0* ou *1*) para obter a previsão do modelo.

Equação 4-2. Equação de regressão logística

$$y = \frac{\exp\left(\beta_0 + \beta_1 x_1 + ... + \beta_i x_1\right)}{1 + \exp\left(\beta_0 + \beta_1 x_1 + ... + \beta_i x_1\right)}$$

y é a saída prevista, β_0 é o viés ou termo intercepto e B_1 é o coeficiente para o único valor de entrada (x). Cada coluna nos dados de entrada tem um coeficiente β associado (um valor real constante) que deve ser aprendido a partir dos dados de treinamento.

Na regressão logística, a função custo é basicamente uma métrica da frequência em que prevemos um quando a resposta verdadeira é zero ou vice-versa. O treinamento dos coeficientes de regressão logística é realizado por meio de técnicas

2 Veja a seção sobre a função de ativação no Capítulo 3 para obter mais detalhes sobre a função `sigmoid`.

como o estimador de máxima verossimilhança (ou MLE – maximum likelihood estimation) para prever valores próximos a *1* para a classe-padrão e próximos a *0* para a outra classe.[3]

Um modelo de regressão logística pode ser construído usando a classe `LogisticRegression` do pacote sklearn do Python, como mostra o trecho de código a seguir:

```
from sklearn.linear_model import LogisticRegression
model = LogisticRegression()
model.fit(X, Y)
```

Hiperparâmetros

Regularização (`penalty` no sklearn)
: Assim como a regressão linear, a regressão logística pode ter regularização, que pode ser *L1*, *L2* ou *elasticnet*. Os valores na biblioteca *sklearn* são *[l1, l2, elasticnet]*.

Força da regularização (`C` no sklearn)
: Este parâmetro controla a força da regularização. Bons valores de parâmetros de penalização (penalty) podem ser *[100, 10, 1.0, 0.1, 0.01]*.

Vantagens e desvantagens

Considerando as vantagens, o modelo de regressão logística é fácil de implementar, tem boa interpretabilidade e performa muito bem em classes linearmente separáveis. A saída do modelo é uma probabilidade, que fornece mais insights e pode ser usada para ranqueamento. O modelo tem um número pequeno de hiperparâmetros. Embora possa haver o risco de sobreajuste, isso pode ser resolvido usando a regularização *L1/L2*, semelhante à maneira que resolvemos o sobreajuste nos modelos de regressão linear.

Em termos de desvantagens, o modelo pode ter sobreajuste quando for alimentado com grande número de features. A regressão logística pode apenas aprender funções lineares e é menos adequada a relações complexas entre features e variáveis-alvo. Além disso, ela pode não lidar bem com features irrelevantes, especialmente se eles estiverem fortemente correlacionados.

Máquina de Vetor de Suporte

O objetivo do algoritmo *máquina de vetor de suporte* (SVM - *support vector machine*) é maximizar a margem (a área em cinza no centro da Figura 4-3), que é definida como a distância entre o hiperplano separador (ou fronteira de decisão) e as amostras de treinamento que estão mais próximas desse hiperplano, os denominados vetores de suporte. A margem é calculada como a distância perpendicular entre a linha até apenas os pontos mais próximos, como mostra a Figura 4-3. Sendo assim, o SVM calcula uma fronteira com margem máxima que leva a uma divisão homogênea de todos os pontos de dados.

3 MLE (*https://oreil.ly/y9atF*) é um método de estimar os parâmetros de uma distribuição de probabilidade para que, sob o modelo estatístico presumido, os dados observados sejam mais prováveis.

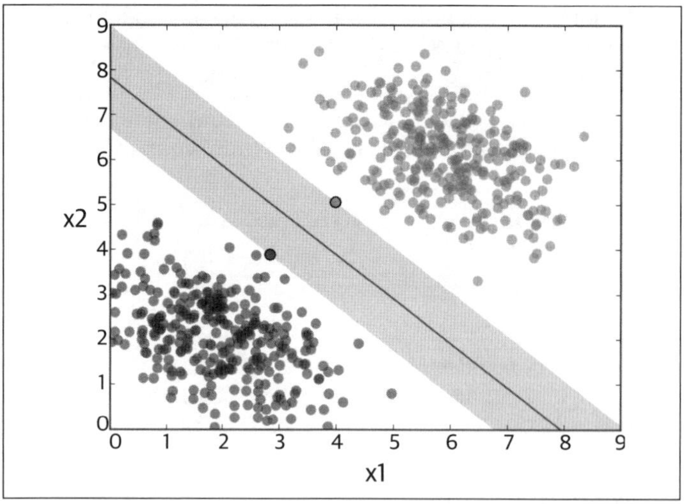

Figura 4-3. Máquina de vetor de suporte

Na prática, os dados estão bagunçados e não podem ser separados perfeitamente com um hiperplano. A limitação de maximizar a margem da linha que separa as classes deve ser relaxada. Uma mudança permite que alguns pontos de dados de treinamento violem a linha separatória. Um conjunto adicional de coeficientes é introduzido, o que dá à margem flexibilização em cada dimensão. Um parâmetro de calibração é introduzido, chamado simplesmente de *C*, que define a magnitude da flexibilização permitida em todas as dimensões. Quanto maior for o valor de *C*, mais violações do hiperplano serão permitidas.

Em alguns casos, não é possível encontrar um hiperplano ou uma fronteira de decisão linear, e os kernels são usados. Um kernel é apenas a transformação dos dados de entrada que permitem o algoritmo SVM tratar/processar os dados mais facilmente. Com o uso de kernels, os dados são projetados em uma dimensão mais alta para classificá-los melhor.

O SVM é usado tanto para a classificação quanto para a regressão. Isso é possível ao convertermos o problema original de otimização em um problema dual. Para a regressão, o truque é reverter o objetivo. Em vez de tentar ajustar a rua mais larga possível entre duas classes ao mesmo tempo em que limita as violações de margem, a regressão SVM tenta ajustar o máximo possível de instâncias na rua (a área em cinza no centro da Figura 4-3), enquanto limita as violações de margem. A largura da rua é controlada por um hiperparâmetro.

Os modelos de regressão e classificação SVM podem ser construídos usando o pacote sklearn do Python, como mostram os seguintes trechos de códigos:

`Regressão`

```
from sklearn.svm import SVR
model = SVR()
model.fit(X, Y)
```

`Classificação`

```
from sklearn.svm import SVC
model = SVC()
model.fit(X, Y)
```

Hiperparâmetros

Os seguintes parâmetros-chave são apresentados na implementação sklearn de SVM e podem ser ajustados durante o grid search:

Kernels (`kernel` *no sklearn)*
: A escolha do kernel controla a maneira pela qual as variáveis de entrada serão projetadas. Há muitas opções de kernels, mas *linear* e *RBF* (*https://oreil.ly/XpBOi*) são os mais comuns.

Penalidade (`C` *no sklearn)*
: O parâmetro de penalidade diz à otimização SVM o quanto você quer evitar classificar de forma errada cada exemplo de treinamento. Para valores maiores do parâmetro de penalidade, a otimização escolherá um hiperplano com margem menor. Bons valores podem ter uma escala logarítmica de 10 a 1.000.

Vantagens e desvantagens

Em termos de vantagens, o SVM é bastante robusto contra o sobreajuste, especialmente em um espaço com mais dimensões. Ele lida muito bem com as relações não lineares, com muitas opções de kernels a serem escolhidos. Além disso, não há requisitos distribucionais para os dados.

Considerando as desvantagens, o SVM pode ser ineficiente para treinar e exigir muita memória para executar e calibrar. Ele não performa bem com conjuntos grandes de dados. Exige a escalada de features dos dados. Também há muitos hiperparâmetros e seus significados normalmente não são intuitivos.

K-vizinhos Mais Próximos

K-vizinhos mais próximos ou *K-nearest neighbors* (KNN) é considerado um "aprendiz folgado", pois não há aprendizado exigido no modelo. Para um novo ponto de dado, as previsões são feitas ao buscar em todo o conjunto de treinamento as instâncias *K* mais semelhantes (os vizinhos) e resumir a variável da saída para essas instâncias *K*.

Para determinar quais instâncias *K* no conjunto de dados de treinamento são as mais parecidas com a nova entrada, uma medida de distância é usada. A mais popular é a *distância euclidiana*, que é calculada como a raiz quadrada da soma das diferenças quadradas entre um ponto *a* e um ponto *b* ao longo de todos os atributos de entrada *i* e que é representada como $d(a, b) = \sqrt{\sum_{i=1}^{n} (a_i - b_i)^2}$. A distância euclidiana é uma boa métrica de distância a ser usada se as variáveis de entrada forem semelhantes em tipo.

Outra métrica de distância é a *distância Manhattan*, em que a distância entre o ponto *a* e o ponto *b* é representada como $d(a, b) = \sum_{i=1}^{n} | a_i - b_i |$. É uma boa métrica a ser usada se as variáveis de entrada não forem semelhantes em tipo. Os passos do KNN podem ser resumidos assim:

1. Escolha o número de *K* e uma métrica de distância.
2. Encontre os *K*-vizinhos mais próximos da amostra que quer classificar.
3. Atribua o rótulo de classe por voto da maioria.

Os modelos de regressão e classificação KNN podem ser construídos usando o pacote sklearn do Python, como mostra o seguinte código:

`Classificação`

```
from sklearn.neighbors import KNeighborsClassifier
model = KNeighborsClassifier()
model.fit(X, Y)
```

`Regressão`

```
from sklearn.neighbors import KNeighborsRegressor
model = KNeighborsRegressor()
model.fit(X, Y)
```

Hiperparâmetros

Os seguintes parâmetros-chave estão presentes na implementação sklearn do KNN e podem ser ajustados durante a realização do grid search:

Número de vizinhos (`n_neighbors` *no sklearn)*

O hiperparâmetro mais importante para o KNN é o número de vizinhos (`n_neighbors`). Bons valores ficam entre 1 e 20.

Métrica de distância (`metric` *no sklearn)*

Também pode ser interessante testar diferentes métricas de distância para escolher a composição da vizinhança. Bons valores são *euclideanos* e *Manhattan*.

Vantagens e desvantagens

Em termos de vantagens, não há treinamento envolvido e, portanto, não há uma fase de aprendizado. Visto que o algoritmo não exige treinamento antes de fazer previsões, novos dados podem ser acrescentados de forma ininterrupta sem impactar a precisão do algoritmo. É intuitivo e fácil de entender. O modelo lida naturalmente com classificação de multiclasses e pode aprender fronteiras de decisão complexas. O KNN é eficaz se os dados de treinamento forem grandes. Também é robusto com os dados ruidosos, e não há a necessidade de filtrar os outliers.

Considerando as desvantagens, a métrica de distância a ser escolhida não é óbvia e, em muitos casos, difícil de ser justificada. O KNN tem um mau desempenho com conjuntos de dados altamente dimensionais. É caro e devagar para prever novas instâncias, pois a distância para todos os vizinhos deve ser recalculada. Ele é sensível aos ruídos no conjunto de dados. Precisamos inserir manualmente os valores faltantes e remover os outliers. Além disso, o dimensionamento de features (padronização e normalização) é exigido antes de aplicar o algoritmo KNN a qualquer conjunto de dados; de outro modo, ele pode gerar previsões erradas.

Análise Discriminante Linear

O objetivo do algoritmo de *análise discriminante linear* ou *linear discriminant analysis* (LDA) é projetar os dados em um espaço com menos dimensões de maneira que a separabilidade de classes seja maximizada e a variância dentro de uma classe seja minimizada.[4]

Durante o treinamento do modelo LDA, as propriedades estatísticas (média e matriz de covariância) de cada classe são computadas. São estimadas com base nas seguintes hipóteses quanto aos dados:

- Os dados têm uma distribuição normal (*https://oreil.ly/cuc7p*), de modo que cada variável tem o formato de uma curva de sino, quando plotada.
- Cada atributo tem a mesma variância, e os valores de cada variável variam ao redor da média aproximadamente com a mesma quantidade.

Para fazer previsões, o LDA estima a probabilidade de que um novo conjunto de entradas pertence a cada classe. A classe de saída é a que tem a maior probabilidade.

Implementação em Python e hiperparâmetros

O modelo de classificação LDA pode ser construído usando o pacote sklearn do Python, como mostra o seguinte trecho de código:

```
from sklearn.discriminant_analysis import LinearDiscriminantAnalysis
model = LinearDiscriminantAnalysis()
model.fit(X, Y)
```

O hiperparâmetro-chave para o modelo LDA é o número de componentes para a redução de dimensionalidade, representado por `n_components` no sklearn.

Vantagens e desvantagens

As vantagens são que o LDA é um modelo relativamente simples, com uma implementação rápida e fácil. As desvantagens são que ele exige um dimensionamento de features e envolve operações matriciais complexas.

Árvores de Classificação e de Regressão

Em termos mais gerais, o propósito de uma análise por meio de algoritmos de construção de árvores é determinar um conjunto de condições lógicas *se/então* (split) que permitem a previsão precisa ou a classificação de casos. As *árvores de classificação e regressão,* ou *CART,* segundo a sigla em inglês, são modelos atrativos se a interpretabilidade nos for importante. Podemos pensar nesse modelo como decompor nossos dados e tomar decisão com base em uma série de perguntas feitas. Esse algoritmo é o fundamento dos métodos ensemble, como floresta aleatória e potencialização de gradiente.

Representação

O modelo pode ser representado por uma *árvore binária* (ou *árvore de decisão*), em que cada nó é uma variável de entrada *x* com um ponto de bifurcação e cada folha contém uma variável de saída *y* para cada previsão.

---

4 A abordagem de projeção de dados é semelhante ao algoritmo PCA, analisado no Capítulo 7.

A Figura 4-4 mostra o exemplo de uma árvore simples de classificação para prever se uma pessoa é homem ou mulher com base em duas entradas: altura (em centímetros) e peso (em quilogramas).

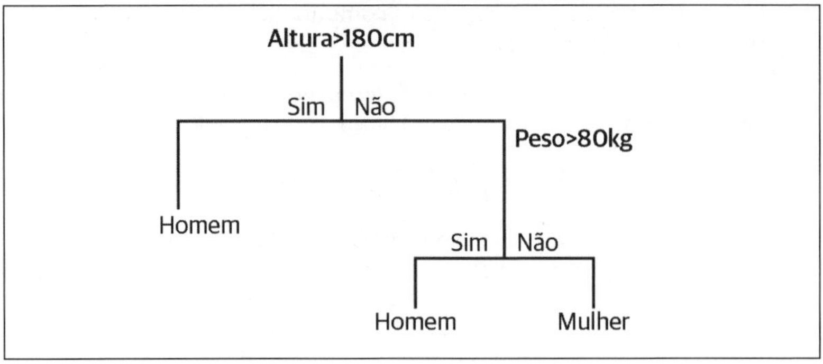

Figura 4-4. Exemplo de uma árvore de classificação e regressão

Aprendizado de um modelo CART

Criar uma árvore binária é, na verdade, um processo de dividir o espaço de entradas. Uma *abordagem gananciosa* chamada *divisão binária recursiva* é usada para dividir o espaço. Trata-se de um procedimento numérico no qual todos os valores são alinhados e diferentes pontos de divisão são testados usando uma função custo (perda). A divisão com o melhor custo (menor custo, pois o minimizamos) é selecionada. Todas as variáveis de entrada e todos os possíveis pontos de divisão são avaliados e escolhidos de forma gananciosa (ou seja, o melhor ponto de divisão será escolhido toda vez).

Para os problemas de modelagem de regressão preditiva, a função custo que é minimizada para escolher os pontos de divisão (split) é a *soma dos quadrados dos erros* ao longo de todas as amostras de treinamento que ficam dentro do retângulo:

$$\Sigma^{n}_{i=1} (y_i - predição_i)^2$$

em que y_i é a saída para a amostra de treinamento e predição é a saída prevista para o retângulo. Para a classificação, o *coeficiente de Gini* é usado; ele fornece uma indicação do nível de pureza dos nós folhas (ou seja, se os dados de treinamento atribuídos a cada nó estão bem misturados) e é definido como:

$$G = \Sigma^{n}_{i=1} \, p_k * (1 - p_k)$$

em que G é o custo Gini em todas as classes, e p_k é o número de instâncias de treinamento com a classe k no retângulo de interesse. Um nó que tem todas as classes do mesmo tipo (pureza de classe perfeita) terá $G = 0$, enquanto um nó que tem um split de *50–50* de classes para um problema de classificação binária (pior pureza) terá $G = 0,5$.

Critério de parada

O procedimento recursivo de divisão binária descrito na seção anterior precisa saber quando parar de dividir à medida que vai descendo ao longo da árvore com os dados de treinamento. O procedimento de parada mais comum é usar uma contagem mínima do número de instâncias de treinamento atribuídas a cada nó folha. Se a contagem der menos do que algum mínimo, então a divisão não será aceita e o nó será considerado como o último.

Podando a árvore

O critério de parada é importante, pois influencia muito a performance da árvore. A poda pode ser usada depois de a árvore ter aprendido a aumentar ainda mais a performance. A complexidade de uma árvore de decisão é definida como o número de splits nela. As árvores mais simples são as preferidas, visto que são mais rápidas de executar e fáceis de entender, consomem menos memória e armazenamento durante o processamento e têm menos chances de sobreajustar os dados. O método mais rápido e simples de poda é analisar cada nó folha na árvore e avaliar o efeito de removê-lo usando um conjunto de teste. Um nó folha é removido apenas se isso resultar em uma queda na função custo em geral no conjunto inteiro de teste. A remoção dos nós pode ser interrompida quando nenhuma outra melhoria puder ser feita.

Implementação em Python

Modelos de regressão e classificação CART podem ser construídos usando o pacote sklearn do Python, como mostra o seguinte trecho de código:

`Classificação`

```
from sklearn.tree import DecisionTreeClassifier
model = DecisionTreeClassifier()
model.fit(X, Y)
```

`Regressão`

```
from sklearn.tree import DecisionTreeRegressor
model = DecisionTreeRegressor ()
model.fit(X, Y)
```

Hiperparâmetros

A CART tem muitos hiperparâmetros. No entanto, o principal é a profundidade máxima do modelo da árvore, que é o número de componentes para a redução de dimensionalidade e é representado por `max_depth` no pacote sklearn. Bons valores podem variar entre *2* a *30*, dependendo do número de features nos dados.

Vantagens e desvantagens

Em termos de vantagens, a CART é fácil de interpretar e pode se adaptar para aprender relações complexas. Exige pouca preparação de dados, e os dados normalmente não precisam ser escalados. A importância de features está embutida devido à maneira pela qual os nós de decisão são criados. Performa bem com grandes conjuntos de dados. Funciona tanto com problemas de regressão como de classificação.

Em termos de desvantagens, a CART tem a tendência de sobreajuste, a menos que a poda seja utilizada. Pode ser muito pouco robusto, significando que as pequenas mudanças no conjunto de treinamento podem levar a diferenças bastante significativas na função hipótese que é aprendida. Em geral, tem uma performance pior que os modelos ensemble, que são analisados a seguir.

Modelos Ensemble

O objetivo dos *modelos ensemble* é combinar diferentes classificadores em um metaclassificador que tenha uma performance melhor de generalização do que cada classificador individual. Por exemplo, presumindo que coletamos previsões com dez especialistas, os métodos ensemble nos permitiriam combinar estrategicamente suas previsões e fazer uma previsão que fosse mais precisa e robusta do que as previsões individuais de cada especialista.

Os dois métodos ensemble mais populares são bagging e boosting. *Bagging* (ou *bootstrap aggregation*) é uma técnica ensemble para treinar diversos modelos individuais de uma forma paralela. Cada modelo é treinado com um subconjunto aleatório de dados. *Boosting*, por outro lado, é uma técnica ensemble para treinar diversos modelos de uma forma sequencial. Isso é feito ao construir um modelo a partir dos dados de treinamento e, depois, criar um segundo modelo que tenta corrigir os erros do primeiro. Os modelos são acrescentados até que o conjunto de treinamento seja previsto perfeitamente ou até que um número máximo de modelos seja acrescentado. Cada modelo individual aprende com os erros cometidos pelo modelo anterior. Assim como as próprias árvores de decisão, bagging e boosting podem ser usados para problemas de classificação e regressão.

Ao combinar modelos individuais, o modelo ensemble tende a ser mais flexível (menos viés) e menos sensível aos dados (menos variância).[5] Os métodos ensemble combinam múltiplos algoritmos mais simples para obter uma performance melhor.

Nesta seção, analisaremos floresta aleatória, AdaBoost, método gradient boosting e árvores extras, juntamente com suas implementações usando o pacote sklearn.

Floresta aleatória. *Floresta aleatória/random forest* é uma versão ajustada das árvores de decisão com bagging. Para entendermos um algoritmo desse tipo, vamos primeiro definir o *algoritmo de bagging*. Presumindo que temos um conjunto de dados com mil instâncias, os passos de bagging são:

1. Criar muitas (cem, por exemplo) subamostras aleatórias do nosso conjunto de dados.
2. Treinar um modelo CART com cada amostra.
3. Considerando um novo conjunto de dados, calcular a predição média de cada modelo e agregar a predição por cada árvore para atribuir o rótulo final por maioria de votos.

Um problema com árvores de decisão como a CART é que elas são gananciosas. Elas escolhem a variável a ser dividida usando um algoritmo ganancioso que minimiza o erro. Mesmo depois do bagging, as árvores de decisão podem ter muitas semelhanças estruturais e resultar em alta correlação em suas previsões. A combinação de predições de múltiplos modelos em ensembles funciona melhor se as predições dos submodelos não estiverem correlacionadas ou, no máximo, se tiverem uma correlação fraca. A floresta aleatória muda o algoritmo de aprendizado de tal forma que as predições resultantes de todas as subárvores têm menos correlação.

5 Viés e variância são descritos em detalhes posteriormente neste capítulo.

Na CART, ao selecionar um ponto de divisão, o algoritmo de aprendizado recebe a permissão de analisar todas as variáveis e todos os valores de variáveis para selecionar o ponto ideal de divisão. O algoritmo de floresta aleatória muda esse procedimento, de modo que cada subárvore pode acessar apenas uma amostra aleatória dos features ao selecionar os pontos de divisão. O número de features que pode ser buscado em cada ponto de divisão (*m*) deve ser especificado como um parâmetro para o algoritmo.

À medida que as árvores de decisão com bagging são construídas, podemos calcular quanto a função erro cai para uma variável em cada ponto de divisão. Nos problemas de regressão, pode ser a queda na soma dos quadrados dos erros, e na classificação, pode ser o custo Gini. O método bagging pode fornecer importância aos features ao calcular e tirar a média da queda da função erro para variáveis individuais.

Implementação em Python. Os modelos de árvore aleatória para regressão e classificação podem ser construídos usando o pacote sklearn do Python, como mostra este código:

`Classificação`

```
from sklearn.ensemble import RandomForestClassifier
model = RandomForestClassifier()
model.fit(X, Y)
```

`Regressão`

```
from sklearn.ensemble import RandomForestRegressor
model = RandomForestRegressor()
model.fit(X, Y)
```

Hiperparâmetros. Alguns dos principais hiperparâmetros que estão presentes na implementação da floresta aleatória pelo sklearn e que podem ser ajustados durante o grid search são:

Número máximo de features (`max_features` *no sklearn*)
: É o parâmetro mais importante. É o número de features aleatórios a serem amostrados em cada ponto de split. Você pode usar uma variedade de valores inteiros, como de 1 a 20 ou de 1 até a metade do número de features de entrada.

Número de estimadores (`n_estimators` *no sklearn*)
: Representa o número de árvores. Idealmente, deve ser aumentado até que nenhuma outra melhoria seja vista no modelo. Bons valores podem ser uma escala logarítmica de 10 a 1.000.

Vantagens e desvantagens. O algoritmo (ou modelo) floresta aleatória ganhou uma enorme popularidade nos aplicativos de AM durante a última década devido à sua boa performance, escalabilidade e facilidade de uso. É flexível e atribui naturalmente os scores de importância dos features, então pode lidar com colunas redundantes de features. É escalável para conjuntos maiores de dados e, em geral, resistente ao sobreajuste. O algoritmo não precisa dos dados para ser escalado e pode modelar uma relação não linear.

Em termos de desvantagens, a floresta aleatória pode parecer uma abordagem de caixa-preta, pois temos pouquíssimo controle sobre o que o modelo faz e pode ser difícil interpretar os resultados. Embora a floresta aleatória faça um bom trabalho com a classificação, pode não ser tão boa para os problemas de regressão, visto que não dá uma previsão de natureza contínua e precisa. No caso da regressão, ela não prediz além do alcance dos dados de treinamento e pode sobreajustar conjuntos de dados que são particularmente ruidosos.

Extra trees

Extra trees (árvores extras), também conhecido como *extremely randomized trees (árvores extremamente aleatórias)*, é uma variação da floresta aleatória; cria múltiplas árvores e divide os nós usando subconjuntos de features, como em uma floresta aleatória. Todavia, diferentemente da floresta aleatória, em que as observações são feitas com substituição, as observações são feitas sem substituição. Desta forma, não há repetição de observações.

Além disso, a floresta aleatória seleciona o melhor split para converter o nó pai nos dois nós filhos mais homogêneos.[6] No entanto, o extra trees seleciona um split aleatório para dividir o nó pai em dois nós filhos aleatórios. No extra trees, a aleatoriedade não vem a partir do bootstrapping dos dados, mas dos splits aleatórios de todas as observações.

Nos casos do mundo real, a performance é comparável a uma floresta aleatória comum, às vezes um pouco melhor. As vantagens e as desvantagens de extra trees são semelhantes às da floresta aleatória.

Implementação em Python. Os modelos de extra trees para regressão e classificação podem ser construídos usando o pacote sklearn do Python, como mostra o seguinte trecho de código. Os hiperparâmetros do extra trees são semelhantes aos da floresta aleatória, mostrados na seção anterior:

`Classificação`

```
from sklearn.ensemble import ExtraTreesClassifier
model = ExtraTreesClassifier()
model.fit(X, Y)
```

`Regressão`

```
from sklearn.ensemble import ExtraTreesRegressor
model = ExtraTreesRegressor()
model.fit(X, Y)
```

Adaptive Boosting (AdaBoost)

Adaptive Boosting ou *AdaBoost* é uma técnica de boosting na qual a ideia básica é provar os preditores sequencialmente, e cada modelo subsequente procura consertar os erros do seu predecessor. Em cada iteração, o algoritmo AdaBoost muda a distribuição de amostra ao modificar os pesos anexados a cada uma das instâncias. Ele aumenta os pesos das instâncias previstas erroneamente e diminui aquelas das instâncias previstas corretamente.

Os passos do algoritmo AdaBoost são:

1. Inicialmente, todas as observações recebem pesos iguais.

---

6 Split ou divisão é o processo de converter um nó pai não homogêneo em dois nós filhos homogêneos (da melhor forma possível).

2. Um modelo é construído com um subconjunto de dados e, usando esse modelo, previsões são feitas com o conjunto de dados inteiro. Os erros são calculados ao comparar as previsões e os valores atuais.
3. Durante a criação do modelo seguinte, pesos maiores são dados aos pontos de dados que foram previstos de forma incorreta. Os pesos podem ser determinados usando-se o valor de erro. Por exemplo, quanto maior o erro, mais peso é atribuído à observação.
4. Esse processo é repetido até que a função erro não mude ou até que o limite máximo do número de estimadores seja alcançado.

Implementação em Python. Os modelos AdaBoost de regressão e classificação podem ser construídos usando o pacote sklearn do Python, como mostra o trecho de código a seguir:

`Classificação`

```
from sklearn.ensemble import AdaBoostClassifier
model = AdaBoostClassifier()
model.fit(X, Y)
```

`Regressão`

```
from sklearn.ensemble import AdaBoostRegressor
model = AdaBoostRegressor()
model.fit(X, Y)
```

Hiperparâmetros. Alguns dos principais hiperparâmetros que estão presentes na implementação sklearn do AdaBoost e que podem ser ajustados durante o grid search são:

Taxa de aprendizado (`learning_rate` no sklearn)
: Diminui a contribuição de cada classificador/regressor. Pode ser considerado em uma escala logarítmica. Os valores de amostra para o grid search podem ser 0,001, 0,01 e 0,1.

Número de estimadores (`n_estimators` no sklearn)
: Representa o número de árvores. Idealmente, deve ser aumentado até que nenhuma outra melhoria seja vista no modelo. Bons valores podem ser uma escala logarítmica de 10 a 1.000.

Vantagens e desvantagens. Em termos de vantagens, o AdaBoost tem um alto grau de precisão. Pode alcançar resultados semelhantes de outros modelos, necessitando muito menos ajustes de parâmetros ou configurações. O algoritmo não precisa dos dados para ser escalado e pode modelar uma relação não linear.

Em termos de desvantagens, o treinamento do AdaBoost consome muito tempo. Ele pode ser sensível a dados com ruídos e outliers, e o desequilíbrio nos dados leva a uma diminuição na acurácia classificatória.

Método gradient boosting

Gradient boosting method (GBM) é outra técnica de boosting semelhante ao AdaBoost, em que a ideia geral é provar os preditores sequencialmente. O gradient boosting funciona por se acrescentar de forma sequencial as previsões anteriores subajustadas ao ensemble, garantindo que os erros cometidos anteriormente sejam corrigidos.

Estes são os passos do algoritmo gradient boosting:

1. Um modelo (que pode ser referido como o primeiro aprendiz fraco) é construído com um subconjunto de dados. Usando esse modelo, previsões são feitas com o conjunto de dados inteiro.
2. Os erros são calculados ao comparar as previsões e os valores atuais, e a perda é calculada usando a função de perda.
3. Um novo modelo é criado usando os erros do passo anterior como a variável-alvo. O objetivo é encontrar o melhor split nos dados para minimizar o erro. As previsões feitas por esse novo modelo são combinadas com as previsões do anterior. Novos erros são calculados usando esse valor previsto e o valor atual.
4. Esse processo é repetido até que a função erro não mude ou até que o limite máximo do número de estimadores tenha sido alcançado.

Contrário ao AdaBoost, que ajusta os pesos das instâncias em cada interação, esse método tenta ajustar o novo preditor aos erros residuais cometidos pelo preditor anterior.

Implementação em Python e hiperparâmetros. Os modelos do método gradient boosting para regressão e classificação podem ser construídos usando o pacote sklearn do Python, como mostra o trecho de código a seguir. Os hiperparâmetros do método gradient boosting são semelhantes aos do AdaBoost, mostrados na seção anterior:

`Classificação`

```
from sklearn.ensemble import GradientBoostingClassifier
model = GradientBoostingClassifier()
model.fit(X, Y)
```

`Regressão`

```
from sklearn.ensemble import GradientBoostingRegressor
model = GradientBoostingRegressor()
model.fit(X, Y)
```

Vantagens e desvantagens. Considerando as vantagens, o método gradient boosting é robusto com dados faltantes, features altamente correlacionados e features irrelevantes, da mesma maneira que a floresta aleatória. Ele atribui naturalmente os scores de importância dos features, com uma performance levemente melhor que a da floresta aleatória. O algoritmo não precisa dos dados para ser escalado e pode modelar uma relação não linear.

Quanto às desvantagens, ele pode ter mais tendências ao sobreajuste do que a floresta aleatória, visto que o principal propósito da abordagem de boosting é reduzir o viés, e não a variância. Ele tem muitos hiperparâmetros para calibrar, então o desenvolvimento do modelo pode não ser tão rápido. Além disso, a importância dos features pode não ser robusta à variação no conjunto de dados de treinamento.

Modelos Baseados em RNAs

No Capítulo 3, analisamos o básico sobre as RNAs, assim como sua arquitetura e seu treinamento e implementação em Python. Os detalhes disponibilizados naquele capítulo são aplicáveis em todas as áreas do aprendizado de máquina, incluindo o aprendizado supervisionado. Porém há alguns detalhes adicionais sob a perspectiva do aprendizado supervisionado, que analisaremos nesta seção.

As redes neurais são redutíveis a um modelo de classificação ou de regressão com a função de ativação do nó na camada de saída. No caso de um problema de regressão, o nó de saída tem uma função de ativação linear (ou não tem uma função de ativação). Uma função linear produz uma saída contínua indo de `-inf` a `+inf`. Dessa forma, a camada de saída será a função linear dos nós na camada antes da camada de saída e será um modelo baseado em regressão.

No caso de um problema de classificação, o nó de saída tem uma função de ativação sigmoide ou softmax. Esse tipo de função produz uma saída que vai de zero a um para representar a probabilidade do valor-alvo. A função softmax também pode ser usada por múltiplos grupos para classificação.

RNA usando sklearn

Os modelos de RNA de regressão e classificação podem ser construídos usando o pacote sklearn do Python, como mostra o trecho de código a seguir:

Classificação

```
from sklearn.neural_network import MLPClassifier
model = MLPClassifier()
model.fit(X, Y)
```

Regressão

```
from sklearn.neural_network import MLPRegressor
model = MLPRegressor()
model.fit(X, Y)
```

Hiperparâmetros

Como vimos no Capítulo 3, a RNA tem muitos hiperparâmetros. Alguns deles que estão presentes na implementação via sklearn e podem ser ajustados durante o grid search são:

Camadas Ocultas/Hidden Layers (`hidden_layer_sizes` *no sklearn)*
: Representam o número de camadas e nós na arquitetura da RNA. Na implementação via sklearn da RNA, o elemento *i* representa o número de neurônios na camada oculta *i*. Um valor de amostra para o grid search na implementação no sklearn pode ser [(*20*,), (*50*,), (*20*, *20*), (*20*, *30*, *20*)].

Função de Ativação/Activation Function (`activation` *no sklearn)*
: Representa a função de ativação de uma camada oculta. Algumas das funções de ativação definidas no Capítulo 3, como `sigmoid`, `relu` ou `tanh`, podem ser usadas.

Rede neural profunda

As RNAs com mais de uma única camada oculta são denominadas redes profundas. Preferimos usar a biblioteca Keras para implementar tais redes, considerando sua flexibilidade. A implementação detalhada de uma rede neural profunda em Keras foi disponibilizada no Capítulo 3. Semelhante ao `MLPClassifier` e ao `MLPRegressor` no sklearn para classificação e regressão, o Keras tem módulos chamados `KerasClassifier` e `KerasRegressor` que podem ser usados para criar modelos de classificação e regressão com redes profundas.

Um problema popular em finanças é a previsão de séries temporais, ou seja, prever o próximo valor em uma série temporal com base em uma análise histórica. Algumas das redes neurais profundas, como a rede neural recorrente (RNN – recurrent neural network), podem ser usadas diretamente para uma previsão de série temporal. Os detalhes dessa abordagem estão disponíveis no Capítulo 5.

Vantagens e desvantagens

A principal vantagem de uma RNA é que ela capta muito bem a relação não linear entre as variáveis. Ela pode aprender mais facilmente representações abundantes e é boa com um grande número de features de entrada com um grande conjunto de dados. A RNA é flexível quanto ao uso. Isso fica evidente a partir de seu uso em uma ampla variedade de áreas de aprendizado profundo e IA, incluindo o aprendizado por reforço e o PLN, como vimos no Capítulo 3.

A principal desvantagem da RNA é a interpretabilidade do modelo, um ponto fraco que não pode ser ignorado tão facilmente, sendo às vezes o fator determinante na escolha de um modelo. A RNA não é boa com conjunto de dados pequenos e exige muitos ajustes e conjeturas. É difícil escolher a topologia ou os algoritmos certos para resolver um problema. Além disso, a RNA é computacionalmente cara e pode necessitar de muito tempo para ser treinada.

Usando RNAs para aprendizado supervisionado em finanças

Se um modelo simples como uma regressão linear ou logística resolver perfeitamente seu problema, não se preocupe com a RNA. Contudo, se está modelando um conjunto complexo de dados e sente a necessidade de mais poder preditivo, experimente-a. Ela é um dos modelos mais flexíveis para se adaptar ao formato dos dados, e pode ser interessante e um exercício valioso usá-la para problemas de aprendizado supervisionado.

Performance de Modelo

Na seção anterior, analisamos o grid search como forma de encontrarmos o hiperparâmetro certo para termos uma performance melhor. Nesta seção, expandiremos esse processo ao discutirmos os componentes essenciais de avaliação da performance do modelo, que são o sobreajuste, a validação cruzada e as métricas avaliativas.

Sobreajuste e Subajuste

Um problema comum no aprendizado de dados é o *sobreajuste/overfitting*, definido como aprender uma função que explica perfeitamente os dados de treinamento a partir dos quais o modelo aprendeu, mas que não generaliza bem com dados de teste não vistos. O sobreajuste ocorre quando um modelo aprende demais a partir dos dados de treinamento a ponto de começar a captar idiossincrasias que não são representativas dos padrões no mundo real. Isso se torna especialmente problemático à medida que fazemos nossos modelos de forma cada vez mais complexa.

O *subajuste/underfitting* é um problema relacionado no qual o modelo não é complexo o suficiente para captar a tendência subjacente nos dados. A Figura 4-5 ilustra o sobreajuste e o subajuste. O gráfico à esquerda mostra um modelo de regressão linear; uma linha reta subajusta claramente a função verdadeiro. O gráfico central mostra que um polinomial de alto grau aproxima a relação verdadeiro razoavelmente bem. Por outro lado, um polinomial de um alto grau ajusta a pequena amostra quase perfeitamente e performa melhor com os dados de treinamento, mas isso não generaliza e faria um trabalho horrível em explicar um novo ponto de dado.

Os conceitos de sobreajuste e subajuste têm uma relação próxima com o *dilema viés-variância (bias-variance trade-off)*. *Viés* se refere ao erro devido às premissas extremamente simplistas ou às hipóteses errôneas no algoritmo de aprendizado. Isso resulta no subajuste dos dados, como mostra o gráfico à esquerda da Figura 4-5. Um alto viés significa que nosso algoritmo de aprendizado está deixando passar tendências importantes entre os features. A *variância* faz referência ao erro ocorrido por causa de um modelo extremamente complexo que tenta ajustar os dados da forma mais próxima possível. Em casos com alta variância, os valores previstos do modelo ficam extremamente próximos aos valores reais do conjunto de treinamento. Uma variância alta aumenta o sobreajuste, como mostra o gráfico à direita na Figura 4-5. Em última análise, para termos um bom modelo, precisamos de um viés e de uma variância baixos.

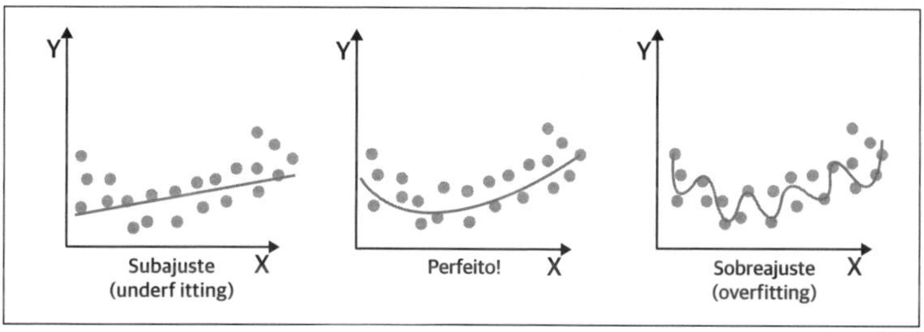

Figura 4-5. Sobreajuste e subajuste

Há duas maneiras de combater o sobreajuste:

Usar mais dados de treinamento
: Quanto mais dados de treinamento tivermos, mais difícil será haver sobreajuste dos dados, porque o modelo está aprendendo demais a partir de um exemplo único de treinamento.

Usar a regularização
: Acrescentar uma penalidade na função de perda para a criação de um modelo que atribui um poder explanatório demasiado para qualquer um dos features ou que permite features demais a serem considerados.

O conceito do sobreajuste e as maneiras de combatê-lo são aplicáveis a todos os modelos de aprendizado profundo. Por exemplo, as regressões regularizadas tratam do sobreajuste na regressão linear, como vimos anteriormente neste capítulo.

Validação Cruzada

Um dos desafios do aprendizado de máquina é treinar modelos que consigam generalizar bem com dados não vistos (sobreajuste versus subajuste ou um dilema viés-variância). A ideia principal da *validação cruzada (cross validation)* é fazer um split dos dados uma vez, ou diversas vezes, para que cada split seja usado uma vez como um conjunto de validação e o restante seja usado como um conjunto de treinamento: parte dos dados (a amostra de treinamento) é usada para treinar o algoritmo e a outra parte (a amostra de validação) é usada para estimar o risco do algoritmo. A validação cruzada nos permite obter estimativas confiáveis do erro de generalização do modelo. É mais fácil entender isso com um exemplo. Quando fazemos uma validação cruzada de *k-fold*, dividimos de forma aleatória os dados de treinamento em *k* folds (ou subconjunto de dados). Depois, treinamos o modelo usando *k-1* folds e avaliamos a performance do subconjunto *k*. Repetimos o processo *k* vezes e tiramos a média dos scores resultantes.

A Figura 4-6 mostra um exemplo de validação cruzada em que os dados são divididos em cinco conjuntos e, em cada rodada, um dos conjuntos é usado para validação.

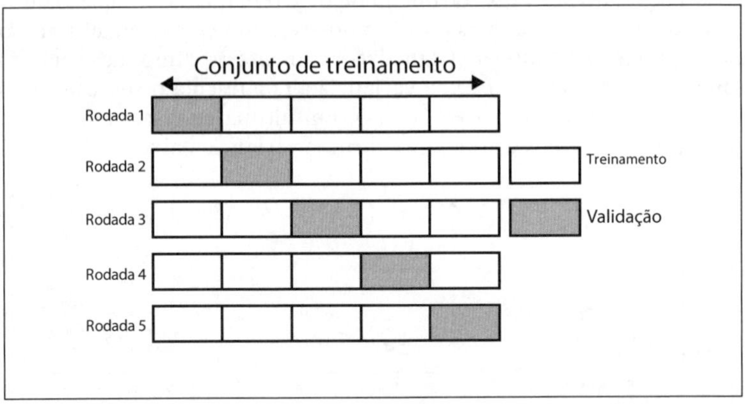

Figura 4-6. Validação cruzada

Uma possível desvantagem da validação cruzada é o custo computacional, especialmente quando combinada com um grid search para a calibração de hiperparâmetros. Ela pode ser realizada em duas linhas usando o pacote sklearn; realizaremos a validação cruzada nos estudos de caso sobre aprendizado supervisionado.

Na próxima seção, analisaremos as métricas de avaliação para os modelos de aprendizado supervisionado que são usadas para medir e comparar a performance dos modelos.

Métricas Avaliativas

As métricas usadas para avaliar os algoritmos de aprendizado profundo são importantíssimas. A escolha da métrica influencia como a performance dos algoritmos de aprendizado profundo são medidos e comparados. As métricas influenciam tanto como você pesa a importância de características diferentes nos resultados quanto sua escolha final do algoritmo.

As principais métricas avaliativas para regressão e classificação são apresentadas na Figura 4-7.

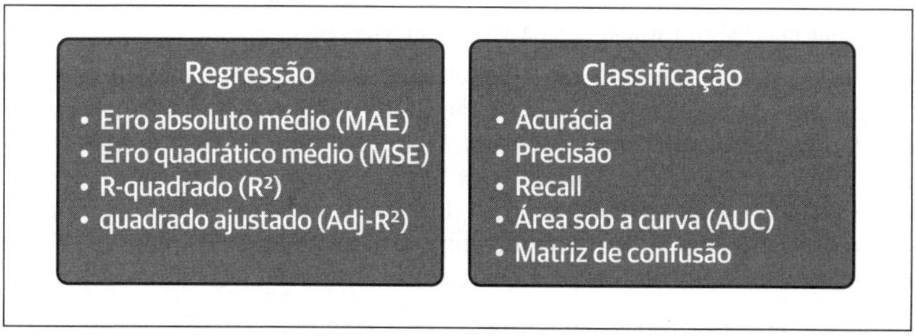

Figura 4-7. Métricas avaliativas para regressão e classificação

Vamos começar analisando as métricas avaliativas para a regressão supervisionada.

Erro absoluto médio

O *erro absoluto médio (mean absolute error - MAE)* é a soma das diferenças absolutas entre os valores previstos e os atuais. O MAE é um score linear, o que significa que todas as diferenças individuais são ponderadas igualmente na média. Ele dá uma ideia de como as previsões estavam erradas. A métrica dá uma ideia da magnitude do erro, mas sem a ideia da direção (como previsão demais ou de menos).

Erro quadrático médio

O *erro quadrático médio (mean squared error - MSE)* representa o desvio-padrão amostral das diferenças entre os valores previstos e os valores observados (denominados residuais). É muito semelhante ao erro absoluto médio, no sentido de que nos dá uma ideia geral sobre a magnitude do erro. Obter a raiz quadrada do erro absoluto médio converte as unidades de volta às unidades originais da variável de saída e pode ser significativo para a descrição e a apresentação. Isso se chama *raiz do erro quadrático médio (root mean squared error - RMSE).*

Métrica R^2

A *métrica* R^2 fornece uma indicação de "qualidade de ajuste" das predições para o valor real. Na literatura estatística, ela é denominada coeficiente de determinação. Trata-se de um valor entre zero e um, para não ajuste e ajuste perfeito, respectivamente.

Métrica R^2 ajustado

Assim como o R^2,o R^2 *ajustado* também mostra até que ponto os termos se ajustam em uma curva ou linha, mas se ajusta ao número de termos em um modelo. Ele é fornecido na seguinte fórmula:

$$R_{adj}^2 = 1 - \left[\frac{(1 - R^2)(n - 1))}{n - k - 1} \right]$$

em que *n* é o número total de observações e *k* é o número de preditores. O R^2 ajustado sempre será menor ou igual ao R^2.

Selecionando uma métrica avaliativa para a regressão supervisionada

Em termos de uma preferência entre essas métricas avaliativas, se o objetivo principal for a precisão preditiva, então a RMSE é a melhor. É computacionalmente simples e facilmente diferenciável. A perda é simétrica, mas os erros maiores pesam mais no cálculo. Os MAEs são simétricos, porém não pesam mais os erros maiores. O R^2 e o R^2 ajustado são normalmente usados com propósitos explanatórios ao indicar até que ponto a variável independente selecionada explica a variabilidade na variável independente.

Primeiro, vamos analisar as métricas avaliativas para a classificação supervisionada.

Classificação

Visando à simplicidade, analisaremos as coisas principalmente em termos de um problema de classificação binária (ou seja, apenas duas saídas, como verdadeiro ou falso); alguns termos comuns são:

Positivos verdadeiros/true positives (TP)
: Positivo previsto é de fato positivo.

Falsos positivos/false positives (FP)
: Positivo previsto é de fato negativo.

Negativos verdadeiros/true negatives (TN)
: Negativo previsto é de fato negativo.

Falsos negativos/false negatives (FN)
: Negativo previsto é de fato positivo.

A diferença entre três métricas avaliativas comumente usadas para classificação (acurácia, precisão e recall) está ilustrada na Figura 4-8.

$$\text{Precisão} = \frac{\text{Positivo verdadeiro}}{\text{Resultados reais}} \quad \text{ou} \quad \frac{\text{Positivo verdadeiro}}{\text{Positivo verdadeiro} + \text{Falso positivo}}$$

$$\text{Recall} = \frac{\text{Positivo verdadeiro}}{\text{Resultados previstos}} \quad \text{ou} \quad \frac{\text{Positivo verdadeiro}}{\text{Positivo verdadeiro} + \text{Falso negativo}}$$

$$\text{Acurácia} = \frac{\text{Positivo verdadeiro} + \text{Negativo verdadeiro}}{\text{Total}}$$

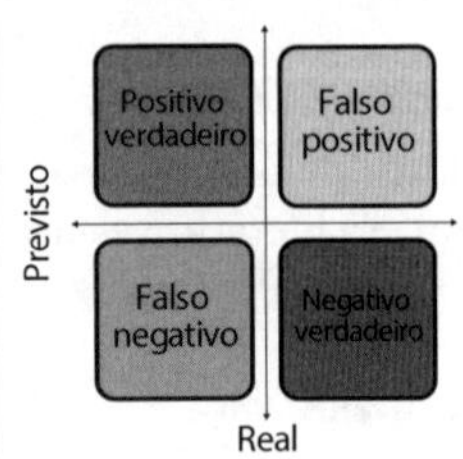

Figura 4-8. Acurácia, precisão e recall

Acurácia

Como mostra a Figura 4-8, a *acurácia* é o número de previsões corretas feitas como uma proporção de todas as previsões realizadas. É a métrica de avaliação mais comum para problemas de classificação, sendo também a mais mal utilizada. É mais adequada quando há um número igual de observações em cada classe (o que raramente é o caso) e quando todas as previsões e os erros preditivos relacionados são igualmente importantes, o que em geral não é o caso.

Precisão

Precisão é a porcentagem de instâncias positivas do total de instâncias positivas previstas. Aqui, o denominador é a previsão modelo feita como positiva a partir de todo o conjunto de dados fornecido. É uma boa métrica para determinar quando o custo de falso positivos é alto (como na detecção de e-mail spam).

Recall

Recall (ou *taxa verdadeira* ou *de sensibilidade*) é a porcentagem das instâncias positivas do total real de instâncias positivas. Portanto, o denominador (positivo verdadeiro + negativo falso) é o número real de instâncias positivas apresentadas no conjunto de dados. O recall é uma boa métrica quando há um alto custo associado com os falsos negativos (como na detecção de fraudes).

Além da acurácia, da precisão e do recall, algumas outras métricas avaliativas bastante usadas para classificação são analisadas nas próximas seções.

Área sob a curva ROC

A *área sob a curva ROC (area under ROC curve - AUC)* é uma métrica avaliativa para problemas de classificação binária. ROC é uma curva de probabilidade, e a AUC representa o grau ou a medida de separabilidade. Ela diz até onde o modelo é capaz de distinguir entre as classes. Quanto maior for a AUC, melhor será o modelo para prever zeros como zeros e uns como uns. Uma AUC de *0,5* significa que o modelo não tem nenhuma capacidade de separação de classes. A interpretação probabilística do score da AUC é que, se você escolher aleatoriamente um caso positivo e um caso negativo, a probabilidade de o caso positivo ter uma classificação melhor do que o caso negativo de acordo com o classificador é fornecida pela AUC.

Matriz de confusão

Uma matriz de confusão [do inglês, Confusion Matrix] dispõe a performance de um algoritmo de aprendizado. Ela é apenas uma matriz quadrada que aponta a contagem das predições de positivos verdadeiros (TP), negativos verdadeiros (TN), falsos positivos (FP) e falsos negativos (FN) de um classificador, como mostra a Figura 4-9.

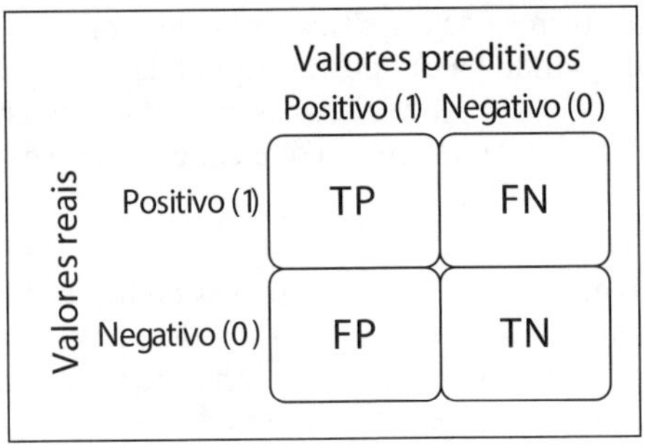

Figura 4-9. Matriz de confusão

A matriz de confusão é uma apresentação prática da acurácia de um modelo com duas ou mais classes. A tabela apresenta as previsões no *eixo x* e as saídas de precisão no *eixo y*. As células da tabela são o número de previsões feitas pelo modelo. Por exemplo, o modelo pode prever zero ou um, e cada previsão pode de fato ter sido zero ou um. As previsões para zero que eram realmente zero aparecem na célula de previsão = 0 e real = 0, ao passo que as previsões para zero que eram de fato um aparecem na célula de previsão = 0 e real = 1.

Selecionando uma métrica avaliativa para a classificação supervisionada

A métrica avaliativa para a classificação depende muitíssimo da tarefa em mãos. Por exemplo, recall é uma boa métrica quando há alto custo associado com falsos negativos, como na detecção de fraudes. Examinaremos essas métricas avaliativas com mais detalhes nos estudos de caso.

Seleção de Modelo

Selecionar o modelo perfeito de aprendizado de máquina é tanto uma arte quanto uma ciência. Ao observá-los não há solução ou abordagem que seja uma panaceia. Há diversos fatores que podem afetar a escolha de um modelo de aprendizado de máquina. O principal critério na maioria dos casos é a performance do modelo, que discutimos na seção anterior. Todavia, há muitos outros fatores a serem considerados durante a seleção. Na próxima seção, veremos tais fatores, seguidos por uma análise de prós e contras.

Fatores para a Seleção de Modelo

Estes são os fatores considerados para o processo de seleção de modelo:

Simplicidade
: O grau de simplicidade do modelo. A simplicidade geralmente resulta em modelos e resultados mais rápidos, escaláveis e fáceis de entender.

Tempo de treinamento
: Velocidade, performance, uso de memória e tempo geral necessário para o treinamento do modelo.

Habilidade com dados não lineares
: A habilidade do modelo em lidar com a relação não linear entre as variáveis.

Robustez para o sobreajuste
: Habilidade do modelo para lidar com o sobreajuste.

Tamanho do conjunto de dados
: Habilidade do modelo em lidar com um grande número de exemplos de treinamento no conjunto de dados.

Número de features
: A habilidade do modelo em lidar com uma alta dimensionalidade do espaço de features.

Interpretação do modelo
: Até que ponto o modelo é explicável? A interpretabilidade do modelo é importante, pois nos permite tomar ações concretas para resolver problemas subjacentes.

Escalabilidade de features
: O modelo precisa de variáveis para ser escalado ou distribuído normalmente?

A Figura 4-10 compara os modelos de aprendizado supervisionado com relação aos fatores mencionados e estabelece uma regra geral para estreitar a busca do melhor algoritmo de aprendizado de máquina[7] para determinado problema. A tabela se baseia nas vantagens e desvantagens dos diferentes modelos analisados na seção individual de cada modelo neste capítulo.

	Regressão linear	Regressão logística	SVM	CART	Gradient boosting	Floresta aleatória	Rede neural artificial	KNN	LDA
Simplicidade	✓	✓	✓	✓	✗	✗	✗	✓	✓
Tempo de treinamento	✓	✓	✗	✓	✗	✗	✗	✓	✓
Lida com não linearidade	✗	✗	✓	✓	✓	✓	✓	✓	✓
Robusto com sobreajuste	✗	✗	✓	✗	✗	✓	✗	✓	✗
Grandes conjuntos de dados	✗	✗	✗	✓	✓	✓	✓	✗	✓
Muitos features	✗	✗	✓	✓	✓	✓	✓	✗	✓
Interpretação do modelo	✓	✓	✗	✓	✓	✓	✗	✓	✓
Escala de features é necessária	✗	✗	✓	✗	✗	✗	✗	✗	✗

Figura 4-10. Seleção de modelo

A partir da tabela, podemos verificar que modelos relativamente simples incluem as regressões linear e logística, e à medida que vamos rumo ao ensemble e à RNA, a complexidade aumenta. Em termos de tempo de treinamento, os modelos lineares e a CART são relativamente mais rápidos de treinar em comparação com os métodos ensemble e RNA.

7 Nesta tabela, não incluímos *AdaBoost* e *extra trees*, visto que seu comportamento geral em todos os parâmetros é semelhante ao *Gradient Boosting* e à *Floresta Aleatória*, respectivamente.

As regressões logística e linear não podem lidar com relações não lineares, embora todos os outros modelos possam. O SVM pode lidar com a relação não linear entre as variáveis dependentes e independentes, com kernels não lineares.

O SVM e a floresta aleatória tendem a sobreajustar menos quando comparados com a regressão linear, a regressão logística, o gradient boosting e a RNA. O grau de sobreajuste também depende de outros parâmetros, como tamanho dos dados e calibração do modelo, e pode ser verificado ao observar os resultados do conjunto de teste para cada modelo. Além disso, os métodos de boosting, como gradient boosting, têm um risco maior de sobreajuste em comparação com os métodos de bagging, como a floresta aleatória. Lembre-se de que o foco do gradient boosting é minimizar o viés, e não a variância.

As regressões linear e logística não conseguem lidar bem com grandes conjuntos de dados e com um número grande de features. No entanto, a CART, os métodos de ensemble e a RNA são capazes de lidar com conjuntos grandes de dados e muitos features de forma muito boa. A regressão linear e a logística geralmente performam melhor do que outros modelos quando o tamanho do conjunto de dados é pequeno. A aplicação das técnicas de redução de variáveis (mostradas no Capítulo 7) permite que os modelos lineares lidem com grandes conjuntos de dados. A performance da RNA aumenta proporcionalmente ao tamanho do conjunto de dados.

Considerando que a regressão linear, a regressão logística e a CART são modelos relativamente simples, elas têm uma interpretação de modelo melhor em comparação com os modelos ensemble e RNA.

Prós e Contras dos Modelos

Com frequência, é necessário escolher fatores diferentes ao selecionar um modelo. A RNA, o SVM e alguns métodos ensemble podem ser usados para criar modelos preditivos muito precisos, mas talvez não tenham tanta simplicidade e interpretabilidade, podendo exigir uma grande quantidade de recursos para serem treinados.

Quanto a escolher um modelo final, aqueles com interpretabilidade menor podem ser os preferidos quando a performance preditiva for o objetivo mais importante, e não é necessário explicar como o modelo funciona e faz as previsões. Em alguns casos, porém, a interpretabilidade do modelo é obrigatória.

É muito comum vermos exemplos orientados à interpretabilidade no setor financeiro. Em muitos casos, escolher um algoritmo de aprendizado de máquina tem menos a ver com a otimização ou com os aspectos técnicos do algoritmo e muito mais com as decisões empresariais. Imagine que um algoritmo de aprendizado de máquina é usado para aceitar ou rejeitar a solicitação de cartão de crédito de alguém. Se o solicitante for rejeitado e decidir fazer uma reclamação ou abrir um processo, a instituição financeira precisará explicar como aquela decisão foi tomada. Embora isso possa ser praticamente impossível para uma RNA, é relativamente simples para os modelos baseados em árvores de decisão.

Diferentes classes de modelos são boas para modelar diferentes tipos de padrões subjacentes nos dados. Assim, um bom primeiro passo é testar rapidamente algumas classes de modelos para saber quais captam a estrutura subjacente do conjunto de dados com mais eficiência. Seguiremos essa abordagem ao realizarmos a seleção de modelos em todos os nossos estudos de caso baseados em aprendizado supervisionado.

Resumo do Capítulo

Neste capítulo, analisamos a importância dos modelos de aprendizado supervisionado nas finanças, além de vermos uma breve introdução a diversos modelos de aprendizado supervisionado, incluindo regressões linear e logística, SVM, árvores de decisão, ensemble, KNN, LDA e RNA. Demonstramos o treinamento e o ajuste desses modelos em poucas linhas de código usando as bibliotecas sklearn e Keras.

Discutimos as métricas de erro mais comuns para os modelos de regressão e classificação, explicamos o dilema viés-variância e ilustramos as várias ferramentas para administrar o processo de seleção de modelo usando a validação cruzada.

Apresentamos as forças e as fraquezas de cada modelo e analisamos os fatores a serem considerados na seleção do melhor modelo. Também falamos sobre os prós e contras ao considerarmos performance e interpretabilidade do modelo.

No próximo capítulo, mergulharemos nos estudos de caso de regressão e classificação. Todos os estudos de caso nos próximos dois capítulos fazem uso dos conceitos apresentados neste capítulo, bem como nos dois anteriores.

CAPÍTULO 5

Aprendizado Supervisionado: Regressão (Incluindo Modelos de Séries Temporais)

O aprendizado de máquina baseado em regressão é uma forma preditiva de modelagem na qual o objetivo é modelar a relação entre um alvo e a(s) variável(eis) preditora(s) de modo a estimar um conjunto contínuo de saídas possíveis. São os modelos de aprendizado de máquina mais usados em finanças.

Uma das áreas de foco dos analistas das instituições financeiras (e das finanças em geral) é prever as oportunidades de investimento, normalmente a previsão de preços e retornos de ativos. Os modelos de aprendizado de máquina baseados em regressão são inerentemente adequados nesse contexto. Eles ajudam os gestores financeiros e de investimento a entender as propriedades da variável prevista e sua relação com outras variáveis e também os ajuda a identificar fatores significativos que levam a retornos dos ativos. Isso ajuda os investidores a estimar perfis de retorno, custos de negociações, investimentos técnicos e financeiros necessários na infraestrutura e, consequentemente, o perfil de risco e a lucratividade de uma estratégia ou de um portfólio.

Com a disponibilidade de grandes volumes de dados e técnicas de processamento, o aprendizado de máquina baseado em regressão não fica limitado apenas à previsão de preços do ativo. Esses modelos são aplicados a uma ampla gama de áreas dentro das finanças, incluindo a gestão de portfólio, a precificação de seguros e de instrumentos, o hedge e a gestão de riscos.

Neste capítulo, cobrimos três estudos de casos baseados em regressão supervisionada que abrangem diversas áreas, incluindo a previsão de preços de ativos, a precificação de instrumentos e a gestão de portfólio. Todos os estudos de caso seguem o modelo de desenvolvimento de processo com sete passos apresentado no Capítulo 2; tais passos incluem: definir o problema, carregar os dados, fazer a análise a exploratória dos dados, a preparação dos dados, a avaliação do modelo e o ajuste do modelo.[1] Eles têm o propósito de não apenas cobrir um conjunto diverso de tópicos a partir das finanças, mas também abranger múltiplos conceitos de aprendizado de máquina e de modelagem, incluindo os modelos a partir da regressão linear básica até o aprendizado profundo mais avançado, que foram apresentados no Capítulo 4.

1 Pode haver uma reorganização ou renomeação dos passos ou subpassos com base na conveniência e intuitividade deles.

Uma quantidade substancial de problemas de predição e de modelagem de ativos no setor financeiro envolve um componente de tempo e a estimativa de uma saída contínua. Como tal, também é importante abordar os *modelos de séries temporais*. Em sua forma mais ampla, a análise de séries temporais trata de inferir o que aconteceu com uma série de pontos de dados no passado e tentar prever o que acontecerá com ela no futuro. Tem havido muitas comparações e debates na academia e no setor concernentes às diferenças entre a regressão supervisionada e os modelos de séries temporais. A maioria dos modelos de séries temporais é *paramétrica* (isto é, presume-se que uma função conhecida represente os dados), enquanto a maioria dos modelos de regressão supervisionada é *não paramétrica*. Os modelos de séries temporais usam basicamente dados históricos das variáveis previstas para predição, e os algoritmos de aprendizado supervisionado usam *variáveis exógenas* como variáveis preditoras.[2] No entanto, a regressão supervisionada pode incorporar os dados históricos da variável prevista por meio de uma abordagem de atraso de tempo [timedelay] (apresentada neste capítulo), e um modelo de série temporal (como ARIMAX, também apresentada neste capítulo) pode usar variáveis exógenas para previsão. Sendo assim, as séries temporais e os modelos de regressão supervisionada são semelhantes, no sentido de que ambos podem usar variáveis exógenas assim como dados históricos da variável prevista para fazer previsões. Em relação à saída final, ambos estimam um conjunto contínuo de saídas possíveis de uma variável.

No Capítulo 4, vimos os conceitos de modelos comuns entre a regressão supervisionada e a classificação supervisionada. Dado que os modelos de séries temporais estão alinhados de forma mais próxima com a regressão supervisionada do que com a classificação supervisionada, veremos os conceitos dos modelos de séries temporais separadamente neste capítulo. Também demonstraremos como podemos usar os modelos de séries temporais com dados financeiros para prever valores futuros. A comparação de modelos de séries temporais com os modelos de regressão supervisionada será apresentada nos estudos de caso. Além disso, alguns modelos de aprendizado de máquina e aprendizado profundo (como LSTM) podem ser usados diretamente para a previsão de séries temporais e também serão analisados.

No "Estudo de Caso 1: Previsão do Preço das Ações", na página 91, demonstramos um dos problemas mais comuns de previsão nas finanças: prever os retornos de ações. Além de prever de forma precisa os preços futuros das ações, o propósito desse estudo de caso é analisar o framework baseado em aprendizado de máquina para a predição de uma classe geral de ativos em finanças. Nele, veremos diversos conceitos de aprendizado de máquina e de séries temporais e também nos concentraremos na visualização e no ajuste do modelo.

No "Estudo de Caso 2: Precificação de Derivativos", na página 109, mergulharemos na precificação de derivativos usando a regressão supervisionada e mostrare-

2 Uma variável exógena é aquela cujo valor é determinado fora do modelo e imposta a ele.

mos como empregar as técnicas de aprendizado de máquina no contexto de problemas tradicionais de análise quantitativa. Quando comparadas com os modelos tradicionais de precificação de derivativos, as técnicas de aprendizado de máquina podem levar a uma precificação mais rápida sem depender de diversas hipóteses inúteis. A computação numérica eficiente usando o aprendizado de máquina pode ser cada vez mais útil nas áreas como gestão de riscos financeiros, em que uma compensação entre eficiência e precisão é geralmente inevitável.

No "Estudo de Caso 3: Tolerância do Investidor ao Risco e Robôs Advisors", na página 119, ilustraremos o framework baseado em regressão supervisionada para estimar a tolerância do investidor ao risco. No estudo de caso, desenvolvemos um dashboard de robô advisor em Python e implementamos o modelo de previsão de tolerância ao risco no dashboard. Demonstramos como tais modelos podem levar à automação de processos de gestão de portfólio, incluindo o uso de robôs advisors para a gestão de investimentos. O propósito é ilustrar como o aprendizado de máquina pode efetivamente ser usado para superar o problema da tradicional tolerância ao risco ou dos questionários de tolerância ao risco que sofrem com diversos vieses comportamentais.

No "Estudo de Caso 4: Previsão da Curva a Termo (Yield Curve)", na página 135, usamos um framework baseado em regressão supervisionada para prevermos os prazos das curvas a termo de forma simultânea. Demonstramos como podemos produzir prazos diferentes ao mesmo tempo para modelar a yield curve usando modelos de aprendizado de máquina.

Neste capítulo, aprenderemos sobre os seguintes conceitos relacionados às técnicas de regressão supervisionada e de séries temporais:

- Aplicação e comparação de diferentes modelos de séries temporais e aprendizado de máquina.
- Interpretação dos modelos e dos resultados. Entender o potencial do sobreajuste e do subajuste e a intuição subjacente aos modelos lineares versus os não lineares.
- Preparação e transformações dos dados a serem usados nos modelos de AM.
- Seleção de features e engenharia para melhorar a performance do modelo.
- Usar a visualização e a exploração de dados para entender as saídas.
- Ajuste de algoritmo para melhorar a performance do modelo. Entender, implementar e ajustar os modelos de séries temporais, como ARIMA, para previsão.
- Estruturar o enunciado de um problema relacionado com a gestão de portfólio e as finanças comportamentais em um framework de AM baseado em regressão.
- Entender como os modelos baseados em aprendizado profundo, como o LSTM, podem ser usados para uma previsão de séries temporais.

Os modelos usados para a regressão supervisionada foram apresentados nos Capítulos 3 e 4. Antes dos estudos de caso, analisaremos os modelos de séries temporais. É altamente recomendável que você consulte *Time Series Analysis and Its Applications*, 4ª edição, de Robert H. Shumway e David S. Stoffer para uma compreensão mais aprofundada dos conceitos sobre as séries temporais, e *Mãos à Obra: Aprendizado de máquina com Scikit-Learn, Keras & TensorFlow*, 2ª edição, de Aurélien Géron (Alta Books) para obter mais conceitos sobre os modelos de regressão supervisionada.

Repositório de Códigos Deste Capítulo

Um template mestre baseado em Python para regressão supervisionada, um template de modelo de série temporal e o Jupyter notebook para todos os estudos de caso apresentados neste capítulo estão incluídos na pasta *Chapter 5 - Sup. Learning - Regression and Time Series models* (*https://oreil.ly/sJFV0*) do repositório de códigos para este livro.

Para qualquer estudo de caso novo baseado em regressão supervisionada, use o template comum do repositório de códigos, modifique os elementos específicos do estudo de caso e use os conceitos e insights dos estudos de caso apresentados neste capítulo. O template também inclui a implementação e o ajuste dos modelos ARIMA e LSTM.[3] Os templates são projetados para executar na nuvem (Kaggle, Google Colab e AWS). Todos os estudos de caso foram desenvolvidos com um template uniforme de regressão.[4]

Modelos de Séries Temporais

Uma *série temporal* é uma sequência de números que são ordenados por um índice temporal.

Nesta seção, veremos os seguintes aspectos dos modelos de séries temporais, nos quais nos aprofundaremos posteriormente nos estudos de caso:

- Os componentes de uma série temporal.
- A autocorrelação e a estacionariedade das séries temporais.
- Modelos tradicionais de séries temporais (como o ARIMA).
- O uso de modelos de aprendizado profundo para a modelagem de séries temporais.
- A conversão de dados de séries temporais em um framework de aprendizado supervisionado.

3 Esses modelos são analisados posteriormente neste capítulo.

4 Pode haver uma reorganização ou renomeação dos passos ou subpassos com base na conveniência e intuitividade deles.

As Partes de uma Série Temporal

Uma série temporal pode ser dividida nos seguintes componentes:

Componente de Tendência

Uma tendência é um movimento direcional consistente em uma série temporal. Essas tendências serão *determinísticas* ou *estocásticas*. A primeira nos permite fornecer um racional subjacente à tendência, ao passo que o segundo é um feature aleatório de uma série que provavelmente não conseguiremos explicar. As tendências normalmente aparecem nas séries financeiras, e muitos modelos de tendências usam algoritmos sofisticados de identificação de tendências.

Componente Sazonal

Muitas séries temporais contêm variação sazonal. Isso é especialmente verdade nas séries que representam vendas comerciais ou níveis climáticos. Nas finanças quantitativas, é comum vermos a variação sazonal, especialmente nas séries relacionadas com a temporada de férias ou a variação anual de temperatura (como gás natural).

Podemos escrever os componentes de uma série temporal y_t como:

$$y_t = S_t + T_t + R_t$$

em que S_t é o componente sazonal, T_t é o componente de tendência e R_t representa o componente restante da série temporal que não foi captado pelos outros dois componentes.

O código Python para decompor uma série temporal (Y) em seus componentes é o seguinte:

```
import statsmodels.api as sm
sm.tsa.seasonal_decompose(Y,freq=52).plot()
```

A Figura 5-1 mostra a série temporal decomposta nos componentes de tendência, sazonalidade e o restante. Decompor uma série temporal nesses componentes pode nos ajudar a entender melhor a série temporal e a identificar seu comportamento para obtermos uma previsão melhor.

Os três componentes da série temporal são mostrados separadamente na parte de baixo dos três painéis. Eles podem ser agrupados para reconstruir a série temporal real mostrada na parte de cima do painel (mostrada como "observado"). Observe que a série temporal mostra um componente de tendência depois de 2017. Daí, o modelo preditivo para esse série temporal deve incorporar as informações sobre o comportamento de tendência depois de 2017. Quanto à sazonalidade, há um certo aumento na magnitude no início do ano calendário. O componente residual mostrado na parte de baixo do painel é o que sobrou quando os componentes sazonal e de tendência foram subtraídos dos dados. O componente residual é praticamente estável com alguns picos e ruídos ao redor de 2018 e 2019. Outra coisa: cada um dos gráficos usa uma escala diferente, e o componente de tendência tem uma amplitude máxima conforme apontada pela escala no gráfico.

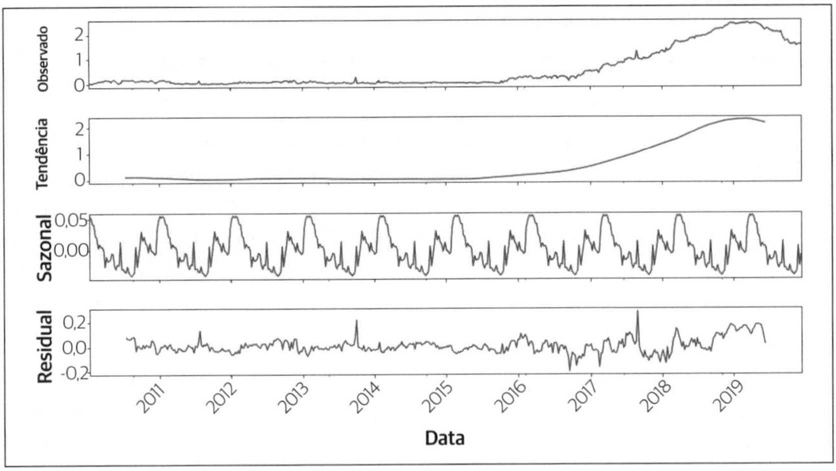

Figura 5-1. Componentes da série temporal

Autocorrelação e Estacionariedade

Quando recebemos uma ou mais séries temporais, é relativamente simples decompô-las nos componentes de tendência, sazonalidade e residual. Contudo, há outros aspectos que entram em cena quando trabalhamos com dados de séries temporais, especialmente em finanças.

Autocorrelação

Há diversas situações em que elementos consecutivos de uma série temporal exibem correlação. Ou seja, o comportamento dos pontos sequenciais na série afeta um ao outro de uma maneira dependente. A *autocorrelação* é a similaridade entre as observações como uma função do intervalo entre elas. Tais relações podem ser modeladas usando um modelo de autorregressão. O termo *autorregressão* indica que é uma regressão da própria variável.

No modelo de autorregressão, prevemos a variável de interesse usando uma combinação linear de valores passados da variável.

Assim, um modelo autorregressivo da ordem p pode ser escrito como:

$$y_t = c + \phi_1 y_{t-1} + \phi_2 y_{t-2} + \ldots \phi_p y_{t-p} + \epsilon$$

em que ϵ_t é ruído [ruído branco, do inglês *white noise*].[5] Um modelo autorregressivo é como uma regressão múltipla, mas com valores com intervalos de y_t como preditores. Referimo-nos a isso como modelo AR(p), um modelo autorregressivo da ordem p. Os modelos autorregressivos são extremamente flexíveis para lidarem com uma ampla gama de padrões diferentes de séries temporais.

5 Um processo de ruído é um processo aleatório de variáveis aleatórias que não estão correlacionadas e têm média de zero e variância finita.

Estacionariedade

Uma série temporal é considerada estacionária se suas propriedades estatísticas não mudarem ao longo do tempo. Assim, uma série temporal com tendência ou sazonalidade não é estacionária, visto que elas afetarão o valor da série em momentos diferentes. Por outro lado, uma série de ruído é estacionária, visto que não importa quando você a observa, pois se mostrará semelhante em qualquer momento.

A Figura 5-2 mostra alguns exemplos de séries não estacionárias.

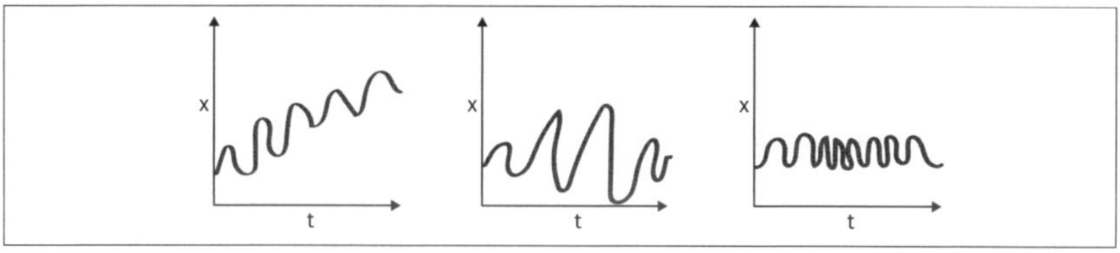

Figura 5-2. Gráficos não estacionários

No primeiro gráfico, podemos ver claramente que a média varia (aumenta) com o tempo, resultando em uma tendência de alta. Assim, é uma série não estacionária. Para uma série ser classificada como estacionária, ela não deveria exibir uma tendência. Passando para o segundo gráfico, certamente não vemos uma tendência na série; sua variância é uma função do tempo. Uma série estacionária deve ter variância constante; portanto, essa série também é não estacionária. No terceiro gráfico, a distribuição fica mais próxima à medida que o tempo aumenta, sugerindo que a covariância é uma função do tempo. Os três exemplos mostrados na Figura 5-2 representam séries temporais não estacionárias. Agora, observe o quarto gráfico, apresentado na Figura 5-3.

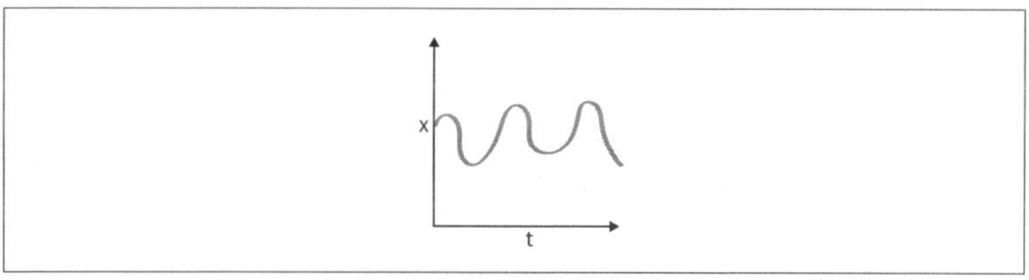

Figura 5-3. Gráfico estacionário

Nesse caso, a média, a variância e a covariância são constantes com o tempo. Tal é a aparência de uma série temporal estacionária. Prever valores futuros usando esse quarto gráfico seria mais fácil. A maioria dos modelos estatísticos exige que a série seja estacionária para fazer previsões eficazes e precisas.

Os dois principais motivos subjacentes à não estacionariedade de uma série temporal são a tendência e a sazonalidade, como mostra a Figura 5-2. Para usar os modelos de previsão de séries temporais, normalmente convertemos qualquer série não estacionária em estacionária, facilitando a modelagem, visto que as propriedades estatísticas não mudam ao longo do tempo.

Diferenciação

A diferenciação é um dos métodos usados para transformar a série temporal em estacionária. Neste método, computamos a diferença de termos consecutivos na série. A diferenciação é tipicamente realizada para se livrar da média variante. Matematicamente, ela pode ser expressa como:

$$y_t' = y_t - y_{t-1}$$

em que y_t é o valor em um tempo t.

Quando a série diferenciada é de ruído, a série original é referida como uma série não estacionária de grau um.

Modelos Tradicionais de Séries Temporais (Incluindo o Modelo ARIMA)

Há muitas maneiras de modelar uma série temporal para fazer previsões. A maioria dos modelos de séries temporais visa incorporar os componentes de tendência, sazonalidade e restante, ao mesmo tempo em que lida com a autocorrelação e a estacionariedade incorporadas na série temporal. Por exemplo, o modelo autorregressivo (AR) analisado na seção anterior lida com a autocorrelação em uma série temporal.

Um dos modelos mais amplamente usados na previsão com séries temporais é o modelo ARIMA.

ARIMA

Se combinarmos a estacionariedade com a autorregressão e um modelo de média móvel (analisado posteriormente nesta seção), obteremos um modelo *ARIMA*, que é acrônimo para AutoRegressive Integrated Moving Average [modelo autorregressivo integrado de média móvel], e tem os seguintes componentes:

AR(p)
: Representa a autorregressão, ou seja, a regressão da série temporal em si mesma, como vimos na seção anterior, com uma hipótese de que os valores atuais da série dependem de seus valores anteriores com algum intervalo (ou vários). O intervalo máximo no modelo é referido como *p*.

I(d)
: Representa a ordem de integração. É apenas o número de diferenças necessárias para transformar a série em estacionária.

MA(q)
: Representa a média móvel. Sem entrarmos em detalhes, ele modela o erro da série temporal; novamente, a hipótese é a de que o erro atual depende do anterior com algum intervalo, que é referido como *q*.

A equação da média móvel é expressa como:

$$y_t = c + \epsilon_t + \theta_1 \epsilon_{t-1} + \theta_2 \epsilon_{t-2}$$

em que, ϵ_t é ruído. Referimo-nos a isso como um modelo *MA(q)* da ordem *q*.

Combinando todos os componentes, o modelo ARIMA completo pode ser expresso como:

$$y_t' = c + \phi_1 y_{t-1}' + \cdots + \phi_p y_{t-p}' + \theta_1 \varepsilon_{t-1} + \cdots + \theta_q \varepsilon_{t-q} + \varepsilon_t$$

em que $y_{t'}$ é a série diferencial (pode ter sido diferenciada mais de uma vez). Os preditores no lado direito incluem tanto os valores com intervalo de y_t' quanto os erros com intervalos. Denominamos isso de modelo ARIMA (*p,d,q*), em que *p* é a ordem da parte autorregressiva, *d* é o grau da primeira diferenciação envolvida e *q* é a ordem da parte da média móvel. As mesmas condições de estacionariedade e invertibilidade usadas para os modelos autorregressíveis e de média móvel também se aplicam ao modelo ARIMA.

O código Python para ajustar o modelo ARIMA da ordem (1,0,0) é este:

```
from statsmodels.tsa.arima_model import ARIMA
model=ARIMA(endog=Y_train,order=[1,0,0])
```

A família dos modelos ARIMA tem diversas variantes, e algumas delas são as seguintes:

ARIMAX
: Modelos ARIMA com variáveis exógenas incluídas. Usaremos este modelo no estudo de caso 1.

SARIMA
: O "S" aqui representa sazonal, e este modelo visa modelar o componente de sazonalidade incorporado na série temporal, juntamente com outros componentes.

VARMA
: É a extensão do modelo para o caso multivariado, em que há muitas variáveis a serem previstas de forma simultânea. Fazemos isso no "Estudo de Caso 4: Previsão da Curva a Termo (Yield Curve)", na página 135.

Abordagem de Aprendizado Profundo para a Modelagem de Séries Temporais

Os modelos tradicionais de séries temporais, como o ARIMA, são bem compreendidos e eficazes para muitos problemas. No entanto, tais métodos tradicionais também sofrem com diversas limitações. Os modelos tradicionais de séries temporais são funções lineares, ou transformações simples de funções lineares, e exigem parâmetros manualmente diagnosticados, como a dependência de tempo, e não performam bem com dados corrompidos ou faltantes.

Se observarmos os avanços no campo de aprendizado profundo para a previsão de séries temporais, podemos constatar que a *rede neural recorrente — recurrente neural network* (RNN) está ganhando cada vez mais atenção nos últimos anos. Esses métodos podem identificar estruturas e padrões como a não linearidade, podem modelar perfeitamente problemas com múltiplas variáveis de entrada e são relativamente robustos com dados faltantes. Os modelos de RNN podem reter o estado de uma iteração para a seguinte ao usar a própria saída como entrada para o próximo passo. Esses modelos de aprendizado profundo podem ser referidos como modelos de séries temporais, visto que podem fazer previsões futuras usando os pontos de dados no passado, parecido com os modelos tradicionais de séries temporais, como o ARIMA. Portanto, há uma ampla gama de aplicações para as finanças nas quais esses modelos de aprendizado profundo podem ser aproveitados. Vamos analisar os modelos de aprendizado profundo para a previsão de séries temporais.

RNNs

As redes neurais recorrentes (RNNs) são chamadas de "recorrentes" porque realizam a mesma tarefa para cada elemento de uma sequência, estando a saída dependente das computações prévias. Os modelos de RNNs têm uma memória, que capta informações sobre o que já foi calculado. Como mostra a Figura 5-4, uma rede neural recorrente pode ser considerada como cópias múltiplas da mesma rede, sendo que cada fase passa uma mensagem para uma sucessora.

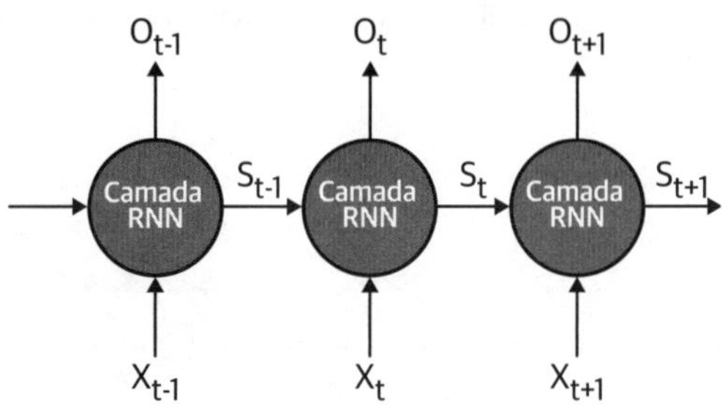

Figura 5-4. Rede neural recorrente

Na Figura 5-4:

- X_t é a entrada no intervalo de tempo *t*.
- O_t é a saída no intervalo de tempo *t*.
- S_t é o estado oculto no intervalo de tempo *t*. É a memória da rede. É calculado com base no estado oculto anterior e na entrada no passo atual.

O principal feature de uma RNN é esse estado oculto, que capta algumas informações sobre uma sequência e as usa sempre que necessário.

Memória longa de curto prazo

A *memória longa de curto prazo* (*long short-term memory* – LSTM) é um tipo especial de RNN projetada explicitamente para evitar o problema de dependência de longo prazo. Lembrar-se das informações por longos períodos de tempo é praticamente o comportamento-padrão de um modelo LSTM.[6] Esses modelos são compostos de um conjunto de células com features para memorizar a sequência dos dados. As células captam e armazenam os fluxos de dados. Além disso, elas interconectam um módulo do passado com outro do presente para transmitir informações de diversas instâncias do passado para o presente. Devido ao uso de gates em cada célula, os dados em cada uma delas podem ser eliminados, filtrados ou acrescentados para as células seguintes.

Os *gates*, baseados nas camadas da rede neural artificial, permitem que as células deixem, de forma opcional, os dados passarem ou serem descartados. Cada camada produz números entre zero e um, retratando a quantidade de cada segmento de dados que deveria ser permitida passar em cada célula. Mas precisamente, a estimativa de um valor zero implica "não deixar nada passar". Uma estimativa de um indica "deixar tudo passar". Três tipos de gates estão envolvidos em cada LSTM, com o objetivo de controlar o estado de cada célula:

Forget Gate (Gate de Esquecimento)
: Produz a saída de um número entre zero e um, em que um mostra "mantenha isso completamente" e zero implica "ignore isso completamente". Esse gate decide condicionalmente se o passado deve ser esquecido ou preservado.

Input Gate (Gate de Entrada)
: Escolhe quais novos dados precisam ser armazenados na célula.

Output Gate (Gate de Saída)
: Decide o que será produzido por cada célula. O valor produzido será baseado no estado da célula juntamente com os dados filtrados e recém-acrescentados.

O Keras "envolve" (wraps) as bibliotecas e funções de computação numérica eficiente e nos permite definir e treinar os modelos de rede neural LSTM com poucas linhas de código. No código a seguir, o módulo LSTM do `keras.layers` é usado para implementar a rede LSTM. A rede é treinada com a variável `X_train_LSTM`. A rede tem uma camada oculta com cinquenta blocos LSTM ou neurônios e uma camada de saída que faz a previsão de um único valor. Veja também, no Capítulo 3, uma descrição mais detalhada de todos os termos (Sequential, taxa de aprendizado, momentum, época e tamanho de lote).

Uma amostra do código Python para implementar um modelo LSTM no Keras é mostrada a seguir:

```
from keras.models import Sequential
from keras.layers import Dense
from keras.optimizers import SGD
from keras.layers import LSTM
```

---

6 Uma explicação detalhada sobre os modelos LSTM está disponível [em inglês] nesta publicação no blog de Christopher Olah: *https://oreil.ly/ 4PDhr.*

```
def create_LSTMmodel(learn_rate = 0.01, momentum=0):
        # criar modelo
    model = Sequential()
    model.add(LSTM(50, input_shape=(X_train_LSTM.shape[1],\
        X_train_LSTM.shape[2])))
    #Um número maior de células pode ser acrescentado, se precisar.
    model.add(Dense(1))
    optimizer = SGD(lr=learn_rate, momentum=momentum)
    model.compile(loss='msVe', optimizer='adam')
    return model
LSTMModel = create_LSTMmodel(learn_rate = 0.01, momentum=0)
LSTMModel_fit = LSTMModel.fit(X_train_LSTM, Y_train_LSTM, validation_data=\
(X_test_LSTM, Y_test_LSTM),epochs=330, batch_size=72, verbose=0, shuffle=False)
```

Em relação ao aprendizado e implementação, o LSTM fornece consideravelmente mais opções para um ajuste fino quando comparado com modelos ARIMA. Embora os modelos de aprendizado profundo exibam diversas vantagens em relação aos modelos tradicionais de séries temporais, os modelos de aprendizado profundo são mais complicados e difíceis de treinar.[7]

Modificando os Dados de Séries Temporais para Modelos de Aprendizado Supervisionado

Uma série temporal é uma sequência de números que são ordenados por um índice de tempo. No aprendizado supervisionado temos variáveis de entrada (*X*) e uma variável de saída (*Y*). Dada uma sequência de números para um conjunto de dados de série temporal, podemos reestruturar os dados em um conjunto de variáveis preditoras e preditas, assim como em um problema de aprendizado supervisionado. Podemos fazer isso usando os passos temporais prévios como variáveis de entrada e usando o passo temporal seguinte como a variável de saída. Vejamos isso em um exemplo.

Podemos reestruturar a série temporal mostrada à esquerda na tabela da Figura 5-5 como um problema de aprendizado supervisionado ao usarmos o valor do passo temporal anterior para prever o valor no próximo passo temporal. Uma vez reorganizado o conjunto de dados da série temporal dessa maneira, os dados ficarão como na tabela à direita.

Passo temporal	Valor
1	10
2	11
3	18
4	15
5	20

X	Y
?	10
10	11
11	18
18	15
15	20
20	?

Figura 5-5. Modificando séries temporais para modelos de aprendizado supervisionado

7 Um modelo ARIMA e um modelo LSTM baseado no Keras serão demonstrados em um dos estudos de caso.

Podemos ver que o passo temporal anterior é a entrada (*X*) e que o passo temporal seguinte é a saída (*Y*) em nosso problema de aprendizado supervisionado. A ordem entre essas duas observações é preservada e deve continuar assim quando usar esse conjunto de dados para treinar um modelo supervisionado. Deletaremos a primeira e a última linha enquanto estivermos treinando nosso modelo supervisionado, pois não temos os valores de *X* ou *Y*.

No Python, a principal função para ajudar a transformar os dados de séries temporais em um problema de aprendizado supervisionado é a função `shift()` da biblioteca Pandas. Demonstraremos essa abordagem nos estudos de caso. O uso de passos temporais prévios para prever o passo temporal seguinte é chamado método *sliding window*, *time delay*, ou *lag*.

Tendo visto todos os conceitos dos modelos de aprendizado supervisionado e de séries temporais, passemos aos estudos de caso.

Estudo de Caso 1: Previsão do Preço das Ações

Um dos maiores desafios nas finanças é prever os preços das ações. No entanto, com o desenvolvimento de avanços recentes das aplicações de aprendizado de máquina, o campo está evoluindo e passa a utilizar soluções não determinísticas que aprendem o que está acontecendo de modo a fazer previsões mais precisas. As técnicas de aprendizado de máquina se aplicam naturalmente à previsão do preço de ações com base em dados históricos. As previsões podem ser feitas para um único ponto temporal à frente ou para um conjunto deles.

Como um panorama geral de alto nível, além do preço histórico da ação em si, os features comumente úteis para a previsão do preço das ações são estes:

Ativos correlacionados

Uma organização depende de e interage com muitos fatores externos, incluindo concorrentes, clientes, a economia global, a situação geopolítica, políticas fiscais e monetárias, acesso ao capital e assim por diante. Dessa forma, o preço de sua ação pode estar correlacionado não apenas com o preço da ação de outras empresas, mas também com outros ativos, como commodities, forex, índices de base ampla ou até títulos de renda fixa.

Indicadores técnicos

Muitos investidores seguem os indicadores técnicos. Média móvel, média móvel exponencial e momentum são os mais populares.

Análise fundamentalista

Duas fontes básicas para obter features que podem ser usados na análise fundamentalista incluem:

Relatórios de desempenho
: Os relatórios anuais a trimestrais das empresas podem ser usados para extrair ou determinar métricas-chave, como ROE (return on equity, ou retorno sobre o patrimônio líquido) ou P/L (preço sobre o lucro, ou P/E, price-to-earnings, em inglês).

Notícias
: As notícias podem indicar eventos futuros que têm o potencial de levar o preço da ação para certa direção.

Neste estudo de caso, usaremos vários modelos baseados no aprendizado supervisionado para prever o preço da ação da Microsoft usando ativos correlacionados e seus próprios dados históricos. Ao fim do estudo de caso, você estará familiarizado com uma abordagem geral de aprendizado de máquina para a modelagem de previsão do preço de ações, desde coletar e limpar os dados até desenvolver e ajustar diferentes modelos.

Neste estudo de caso, vamos nos concentrar em:

- Analisar diversos modelos de aprendizado de máquina e de séries temporais, variando em complexidade, que podem ser usados para prever os retornos de uma ação.
- Visualizar os dados usando tipos diferentes de gráficos (densidade, correlação, dispersão etc.)
- Usar modelos de aprendizado profundo (LSTM) para a previsão de série temporal.
- Implementar o grid search para modelos de séries temporais (modelo ARIMA).
- Interpretar os resultados e examinar o potencial sobreajuste e subajuste dos dados em todos os modelos.

Blueprint de Modelos de Aprendizado Supervisionado para Prever o Preço de uma Ação

1. Definição do problema

No framework de regressão supervisionada usada para este estudo de caso, o retorno semanal da ação da Microsoft é a variável prevista. Precisamos entender o que afeta o preço da ação da empresa e incorporar o máximo possível de informações no modelo. Considerando os ativos correlacionados, os indicadores técnicos e a análise fundamentalista (apresentados na seção anterior), nosso foco será nos ativos correlacionados como features neste estudo de caso.[8]

Para este estudo de caso, além dos dados históricos da Microsoft, as variáveis independentes usadas são os seguintes possíveis ativos correlacionados:

Ações
: IBM (IBM) e Alphabet (GOOGL)

Moeda[9]
: USD/JPY e GBP/USD

Índices
: S&P 500, Dow Jones e VIX

O conjunto de dados usado para este estudo de caso foi extraído do Yahoo Finance e do site FRED (*https://fred.stlouisfed.org*). Além de prever o preço da ação de forma precisa, este estudo de caso também demonstrará a infraestrutura e o framework para cada passo da modelagem com base na série temporal e na regressão supervisionada para a previsão do preço da ação. Usaremos o fechamento diário dos últimos dez anos, a partir de 2010.

2. Dando o primeiro passo — carregando os dados e os pacotes Python

2.1. Carregando os pacotes Python. A lista de bibliotecas usadas para carregamento, análise e preparação de dados, avaliação e ajuste do modelo é mostrada a seguir. Os pacotes usados para propósitos diferentes foram segregados no código Python que segue. Os detalhes da maior parte desses pacotes e funções foram fornecidos nos Capítulos 2 e 4. O uso desses pacotes será demonstrado em passos diferentes do processo de desenvolvimento de modelo.

```
Função e módulos para os modelos de regressão supervisionada
    from sklearn.linear_model import LinearRegression
    from sklearn.linear_model import Lasso
    from sklearn.linear_model import ElasticNet
    from sklearn.tree import DecisionTreeRegressor
    from sklearn.neighbors import KNeighborsRegressor
    from sklearn.svm import SVR
    from sklearn.ensemble import RandomForestRegressor
    from sklearn.ensemble import GradientBoostingRegressor
    from sklearn.ensemble import ExtraTreesRegressor
    from sklearn.ensemble import AdaBoostRegressor
    from sklearn.neural_network import MLPRegressor
```

8 Consulte o "Estudo de Caso 3: Estratégia de Trades com Bitcoin", na página 170 do Capítulo 6 e o "Estudo de Caso 1: PLN e Estratégias de Trades Baseadas na Análise de Sentimento", na página 340 do Capítulo 10 para entender o uso de indicadores técnicos e da análise fundamentalista baseada em notícias como features na previsão de preços.

9 Os mercados de ativos mobiliários seguem os feriados nacionais, ao passo que os mercados de moedas, não. No entanto, o alinhamento das datas em toda a série temporal é certificado antes de qualquer modelagem ou análise.

Função e módulos para a análise de dados e a avaliação do modelo

```
from sklearn.model_selection import train_test_split
from sklearn.model_selection import KFold
from sklearn.model_selection import cross_val_score
from sklearn.model_selection import GridSearchCV
from sklearn.metrics import mean_squared_error
from sklearn.feature_selection import SelectKBest
from sklearn.feature_selection import chi2, f_regression
```

Função e módulos para modelos de aprendizado profundo

```
from keras.models import Sequential
from keras.layers import Dense
from keras.optimizers import SGD
from keras.layers import LSTM
from keras.wrappers.scikit_learn import KerasRegressor
```

Função e módulos para modelos de séries temporais

```
from statsmodels.tsa.arima_model import ARIMA
import statsmodels.api as sm
```

Função e módulos para preparação e visualização de dados

```
# pandas, pandas_datareader, numpy e matplotlib
import numpy as np
import pandas as pd
import pandas_datareader.data as web
from matplotlib import pyplot
from pandas.plotting import scatter_matrix
import seaborn as sns
from sklearn.preprocessing import StandardScaler
from pandas.plotting import scatter_matrix
from statsmodels.graphics.tsaplots import plot_acf
```

2.2. Carregando os dados. Um dos passos mais importantes no aprendizado de máquina e no modelo preditivo é coletar bons dados. Os passos a seguir demonstram o carregamento de dados a partir dos sites do Yahoo Finance e do FRED, usando a função `DataReader` do Pandas:[10]

```
stk_tickers = ['MSFT', 'IBM', 'GOOGL']
ccy_tickers = ['DEXJPUS', 'DEXUSUK']
idx_tickers = ['SP500', 'DJIA', 'VIXCLS']

stk_data = web.DataReader(stk_tickers, 'yahoo')
ccy_data = web.DataReader(ccy_tickers, 'fred')
idx_data = web.DataReader(idx_tickers, 'fred')
```

Em seguida, definimos nossas variáveis dependente *(Y)* e independente*(X)*. A variável prevista é o retorno semanal da ação da Microsoft (MSFT). Presume-se que o número de dias úteis de negociações por semana é cinco, e computamos o retorno usando esse parâmetro. Para as variáveis independentes, usamos os ativos correlacionados e o retorno histórico da MSFT com frequências diferentes.

10 Em diferentes estudos de caso ao longo do livro, demonstraremos o carregamento de dados a partir de fontes diferentes (como CSV e sites externos como quandl).

As variáveis usadas como independentes são os retornos defasados dos cinco dias das ações (IBM e GOOG), moedas (USD/JPY e GBP/USD) e índices (S&P 500, Dow Jones e VIX), juntamente com o retorno defasado de 5, 15, 30 e 60 dias da MSFT.

As variáveis defasadas de cinco dias incorporam o componente de série temporal usando uma abordagem de time-delay, em que a variável defasada é incluída como uma das variáveis independentes. Esse passo está reestruturando os dados de série temporal para um framework de modelo baseado em regressão supervisionada.

```
return_period = 5
Y = np.log(stk_data.loc[:, ('Adj Close', 'MSFT')]).diff(return_period).\
shift(-return_period)
Y.name = Y.name[-1]+'_pred'

X1 = np.log(stk_data.loc[:, ('Adj Close', ('GOOGL', 'IBM'))]).diff(return_period)
X1.columns = X1.columns.droplevel()
X2 = np.log(ccy_data).diff(return_period)
X3 = np.log(idx_data).diff(return_period)

X4 = pd.concat([np.log(stk_data.loc[:, ('Adj Close', 'MSFT')]).diff(i) \
for i in [return_period, return_period*3,\
return_period*6, return_period*12]], axis=1).dropna()
X4.columns = ['MSFT_DT', 'MSFT_3DT', 'MSFT_6DT', 'MSFT_12DT']

X = pd.concat([X1, X2, X3, X4], axis=1)

dataset = pd.concat([Y, X], axis=1).dropna().iloc[::return_period, :]
Y = dataset.loc[:, Y.name]
X = dataset.loc[:, X.columns]
```

3. Análise exploratória de dados

Veremos a análise de estatística descritiva, de visualização de dados e de série temporal nesta seção.

3.1. Estatística descritiva. Observemos o conjunto de dados que temos:

```
dataset.head()
```

```
Output
```

	MSFT_pred	GOOGL	IBM	DEXJPUS	DEXUSUK	SP500	DJIA	VIXCLS	MSFT_DT	MSFT_3DT	MSFT_6DT	MSFT_12DT
2010-03-31	0.021	1.741e-02	-0.002	1.630e-02	0.018	0.001	0.002	0.002	-0.012	0.011	0.024	-0.050
2010-04-08	0.031	6.522e-04	-0.005	-7.166e-03	-0.001	0.007	0.000	-0.058	0.021	0.010	0.044	-0.007
2010-04-16	0.009	-2.879e-02	0.014	-1.349e-02	0.002	-0.002	0.002	0.129	0.011	0.022	0.069	0.007
2010-04-23	-0.014	-9.424e-03	-0.005	2.309e-02	-0.002	0.021	0.017	-0.100	0.009	0.060	0.059	0.047
2010-04-30	-0.079	-3.604e-02	-0.008	6.369e-04	-0.004	-0.025	-0.018	0.283	-0.014	0.007	0.031	0.069

A variável MSFT_pred é o retorno da ação da Microsoft e também a variável prevista. O conjunto de dados contém as séries defasadas de outras ações, moedas e índices correlacionados. Além disso, ele também consiste em retornos históricos defasados da MSFT.

3.2. Visualização de dados. A maneira mais rápida de aprender mais sobre os dados é visualizá-los. A visualização envolve entender, de forma independente, cada atributo do conjunto de dados. Veremos o gráfico de dispersão e a matriz de correlação. Esses gráficos nos dão uma noção da interdependência dos dados. A correlação pode ser calculada e demonstrada para cada par de variáveis ao criar uma matriz de correlação. Assim, além da relação entre as variáveis independentes e dependentes, ela também mostra a correlação entre as variáveis independentes. É vantajoso saber disso, pois alguns algoritmos de aprendizado de máquina, como a regressão linear e logística, podem ter um baixo rendimento se houver variáveis de entrada altamente correlacionadas nos dados:

```
correlation = dataset.corr()
pyplot.figure(figsize=(15,15))
pyplot.title('Correlation Matrix')
sns.heatmap(correlation, vmax=1, square=True,annot=True,cmap='cubehelix')
```

`Output`

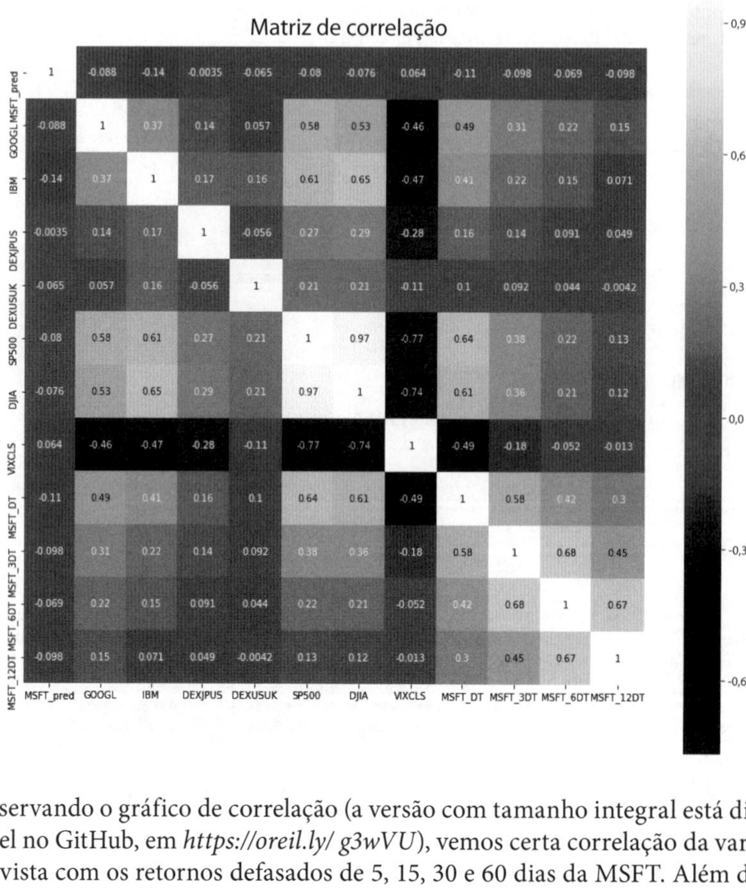

Observando o gráfico de correlação (a versão com tamanho integral está disponível no GitHub, em *https://oreil.ly/ g3wVU*), vemos certa correlação da variável prevista com os retornos defasados de 5, 15, 30 e 60 dias da MSFT. Além disso, podemos perceber uma correlação negativa maior dos retornos de muitos ativos versus o VIX, o que é intuitivo.

Agora, podemos visualizar a relação entre todas as variáveis na regressão usando o gráfico de dispersão, mostrado a seguir:

```
pyplot.figure(figsize=(15,15))
scatter_matrix(dataset,figsize=(12,12))
pyplot.show()
```

Output

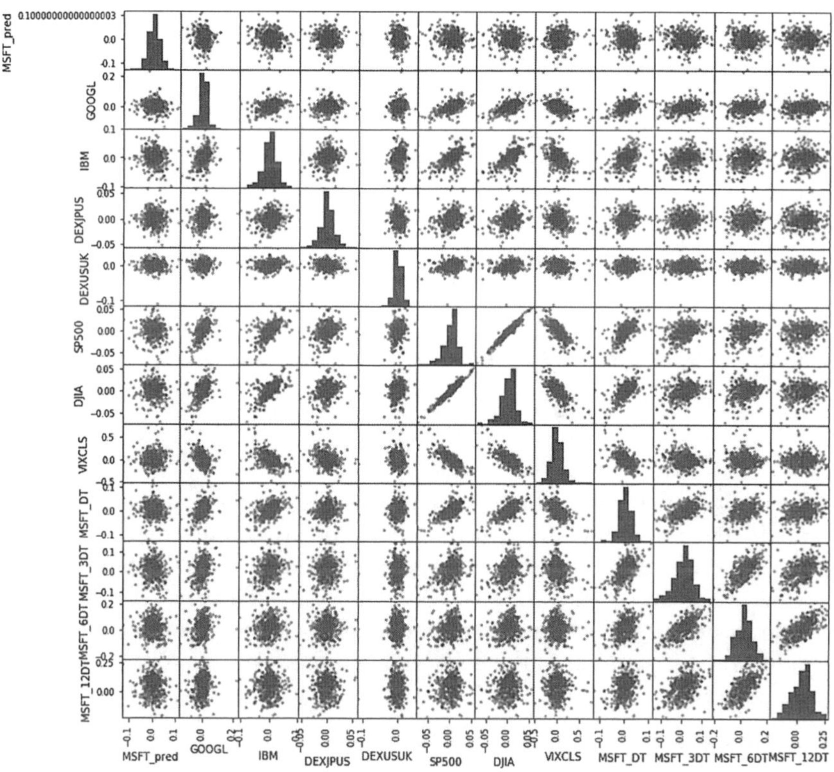

Observando o gráfico de correlação (a versão com tamanho integral está disponível no GitHub, em *https://oreil.ly/g3wVU*), vemos certa relação linear da variável prevista com os retornos defasados de 15, 30 e 60 dias da MSFT. Por outro lado, não vemos qualquer relação especial entre nossa variável prevista e os features.

3.3. Análise de série temporal. Em seguida, mergulhamos na análise da série temporal e observamos a decomposição da série temporal da variável prevista nos componentes de tendência e sazonalidade:

```
res = sm.tsa.seasonal_decompose(Y,freq=52)
fig = res.plot()
fig.set_figheight(8)
fig.set_figwidth(15)
pyplot.show()
```

Output

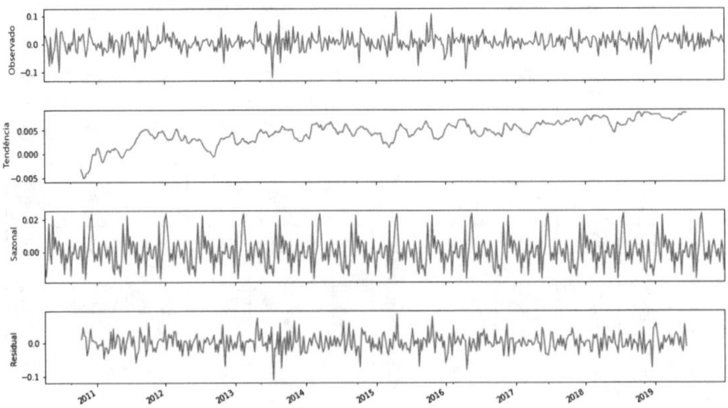

Podemos ver que, para a MSFT, houve uma tendência geral para cima na série de retorno. Isso pode ter ocorrido devido ao grande aumento de preço da ação nos últimos anos, causando mais pontos de dados positivos do que negativos no retorno semanal.[11] A tendência pode aparecer nos termos constantes/enviesados dos nossos modelos. O termo residual (ou ruído [ruído branco, *white noise*]) é relativamente pequeno ao longo de toda a série temporal.

4. Preparação de dados

Este passo tipicamente envolve o processamento de dados, a limpeza de dados, a observação da importância do feature e a redução da performance do feature. Os dados obtidos para este estudo de caso são relativamente limpos e não exigem mais processamento. A redução do feature pode ser útil aqui, mas dado o número relativamente pequeno de variáveis consideradas, manteremos todos como estão. Demonstraremos a preparação de dados de forma detalhada em alguns dos estudos de caso subsequentes.

11 A série temporal não é o preço da ação, mas o retorno da ação. Então, a tendência é suave quando comparada com a série de preços da ação.

5. Avaliação de modelos

5.1. Train-test split e métricas avaliativas. Como descrevemos no Capítulo 2, é uma boa ideia repartir o conjunto de dados originais em *conjunto de treinamento* e *conjunto de teste*. O conjunto de teste é uma amostra dos dados que seguramos para nossa análise e modelagem. Nós o usaremos logo ao término de nosso projeto para confirmar a performance do modelo final. É o teste final que nos dá confiança em nossas estimativas de acurácia quanto aos dados não vistos. Usaremos 80% do conjunto de dados para modelagem e 20% para o teste. Com os dados da série temporal, as sequências de valores são importantes. Portanto, não distribuímos o conjunto de dados de forma aleatória em conjuntos de treinamento e de teste, mas selecionamos um ponto arbitrário de separação (split) na lista ordenada de observações e criamos dois novos conjuntos de dados:

```
validation_size = 0.2
train_size = int(len(X) * (1-validation_size))
X_train, X_test = X[0:train_size], X[train_size:len(X)]
Y_train, Y_test = Y[0:train_size], Y[train_size:len(X)]
```

5.2. Opções de testes e métricas avaliativas. Para otimizar os diversos hiperparâmetros dos modelos, usamos a validação cruzada (CV – cross validation) de dez vezes e recalculamos os resultados dez vezes para ter em conta a aleatoriedade inerente em alguns dos modelos e o processo de CV. Avaliaremos os algoritmos usando a métrica de erro quadrático médio. Essa métrica nos dá uma ideia da performance dos modelos de regressão supervisionada. Todos esses conceitos, incluindo a validação cruzada e as métricas avaliativas, foram descritos no Capítulo 4:

```
num_folds = 10
scoring = 'neg_mean_squared_error'
```

5.3. Comparação de modelos e algoritmos. Agora que completamos o carregamento dos dados e projetamos a estrutura do teste, precisamos escolher um modelo.

5.3.1. Modelos de aprendizado de máquina do Scikit-learn. Neste passo, os modelos de regressão supervisionada são implementados usando o pacote sklearn:

```
Algoritmos de regressão e árvore de regressão
```

```
models = []
models.append(('LR', LinearRegression()))
models.append(('LASSO', Lasso()))
models.append(('EN', ElasticNet()))
models.append(('KNN', KNeighborsRegressor()))
models.append(('CART', DecisionTreeRegressor()))
models.append(('SVR', SVR()))
```

```
Algoritmos de rede neural
```

```
models.append(('MLP', MLPRegressor()))
```

```
Modelos de Ensemble
```

```
# Métodos Boosting
models.append(('ABR', AdaBoostRegressor()))
models.append(('GBR', GradientBoostingRegressor()))
```

```
# Métodos Bagging
models.append(('RFR', RandomForestRegressor()))
models.append(('ETR', ExtraTreesRegressor()))
```

Uma vez selecionados todos os modelos, iteramos cada um deles. Primeiro, executamos a análise *k*-fold. Em seguida, executamos o modelo com os conjuntos completos de treinamento e de teste.

Todos os algoritmos usam parâmetros padrão de ajuste. Calcularemos a média e o desvio-padrão da métrica avaliativa para cada algoritmo e coletaremos os resultados para comparação de modelos posteriormente:

```
names = []
kfold_results = []
test_results = []
train_results = []
for name, model in models:
      names.append(name)
      ## Análise k-fold:
      kfold = KFold(n_splits=num_folds, random_state=seed)
      #erro quadrático médio convertido para positivo. Quanto menor, melhor
      cv_results = -1* cross_val_score(model, X_train, Y_train, cv=kfold, \
      scoring=scoring)
      kfold_results.append(cv_results)
      # Período completo de treinamento
      res = model.fit(X_train, Y_train)
      train_result = mean_squared_error(res.predict(X_train), Y_train)
      train_results.append(train_result)
      # Resultados dos testes
      test_result = mean_squared_error(res.predict(X_test), Y_test)
      test_results.append(test_result)
```

Vamos comparar os algoritmos observando os resultados da validação cruzada:

Resultados da validação cruzada

```
fig = pyplot.figure()
fig.suptitle('Algorithm Comparison: Kfold results')
ax = fig.add_subplot(111)
pyplot.boxplot(kfold_results)
ax.set_xticklabels(names)
fig.set_size_inches(15,8)
pyplot.show()
```

```
Output
```

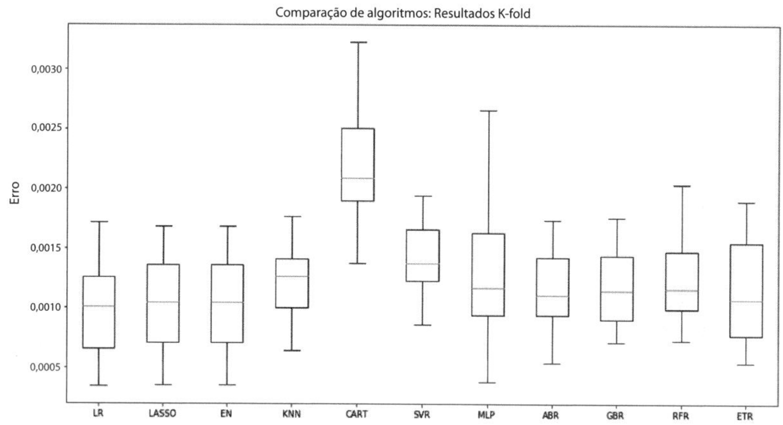

Embora os resultados de dois modelos pareçam bons, podemos ver que a regressão linear e a regressão regularizada, incluindo a regressão lasso (LASSO) e a rede elástica (elastic net – EN), parecem ter a melhor performance. Isso indica uma forte relação linear entre as variáveis dependente e independente. Voltando à análise exploratória, vimos uma boa correlação e relação linear das variáveis-alvo com as diferentes variáveis defasadas da MSFT.

Observemos também os erros do conjunto de teste:

```
Erro de treinamento e de teste
```

```
# comparação de algorítimos
fig = pyplot.figure()

ind = np.arange(len(names)) # as localidades x para os grupos
width = 0.35 # com a largura das barras

fig.suptitle('Algorithm Comparison')
ax = fig.add_subplot(111)
pyplot.bar(ind - width/2, train_results, width=width, label='Train Error')
pyplot.bar(ind + width/2, test_results, width=width, label='Test Error')
fig.set_size_inches(15,8)
pyplot.legend()
ax.set_xticks(ind)
ax.set_xticklabels(names)
pyplot.show()
```

```
Output
```

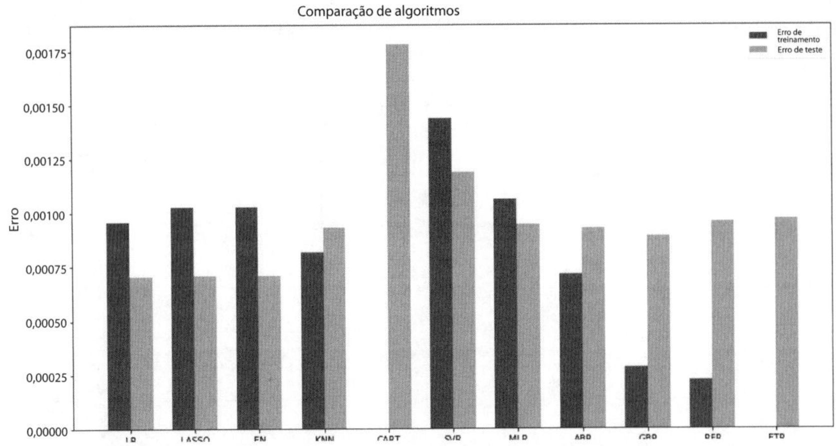

Examinando os erros de treinamento e de teste, constatamos uma forte performance dos modelos lineares. Alguns dos algoritmos, como o regressor de árvore de decisão (CART), sobreajustaram com os dados de treinamento e produziram muitos erros com o conjunto de teste. Os modelos de ensemble, como regressão de gradient boosting (GBR) e a regressão de floresta aleatória (RFR) têm um viés baixo, mas alta variância. Também notamos que o algoritmo de rede neural artificial (MLP no gráfico) mostra mais erros em ambos os conjuntos de treinamento e de teste. Isso talvez ocorra devido à relação linear das variáveis não captada precisamente pela RNA, a parâmetros inadequados ou à insuficiência do modelo de treinamento. Nossa intuição original a partir dos resultados da validação cruzada e dos gráficos de dispersão também parece demostrar uma melhor performance dos modelos lineares.

Veremos agora algumas das séries temporais e modelos de aprendizado profundo que podem ser usados. Quando completarmos a criação deles, compararemos sua performance com a dos modelos baseados em regressão supervisionada. Considerando a natureza dos modelos de séries temporais, não é possível executar uma análise *k*-fold. Ainda assim, podemos comparar nossos resultados com outros modelos com base nos resultados completos do treinamento e do teste.

5.4. Modelos baseados em série temporal: ARIMA e LSTM. Os modelos usados até aqui já incorporam o componente de série temporal ao usarem uma abordagem de atraso de tempo (time-delay), em que a variável defasada é incluída como uma das variáveis independentes. No entanto, para os modelos baseados em séries temporais, não precisamos das variáveis defasadas da MSFT como variáveis independentes. Dessa forma, como um primeiro passo, removemos os retornos anteriores da MSFT para tais modelos. Usamos todas as outras variáveis como variáveis exógenas nesses modelos.

Em primeiro lugar, vamos preparar o conjunto de dados para os modelos ARIMA, deixando apenas as variáveis correlacionadas como variáveis exógenas:

```
X_train_ARIMA=X_train.loc[:, ['GOOGL', 'IBM', 'DEXJPUS', 'SP500', 'DJIA', \
'VIXCLS']]
X_test_ARIMA=X_test.loc[:, ['GOOGL', 'IBM', 'DEXJPUS', 'SP500', 'DJIA', \
'VIXCLS']]
tr_len = len(X_train_ARIMA)
te_len = len(X_test_ARIMA)
to_len = len (X)
```

Agora, configuramos o modelo ARIMA com a ordem *(1,0,0)* e usamos as variáveis independentes como variáveis exógenas no modelo. A versão do modelo ARIMA em que as variáveis exógenas também são usadas é conhecida como modelo *ARIMAX*, em que o "*X*" representa as variáveis exógenas:

```
modelARIMA=ARIMA(endog=Y_train,exog=X_train_ARIMA,order=[1,0,0])
model_fit = modelARIMA.fit()
```

Agora, ajustamos o modelo ARIMA:

```
error_Training_ARIMA = mean_squared_error(Y_train, model_fit.fittedvalues)
predicted = model_fit.predict(start = tr_len -1 ,end = to_len -1, \
exog = X_test_ARIMA)[1:]
error_Test_ARIMA = mean_squared_error(Y_test,predicted)
error_Test_ARIMA
```

```
Output

    0.0005931919240399084
```

O erro desse modelo ARIMA é aceitável.

Agora, vamos preparar o conjunto de dados para o modelo LSTM. Precisamos dos dados na forma de matrizes de todas as variáveis de entrada e variáveis de saída.

A lógica do LSTM é que os dados são obtidos a partir do dia anterior (os dados de todos os outros features para aquele dia — ativos correlacionados e as variáveis defasadas da MSFT) e tentamos prever o dia seguinte. Depois, movemos a janela de um dia com mais um dia e, novamente, prevemos o dia seguinte. Iteramos dessa forma com todo o conjunto de dados (é claro, em lotes). O código a seguir criará um conjunto de dados em que *X* é o conjunto de variáveis independentes em determinado tempo (*t*) e *Y* é a variável-alvo no tempo seguinte (*t + 1*):

```
seq_len = 2 #Comprimento do seq para o LSTM

Y_train_LSTM, Y_test_LSTM = np.array(Y_train)[seq_len-1:], np.array(Y_test)
X_train_LSTM = np.zeros((X_train.shape[0]+1-seq_len, seq_len, X_train.shape[1]))
X_test_LSTM = np.zeros((X_test.shape[0], seq_len, X.shape[1]))
for i in range(seq_len):
```

```
        X_train_LSTM[:, i, :] = np.array(X_train)[i:X_train.shape[0]+i+1-seq_len,
:]
        X_test_LSTM[:, i, :] = np.array(X)\
        [X_train.shape[0]+i-1:X.shape[0]+i+1-seq_len, :]
```

No próximo passo, criamos a arquitetura LSTM. Como podemos ver, a entrada do LSTM é `X_train_LSTM`, que vai em 50 unidades ocultas na camada LSTM e é então transformada em uma única saída: o valor de retorno da ação. Os hiperparâmetros (taxa de aprendizado, otimizador, função de ativação etc.) foram analisados no Capítulo 3:

```
# LSTM Network
def create_LSTMmodel(learn_rate = 0.01, momentum=0):
            # criação do modelo
    model = Sequential()
    model.add(LSTM(50, input_shape=(X_train_LSTM.shape[1],\
      X_train_LSTM.shape[2])))
    #Mais células podem ser acrescentadas, se necessário
    model.add(Dense(1))
    optimizer = SGD(lr=learn_rate, momentum=momentum)
    model.compile(loss='mse', optimizer='adam')
    return model
LSTMModel = create_LSTMmodel(learn_rate = 0.01, momentum=0)
LSTMModel_fit = LSTMModel.fit(X_train_LSTM, Y_train_LSTM, \
  validation_data=(X_test_LSTM, Y_test_LSTM),\
  epochs=330, batch_size=72, verbose=0, shuffle=False)
```

Agora, ajustamos o modelo LSTM com os dados e observamos a mudança na métrica de performance do modelo com o passar do tempo nos conjuntos de treinamento e de teste, de forma simultânea:

```
pyplot.plot(LSTMModel_fit.history['loss'], label='train', )
pyplot.plot(LSTMModel_fit.history['val_loss'], '--',label='test',)
pyplot.legend()
pyplot.show()
```

`Output`

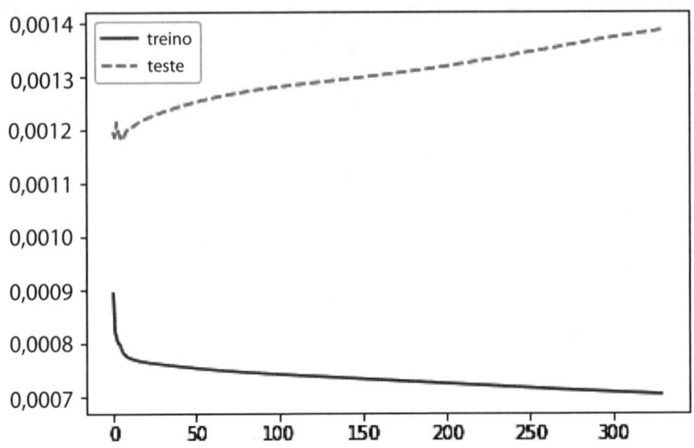

```
error_Training_LSTM = mean_squared_error(Y_train_LSTM,\
  LSTMModel.predict(X_train_LSTM))
predicted = LSTMModel.predict(X_test_LSTM)
error_Test_LSTM = mean_squared_error(Y_test,predicted)
```

Agora, para compararmos os modelos de série temporal e de aprendizado profundo, anexamos o resultado desses modelos com os resultados dos modelos baseados em regressão supervisionada:

```
test_results.append(error_Test_ARIMA)
test_results.append(error_Test_LSTM)

train_results.append(error_Training_ARIMA)
train_results.append(error_Training_LSTM)

names.append("ARIMA")
names.append("LSTM")
```

`Output`

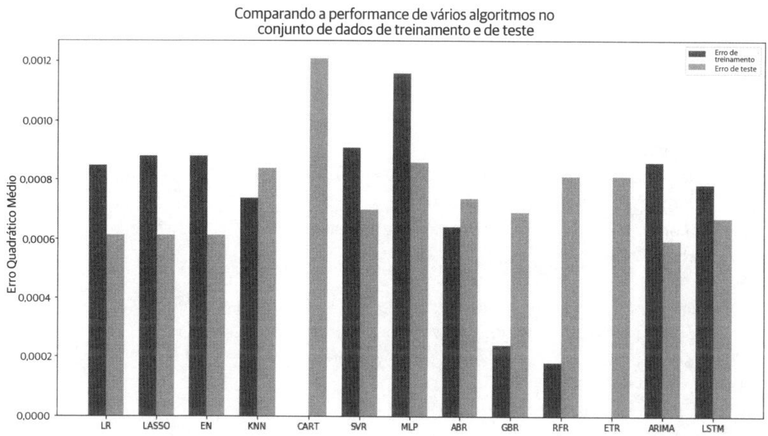

Observando o gráfico, temos o modelo ARIMA baseado em série temporal comparado com os modelos de regressão supervisionada: regressão linear (LR), regressão lasso (LASSO) e rede elástica (EN). Isso pode ser feito basicamente por causa da forte relação linear, como vimos antes. O modelo LSTM tem boa performance, porém o ARIMA supera o LSTM no conjunto de teste. Assim, selecionamos o modelo ARIMA para os ajustes de modelo.

6. Ajuste de modelo e grid search

Vamos agora realizar o ajuste do modelo ARIMA.

> **Ajuste de Modelo para os Modelos de Aprendizado Supervisionado ou de Série Temporal**
>
> A implementação detalhada do grid search para todos os modelos baseados em aprendizado supervisionado, juntamente com os modelos ARIMA e LSTM, são disponibilizados no template Regression-Master do repositório no GitHub para este livro (*https://oreil.ly/9S8h_*). Para o grid search dos modelos ARIMA e LSTM, consulte a seção "ARIMA and LSTM Grid Search" do template Regression-Master.

O modelo ARIMA é geralmente representado como modelo ARIMA*(p,d,q)*, em que *p* é a ordem da parte autorregressiva, *d* é o grau (degree) da primeira diferenciação envolvida e *q* é a ordem da parte da média móvel. A ordem do modelo ARIMA foi configurada em *(1,0,0)*. Assim, realizamos um grid search com combinações diferentes de *p*, *d* e *q* na ordem do modelo ARIMA e selecionamos a combinação que minimiza o erro de ajuste:

```
def evaluate_arima_model(arima_order):
    #previsto = list()
    modelARIMA=ARIMA(endog=Y_train,exog=X_train_ARIMA,order=arima_order)
    model_fit = modelARIMA.fit()
    error = mean_squared_error(Y_train, model_fit.fittedvalues)
    return error

# avaliar combinações dos valores de p, d e q para um modelo ARIMA
def evaluate_models(p_values, d_values, q_values):
  best_score, best_cfg = float("inf"), None
  for p in p_values:
    for d in d_values:
      for q in q_values:
        order = (p,d,q)
        try:
              mse = evaluate_arima_model(order)
              if mse < best_score:
                 best_score, best_cfg = mse, order
              print('ARIMA%s MSE=%.7f' % (order,mse))
        except:
          continue
    print('Best ARIMA%s MSE=%.7f' % (best_cfg, best_score))

# avaliação de parâmetros
p_values = [0, 1, 2]
d_values = range(0, 2)
q_values = range(0, 2)
warnings.filterwarnings("ignore")
evaluate_models(p_values, d_values, q_values)
```

```
Output

    ARIMA(0, 0, 0) MSE=0.0009879
    ARIMA(0, 0, 1) MSE=0.0009721
    ARIMA(1, 0, 0) MSE=0.0009696
    ARIMA(1, 0, 1) MSE=0.0009685
    ARIMA(2, 0, 0) MSE=0.0009684
    ARIMA(2, 0, 1) MSE=0.0009683
    Best ARIMA(2, 0, 1) MSE=0.0009683
```

Vemos que o modelo ARIMA com a ordem *(2,0,1)* é o que tem a melhor performance de todas as combinações testadas no grid search, embora não haja uma diferença significativa no erro quadrático médio (MSE) com outras combinações. Isso significa que o modelo com o lag autorregressivo de dois e com a média móvel de um produz o melhor resultado. Não devemos nos esquecer do fato de que há outras variáveis exógenas no modelo que também influenciam a ordem do melhor modelo ARIMA.

7. Finalização do modelo

No último passo, verificaremos o modelo finalizado no conjunto de teste.

7.1. Resultados no conjunto de teste.

```
# preparação do modelo
modelARIMA_tuned=ARIMA(endog=Y_train,exog=X_train_ARIMA,order=[2,0,1])
model_fit_tuned = modelARIMA_tuned.fit()

# estimar a acurácia no conjunto de validação
predicted_tuned = model_fit.predict(start = tr_len -1 ,\
  end = to_len -1, exog = X_test_ARIMA)[1:]
print(mean_squared_error(Y_test,predicted_tuned))
```

```
Output

    0.0005970582461404503
```

O MSE do modelo no conjunto de teste parece bom e é, na verdade, menor do que o do conjunto de teste.

No último passo, visualizaremos a saída do modelo selecionado e compararemos os dados modelados com os dados reais. Para visualizarmos o gráfico, convertemos a série temporal retornada em uma série temporal de preços. Também presumimos que o preço no início do conjunto de teste fosse um, para simplificar. Vejamos o gráfico dos dados reais em comparação com os previstos:

```
# plotar os dados reais comparados com os previstos
predicted_tuned.index = Y_test.index
pyplot.plot(np.exp(Y_test).cumprod(), 'r', label='actual',)

# plotar t e a de forma separada
pyplot.plot(np.exp(predicted_tuned).cumprod(), 'b--', label='predicted')
pyplot.legend()
```

```
pyplot.rcParams["figure.figsize"] = (8,5)
pyplot.show()
```

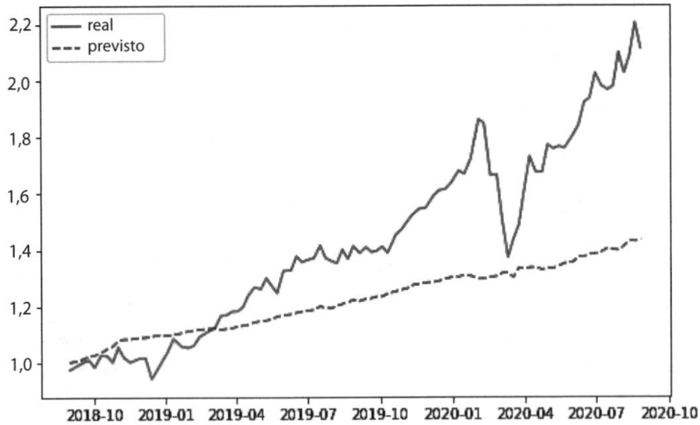

Observando o gráfico, vemos claramente que a tendência foi captada de modo perfeito pelo modelo. A série prevista é menos volátil em comparação com a série temporal real e se alinha com os dados reais nos primeiros meses do conjunto de teste. Uma questão a ser destacada é que o propósito do modelo é computar o retorno do dia seguinte com base nos dados observados até o dia presente, e não prever qual será o preço da ação diversos dias à frente com base nos dados atuais. Assim, um desvio a partir dos dados reais é esperado à medida que nos distanciamos do início do conjunto de teste. O modelo parece performar bem nos primeiros meses, com um desvio a partir dos dados reais aumentando depois de seis ou sete meses do início do conjunto de teste.

Conclusão

Podemos concluir que os modelos simples — regressão linear, regressão regularizada (Lasso e rede elástica) —, juntamente com os modelos de séries temporais, como ARIMA, são abordagens promissoras de modelos para problemas envolvendo a previsão do preço de ações. Essa abordagem nos ajuda a lidar com o sobreajuste e o subajuste, que são alguns dos principais desafios nos problemas de previsão em finanças.

Também devemos observar que podemos usar um conjunto mais amplo de indicadores, como o índice P/L, volume de negociações, indicadores técnicos ou dados de notícias, que podem levar a resultados melhores. Demonstraremos isso em alguns dos próximos estudos de caso.

De forma geral, criamos um framework de regressão supervisionada e de série temporal que nos permite realizar a previsão do preço de ações usando dados históricos. Esse framework gera resultados para analisarmos o risco e a lucratividade antes de arriscarmos qualquer capital.

Estudo de Caso 2: Precificação de Derivativos

Nas finanças computacionais e na gestão de risco, são usados diversos métodos numéricos (como diferenças finitas, método de Fourier e simulação de Monte Carlo) para a avaliação de derivativos financeiros.

A *fórmula de Black-Scholes* é provavelmente um dos modelos mais citados e usados na precificação de derivativos. Inúmeras variações e extensões dessa fórmula são usadas para precificar muitos tipos de derivativos financeiros. Porém o modelo se baseia em diversas premissas. Ele pressupõe uma forma específica de movimento do preço do derivativo, chamado *Movimento Geométrico Browniano* (MGB). Ele também pressupõe um pagamento condicional no vencimento da opção, bem como restrições econômicas, como a não arbitragem. Diversos outros modelos de precificação de derivativos têm premissas similarmente impraticáveis de modelo. Os profissionais das finanças sabem muito bem que tais premissas são violadas na prática e que os preços desses modelos são ajustados posteriormente por meio do bom senso do profissional.

Outro aspecto de muitos modelos tradicionais de precificação de derivativos é a calibração de modelo, normalmente feita não pelos preços históricos do ativo, mas pelas médias dos preços dos derivativos (ou seja, associando os preços de mercado de opções altamente negociadas com os preços dos derivativos a partir do modelo matemático). No processo de calibração de modelo, milhares de preços de derivativos precisam ser determinados para ajustar os parâmetros do modelo, e o processo como um todo consome muito tempo. A computação numérica eficiente é cada vez mais importante na gestão de riscos financeiros, especialmente quando falamos da gestão de risco em tempo real (como os trades de alta frequência). Todavia, devido à exigência de uma computação altamente eficiente, certos modelos e metodologias de alta qualidade de ativos são descartados durante a calibração de modelo nos modelos tradicionais de precificação de derivativos.

O aprendizado de máquina tem o potencial de ser usado para resolver esses impasses relacionados à impraticabilidade das premissas do modelo e à sua calibração ineficiente. Os algoritmos de aprendizado de máquina conseguem lidar com mais nuances usando muito menos premissas teoréticas, podendo ainda ser efetivamente usados para a precificação de derivativos, mesmo em um mundo com fricções. Com os avanços em hardware, podemos treinar modelos de aprendizado de máquina com CPUs e GPUs de alto desempenho, além de outros hardwares especializados, para termos um aumento de velocidade de diversas ordens de magnitude quando comparados com os modelos tradicionais de precificação de derivativos.

Além disso, há bastante dados do mercado, então é possível treinar um algoritmo de aprendizado de máquina para que aprenda a função que está gerando coletivamente os preços dos derivativos no mercado. Os modelos de aprendizado de máquina podem captar não linearidades sutis nos dados, que não são obtidas por meio de outras abordagens estatísticas.

Neste estudo de caso, veremos a precificação de derivativos sob uma ótica do aprendizado de máquina e usaremos um modelo baseado em regressão supervisionada para precificar uma opção a partir de dados simulados. A ideia principal aqui é chegarmos a um framework de aprendizado de máquina para a precificação de derivativos. A obtenção de um modelo de aprendizado de máquina com alta acurácia significaria que podemos aproveitar os eficientes cálculos numéricos do aprendizado de máquina para a precificação de derivativos com menos premissas subjacentes ao modelo.

Neste estudo de caso, vamos nos concentrar em:

- Desenvolver um framework baseado em aprendizado de máquina para a precificação de derivativos.
- Comparar modelos de regressão supervisionada linear e não linear no contexto de precificação de derivativos.

Blueprint para Desenvolver um Modelo de Aprendizado de Máquina para a Precificação de Derivativos

1. Definição do problema

No framework de regressão supervisionada que usamos para este estudo de caso, a variável prevista é o preço da opção, e as variáveis preditoras são os dados do mercado usados como entradas no modelo Black-Scholes de precificação de opções.

As variáveis selecionadas para estimar o preço de mercado da opção são preço da ação, preço de exercício (strike price), tempo até o vencimento, volatilidade, taxa de juros e dividend yield. A variável prevista para este estudo de caso foi gerada usando entradas aleatórias e alimentando-as no bem conhecido modelo Black-Scholes.[12]

O preço de uma opção de compra (call) para o modelo Black-Scholes de precificação de opções é definido na Equação 5-1.

12 O ideal é que a variável prevista, que é o preço da opção, seja obtida diretamente no mercado. Dado que este estudo de caso serve mais ao propósito de demonstração, usamos o preço de opção gerado pelo modelo, considerando a conveniência.

Equação 5-1. Equação Black-Scholes para opção de compra

$$Se^{-q\tau}\Phi(d_1) - e^{-r\tau}K\Phi(d_2)$$

com

$$d_1 = \frac{\ln(S / K) + (r - q + \sigma^2 / 2)\tau}{\sigma\sqrt{\tau}}$$

e

$$d_2 = \frac{\ln(S / K) + (r - q - \sigma^2 / 2)\tau}{\sigma\sqrt{\tau}} = d_1 - \sigma\sqrt{\tau}$$

em que temos o preço da ação S ; o strike K ; a taxa livre de risco r; o dividend yield anual q; o tempo para o vencimento $\tau = T - t$ (representado como uma fração sem unidade de um ano); e a volatilidade σ.

Para simplificar a lógica, definimos o moneyness como $M = K / S$ e observamos os preços em termos de preço de ação corrente por unidade. Também estabelecemos q como 0.

Isso simplifica a fórmula para o seguinte:

$$e^{-q\tau}\Phi\left(\frac{-\ln(M) + (r + \sigma^2 / 2)\tau}{\sigma\sqrt{\tau}}\right) - e^{-r\tau}M\Phi\left(\frac{-\ln(M) + (r - \sigma^2 / 2)\tau}{\sigma\sqrt{\tau}}\right)$$

Observando essa equação, os parâmetros que alimentam o modelo Black-Scholes de precificação de opções são moneyness, taxa livre de risco, volatilidade e tempo para o vencimento.

O parâmetro que desempenha o papel principal no mercado de derivativos é a volatilidade, visto que está relacionada com o movimento dos preços das ações. Com seu aumento, o alcance dos movimentos do preço da ação fica muito mais amplo do que aquele de uma ação com baixa volatilidade.

No mercado de opções, não há uma única volatilidade usada para precificar todas as opções. Essa volatilidade depende da opção moneyness e do tempo para o vencimento. Em geral, a volatilidade aumenta com um tempo maior para o vencimento e com o moneyness. Esse comportamento é referido como volatilidade smile/skew. É comum derivarmos a volatilidade a partir do preço das opções existentes no mercado, e tal volatilidade é referida como "implícita". Neste exercício, presumimos que a estrutura da superfície da volatilidade e usamos a função na Equação 5-2, em que a volatilidade depende do moneyness da opção e do tempo para o vencimento para gerar a superfície da volatilidade da opção.

Equação 5-2. Equação de volatilidade

$$\sigma(M, \tau) = \sigma_0 + \alpha\tau + \beta(M - 1)^2$$

2. Dando o primeiro passo — carregando os dados e os pacotes Python

2.1. Carregando os pacotes Python. O carregamento dos pacotes Python é semelhante ao estudo de caso 1 deste capítulo. Por favor, consulte o Jupyter notebook deste estudo de caso para obter mais detalhes.

2.2. Definindo funções e parâmetros. Para gerar o conjunto de dados, precisamos simular os parâmetros de entrada e, depois, criar a variável prevista.

Como um primeiro passo, definimos os parâmetros constantes. Os parâmetros constantes necessários para a superfície de volatilidade estão definidos a seguir. Não se espera que eles tenham um impacto significativo no preço da opção; portanto, são configurados com alguns valores insignificantes:

```
true_alpha = 0.1
true_beta = 0.1
true_sigma0 = 0.2
```

A taxa livre de risco, que é uma entrada do modelo Black-Scholes de precificação de opções, é esta:

```
risk_free_rate = 0.05
```

Volatilidade e funções de precificação de opções. Neste passo, definimos a função para computar a volatilidade e o preço de uma call, de acordo com as Equações 5-1 e 5-2:

```
def option_vol_from_surface(moneyness, time_to_maturity):
    return true_sigma0 + true_alpha * time_to_maturity +\
     true_beta * np.square(moneyness - 1)

def call_option_price(moneyness, time_to_maturity, option_vol):
    d1=(np.log(1/moneyness)+(risk_free_rate+np.square(option_vol))*\
    time_to_maturity)/ (option_vol*np.sqrt(time_to_maturity))
    d2=(np.log(1/moneyness)+(risk_free_rate-np.square(option_vol))*\
    time_to_maturity)/(option_vol*np.sqrt(time_to_maturity))
    N_d1 = norm.cdf(d1)
    N_d2 = norm.cdf(d2)

return N_d1 - moneyness * np.exp(-risk_free_rate*time_to_maturity) * N_d2
```

2.3. Geração de dados. Geramos as variáveis de entrada e de saída nestes passos:

- O tempo para o vencimento (time to maturity – *Ts*) é gerado usando a função `np.random.random`, que gera uma variável aleatória uniforme entre zero e um.
- O moneyness (*Ks*) é gerado usando a função `np.random.randn`, que gera uma variável aleatória com distribuição normal. O número aleatório multiplicado por 0,25 gera o desvio de strike a partir do preço spot,[13] e a equação como um todo garante que o moneyness seja maior que zero.

---

13 Quando o preço spot é igual ao strike, na opção no dinheiro (at-the money option, ATM).

- A volatilidade (*sigma*) é gerada como uma função do tempo para o vencimento e do moneyness usando a Equação 5-2.
- O preço de opção é gerado usando a Equação 5-1 para o preço Black-Scholes da opção.

No total, geramos 10 mil pontos de dados (N):

```
N = 10000

Ks = 1+0.25*np.random.randn(N)
Ts = np.random.random(N)
Sigmas = np.array([option_vol_from_surface(k,t) for k,t in zip(Ks,Ts)])
Ps = np.array([call_option_price(k,t,sig) for k,t,sig in zip(Ks,Ts,Sigmas)])
```

Agora, criamos as variáveis para as variáveis prevista e preditora:

```
Y = Ps
X = np.concatenate([Ks.reshape(-1,1), Ts.reshape(-1,1), Sigmas.reshape(-1,1)], \
axis=1)

dataset = pd.DataFrame(np.concatenate([Y.reshape(-1,1), X], axis=1),
                      columns=['Price', 'Moneyness', 'Time', 'Vol'])
```

3. Análise exploratória de dados

Observemos o conjunto de dados que temos.

3.1. Análise descritiva.

```
dataset.head()
```

Output

	Preço	Moneyness	Tempo	Vol
0	1.390e-01	0.898	0.221	0.223
1	3.814e-06	1.223	0.052	0.210
2	1.409e-01	0.969	0.391	0.239
3	1.984e-01	0.950	0.628	0.263
4	2.495e-01	0.914	0.810	0.282

O conjunto de dados contém *preço (price)* — que é o preço da opção e a variável prevista — juntamente com *moneyness* (a proporção de strike e preço spot), *tempo para o vencimento (time to maturity)* e *volatilidade (volatility)*, que são os features no modelo.

3.2. Visualização de dados. Neste passo, observamos o gráfico de dispersão para entender a interação entre as diferentes variáveis:[14]

```
pyplot.figure(figsize=(15,15))
scatter_matrix(dataset,figsize=(12,12))
pyplot.show()
```

14 Consulte o Jupyter notebook deste estudo de caso para analisar outros gráficos como histograma e de correlação.

Output

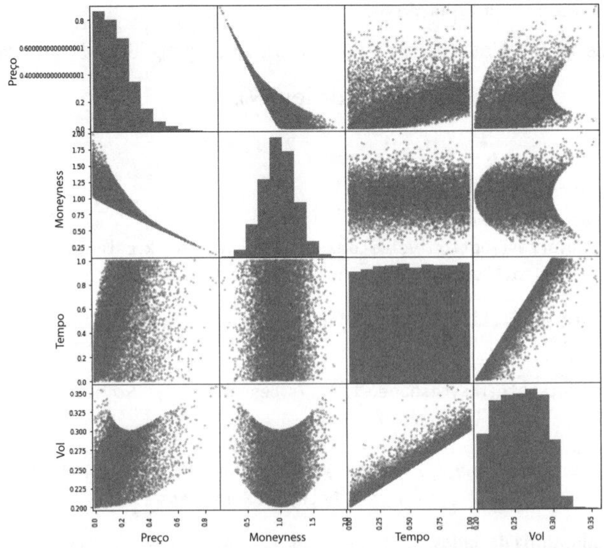

O gráfico de dispersão revela dependências e relações muito interessantes entre as variáveis. Observemos a primeira linha do gráfico para vermos a relação do preço com as diferentes variáveis. Podemos constatar que, à medida que o moneyness diminui (ou seja, o strike diminui em comparação ao preço da ação), há aumento no preço, o que está em linha com o racional descrito na seção anterior. Observando o preço em comparação com o tempo para o vencimento, vemos um aumento no preço da opção. O gráfico de preço em comparação com a volatilidade também mostra aumento no preço com a volatilidade. No entanto, o preço da opção parece exibir uma relação não linear com a maioria das variáveis. Isso significa que esperamos que nossos modelos não lineares façam um trabalho melhor do que nossos modelos lineares.

Outra relação interessante é aquela entre a volatilidade e o strike. Quanto mais nos desviamos do moneyness de um, maior é a volatilidade observada. Tal comportamento é exibido devido à função volatilidade que definimos antes e ilustra a volatilidade smile/skew.

4. Preparação e análise de dados

Realizamos a maior parte dos passos de preparação de dados (ou seja, obter as variáveis dependente e independente) nas seções precedentes. Neste passo, veremos o feature importância.

4.1. Seleção de feature univariado. Começamos observando cada feature individualmente e, usando o ajuste de regressão de variável única como critério, vemos as variáveis mais importantes:

```
bestfeatures = SelectKBest(k='all', score_func=f_regression)
fit = bestfeatures.fit(X,Y)
dfscores = pd.DataFrame(fit.scores_)
dfcolumns = pd.DataFrame(['Moneyness', 'Time', 'Vol'])
#concat de dois dataframes para uma visualização melhor
featureScores = pd.concat([dfcolumns,dfscores],axis=1)
featureScores.columns = ['Specs','Score'] #nomear as colunas de dataframe
featureScores.nlargest(10,'Score').set_index('Specs')
```

Output

```
Moneyness : 30282.309
Vol : 2407.757
Time : 1597.452
```

Observamos que o moneyness é a variável mais importante para o preço da opção, seguido pela volatilidade e o tempo para vencimento. Dado que são apenas três variáveis preditoras, mantemos todas para modelagem.

5. Avaliar os modelos

5.1. Train-test split e métricas avaliativas. Primeiro, separamos o conjunto de treinamento e o conjunto de teste:

```
validation_size = 0.2

train_size = int(len(X) * (1-validation_size))
X_train, X_test = X[0:train_size], X[train_size:len(X)]
Y_train, Y_test = Y[0:train_size], Y[train_size:len(X)]
```

Usamos os modelos sklearn pré-criados para executar uma análise *k*-fold nos nossos dados de treinamento. Em seguida, treinamos o modelo com todos os dados de treinamento e o usamos para prever os dados de teste. Avaliaremos os algoritmos usando a métrica de erro quadrático médio. Os parâmetros para a análise *k*-fold e as métricas avaliativas estão definidos a seguir:

```
num_folds = 10
seed = 7
scoring = 'neg_mean_squared_error'
```

5.2. Comparar modelos e algoritmos. Agora que completamos o carregamento dos dados e projetamos a estrutura do teste, precisamos escolher um modelo a partir do conjunto de modelos de regressão supervisionada.

Modelos lineares e árvores de regressão

```
models = []
models.append(('LR', LinearRegression()))
models.append(('KNN', KNeighborsRegressor()))
models.append(('CART', DecisionTreeRegressor()))
models.append(('SVR', SVR()))
```

Rede neural artificial

```
models.append(('MLP', MLPRegressor()))
```

```
Métodos de boosting e de bagging

    # Métodos Boosting
    models.append(('ABR', AdaBoostRegressor()))
    models.append(('GBR', GradientBoostingRegressor()))
    # Métodos Bagging
    models.append(('RFR', RandomForestRegressor()))
    models.append(('ETR', ExtraTreesRegressor()))
```

Uma vez selecionados todos os modelos, iteramos cada um deles. Primeiro, executamos uma análise *k*-fold. Em seguida, executamos o modelo com o conjunto inteiro de dados de treinamento e de teste.

Os algoritmos usam parâmetros-padrão de ajuste. Calcularemos a média e o desvio-padrão da métrica de erro e salvaremos os resultados para uso posterior.

```
Output
```

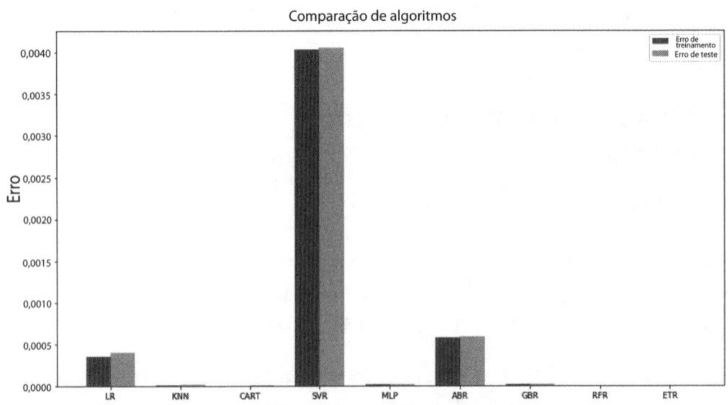

O código Python para o passo da análise *k*-fold é semelhante ao usado no estudo de caso 1. Você também pode consultar o Jupyter notebook deste estudo de caso no repositório de códigos para obter mais detalhes. Vamos analisar a performance dos modelos no conjunto de treinamento.

Vemos claramente que os modelos não lineares, incluindo a classificação e a árvore de regressão (CART), os modelos ensemble e a rede neural artificial (representada pelo MLP no gráfico anterior) performam muito melhor do que os algoritmos lineares. Isso é algo intuitivo, dadas as relações não lineares que observamos no gráfico de dispersão.

As redes neurais artificiais (RNA) têm a habilidade natural de modelar qualquer função, com tempos rápidos de experimentação e implantação (definição, treinamento, teste, inferência). A RNA pode ser efetivamente usada em situações complexas de precificação de derivativos. Portanto, de todos os modelos com boa performance, escolhemos a RNA para uma análise mais detalhada.

6. Ajuste e finalização do modelo

Determinar o número adequado de nós para a camada do meio de uma RNA é mais uma arte do que uma ciência, como vimos no Capítulo 3. Nós demais na camada do meio e, portanto, conexões demais produzem uma rede neural que memoriza a entrada e perde a habilidade de generalizar. Dessa forma, aumentar o número de nós na camada do meio melhorará a performance no conjunto de treinamento, ao passo que diminuir o número de nós na camada do meio melhorará a performance em um novo conjunto de dados.

Como discutimos no Capítulo 3, o modelo de RNA tem diversos outros hiperparâmetros, como taxa de aprendizado, momentum, função de ativação, número de épocas e tamanho de lote. Todos esses hiperparâmetros podem ser ajustados durante o processo de grid search. No entanto, neste passo, mantemos a realização do grid search com o número de camadas ocultas, visando a simplicidade. A abordagem para realizar o grid search com outros hiperparâmetros é a mesma descrita no seguinte trecho de código:

```
'''
hidden_layer_sizes : tuple, length = n_layers - 2, default (100,)
The ith element represents the number of neurons in the ith
hidden layer.
'''
param_grid={'hidden_layer_sizes': [(20,), (50,), (20,20), (20, 30, 20)]}
model = MLPRegressor()
kfold = KFold(n_splits=num_folds, random_state=seed)
grid = GridSearchCV(estimator=model, param_grid=param_grid, scoring=scoring, \
  cv=kfold)
grid_result = grid.fit(X_train, Y_train)
print("Best: %f using %s" % (grid_result.best_score_, grid_result.
best_params_))
means = grid_result.cv_results_['mean_test_score']
stds = grid_result.cv_results_['std_test_score']
params = grid_result.cv_results_['params']
for mean, stdev, param in zip(means, stds, params):
    print("%f (%f) with: %r" % (mean, stdev, param))
```

Output

```
Best: -0.000024 using {'hidden_layer_sizes': (20, 30, 20)}
-0.000580 (0.000601) with: {'hidden_layer_sizes': (20,)}
-0.000078 (0.000041) with: {'hidden_layer_sizes': (50,)}
-0.000090 (0.000140) with: {'hidden_layer_sizes': (20, 20)}
-0.000024 (0.000011) with: {'hidden_layer_sizes': (20, 30, 20)}
```

O melhor modelo tem três camadas, com 20, 30 e 20 nós em cada camada oculta, respectivamente. Assim, preparamos um modelo com essa configuração e verificamos sua performance com o conjunto de teste. Este é um passo crucial, porque um número maior de camadas pode levar ao sobreajuste e causar uma performance ruim no conjunto de teste.

```
# preparação do modelo
model_tuned = MLPRegressor(hidden_layer_sizes=(20, 30, 20))
model_tuned.fit(X_train, Y_train)
```

```
    # estimar a acurácia do conjunto de validação
    # transformar o conjunto de dados de validação
    predictions = model_tuned.predict(X_test)
    print(mean_squared_error(Y_test, predictions))
Output

    3.08127276609567e-05
```

Vemos que a raiz do erro quadrático médio (RMSE) é 3.08e−5, o que é menos de 1%. Daí, o modelo RNA faz um trabalho excelente em ajustar o modelo Black--Scholes de precificação de opções. Um número maior de camadas e o ajuste de outros hiperparâmetros pode permitir que o modelo RNA capte a relação complexa e a não linearidade nos dados de forma ainda melhor. No geral, os resultados sugerem que a RNA pode ser usada para treinar um modelo de precificação de opções que se associe aos preços do mercado.

7. Análise adicional: removendo os dados de volatilidade

Como análise adicional, deixamos o processo mais difícil ao tentar prever o preço sem os dados de volatilidade. Se a performance do modelo for boa, eliminaremos a necessidade de ter uma função de volatilidade como descrevemos antes. Neste passo, comparamos mais profundamente a performance dos modelos linear e não linear. No seguinte trecho de código, removemos a variável da volatilidade do conjunto de dados da variável preditora e definimos novamente o conjunto de treinamento e o conjunto de teste:

```
X = X[:, :2]
validation_size = 0.2
train_size = int(len(X) * (1-validation_size))
X_train, X_test = X[0:train_size], X[train_size:len(X)]
Y_train, Y_test = Y[0:train_size], Y[train_size:len(X)]
```

Em seguida, executamos o conjunto de modelos (com exceção do modelo de regressão regularizada) com o novo conjunto de dados, usando os mesmos parâmetros e o código Python semelhante como antes. A performance de todos os modelos, depois de removermos os dados de volatilidade, é a seguinte:

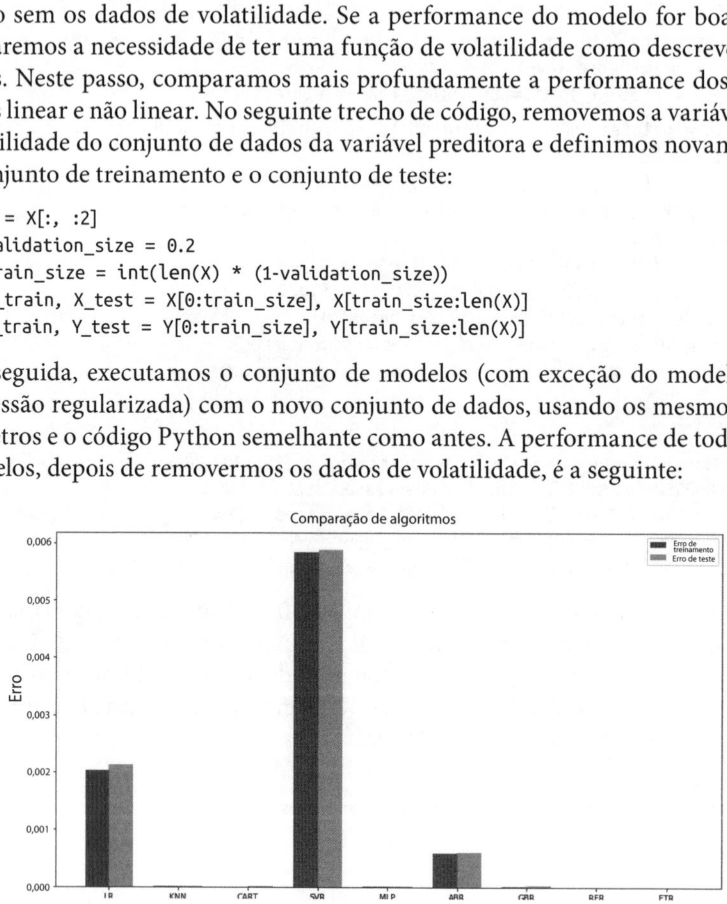

Observando o resultado, temos uma conclusão semelhante à anterior e vemos uma performance ruim da regressão linear e uma performance boa dos modelos ensemble e RNA. A regressão linear agora se sai ainda pior do que antes. No entanto, a performance da RNA e de outros modelos ensemble não se desvia muito de sua performance anterior. Isso sugere que as informações de volatilidade são provavelmente captadas em outras variáveis, como moneyness e tempo para o vencimento. No geral, é uma boa notícia, visto que significa que menos variáveis podem ser necessárias para obtermos uma mesma performance.

Conclusão

Sabemos que a precificação de derivativos é um problema não linear. Como esperávamos, nosso modelo de regressão linear não se saiu tão bem quanto nossos modelos não lineares, e estes têm uma performance geral muito boa. Também observamos que remover a volatilidade aumenta a dificuldade do problema de previsão para a regressão linear. Todavia, os modelos não lineares, como os modelos ensemble e a RNA, ainda conseguem se sair bem no processo preditivo. Isso indica que é possível contornar o desenvolvimento de uma volatilidade de superfície de opção e chegar a uma boa previsão com um número menor de variáveis.

Vimos que uma rede neural artificial (RNA) pode reproduzir a fórmula de Black-Scholes de precificação de opções para uma call com um grau maior de precisão, ou seja, podemos aproveitar o cálculo numérico eficiente do aprendizado de máquina na precificação de derivativos sem dependermos das premissas impraticáveis feitas nos modelos tradicionais. A RNA e a arquitetura relacionada de aprendizado de máquina podem ser facilmente estendidas para a precificação de derivativos no mundo real, sem o conhecimento da teoria de precificação de derivativos. O uso das técnicas de aprendizado de máquina pode levar a uma precificação muito mais rápida quando comparado aos modelos tradicionais de precificação de derivativos. O preço que talvez tenhamos que pagar por essa velocidade extra é uma certa perda de acurácia. No entanto, tal perda fica, em geral, dentro de limites razoáveis e aceitáveis, sob um ponto de vista prático. Novas tecnologias "comoditizaram" o uso da RNA, então pode valer a pena que bancos, fundos de hedge e instituições financeiras explorem esses modelos para a precificação de derivativos.

Estudo de Caso 3: Tolerância do Investidor ao Risco e Robôs Advisors

A tolerância do investidor ao risco é uma das entradas mais importantes nos passos de alocação de portfólio e de rebalanceamento no processo de gestão de portfólio. Há uma ampla variedade de ferramentas que criam o perfil de risco usando diferentes abordagens para entender a tolerância de um investidor ao risco. A maioria delas inclui o julgamento qualitativo e envolve um esforço manual significativo. Na maioria dos casos, a tolerância ao risco de um investidor é decidida com base em um questionário sobre esse assunto.

Diversos estudos demonstraram que tais questionários são propensos ao erro, pois investidores sofrem de vieses comportamentais e julgam mal a própria percepção do risco, especialmente quando os mercados estão estressados. Além disso, dado que esses questionários devem ser preenchidos manualmente pelos investidores, eles eliminam a possibilidade de automatizar por completo o processo de gestão de investimentos.

Dessa forma, será que o aprendizado de máquina pode oferecer uma compreensão melhor sobre o perfil de risco de um investidor do que o questionário? Será que o aprendizado de máquina pode contribuir para automatizar por completo o processo de gestão de portfólio ao deixar o cliente de fora? Seria possível escrever um algoritmo que desenvolvesse um perfil de personalidade para o cliente que fosse, dessa forma, uma representação melhor de como ele lida com cenários diferentes de mercado?

O objetivo deste estudo de caso é responder a essas perguntas. Primeiro, criamos um modelo baseado em regressão supervisionada para prever a tolerância ao risco de um investidor. Em seguida, criamos um dashboard de robô advisor em Python e implementamos o modelo de previsão de tolerância ao risco. O propósito geral é demonstrar a automação dos passos manuais do processo de gestão de portfólio com a ajuda do aprendizado de máquina. Isso pode ser muitíssimo proveitoso, especificamente para robôs advisors.

O *dashboard* é um dos features fundamentais de um robô advisor, uma vez que concede acesso a informações importantes e permite que os usuários interajam com suas contas sem a necessidade de qualquer contato humano, dando ao processo de gestão de portfólio um altíssimo grau de eficiência.

A Figura 5-6 mostra um panorama do dashboard de um robô advisor desenvolvido para este estudo de caso. O dashboard realiza a alocação de ativos end-to-end para um investidor, incorporando o modelo de tolerância ao risco baseado em aprendizado de máquina criado para este estudo de caso.

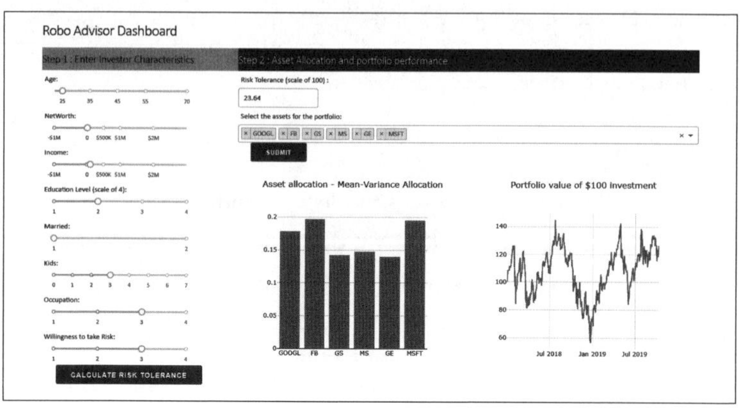

Figura 5-6. Dashboard do robô advisor

O dashboard foi desenvolvido em Python e está descrito em detalhes em um passo adicional deste estudo de caso. Embora tenha sido criado no contexto de robôs advisors, pode ser usado em outras áreas das finanças e pode incorporar os modelos de aprendizado de máquina analisados em outros estudos de caso, disponibilizando aos tomadores de decisão uma interface gráfica para analisar e interpretar resultados do modelo.

Neste estudo de caso, vamos nos concentrar em:

- Eliminar features, e na importância/intuição dos features.
- Usar o aprendizado de máquina para automatizar processos manuais envolvidos no processo de gestão de portfólio.
- Usar o aprendizado de máquina para quantificar e modelar o viés comportamental de investidores/indivíduos.
- Incorporar modelos de aprendizado de máquina nas interfaces ou dashboards de usuário por meio do Python.

Blueprint para Modelar a Tolerância do Investidor ao Risco e Incorporar um Robô Advisor Baseado em Aprendizado de Máquina

1. Definição do problema

No framework de regressão supervisionada usado para este estudo de caso, a variável prevista é a "verdadeira" tolerância ao risco de uma pessoa,[15] e as variáveis preditoras são seus atributos demográficos, financeiros e comportamentais.

Os dados para este estudo de caso são provenientes da Survey of Consumer Finances (SCF) [Pesquisa sobre as Finanças do Consumidor] (*https://oreil.ly/2vxJ6*), conduzida pela diretoria do Federal Reserve. Ela inclui respostas sobre demografia familiar, patrimônio líquido, ativos financeiros e não financeiros para um mesmo conjunto de pessoas em 2007 (antes da crise) e 2009 (depois da crise). Isso nos permite ver como cada alocação individual mudou depois da crise financeira global de 2008. Consulte o dicionário de dados (*https://oreil.ly/_L8vS*) para obter mais informações sobre essa pesquisa.

15 Tendo em conta que o propósito principal do modelo é ser usado no contexto de gestão de portfólio, o indivíduo/a pessoa também é referido como investidor no estudo de caso.

2. Dando o primeiro passo — carregando os dados e os pacotes Python

2.1. Carregando os pacotes Python. Os detalhes para carregar os pacotes padrão do Python foram apresentados nos estudos de caso anteriores. Consulte o Jupyter notebook deste caso para obter mais detalhes.

2.2. Carregando os dados. Neste passo, carregamos os dados da Survey of Consumer Finances e analisamos como estão:

```
# carregar conjunto de dados
dataset = pd.read_excel('SCFP2009panel.xlsx')
```

Vejamos o tamanho dos dados

```
dataset.shape
```

Output

```
(19285, 515)
```

Como podemos observar, o conjunto de dados tem um total de 19.285 observações com 515 colunas. O número de colunas representa o número de features.

3. Preparação de dados e seleção de feature

Neste passo, preparamos as variáveis previstas e preditoras a serem usadas na modelagem.

3.1. Preparando a variável prevista. No primeiro passo, preparamos a variável prevista, que é a verdadeira tolerância ao risco.

Os passos para computar a verdadeira tolerância ao risco são estes:

1. Compute os ativos arriscados e sem risco para todos os indivíduos nos dados da pesquisa. Veja a definição destes ativos:

   Ativos arriscados
   : Investimentos em fundos mútuos, ações e títulos.

   Ativos sem risco
   : Conta-corrente e poupança, certificados de depósito e outros saldos em caixa e equivalentes.

2. Obtenha a proporção entre ativos arriscados e o total de ativos (sendo o total a soma dos ativos arriscados e sem risco) de uma pessoa e considere isso como uma medida de sua tolerância ao risco.[16] A partir da SCF, temos os dados dos ativos arriscados e sem risco para essas pessoas em 2007 e 2009. Usamos esses dados e normalizamos os ativos arriscados com o preço de um índice de ações (S&P500) em 2007 em comparação com 2009 para obtermos a tolerância ao risco.
3. Identifique os investidores "inteligentes". Uma das definições sobre um investidor inteligente na literatura especializada é aquele que não altera sua tolerância ao ris-

---

16 Há muitas maneiras possíveis de computar a tolerância ao risco. Neste estudo de caso, usamos as maneiras intuitivas para mensurar a tolerância de uma pessoa ao risco.

co durante as mudanças de mercado. Assim, consideramos os investidores que tiveram uma alteração em sua tolerância ao risco menor que 10% entre 2007 e 2009 como sendo inteligentes. É claro, este é um julgamento qualitativo, e pode haver muitas outras formas de definir um investidor inteligente. No entanto, como já mencionamos, além de chegar a uma definição precisa da verdadeira tolerância ao risco, o propósito deste estudo de caso é demonstrar a aplicação do aprendizado de máquina e oferecer um framework baseado em aprendizado de máquina para a gestão de portfólio que possa ser aproveitado ainda para análises mais detalhadas.

Vamos computar a variável prevista. Primeiro, pegamos os ativos arriscados e não arriscados e computamos a tolerância ao risco para 2007 e 2009 com este trecho de código:

```
# Computar os ativos arriscados e não arriscados para 2007
dataset['RiskFree07']= dataset['LIQ07'] + dataset['CDS07'] + dataset['SAVBND07']\
+ dataset['CASHLI07']
dataset['Risky07'] = dataset['NMMF07'] + dataset['STOCKS07'] + dataset['BOND07']

# Compute os ativos arriscados e não arriscados para 2009
dataset['RiskFree09']= dataset['LIQ09'] + dataset['CDS09'] + dataset['SAVBND09']\
+ dataset['CASHLI09']
dataset['Risky09'] = dataset['NMMF09'] + dataset['STOCKS09'] + dataset['BOND09']

# Computar a tolerância ao risco para 2007
dataset['RT07'] = dataset['Risky07']/(dataset['Risky07']+dataset['RiskFree07'])

# Índice médio de ações para normalizar os ativos arriscados em 2009
Average_SP500_2007=1478
Average_SP500_2009=948

# Computar a tolerância ao risco para 2009
dataset['RT09'] = dataset['Risky09']/(dataset['Risky09']+dataset['RiskFree09'])*\
                  (Average_SP500_2009/Average_SP500_2007)
```

Vejamos os detalhes dos dados:

```
dataset.head()
```

Output

	YY1	Y1	WGT09	AGE07	AGECL07	EDUC07	EDCL07	MARRIED07	KIDS07	LIFECL07	...
0	1	11	11668.134198	47	3	12	2	1	0	2	...
1	1	12	11823.456494	47	3	12	2	1	0	2	...
2	1	13	11913.228354	47	3	12	2	1	0	2	...
3	1	14	11929.394266	47	3	12	2	1	0	2	...
4	1	15	11917.722907	47	3	12	2	1	0	2	...

5 rows × 521 columns

Os dados mostram algumas das 521 colunas do conjunto de dados.

Vamos computar a mudança porcentual da tolerância ao risco entre 2007 e 2009:

```
dataset['PercentageChange'] = np.abs(dataset['RT09']/dataset['RT07']-1)
```

Em seguida, descartamos as colunas contendo "NA" [não aplicável] ou "NaN" [não é um número]:

```
# Descartar colunas contendo NA
dataset=dataset.dropna(axis=0)

dataset=dataset[~dataset.isin([np.nan, np.inf, -np.inf]).any(1)]
```

Investiguemos o comportamento de tolerância ao risco das pessoas em 2007 em comparação a 2009. Primeiro, observamos a tolerância ao risco em 2007:

```
sns.distplot(dataset['RT07'], hist=True, kde=False,
             bins=int(180/5), color = 'blue',
             hist_kws={'edgecolor':'black'})
```

Output

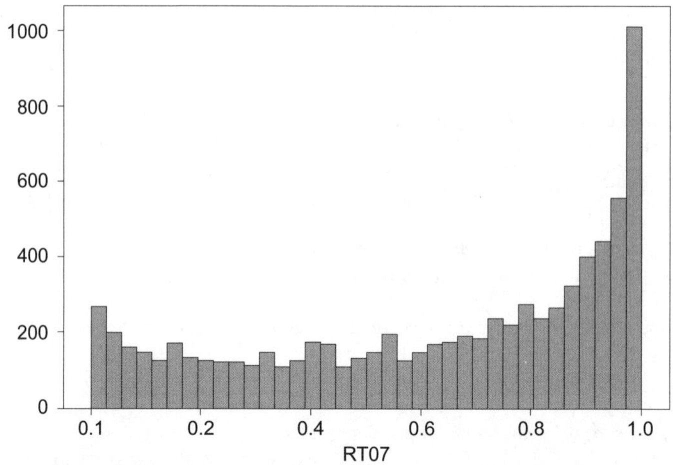

Observando a tolerância ao risco em 2007, vemos que um número significativo de pessoas teve tolerância ao risco perto de 1, ou seja, seus investimentos estavam pendendo mais para os ativos arriscados. Agora, vejamos a tolerância ao risco em 2009:

```
sns.distplot(dataset['RT09'], hist=True, kde=False,
             bins=int(180/5), color = 'blue',
             hist_kws={'edgecolor':'black'})
```

```
Output
```

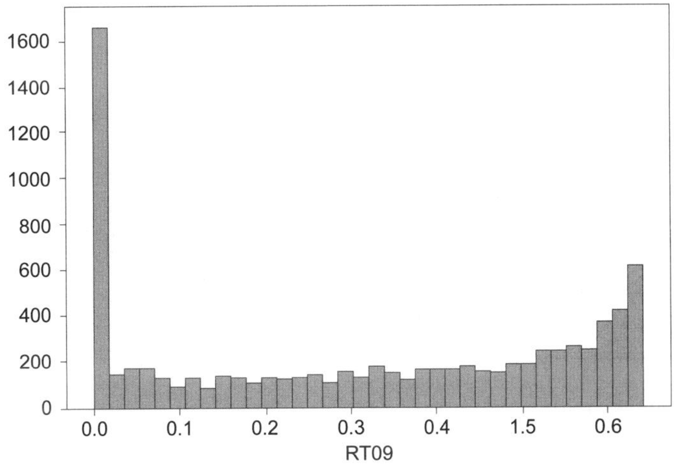

Claramente, o comportamento das pessoas foi revertido depois da crise. A tolerância geral ao risco diminuiu, o que fica demonstrado pela proporção descomunal de pessoas com tolerância perto de zero em 2009. A maioria de seus investimentos era em ativos sem risco.

No próximo passo, pegamos os investidores inteligentes cuja alteração na tolerância ao risco entre 2007 e 2009 ficou abaixo de 10%, como descrevemos na seção "3.1. Preparando a variável prevista", na página 122:

```
dataset3 = dataset[dataset['PercentageChange']<=.1]
```

Atribuímos a verdadeira tolerância ao risco como a tolerância média ao risco desses investidores inteligentes entre 2007 e 2009:

```
dataset3['TrueRiskTolerance'] = (dataset3['RT07'] + dataset3['RT09'])/2
```

Essa é a variável prevista para este estudo de caso.

Descartemos outros rótulos que não sejam necessários para essa previsão:

```
dataset3.drop(labels=['RT07', 'RT09'], axis=1, inplace=True)
dataset3.drop(labels=['PercentageChange'], axis=1, inplace=True)
```

3.2. Seleção de feature: limitar o espaço de features Nesta seção, exploraremos formas de condensar o espaço de features.

3.3. Eliminação de features. Para filtrar ainda mais os features, verificamos as descrições no dicionário de dados (*https://oreil.ly/_L8vS*) e mantemos apenas os features relevantes.

Ao observarmos todos os dados, percebemos que há mais de *500* features no conjunto de dados. No entanto, a literatura acadêmica e a prática do setor indicam que a tolerância ao risco é altamente influenciada pelos atributos demográficos, financeiros e comportamentais do investidor, como idade, renda atual, capital líquido e disposição em assumir riscos. Todos esses atributos estavam disponíveis no conjunto de dados e estão resumidos na próxima seção. Eles são usados como features para prever a tolerância ao risco do investidor.

No conjunto de dados, cada coluna contém um valor numérico correspondendo ao valor do atributo. Confira os detalhes:

AGE
: Há seis categorias de idade, em que 1 representa menos de 35 e 6 representa mais de 75.

EDUC
: Há quatro categorias de grau de instrução, em que 1 representa até o ensino fundamental e 4 representa grau superior completo.

MARRIED
: Há duas categorias para o estado civil, em que 1 representa casado e 2 representa não casado.

OCCU
: Esta é a categoria de ocupação. Um valor de 1 representa nível gerencial e 4 representa desempregado.

KIDS
: Número de filhos.

WSAVED
: Representa quanto a pessoa gasta em relação à sua renda, com três categorias. Por exemplo, 1 representa que os gastos excedem a renda.

NWCAT
: Representa o patrimônio líquido. Há cinco categorias, em que 1 representa um patrimônio líquido menor que o 25º percentil e 5 representa um patrimônio líquido maior que o 90º percentil.

INCCL
: Representa a categoria da renda. Há cinco categorias, em que 1 representa uma renda anual inferior a US$10 mil e 5 representa uma renda anual superior a US$100 mil.

RISK

Representa a disposição em assumir riscos, em uma escala de 1 a 4, em que 1 representa o nível mais alto de disposição a riscos.

Mantemos apenas os features intuitivos de 2007 e removemos todos os features intermediários e relacionados a 2009, visto que as variáveis de 2007 são as únicas necessárias para prever a tolerância ao risco:

```
keep_list2 = ['AGE07','EDCL07','MARRIED07','KIDS07','OCCAT107','INCOME07',\
'RISK07','NETWORTH07','TrueRiskTolerance']

drop_list2 = [col for col in dataset3.columns if col not in keep_list2]

dataset3.drop(labels=drop_list2, axis=1, inplace=True)
```

Agora, vejamos a correlação entre os features:

```
# correlação
correlation = dataset3.corr()
plt.figure(figsize=(15,15))
plt.title('Correlation Matrix')
sns.heatmap(correlation, vmax=1, square=True,annot=True,cmap='cubehelix')
```

`Output`

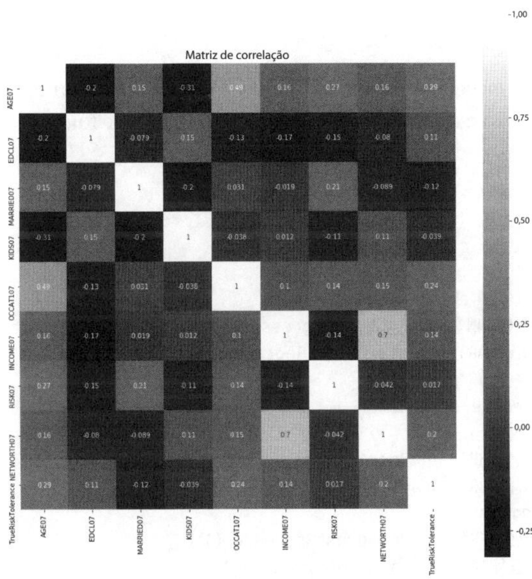

Ao observarmos o gráfico de correlações (a versão com tamanho integral está disponível no GitHub, em *https://oreil.ly/iQpk4*), vemos que o patrimônio líquido e a renda estão correlacionados positivamente com a tolerância ao risco. Quando a pessoa é casada e tem um número maior de filhos, a tolerância ao risco diminui. À medida que a disposição em assumir riscos diminui, a tolerância ao risco também diminui. Com relação à idade, há uma relação positiva da tolerância ao risco. Como sustenta o artigo de Hui Wang e Sherman Hanna "Does Risk Tolerance Decrease with Age?" ["A tolerância ao risco diminui com a idade?", em tradução livre], a tolerância ao risco aumenta conforme as pessoas envelhecem (ou seja, a proporção do patrimônio líquido investida em ativos arriscados aumenta), ao passo que outras variáveis permanecem constantes.

Portanto, em resumo, a relação dessas variáveis com a tolerância ao risco parece intuitiva.

4. Avaliação de modelos

4.1. Train-test split. Vamos dividir os dados em conjuntos de treinamento e de teste:

```
Y= dataset3["TrueRiskTolerance"]
X = dataset3.loc[:, dataset3.columns != 'TrueRiskTolerance']
validation_size = 0.2
seed = 3
X_train, X_validation, Y_train, Y_validation = \
train_test_split(X, Y, test_size=validation_size, random_state=seed)
```

4.2. Opções de teste e métricas avaliativas. Usamos R^2 como a métrica avaliativa e selecionamos 10 como o número de folds para a validação cruzada.[17]

```
num_folds = 10
scoring = 'r2'
```

4.3. Comparação de modelos e algoritmos. Em seguida, selecionamos o conjunto do modelo de regressão e executamos a validação cruzada *k*-folds.

```
Modelo de Regressão
```

```
# fiscalizar (spot-check) os algorítimos
models = []
models.append(('LR', LinearRegression()))
models.append(('LASSO', Lasso()))
models.append(('EN', ElasticNet()))
models.append(('KNN', KNeighborsRegressor()))
models.append(('CART', DecisionTreeRegressor()))
models.append(('SVR', SVR()))
# Modelos Ensemble
# Métodos Boosting
models.append(('ABR', AdaBoostRegressor()))
models.append(('GBR', GradientBoostingRegressor()))
# Métodos Bagging
models.append(('RFR', RandomForestRegressor()))
models.append(('ETR', ExtraTreesRegressor()))
```

O código Python para o passo de análise *k*-fold é semelhante ao usado nos estudos de caso anteriores. Você também pode consultar o Jupyter notebook deste estudo de caso no repositório de códigos para obter mais detalhes. Vejamos a performance dos modelos no conjunto de treinamento.

---

17 Poderíamos ter escolhido RMSE como a métrica avaliativa; contudo, escolhemos R^2 porque já usamos RMSE como a métrica avaliativa nos estudos de caso anteriores.

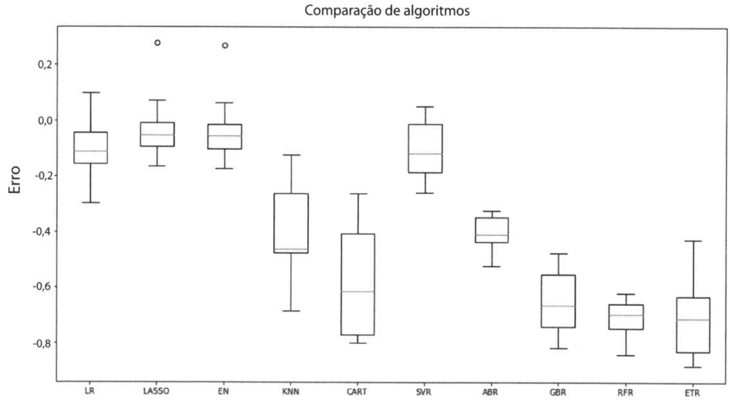

Os modelos não lineares performam melhor do que os lineares, o que significa que há uma relação não linear entre a tolerância ao risco e as variáveis usadas para prevê-la. Considerando que a regressão de floresta aleatória é um dos melhores métodos, nós a usaremos para o grid search.

5. Ajuste de modelo e grid search

Como vimos no Capítulo 4, a floresta aleatória tem muitos hiperparâmetros que podem ser ajustados durante a realização do grid search. No entanto, confinaremos nosso grid search para o número de estimadores (`n_estimators`), por ser um dos hiperparâmetros mais importantes. Ele representa o número de árvores no modelo de floresta aleatória. Idealmente, isso deve ser aumentado até que nenhuma outra melhoria seja percebida no modelo:

```
# 8. Grid search : RandomForestRegressor
'''
n_estimators : integer, optional (default=10)
The number of trees in the forest.
'''
param_grid = {'n_estimators': [50,100,150,200,250,300,350,400]}
model = RandomForestRegressor()
kfold = KFold(n_splits=num_folds, random_state=seed)
grid = GridSearchCV(estimator=model, param_grid=param_grid, scoring=scoring, \
  cv=kfold)
grid_result = grid.fit(X_train, Y_train)
print("Best: %f using %s" % (grid_result.best_score_, grid_result.best_params_))
means = grid_result.cv_results_['mean_test_score']
stds = grid_result.cv_results_['std_test_score']
params = grid_result.cv_results_['params']
```

`Output`

```
Best: 0.738632 using {'n_estimators': 250}
```

A floresta aleatória com 250 números de estimadores é o melhor modelo após o grid search.

6. Finalização do modelo

Vejamos os resultados do conjunto de dados de teste e verifiquemos a importância dos features.

6.1. Resultados do conjunto de dados de teste. Preparamos o modelo de floresta aleatória com o número de estimadores em 250:

```
model = RandomForestRegressor(n_estimators = 250)
model.fit(X_train, Y_train)
```

Vamos ver a performance do conjunto de treinamento.

```
from sklearn.metrics import r2_score
predictions_train = model.predict(X_train)
print(r2_score(Y_train, predictions_train))
```

Output

```
0.9640632406817223
```

O R^2 do conjunto de treinamento é de 96%, que é um bom resultado. Agora, vamos ver a performance do conjunto de teste:

```
predictions = model.predict(X_validation)
print(mean_squared_error(Y_validation, predictions))
print(r2_score(Y_validation, predictions))
```

Output

```
0.007781840953471237
0.7614494526639909
```

A partir do erro quadrático médio e do R^2 de 76% demonstrados para o conjunto de teste, o modelo de floresta aleatória faz um excelente trabalho de ajustar a tolerância ao risco.

6.2. Importância e intuição de features

Analisemos a importância dos features das variáveis dentro do modelo de floresta aleatória:

```
import pandas as pd
import numpy as np
model = RandomForestRegressor(n_estimators= 200,n_jobs=-1)
model.fit(X_train,Y_train)
#usar a classe nativa feature_importances dos classificadores baseados em
árvores
#plotar um gráfico das importâncias dos features para melhor visualização
feat_importances = pd.Series(model.feature_importances_, index=X.columns)
feat_importances.nlargest(10).plot(kind='barh')
plt.show()
```

```
Output
```

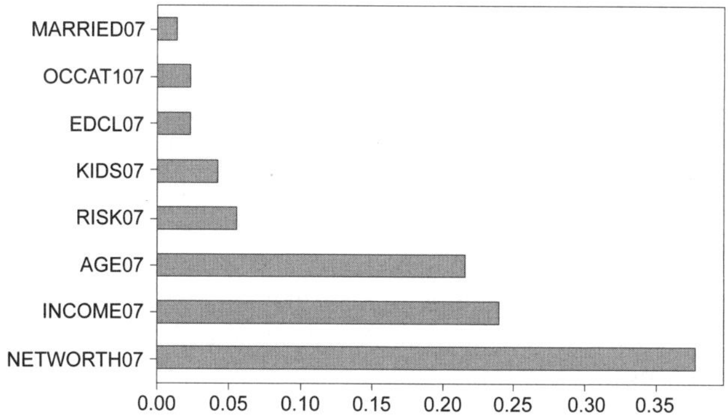

No gráfico, o eixo x representa a magnitude de importância de um feature. Portanto, renda e patrimônio líquido, seguidos por idade e disposição em assumir riscos, são as variáveis essenciais para determinar a tolerância ao risco.

6.3. Salvando o modelo para uso posterior. Neste passo, salvamos o modelo para uso posterior. O modelo salvo pode ser usado diretamente para previsão, dado o conjunto de variáveis de entrada. O modelo é salvo como *finalized_model.sav* usando o módulo `dump` do pacote pickle. Ele pode ser carregado usando o módulo `load`.

Como primeiro passo, salvaremos o modelo:

```
# Salvar Modelo Usando Pickle
from pickle import dump
from pickle import load

# salvar o modelo no HD
filename = 'finalized_model.sav'
dump(model, open(filename, 'wb'))
```

Agora, carregaremos o modelo salvo e o usaremos para previsão.

```
# carregar o modelo do HD
loaded_model = load(open(filename, 'rb'))
# estimar acurácia do conjunto de validação
predictions = loaded_model.predict(X_validation)
result = mean_squared_error(Y_validation, predictions)
print(r2_score(Y_validation, predictions))
print(result)
```

```
Output

0.7683894847939692
0.007555447734714956
```

7. Passo adicional: dashboard do robô advisor

Mencionamos o dashboard do robô advisor no início deste estudo de caso. Esse dashboard realiza uma automatização do processo de gestão de portfólio e visa superar o problema da elaboração tradicional do perfil de tolerância ao risco.

Código Python Code para o Dashboard do Robô Advisor

O dashboard do robô advisor é criado em Python usando o pacote plotly dash. Dash (*https://dash.plot.ly*) é um framework produtivo do Python para criar aplicativos online com boas interfaces de usuário. O código para o dashboard do robô advisor está no repositório de códigos para este livro (*https://oreil.ly/8f-TDy*). O código está em um Jupyter notebook chamado "Sample Robo-advisor". Uma descrição detalhada do código está além do escopo deste estudo de caso. Todavia, a base do código pode ser usada na criação de qualquer novo dashboard compatível com aprendizado de máquina.

O dashboard tem dois painéis:

- Entradas para características do investidor.
- Alocação de ativos e desempenho do portfólio.

7.1. Entrada para características do investidor. A Figura 5-7 mostra o painel de entrada para as características do investidor. Esse painel pega todas as entradas relacionadas aos atributos demográficos, financeiros e comportamentais do investidor. Elas servem para as variáveis previstas que usamos no modelo de tolerância ao risco criado nos passos anteriores. A interface é projetada para fornecer as variáveis categóricas e contínuas no formato correto.

Uma vez que as entradas são enviadas, aproveitamos o modelo salvo em "6.3. Salvando o modelo para uso posterior". Esse modelo pega todas as entradas e produz a tolerância ao risco de um investidor (veja mais detalhes consultando a função `predict_riskTolerance` no Jupyter notebook "Sample Robo-advisor" no repositório de códigos para este livro). O modelo de previsão de tolerância ao risco está incorporado nesse dashboard e é acionado quando o botão "Calculate Risk Tolerance" é pressionado depois de enviar as entradas.

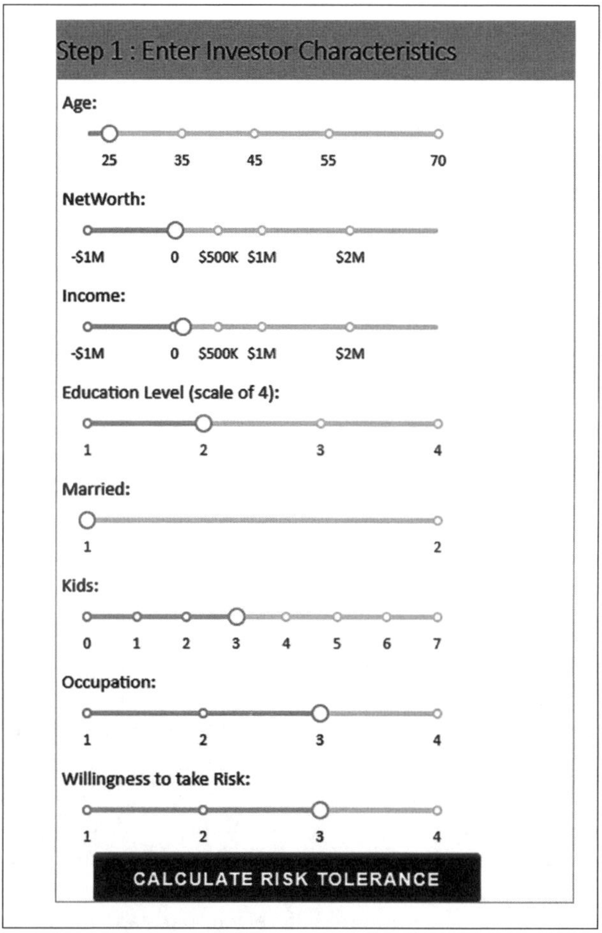

Figura 5-7. Painel de entrada do robô advisor

7.2. Alocação de ativos e performance do portfólio. A Figura 5-8 mostra o painel "Asset Allocation and Portfolio Performance", que realiza estas funcionalidades:

- Uma vez que a tolerância ao risco é computada usando o modelo, ela aparece na parte superior deste painel.
- No passo seguinte, escolhemos os ativos para nosso portfólio no menu suspenso.
- Uma vez enviada a lista de ativos, o modelo tradicional de variância média para alocação de portfólio é usado para alocar o portfólio entre os ativos selecionados. A tolerância ao risco é uma das entradas fundamentais para esse processo. (Para obter mais detalhes, consulte a função `get_asset_allo cation` do "Sample Robo-advisor" Jupyter notebook no repositório de códigos.)
- O dashboard também mostra o desempenho histórico do portfólio alocado para um investimento inicial de *US$100*.

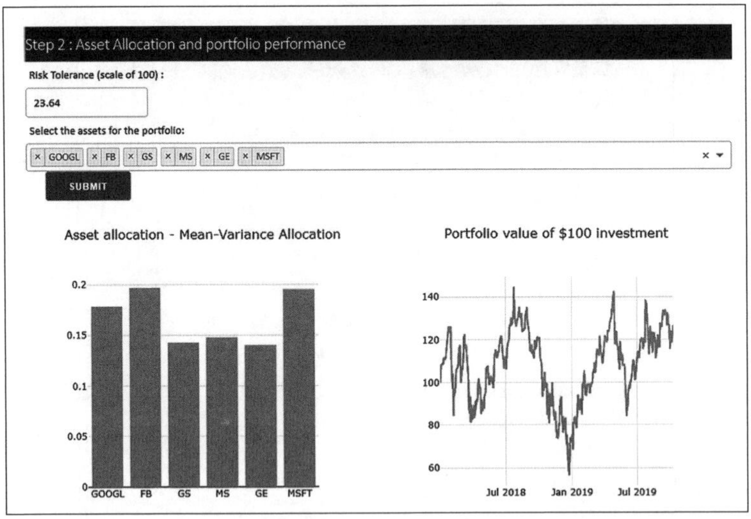

Figura 5-8. Painel do robô advisor para alocação de ativos e performance do portfólio

Embora o dashboard seja uma versão básica do dashboard do robô advisor, ele realiza a alocação end-to-end de ativos para um investidor e disponibiliza uma visão do portfólio e seu desempenho histórico ao longo de um período selecionado. Há diversas melhorias potenciais a esse protótipo em termos de interface e modelos subjacentes utilizados. O dashboard pode ser melhorado de forma a incluir instrumentos adicionais e incorporar outros features como monitoramento de portfólio em tempo real, rebalanceamento de portfólio e assessoria de investimentos. Em relação aos modelos subjacentes utilizados para a alocação de ativos, usamos o método tradicional de otimização de variância média, mas pode ser aprimorado para usar algoritmos de alocação baseados em técnicas de aprendizado de máquina, como portfólio eigen, paridade hierárquica de risco ou modelos baseados em aprendizado por reforço, descritos nos Capítulos 7, 8 e 9, respectivamente. O modelo de tolerância ao risco pode ser aprimorado ao usar outros features ou os dados reais dos investidores em vez de usar os dados da Survey of Consumer Finances.

Conclusão

Neste estudo de caso, apresentamos o algoritmo baseado em regressão aplicado para computar a tolerância do investidor ao risco, seguido por uma demonstração do modelo em uma configuração de robô advisor. Mostramos que os modelos de aprendizado de máquina podem conseguir analisar de forma objetiva o comportamento de diferentes investidores em um mercado variável e atribuir tais mudanças a variáveis envolvidas na determinação do apetite ao risco. Com o aumento do volume de dados de investidores e a disponibilidade de uma infraestrutura valiosa de aprendizado de máquina, tais modelos podem se mostrar ainda mais proveitosos do que os processos manuais existentes.

Vimos que há uma relação não linear entre as variáveis e a tolerância ao risco. Analisamos a importância dos features e descobrimos que os resultados do estudo de caso são bastante intuitivos. A renda e o capital líquido, seguidos por idade e disposição em assumir riscos, são as variáveis-chave para decidir a tolerância ao risco. Essas variáveis também foram consideradas essenciais para modelar a tolerância ao risco na literatura acadêmica e do setor.

Por meio do dashboard do robô advisor alimentado pelo aprendizado de máquina, demonstramos uma combinação efetiva da implementação da ciência de dados e do aprendizado de máquina na gestão de riquezas. Os robôs advisors e os gestores de investimentos podem aproveitar tais modelos e plataformas para melhorar o processo de gestão de portfólio com a ajuda do aprendizado de máquina.

Estudo de Caso 4: Previsão da Curva a Termo (Yield Curve)

Uma *yield curve* é uma linha que plota yields (taxas de juro) de títulos que possuem uma mesma qualidade de crédito, mas diferentes datas de vencimento. Ela é usada como um benchmark para outras dívidas no mercado, como taxas de financiamento imobiliário ou de empréstimos bancários. As curvas a termo mais usadas comparam os títulos de dívidas do governo de 3 meses, 2, 5, 10 e 30 anos.

A yield curve é a peça central em um mercado de renda fixa. Esses mercados são fontes importantes de financiamento para governos, instituições nacionais e supranacionais, bancos e corporações com capital aberto e fechado. Além disso, ela é muito importante para investidores em fundos de pensão e empresas de seguros.

A curva a termo é uma representação fundamental do estado do mercado de títulos. Os investidores observam esse mercado de perto, pois é um forte preditor da atividade econômica futura e dos níveis inflacionários, que afetam os preços de produtos, ativos financeiros e imóveis. O declive da yield curve é um indicador importante de taxas de juros em curto prazo e é acompanhada de perto pelos investidores.

Sendo assim, uma previsão acurada da yield curve é crucial para aplicações financeiras. Diversas técnicas e ferramentas estatísticas são usadas comumente na econometria e nas finanças para modelar a curva a termo.

Neste estudo de caso, usaremos modelos baseados em aprendizado supervisionado para prever a yield curve. Este estudo de caso é inspirado no artigo *Artificial Neural Networks in Fixed Income Markets for Yield Curve Forecasting* [Redes Neurais Artificiais nos Mercados de Renda Fixa para a Previsão da Curva a Termo, em tradução livre], de Manuel Nunes et al. (2018).

Neste estudo de caso, vamos nos concentrar em:

- Fazer uma modelagem simultânea (produzir diversas saídas ao mesmo tempo) das taxas de juros.
- Comparar os modelos de rede neural com os de regressão linear.
- Modelar uma série temporal em um framework baseado em regressão supervisionada.
- Entender a intuição da variável e da seleção de features.

De forma geral, este estudo é semelhante ao de previsão do preço de uma ação apresentado anteriormente neste capítulo, com as seguintes diferenças:

- Prevemos diversas saídas simultaneamente, em vez de apenas uma.
- A variável prevista neste caso não é a variável de retorno.
- Como já vimos os modelos de séries temporais no estudo de caso 1, aqui focaremos as redes neurais artificiais para previsão.

Blueprint para Usar Modelos de Aprendizado Supervisionado para Prever a Yield Curve

1. Definição do problema

No framework de regressão supervisionada usado neste estudo de caso, três prazos (1M, 5Y e 30Y) da yield curve são as variáveis previstas. Esses prazos representam o curto prazo, o médio prazo e o longo prazo da curva a termo.

Precisamos entender o que afeta o movimento da yield curve e, assim, incorporar o máximo possível de informações em nossos modelos. Em uma visão geral de alto nível, além do preço histórico e da curva a termo em si, veremos outras variáveis correlacionadas que podem influenciá-la. As variáveis preditoras independentes que consideramos são:

- *Valor prévio da curva do tesouro para prazos diferentes.* Os prazos utilizados são de 1 mês, 1, 2, 5, 7, 10 e 30 anos.
- *Porcentagem da dívida federal* mantida pelos governos (local e estrangeiros) e pelo FED dos EUA.
- *Spread corporativo sobre* as dívidas com classificação BAA relativas à taxa do tesouro para 10 anos.

A dívida federal e o spread corporativo são variáveis correlacionadas e têm o potencial de ser proveitosas na modelagem da yield curve. O conjunto de dados usado neste estudo de caso foi extraído do Yahoo Finance e do FRED (*https://fred.stlouisfed.org*). Usaremos os dados diários dos últimos 10 anos, a partir de 2010.

Ao término deste estudo de caso, você estará familiarizado com uma abordagem geral de aprendizado de máquina para a modelagem da yield curve, desde a coleta e limpeza dos dados até a criação e o ajuste de diferentes modelos.

2. Dando o primeiro passo — carregando os dados e os pacotes Python

2.1. Carregando os pacotes Python. O carregamento dos pacotes Python é semelhante ao dos outros estudos de caso deste capítulo. Para obter mais detalhes, consulte o Jupyter notebook deste estudo de caso.

2.2. Carregando os dados. Os passos a seguir demonstram o carregamento dos dados usando a função `DataReader` do Panda:

```
# Obter os dados por webscraping usando o pandas datareader
tsy_tickers = ['DGS1MO', 'DGS3MO', 'DGS1', 'DGS2', 'DGS5', 'DGS7', 'DGS10',
               'DGS30',
               'TREAST', # Ativos mobiliários mantidos pelo Federal Reserve ($MM)
               'FYGFDPUN', # Dívida Federal Detida pelo Público ($MM)
               'FDHBFIN', # Dívida Federal Detida por Investidores Internacionais ($BN)
               'GFDEBTN', # Dívida Federal: Dívida Pública Total ($BN)
               'BAA10Y', # Yield de Títulos Corporativos BAA Relativos ao Yield de 10 Anos
               ]
tsy_data = web.DataReader(tsy_tickers, 'fred').dropna(how='all').ffill()
tsy_data['FDHBFIN'] = tsy_data['FDHBFIN'] * 1000
tsy_data['GOV_PCT'] = tsy_data['TREAST'] / tsy_data['GFDEBTN']
tsy_data['HOM_PCT'] = tsy_data['FYGFDPUN'] / tsy_data['GFDEBTN']
tsy_data['FOR_PCT'] = tsy_data['FDHBFIN'] / tsy_data['GFDEBTN']
```

Em seguida, definimos nossas variáveis dependente (*Y*) e independente (*X*). As variáveis previstas são a taxa para os três prazos da curva a termo (1M, 5Y e 30Y), como já mencionamos. Presume-se que os dias úteis de negociação sejam cinco por semana e computamos a versão defasada das variáveis mencionadas na seção de definição do problema como variáveis independentes, usando o atraso de cinco dias de negociação.

As variáveis atrasadas de cinco dias incorporam o componente de série temporal ao usar uma *abordagem de atraso de tempo*, em que a variável defasada é incluída como uma das variáveis independentes. Esse passo reestrutura os dados da série temporal em um modelo de framework baseado em regressão supervisionada.

3. Análise exploratória de dados. Nesta seção, veremos a estatística descritiva e a visualização dos dados.

3.1. Estatística descritiva. Vejamos o formato e as colunas no conjunto de dados:

```
dataset.shape
```

`Output`

```
(505, 15)
```

Os dados contêm 500 observações com 15 colunas.

3.2. Visualização de dados. Em primeiro lugar, vamos plotar as variáveis previstas e observar seu comportamento:

```
Y.plot(style=['-','--',':'])
```

Output

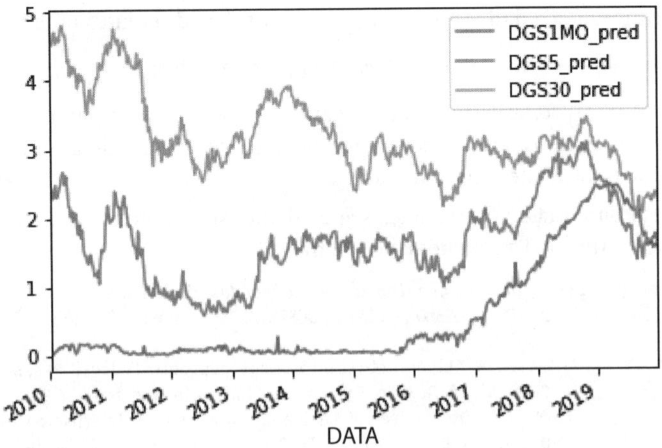

No gráfico, vemos que o desvio entre as taxas de curto, médio e longo prazos era maior em 2010 e começou a diminuir desde então. Houve uma queda nas taxas de longo e médio prazos durante 2011, e também vêm caindo desde então. A ordem das taxas está em linha com os prazos. No entanto, durante alguns meses em anos recentes, a taxa de cinco anos (*5Y*) ficou menor que a de um mês (*1M*). Na série temporal de todos os prazos, podemos ver que a média varia com o passar do tempo, resultando em uma tendência para cima. Sendo assim, essas séries são séries temporais não estacionárias.

Em alguns casos, a regressão linear para essas variáveis dependentes não estacionárias pode não ser válida. Contudo, estamos usando variáveis defasadas, que também são não estacionárias como variáveis independentes. Assim, estamos de fato modelando uma série temporal não estacionária em relação a outra série temporal também não estacionária, algo que ainda pode ser válido.

Em seguida, observamos os gráficos de dispersão (o gráfico de correlação foi deixado de lado neste estudo de caso, visto que tem uma interpretação semelhante à do gráfico de dispersão). Podemos visualizar a relação entre todas as variáveis na regressão usando a matriz de dispersão mostrada a seguir:

```
# Gráfico de Dispersão
pyplot.figure(figsize=(15,15))
scatter_matrix(dataset,figsize=(15,16))
pyplot.show()
```

```
Output
```

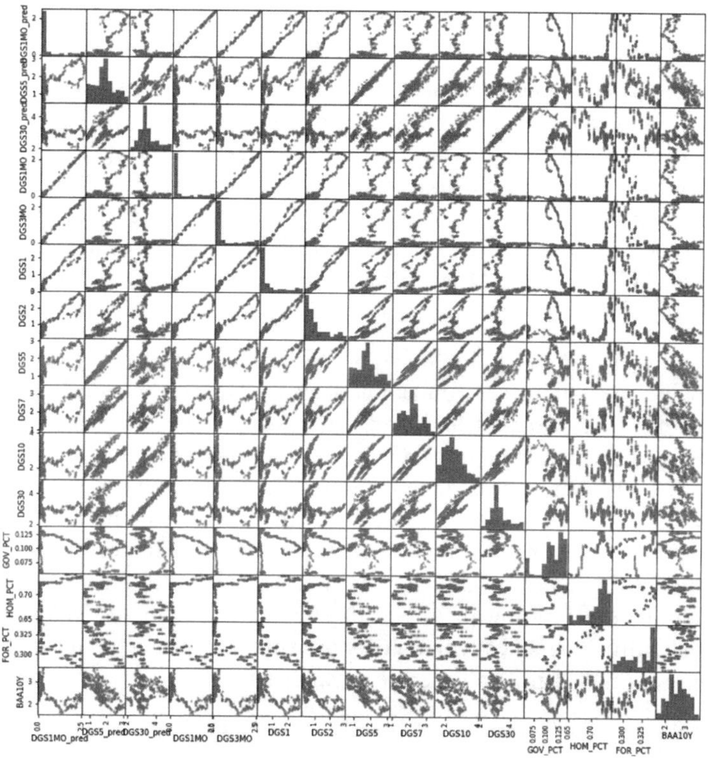

Observando o gráfico de dispersão (a versão com tamanho integral está disponível no GitHub, em *https://oreil.ly/XIsvu*), vemos uma relação linear significativa das variáveis previstas com seus atrasos e outros prazos da yield curve. Também há uma relação linear com um declive entre as taxas de 1M e 5Y em comparação com o spread corporativo e as mudanças nas compras de governos estrangeiros. A taxa de 30Y mostra uma relação linear com essas variáveis, embora a inclinação seja negativa. Em geral, vemos muitas relações lineares e esperamos que os modelos lineares performem bem.

4. Preparação e análise dos dados

Já realizamos a maior parte dos passos de preparação de dados (ou seja, obter as variáveis dependentes e independentes) nos passos anteriores, assim, pularemos este passo.

5. Avaliação de modelos

Neste passo, avaliaremos os modelos. O código Python é semelhante ao do estudo de caso 1, e partes dos códigos repetidos são deixadas de lado. Para obter mais detalhes, você também pode consultar o Jupyter notebook deste estudo de caso no repositório de códigos para este livro.

5.1. Train-test split e métricas avaliativas. Usaremos 80% do conjunto de dados para modelagem e 20% para testes. Avaliaremos os algoritmos usando a métrica de erro quadrático médio.

5.2. Comparação de modelos e algoritmos. Neste estudo de caso, o principal objetivo é comparar os modelos lineares com a rede neural artificial na modelagem da yield curve. Dessa forma, ficaremos com a regressão linear (LR), a regressão regularizada (LASSO e EN) e a rede neural artificial (mostrada como MLP). Também incluímos alguns outros modelos, como KNN e CART, visto que são mais simples e com uma boa interpretação, e caso haja uma relação não linear entre as variáveis, esses modelos poderão captá-la e oferecer um bom benchmark de comparação para a RNA.

Observando os erros de treinamento e teste, vemos uma boa performance do modelo de regressão linear. Também podemos ver que lasso e rede elástica performam mal. Esses são modelos de regressão regularizada e reduzem o número de variáveis caso não sejam importantes. A diminuição no número de variáveis pode ter causado uma perda de informações, levando a um desempenho ruim do modelo. KNN e CART são bons, mas, olhando mais de perto, vemos que os erros de teste são maiores do que os de treinamento. Também vemos que a performance do algoritmo de rede neural artificial (MLP) é comparável com o modelo de regressão linear. Apesar da simplicidade, a regressão linear é um benchmark difícil de vencer em uma previsão com um passo à frente quando há uma relação linear significativa entre as variáveis.

`Output`

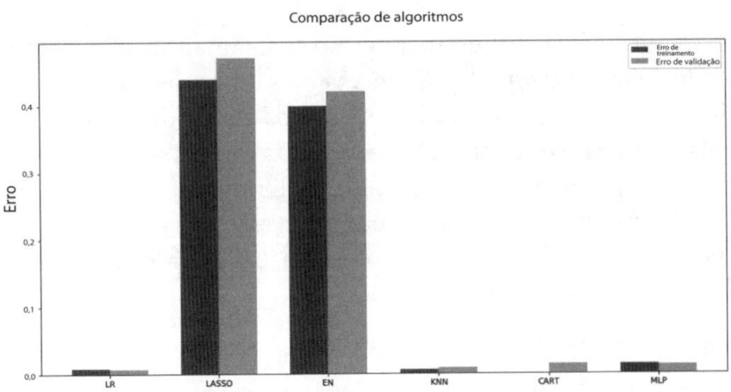

6. Ajuste de modelo e grid search

Como no estudo de caso 2 deste capítulo, realizamos um grid search do modelo de RNA com diferentes combinações de camadas ocultas. Diversos outros hiperparâmetros, como taxa de aprendizado, momentum, função de ativação, número de épocas e tamanho de lote, podem ser ajustados durante o processo de grid search, de maneira semelhante aos passos mencionados a seguir.

```
''
hidden_layer_sizes : tuple, length = n_layers - 2, default (100,)
```

```
The ith element represents the number of neurons in the ith
hidden layer.
'''
param_grid={'hidden_layer_sizes': [(20,), (50,), (20,20), (20, 30, 20)]}
model = MLPRegressor()
kfold = KFold(n_splits=num_folds, random_state=seed)
grid = GridSearchCV(estimator=model, param_grid=param_grid, scoring=scoring,
\
cv=kfold)
grid_result = grid.fit(X_train, Y_train)
print("Best: %f using %s" % (grid_result.best_score_, grid_result.
best_params_))
means = grid_result.cv_results_['mean_test_score']
stds = grid_result.cv_results_['std_test_score']
params = grid_result.cv_results_['params']
for mean, stdev, param in zip(means, stds, params):
print("%f (%f) with: %r" % (mean, stdev, param))
```

Output

```
Best: -0.018006 using {'hidden_layer_sizes': (20, 30, 20)}
-0.036433 (0.019326) with: {'hidden_layer_sizes': (20,)}
-0.020793 (0.007075) with: {'hidden_layer_sizes': (50,)}
-0.026638 (0.010154) with: {'hidden_layer_sizes': (20, 20)}
-0.018006 (0.005637) with: {'hidden_layer_sizes': (20, 30, 20)}
```

O melhor modelo é o com três camadas, com 20, 30 e 20 nós em cada camada oculta, respectivamente. Sendo assim, preparamos um modelo com essa configuração e verificamos sua performance com o conjunto de teste. Este é um passo crucial, visto que um número maior de camadas pode levar ao sobreajuste e performar mal no conjunto de teste.

Comparação de previsão. No último passo, vemos o gráfico de previsão dos dados reais em comparação com a previsão para os modelos de regressão linear e RNA. Consulte o Jupyter notebook para este estudo de caso para obter o código Python desta seção.

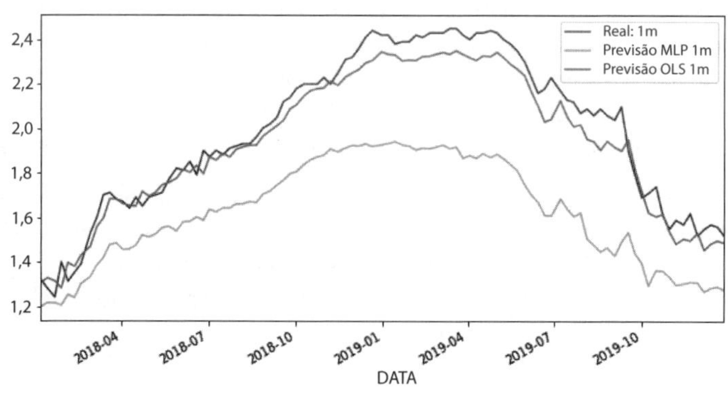

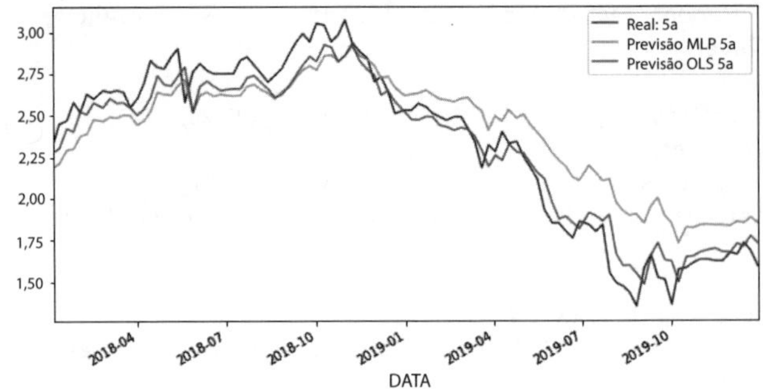

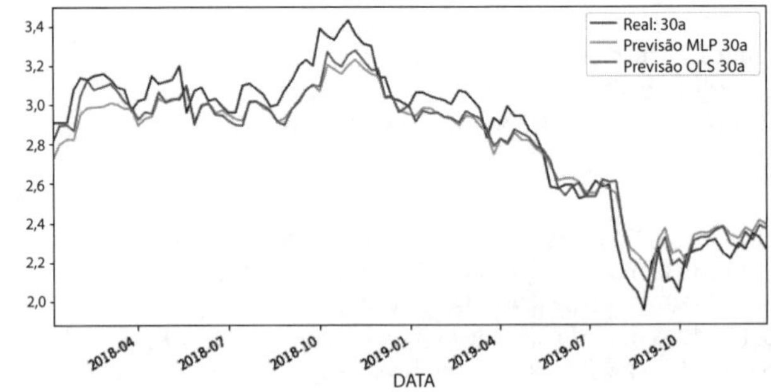

Analisando esses gráficos, vemos que as previsões da regressão linear e da RNA são comparáveis. Para o prazo de um mês (1M), o ajuste com a RNA é levemente ruim quando comparado com a regressão. No entanto, para os prazos de cinco anos (5Y) e trinta anos (30Y), a RNA performa tão bem quanto o modelo de regressão.

Conclusão

Neste estudo de caso, aplicamos a regressão linear para prever diversos prazos da yield curve. O modelo de regressão linear, apesar de sua simplicidade, é um benchmark difícil de vencer para tal previsão com um passo à frente, dada a característica dominante do último valor disponível da variável a ser prevista. Os resultados da RNA neste estudo de caso são comparáveis aos dos modelos de regressão linear. Um benefício extra da RNA é que ela é mais flexível em condições variantes de mercado. Além disso, os modelos de RNA podem ser aprimorados ao realizar um grid search em diversos outros hiperparâmetros e pela opção de incorporar redes neurais recorrentes, como a LSTM.

De forma geral, criamos um modelo baseado em aprendizado de máquina usando RNA com uma saída encorajadora, no contexto de instrumentos de renda fixa. Isso nos permite realizar previsões usando dados históricos para gerar resultados e analisar o risco e a lucratividade antes de arriscarmos qualquer capital real no mercado de renda fixa.

Resumo do Capítulo

No "Estudo de Caso 1: Previsão do Preço das Ações", na página 91, apresentamos um framework baseado em aprendizado de máquina e série temporal para a previsão dos preços de ações. Demonstramos a significância da visualização e comparamos modelos de séries temporais com modelos de aprendizado de máquina. No "Estudo de Caso 2: Precificação de Derivativos", na página 109, exploramos o uso do aprendizado de máquina para um problema tradicional de precificação de derivativos e demonstramos uma modelagem de modelo de alta performance. No "Estudo de Caso 3: Tolerância do Investidor ao Risco e Robôs Advisors", na página 119, demonstramos como os modelos de aprendizado supervisionado podem ser usados para modelar a tolerância dos investidores ao risco, o que pode levar à automação do processo de gestão de portfólio. O "Estudo de Caso 4: Previsão da Curva a Termo (Yield Curve)", na página 135, foi semelhante ao estudo de caso de previsão do preço de ações, fornecendo outro exemplo de comparação de modelos lineares e não lineares no contexto de mercados de renda fixa.

Vimos que os modelos de série temporal e de aprendizado supervisionado linear funcionaram bem para os problemas de previsão de preços de ativos (os estudos de caso 1 e 4), em que a variável prevista tinha uma relação linear significativa com seu componente defasado. No entanto, na previsão de precificação de derivativos e de tolerância ao risco, em que não há relações não lineares, os modelos ensemble e RNA performaram melhor. Caso esteja interessado em implementar um estudo de caso usando os modelos de regressão supervisionada ou de série temporal, encorajamos você a entender as nuances nas relações variáveis e na intuição de modelo antes de passar à seleção do modelo.

De forma geral, os conceitos em Python, aprendizado de máquina, série temporal e finanças apresentados neste capítulo, por meio dos estudos de caso, podem ser usados como um blueprint para qualquer outro problema de finanças baseado em regressão supervisionada.

Exercícios

- Usando os conceitos e o framework dos modelos de aprendizado de máquina e de série temporal especificados no estudo de caso 1, desenvolva um modelo preditivo para outra classe de ativo: a paridade entre moedas (EUR/USD, por exemplo) ou bitcoin.
- No estudo de caso 1, acrescente alguns indicadores técnicos, como tendência ou momentum, e verifique a melhoria na performance do modelo. Algumas das ideias sobre os indicadores técnicos podem ser obtidas no "Estudo de Caso 3: Estratégia de Trade de Bitcoin", na página 170 do Capítulo 6.

- Utilizando os conceitos do "Estudo de Caso 2: Precificação de Derivativos", na página 109, desenvolva um modelo baseado em aprendizado de máquina para precificar as opções dos EUA (*https://oreil.ly/EMUXv*).
- Incorpore a modelagem de séries temporais multivariadas usando uma variante do modelo ARIMA, como VARMAX (*https://oreil.ly/t7s8q*), para prever taxas no estudo de caso de previsão da yield curve e compare a performance com os modelos baseados em aprendizado de máquina.
- Melhore o dashboard do robô advisor apresentado no "Estudo de Caso 3: Tolerância do Investidor ao Risco e Robôs Advisors", na página 119, incorporando outros instrumentos além de equities.

CAPÍTULO 6

Aprendizado Supervisionado: Classificação

Veja algumas das principais perguntas que os analistas financeiros procuram responder:

- Um tomador de empréstimo conseguirá pagá-lo ou ficará inadimplente?
- O valor instrumental subirá ou cairá?
- Esta transação de cartão de crédito é ou não uma fraude?

Todos esses problemas, nos quais o objetivo é prever os rótulos da classe categórica, são inerentemente adequados para o aprendizado de máquina baseado na classificação.

Os algoritmos baseados na classificação têm sido usados em muitas áreas dentro das finanças que exigem a previsão de uma resposta qualitativa. Entre elas, temos a detecção de fraudes, a previsão de inadimplência, o score de crédito, a previsão direcional do movimento de preço de um ativo e recomendações de compra/venda. Há muitos outros casos de usos do aprendizado supervisionado baseado em classificação na gestão de portfólio e no algotrading.

Neste capítulo, analisaremos três estudos de caso baseados em classificação que abarcam diversas áreas, incluindo a detecção de fraudes, a probabilidade de inadimplência e a formulação de uma estratégia de trades.

No "Estudo de Caso 1: Detecção de Fraude", na página 146, usamos um algoritmo baseado em classificação para prever se uma transação é fraudulenta. O foco desse estudo de caso também é lidar com um conjunto de dados desequilibrado, dado que o conjunto de dados de fraudes é altamente desequilibrado com um pequeno número de observações fraudulentas.

No "Estudo de Caso 2: Probabilidade de Inadimplência", na página 158, usamos um algoritmo baseado em classificação para prever se o tomador de um empréstimo ficará inadimplente. O estudo de caso foca diversas técnicas e conceitos de processamento de dados, seleção de features e análise exploratória.

No "Estudo de Caso 3: Estratégia de Trade de Bitcoin", na página 170, usamos algoritmos baseados em classificação para prever se o sinal atual de trades para o bitcoin é para compra ou venda, dependendo da relação entre o preço de curto e de longo prazos. Prevemos a tendência do preço do bitcoin usando indicadores técnicos. O modelo preditivo pode ser transformado facilmente em um bot de trades que pode realizar ações de compra, venda ou hold sem qualquer intervenção humana.

Além de focar diferentes problemas de finanças, esses estudos de caso o ajudarão a entender:

- Como desenvolver novos features, como indicadores técnicos, para uma estratégia de investimentos usando a engenharia de features e como melhorar a performance do modelo.
- Como usar a preparação e a transformação de dados e como realizar a redução de features e usar sua importância.
- Como usar a visualização de dados e a análise exploratória de dados para a redução de features e como melhorar a performance do modelo.
- Como usar o ajuste de algoritmos e o grid search em diversos modelos baseados em classificação para melhorar a performance do modelo.
- Como lidar com dados desequilibrados.
- Como usar as métricas avaliativas adequadas para a classificação.

Repositório de Códigos deste Capítulo

Um template mestre baseado em Python para o modelo de classificação supervisionada, juntamente com o Jupyter notebook para os estudos de caso apresentados neste capítulo, está incluído na pasta *Chapter 6 - Sup. Learning - Classification models* (*https://oreil.ly/y19Yc*) no repositório de códigos para este livro. Todos os estudos de caso apresentados neste capítulo usam o processo padronizado de desenvolvimento com sete passos, apresentado no Capítulo 2.[1]

Para qualquer problema novo baseado em classificação, o template mestre do repositório de códigos pode ser modificado com os elementos específicos ao problema. Os templates foram projetados para serem executados em uma infraestrutura de nuvem (como Kaggle, Google Colab ou AWS). Para executar o template em sua máquina local, todos os pacotes usados dentro dele devem ser instalados.

Estudo de Caso 1: Detecção de Fraude

A fraude é um dos problemas mais significativos que o setor de finanças enfrenta. É incrivelmente custosa. De acordo com um estudo, estima-se que uma organização comum perde 5% de suas receitas anuais para a fraude por ano. Quando aplicada sobre o Produto Mundial Bruto de US$79,6 trilhões, isso representa potenciais perdas globais de até US$4 trilhões.

1 Pode haver uma reorganização ou renomeação dos passos ou subpassos com base na conveniência e intuitividade dos passos/subpassos.

A detecção de fraudes é uma tarefa inerentemente adequada para o aprendizado de máquina, visto que os modelos baseados no AM podem escanear conjuntos transacionais gigantescos, detectar atividades incomuns e identificar todos os casos que podem estar propensos à fraude. Além disso, as computações desses modelos são mais rápidas quando comparadas com as abordagens tradicionais baseadas em regras. Ao coletar dados de diversas fontes e mapeá-los com pontos de gatilho (trigger points), as soluções do aprendizado de máquina podem descobrir a taxa de inadimplência ou de propensão à fraude para cada consumidor e transação potenciais, fornecendo alertas e insights fundamentais para instituições financeiras.

Neste estudo de caso, usaremos diversos modelos baseados em classificação para detectar se uma transação é um pagamento normal ou uma fraude.

> Neste estudo de caso, vamos nos concentrar em:
>
> - Lidar com dados desequilibrados ao diminuir ou aumentar sua taxa de amostragem (downsampling/upsampling).
> - Selecionar a métrica avaliativa correta, dado que um dos principais objetivos é reduzir os falsos negativos (casos em que as transações fraudulentas passam despercebidas, de forma incorreta).

Blueprint para Usar os Modelos de Classificação para Determinar se uma Transação É Fraudulenta

1. Definição do problema

No framework de classificação definido para este estudo de caso, a variável de resposta (ou alvo) tem a coluna denominada "Class", ou classe. Essa coluna tem o valor de 1 no caso de fraude e de 0 se não for fraude.

O conjunto de dados usados foi obtido no Kaggle (*https://oreil.ly/CeFRs*). Esse conjunto de dados tem transações feitas por usuários europeus de cartões de crédito durante dois dias de setembro de 2013, com 492 casos de fraude em um total de 284.807 transações.

O conjunto de dados está anônimo por questões de privacidade. Dado que certos nomes de features não são fornecidos (ou seja, são denominados V1, V2, V3 etc.), a visualização e a importância dos features não nos darão muitos insights sobre o comportamento do modelo.

Ao término deste estudo de caso, você estará familiarizado com uma abordagem geral à modelagem de fraudes, desde a coleta e limpeza dos dados até a criação e os ajustes de um classificador.

2. Dando o primeiro passo — carregando os dados e os pacotes Python

2.1. Carregando os pacotes Python. A lista de bibliotecas usadas para carregar os dados, prepará-los, avaliar o modelo e ajustá-lo é mostrada a seguir. Os pacotes usados para propósitos diferentes foram separados no código Python, também a seguir. Os detalhes da maioria desses pacotes e funções foram disponibilizados no Capítulo 2 e no Capítulo 4:

Pacotes para carregar os dados e fazer sua análise e preparação

```
import numpy as np
import pandas as pd
import seaborn as sns
from matplotlib import pyplot

from pandas import read_csv, set_option
from pandas.plotting import scatter_matrix
from sklearn.preprocessing import StandardScaler
```

Pacotes para avaliação e classificação de modelos

```
from sklearn.model_selection import train_test_split, KFold,\
    cross_val_score, GridSearchCV
from sklearn.linear_model import LogisticRegression
from sklearn.tree import DecisionTreeClassifier
from sklearn.neighbors import KNeighborsClassifier
from sklearn.discriminant_analysis import LinearDiscriminantAnalysis
from sklearn.naive_bayes import GaussianNB
from sklearn.svm import SVC
from sklearn.neural_network import MLPClassifier
from sklearn.pipeline import Pipeline
from sklearn.ensemble import AdaBoostClassifier, GradientBoostingClassifier,
from sklearn.ensemble import RandomForestClassifier, ExtraTreesClassifier
from sklearn.metrics import classification_report, confusion_matrix,\
    accuracy_score
```

Pacotes para modelos de aprendizado profundo

```
from keras.models import Sequential
from keras.layers import Dense
from keras.wrappers.scikit_learn import KerasClassifier
```

Pacotes para salvar o modelo

```
from pickle import dump
from pickle import load
```

3. Análise exploratória de dados

As próximas seções lhe apresentarão uma inspeção de alto nível de dados.

3.1. Estatística descritiva. A primeira coisa que devemos fazer é obter uma noção básica sobre nossos dados. Lembre-se: com exceção da transação e da quantia, não sabemos os nomes das outras colunas. A única coisa que sabemos é que os valores dessas colunas foram escalonados. Vejamos o shape e as colunas dos dados

```
# shape
dataset.shape
```

Output

```
(284807, 31)
```

```
#observar os dados
set_option('display.width', 100)
dataset.head(5)
```

Output

	Time	V1	V2	V3	V4	V5	V6	V7	V8	V9	...	V21	V22	V23	V24	V25	V26	V27	V28	Quantidade	Class
0	0.0	-1.360	-0.073	2.536	1.378	-0.338	0.462	0.240	0.099	0.364	...	-0.018	0.278	-0.110	0.067	0.129	-0.189	0.134	-0.021	149.62	0
1	0.0	1.192	0.266	0.166	0.448	0.060	-0.082	-0.079	0.085	-0.255	...	-0.226	-0.639	0.101	-0.340	0.167	0.126	-0.009	0.015	2.69	0
2	1.0	-1.358	-1.340	1.773	0.380	-0.503	1.800	0.791	0.248	-1.515	...	0.248	0.772	0.909	-0.689	-0.328	-0.139	-0.055	-0.060	378.66	0
3	1.0	-0.966	-0.185	1.793	-0.863	-0.010	1.247	0.238	0.377	-1.387	...	-0.108	0.005	-0.190	-1.176	0.647	-0.222	0.063	0.061	123.50	0
4	2.0	-1.158	0.878	1.549	0.403	-0.407	0.096	0.593	-0.271	0.818	...	-0.009	0.798	-0.137	0.141	-0.206	0.502	0.219	0.215	69.99	0

5 linhas × 31 colunas

Como pode ver, os nomes das variáveis não são descritivos (*V1*, *V2* etc.). Além disso, o tipo dos dados para o conjunto inteiro de dados é `float`, exceto `Class`, que é do tipo número inteiro.

Quantos são fraudes e quantos não o são? Vamos verificar:

```
class_names = {0:'Not Fraud', 1:'Fraud'}
print(dataset.Class.value_counts().rename(index = class_names))
```

Output

```
Not Fraud    284315
Fraud           492
Name: Class, dtype: int64
```

Observe o desequilíbrio gritante nos rótulos dos dados. A maioria das transações não é fraudulenta. Se usarmos esse conjunto de dados para nossa modelagem, a maioria dos modelos não colocará ênfase suficiente nos sinais de fraude; os pontos de dados sobre a "não fraude" abafarão qualquer peso que os sinais de fraude fornecerem. Do jeito que está, podemos encontrar dificuldades para modelar a previsão de fraude, fazendo com que esse desequilíbrio leve os modelos a simplesmente presumir que *todas* as transações não são fraudulentas. Esse seria um resultado inaceitável. Exploraremos algumas formas de lidar com essa situação nas seções subsequentes.

3.2. Visualização dos dados. Visto que as descrições dos features não foram fornecidas, a visualização dos dados não nos trará muitos insights. Este passo será pulado neste estudo de caso.

4. Preparação dos dados

Os dados são do Kaggle e já estão em um formato limpo, sem quaisquer linhas ou colunas vazias. A limpeza ou a categorização dos dados não é necessária.

5. Avaliação de modelos

Agora, estamos prontos para dividir os dados e avaliar os modelos.

5.1. Train-test split e métricas avaliativas. Como descrevemos no Capítulo 2, é uma boa ideia particionar o conjunto original de dados em conjuntos de treinamento e de teste. O conjunto de teste é uma amostra dos dados que não entrará em nossa análise e modelagem. Nós a usaremos no fim do projeto para confirmar a acurácia do nosso modelo final. É o teste final que nos dá confiança em nossas estimativas de acurácia quanto aos dados não vistos. Usaremos 80% do conjunto de dados para treinamento do modelo e 20% para o teste:

```
Y= dataset["Class"]
X = dataset.loc[:, dataset.columns != 'Class']
validation_size = 0.2
seed = 7
X_train, X_validation, Y_train, Y_validation =\
train_test_split(X, Y, test_size=validation_size, random_state=seed)
```

5.2. Conferindo os modelos. Neste passo, avaliaremos os diferentes modelos de aprendizado de máquina. Para otimizar os diversos hiperparâmetros dos modelos, usaremos a validação cruzada (VC) de dez folds e recalcularemos os resultados dez vezes para garantir a aleatoriedade inerente em alguns dos modelos e do processo de VC. Todos esses modelos, incluindo a validação cruzada, são descritos no Capítulo 4.

Vamos estabelecer a estrutura do nosso teste. Avaliaremos os algoritmos usando a *métrica de acurácia*. É uma métrica bruta que nos dá uma ideia rápida de quão correto um modelo está. Ela é útil para problemas de classificação binária.

```
# opção de testes para classificação
num_folds = 10
scoring = 'accuracy'
```

Vamos criar os parâmetros de performance para este problema e fiscalizar diferentes algoritmos. Os algoritmos selecionados incluem:

Algoritmos lineares
: Regressão logística (LR) e análise discriminante linear (LDA).

Algoritmos não lineares
: Árvores de regressão e classificação (CART) e *K*-vizinhos mais próximos (KNN).

Há bons motivos para selecionarmos esses modelos. São mais simples e mais rápidos, com boa interpretação de problemas com conjuntos grandes de dados. CART e KNN conseguirão discernir quaisquer relações não lineares entre as variáveis. O problema-chave aqui é usar uma amostra desequilibrada. A menos que resolvamos isso, os modelos mais complexos, como ensemble e RNAs, terão uma previsão ruim. Focaremos a resolução disso posteriormente no estudo de caso e, depois, avaliaremos a performance desses tipos de modelos.

```
# fiscalizar (spot-check) algoritmos básicos de Classificação
models = []
models.append(('LR', LogisticRegression()))
models.append(('LDA', LinearDiscriminantAnalysis()))
models.append(('KNN', KNeighborsClassifier()))
models.append(('CART', DecisionTreeClassifier()))
```

Todos os algoritmos usam parâmetros padrão de ajuste. Mostraremos a média e o desvio-padrão de acurácia para cada algoritmo à medida que calculamos e coletamos os resultados para uso posterior.

```
results = []
names = []
for name, model in models:
```

```
    kfold = KFold(n_splits=num_folds, random_state=seed)
    cv_results = cross_val_score(model, X_train, Y_train, cv=kfold, \
      scoring=scoring)
    results.append(cv_results)
    names.append(name)
    msg = "%s: %f (%f)" % (name, cv_results.mean(), cv_results.std())
    print(msg)
```

`Output`

```
LR: 0.998942 (0.000229)
LDA: 0.999364 (0.000136)
KNN: 0.998310 (0.000290)
CART: 0.999175 (0.000193)

# comparar algoritmos
fig = pyplot.figure()
fig.suptitle('Algorithm Comparison')
ax = fig.add_subplot(111)
pyplot.boxplot(results)
ax.set_xticklabels(names)
fig.set_size_inches(8,4)
pyplot.show()
```

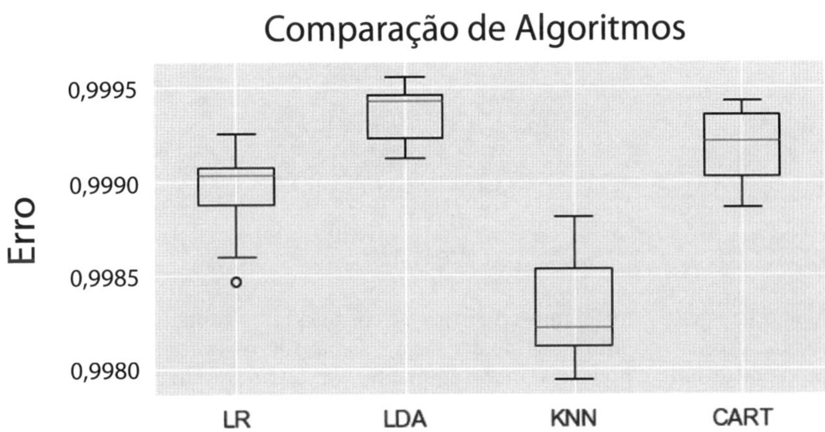

A acurácia do resultado geral é bastante alta. Porém vejamos qual é o nível de previsão dos casos de fraude. Vamos escolher um modelo CART dos resultados anteriores e observemos o resultado no conjunto de teste:

```
# preparar modelo
model = DecisionTreeClassifier()
model.fit(X_train, Y_train)

# estimar acurácia do conjunto de validação
predictions = model.predict(X_validation)
print(accuracy_score(Y_validation, predictions))
print(classification_report(Y_validation, predictions))
```

```
Output
   0.9992275552122467
                   precision    recall  f1-score   support

              0       1.00      1.00      1.00     56862
              1       0.77      0.79      0.78       100

       accuracy                           1.00     56962
      macro avg       0.89      0.89      0.89     56962
   weighted avg       1.00      1.00      1.00     56962
```

E ao produzirmos a matriz de confusão, temos:

```
df_cm = pd.DataFrame(confusion_matrix(Y_validation, predictions), \
columns=np.unique(Y_validation), index = np.unique(Y_validation))
df_cm.index.name = 'Actual'
df_cm.columns.name = 'Predicted'
sns.heatmap(df_cm, cmap="Blues", annot=True,annot_kws={"size": 16})
```

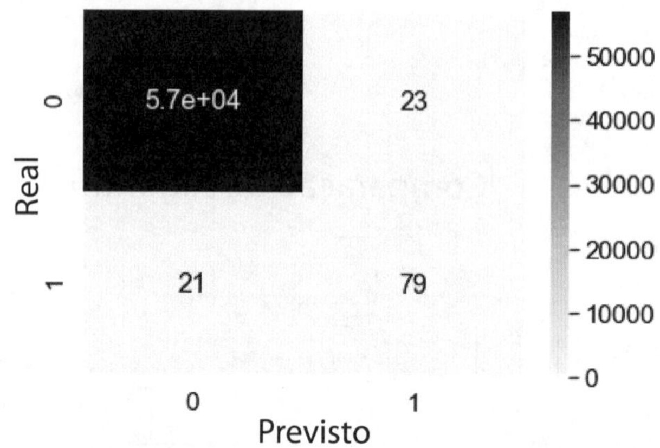

A acurácia geral é forte, mas a métrica de confusão nos conta uma história diferente. Apesar do alto nível de acurácia, 21 das 100 instâncias de fraude são deixadas de lado e previstas, incorretamente, como não fraudulentas. A taxa de *falso negativo* é substancial.

A intenção de um modelo de detecção de fraude é minimizar esses falsos negativos. Para tanto, o primeiro passo seria escolher a métrica avaliativa certa.

No Capítulo 4, vimos as métricas avaliativas, como acurácia, precisão e recall para um problema baseado em classificação. A acurácia é o número de previsões corretas feitas como uma proporção de todas as previsões feitas. A precisão é o número de itens identificados corretamente como positivos, a partir dos itens totais identificados como positivos para o modelo. Recall é o número total de itens identificados corretamente como positivos, do total de positivos verdadeiros.

Para esse tipo de problema, devemos nos concentrar no recall, a proporção de verdadeiros positivos em relação à soma dos positivos verdadeiros e dos falsos negativos. Assim, se os falsos negativos forem altos, o valor do recall será baixo.

No próximo passo, realizaremos o ajuste do modelo, selecionaremos o modelo usando a métrica recall e realizaremos a subamostragem.

6. Ajuste do modelo

O propósito deste passo é realizar o grid search no modelo selecionado no passo anterior. No entanto, visto que nos deparamos com uma má performance do modelo na seção anterior devido ao conjunto desequilibrado de dados, nossa atenção será focada nisso. Analisaremos o impacto de escolhermos a métrica avaliativa correta e veremos o impacto de usarmos uma amostra ajustada e equilibrada.

6.1. Ajuste do modelo ao escolher a métrica avaliativa correta. Como mencionamos no passo anterior, se os falsos negativos forem altos, o valor do recall será baixo. Os modelos são classificados de acordo com esta métrica:

```
scoring = 'recall'
```

Vamos fiscalizar alguns algoritmos básicos de classificação para o recall:

```
models = []
models.append(('LR', LogisticRegression()))
models.append(('LDA', LinearDiscriminantAnalysis()))
models.append(('KNN', KNeighborsClassifier()))
models.append(('CART', DecisionTreeClassifier()))
```

Executando a validação cruzada:

```
results = []
names = []
for name, model in models:
      kfold = KFold(n_splits=num_folds, random_state=seed)
      cv_results = cross_val_score(model, X_train, Y_train, cv=kfold, \
        scoring=scoring)
      results.append(cv_results)
      names.append(name)
      msg = "%s: %f (%f)" % (name, cv_results.mean(), cv_results.std())
      print(msg)
```

```
Output
```

```
LR: 0.595470 (0.089743)
LDA: 0.758283 (0.045450)
KNN: 0.023882 (0.019671)
CART: 0.735192 (0.073650)
```

Vemos que o modelo LDA tem o melhor recall entre os quatro modelos. Continuaremos avaliando o conjunto de teste usando o LDA treinado:

```
# preparar modelo
model = LinearDiscriminantAnalysis()
model.fit(X_train, Y_train)

# estimar acurácia do conjunto de validação
predictions = model.predict(X_validation)
print(accuracy_score(Y_validation, predictions))
```

```
Output

    0.9995435553526912
```

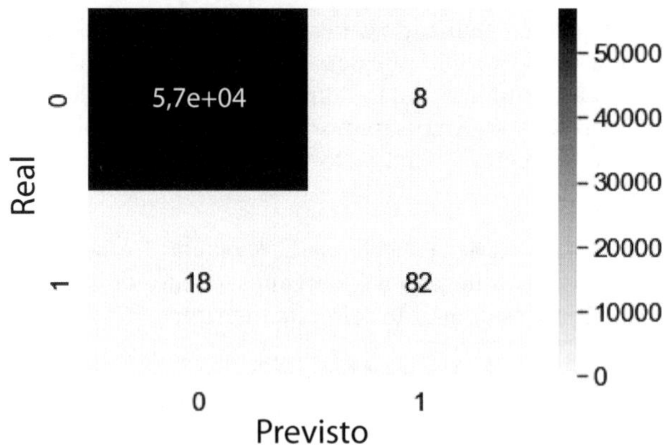

O LDA performa melhor, deixando passar apenas 18 dos 100 casos de fraude. Além disso, vemos também menos falsos positivos. Contudo, ainda podemos melhorar.

6.2. Ajuste de modelo: equilibrando a amostra com a subamostra aleatória. Os dados atuais exibem um desequilíbrio significativo de classe, em que há muito menos pontos de dados rotulados como "fraude". O problema de tal desequilíbrio pode resultar em um grave viés em direção da classe majoritária, reduzindo a performance de classificação e aumentando o número de falsos negativos.

Uma das soluções para resolver tais situações é fazer uma *subamostragem* dos dados. Uma técnica simples é fazer a subamostragem da classe majoritária de forma aleatória e uniforme. Isso pode nos levar a uma perda de informações, mas também pode produzir resultados fortes ao modelar a classe minoritária.

Em seguida, implementaremos a subamostragem aleatória, que consiste em remover dados para termos um conjunto de dados mais equilibrado. Isso nos ajudará a garantir que nossos modelos evitem o sobreajuste.

Estes são os passos para implementar a subamostragem aleatória:

1. Primeiro, determinamos a severidade do desequilíbrio de classe usando `value_counts()` na coluna "class". Determinamos quantas instâncias são consideradas transações fraudulentas (*fraud = 1*).
2. Igualamos o número de observações de transações não fraudulentas com o de transações fraudulentas. Presumindo que queremos uma relação de 50/50, isso será equivalente a 492 casos de fraude e 492 casos não fraudulentos.
3. Agora temos uma subamostra de nosso dataframe com uma proporção de 50/50 com relação às nossas classes. Treinamos os modelos com essa subamostra. Depois, realizamos essa iteração novamente para misturar as observações de transações não fraudulentas na amostra de treinamento. Monitoramos a performance do modelo para ver se nossos modelos podem manter certa acurácia sempre que repetimos esse processo:

```
df = pd.concat([X_train, Y_train], axis=1)
# quantidade de classes de fraude 492 linhas.
fraud_df = df.loc[df['Class'] == 1]
non_fraud_df = df.loc[df['Class'] == 0][:492]

normal_distributed_df = pd.concat([fraud_df, non_fraud_df])

# Embaralhar linhas do dataframe rows
df_new = normal_distributed_df.sample(frac=1, random_state=42)
# dividir o conjunto de dados de validação para o fim
Y_train_new= df_new["Class"]
X_train_new = df_new.loc[:, dataset.columns != 'Class']
```

Vejamos a distribuição das classes no conjunto de dados:

```
print('Distribution of the Classes in the subsample dataset')
print(df_new['Class'].value_counts()/len(df_new))
sns.countplot('Class', data=df_new)
pyplot.title('Equally Distributed Classes', fontsize=14)
pyplot.show()
```

`Output`

```
Distribution of the Classes in the subsample dataset
1    0.5
0    0.5
Name: Class, dtype: float64
```

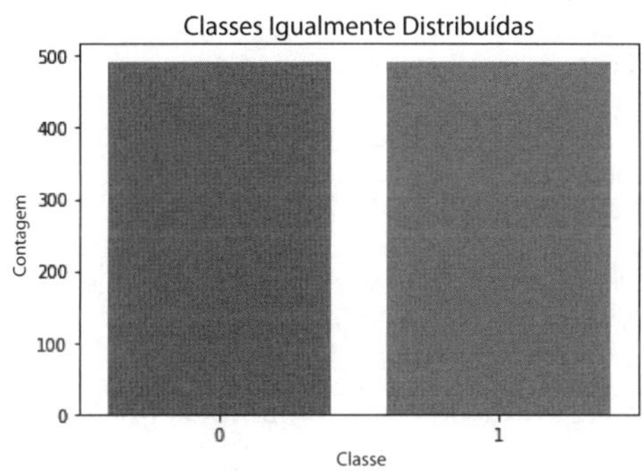

Agora, os dados estão equilibrados, com cerca de mil observações. Treinaremos todos os modelos novamente, incluindo uma RNA. Com os dados equilibrados, focaremos a acurácia como nossa principal métrica avaliativa, visto que ela considera tanto os falsos positivos quanto os falsos negativos. O recall sempre poderá ser produzido, caso necessário:

```
#configuração da métrica avaliativa
scoring='accuracy'
# Fiscalizar (spot-check) os algoritmos
models = []
models.append(('LR', LogisticRegression()))
models.append(('LDA', LinearDiscriminantAnalysis()))
models.append(('KNN', KNeighborsClassifier()))
```

```
models.append(('CART', DecisionTreeClassifier()))
models.append(('NB', GaussianNB()))
models.append(('SVM', SVC()))
#Rede Neural
models.append(('NN', MLPClassifier()))
# Modelos Ensemble
# Métodos Boosting
models.append(('AB', AdaBoostClassifier()))
models.append(('GBM', GradientBoostingClassifier()))
# Métodos Bagging
models.append(('RF', RandomForestClassifier()))
models.append(('ET', ExtraTreesClassifier()))
```

Os passos para definir e compilar um modelo de aprendizado profundo baseado em RNA no Keras, juntamente com todos os termos (neurônios, ativação, momentum etc.) mencionados no código a seguir, foram descritos no Capítulo 3. Este código pode ser aproveitado para qualquer modelo de classificação baseado em aprendizado profundo.

`Modelo de aprendizado profundo baseado em Keras.`

```
# Função para criar modelo, necessária para o KerasClassifier
def create_model(neurons=12, activation='relu', learn_rate = 0.01, momentum=0):
    # criar modelo
    model = Sequential()
    model.add(Dense(X_train.shape[1], input_dim=X_train.shape[1], \
            activation=activation))
    model.add(Dense(32,activation=activation))
    model.add(Dense(1, activation='sigmoid'))
    # Compilar modelo
    optimizer = SGD(lr=learn_rate, momentum=momentum)
    model.compile(loss='binary_crossentropy', optimizer='adam', \
    metrics=['accuracy'])
    return model
models.append(('DNN', KerasClassifier(build_fn=create_model,\
epochs=50, batch_size=10, verbose=0)))
```

Executar a validação cruzada no novo conjunto de modelos resulta no seguinte:

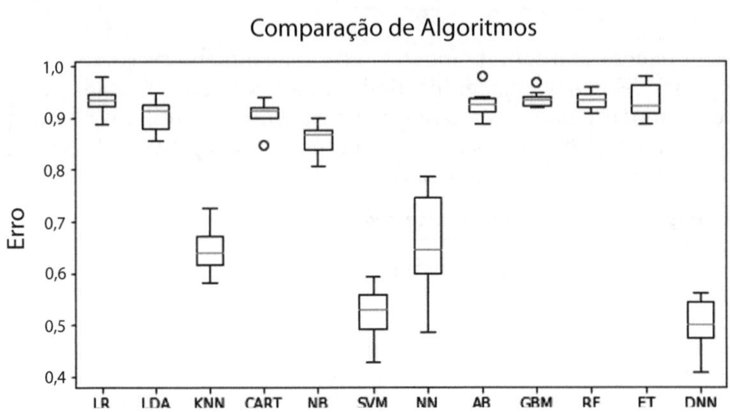

Embora dois modelos, incluindo a floresta aleatória (RF) e a regressão logística (LR), performem bem, o GBM se destaca levemente dos outros modelos. Selecionamos isso para análise posterior. Observe que o resultado do modelo de aprendizado profundo usando Keras ("DNN") é ruim.

Um grid search é realizado para o modelo GBM ao variar o número de estimadores e a profundidade máxima. Os detalhes do modelo GBM e dos parâmetros de ajuste desse modelo estão descritos no Capítulo 4.

```
# Grid Search: Ajuste do GradientBoosting
n_estimators = [20,180,1000]
max_depth= [2, 3,5]
param_grid = dict(n_estimators=n_estimators, max_depth=max_depth)
model = GradientBoostingClassifier()
kfold = KFold(n_splits=num_folds, random_state=seed)
grid = GridSearchCV(estimator=model, param_grid=param_grid, scoring=scoring,
\
        cv=kfold)
grid_result = grid.fit(X_train_new, Y_train_new)
print("Best: %f using %s" % (grid_result.best_score_, grid_result.
best_params_))
```

```
Output

Best: 0.936992 using {'max_depth': 5, 'n_estimators': 1000}
```

No próximo passo, o modelo final é preparado e o resultado do teste é verificado:

```
# preparar modelo
model = GradientBoostingClassifier(max_depth= 5, n_estimators = 1000)
model.fit(X_train_new, Y_train_new)
# estimar acurácia do conjunto Original de validação
predictions = model.predict(X_validation)
print(accuracy_score(Y_validation, predictions))
```

```
Output
0.9668199852533268
```

A acurácia do modelo é alta. Vejamos a matriz de confusão:

```
Output
```

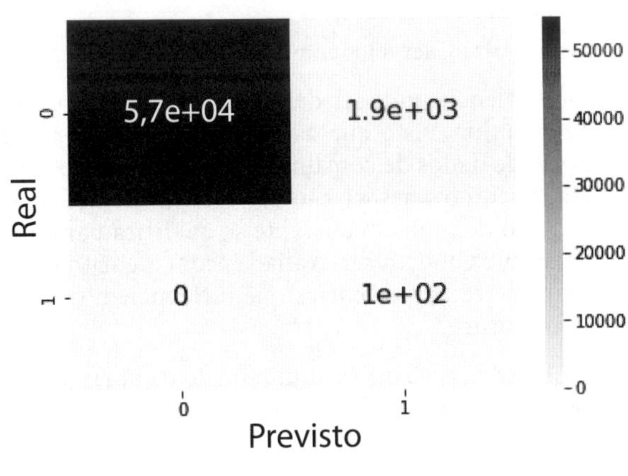

Os resultados com o conjunto de teste são impressionantes, com alta acurácia e, o que é importante, sem falsos negativos. Todavia, observamos que um resultado de usarmos nossos dados com subamostragem é a propensão aos falsos positivos — casos em que as transações não fraudulentas são consideradas, de forma equivocada, como fraudulentas. É questão de pesar os prós e os contras que a instituição financeira precisaria considerar. Há um custo inerente de equilíbrio entre as despesas gerais e o possível impacto na experiência do consumidor que vão desde o processamento de falsos positivos até a perda financeira resultante de casos de fraude que passaram como falsos negativos.

Conclusão

Neste estudo de caso, realizamos a detecção de fraude em transações com cartão de crédito. Ilustramos como modelos diferentes de aprendizado de máquina baseados em classificação se comparam e demonstramos que escolher a métrica certa pode trazer uma diferença importante na avaliação do modelo. Vimos que a subamostragem levou a uma melhoria significativa, visto que todas as fraudes no conjunto de teste foram identificadas corretamente após sua aplicação. Porém isso veio com um custo. A redução em falsos negativos trouxe aumento de falsos positivos.

De forma geral, ao usarmos modelos diferentes de aprendizado de máquina, ao escolhermos as métricas avaliativas corretas e ao lidarmos com dados desequilibrados, demonstramos como a implementação de um modelo baseado em classificação pode produzir resultados robustos para a detecção de fraudes.

Estudo de Caso 2: Probabilidade de Inadimplência

A concessão de empréstimos é uma das atividades mais importantes do setor financeiro. Os credores fornecem empréstimos aos tomadores em troca da promessa de repagamento com juros. Isso significa que o credor terá lucro apenas se o tomador pagar a dívida. Dessa forma, as duas questões mais cruciais na área de empréstimos são:

1. Qual é o nível de risco do tomador?
2. Considerando esse risco, devemos emprestar para ele?

A previsão de inadimplência pode ser descrita como um trabalho perfeito para o aprendizado de máquina, visto que os algoritmos podem ser treinados com milhões de exemplos de dados de consumidores. Os algoritmos podem realizar tarefas automatizadas como a associação de registros de dados, a identificação de exceções e o cálculo de se um requerente se qualifica para um empréstimo. As tendências subjacentes podem ser avaliadas com algoritmos e analisadas de forma contínua para detectar tendências que influenciem o risco de empréstimos e subscrições no futuro.

O objetivo deste estudo de caso é criar um modelo de aprendizado de máquina para prever a probabilidade de inadimplência em um empréstimo.

Na maioria dos casos na vida real, incluindo a modelagem de inadimplência em empréstimos, não conseguimos trabalhar com dados limpos e completos. Alguns dos problemas em potencial que provavelmente encontraremos são valores faltantes, dados categóricos incompletos e features irrelevantes. Embora a limpeza dos dados não seja mencionada com frequência, é crucial para o sucesso das aplicações de aprendizado de máquina. Os algoritmos que usamos podem ser poderosos, mas sem os dados relevantes ou apropriados, o sistema talvez não consiga produzir os resultados ideais. Assim, uma das áreas de foco neste estudo de caso será a preparação e a limpeza dos dados. Diversos conceitos e técnicas de processamento de dados, seleção de features e análise exploratória são usados para a limpeza dos dados e para a organização do espaço dos features.

Neste estudo de caso, vamos nos concentrar em:

- Preparar e limpar os dados e lidar com um número grande de features.
- Discretizar os dados e lidar com dados categóricos.
- Selecionar features e transformar dados.

Blueprint para Criar um Modelo de Aprendizado de Máquina para Previsão de Inadimplência em Empréstimos

1. Definição do problema

No framework de classificação para este estudo de caso, a variável prevista é *charge-off*, ou *dívida irrecuperável*, quando o credor desiste de cobrar o devedor que deixou de pagar há vários meses. A variável prevista recebe o valor de 1 quando há charge-off e 0 quando não há.

Analisaremos os dados de empréstimos desde 2007 até o terceiro trimestre de 2017 do Lending Club, disponíveis no Kaggle (*https://oreil.ly/DG9j5*). O Lending Club é uma empresa de empréstimos peer-to-peer. Ela opera uma plataforma online que permite que os tomadores obtenham empréstimos e que os investidores comprem notas financiadas pelos pagamentos dos empréstimos. O conjunto de dados contém mais de 887 mil observações, com 150 variáveis contendo dados completos sobre todos os empréstimos concedidos ao longo do período especificado. Os features incluem renda, idade, score de crédito, casa própria, endereço do tomador, cobranças e muitos outros. Investigaremos essas 150 variáveis preditoras para a seleção de features.

Ao término deste estudo de caso, você estará familiarizado com uma abordagem geral à modelagem padrão de empréstimos, desde a coleta e a limpeza dos dados até a criação e o ajuste de um classificador.

2. Dando o primeiro passo — carregando os dados e os pacotes Python

2.1. Carregando os pacotes Python. Os pacotes padrão do Python são carregados neste passo. Os detalhes já foram apresentados nos estudos de casos anteriores. Por favor, consulte o Jupyter notebook deste estudo de caso para obter mais detalhes.

2.2. Carregando os dados. Os dados de empréstimos para o período que vai de 2007 até o terceiro trimestre de 2017 são carregados:

```
# carregar conjunto de dados
dataset = pd.read_csv('LoansData.csv.gz', compression='gzip', \
low_memory=True)
```

3. Preparação de dados e seleção de features

Como primeiro passo, vejamos o tamanho dos dados:

```
dataset.shape
```

```
Output
    (1646801, 150)
```

Considerando que há 150 features para cada empréstimo, nosso foco inicial será limitar o espaço dos features, seguido pela análise exploratória.

3.1. Preparando a variável prevista. Aqui, vemos os detalhes da variável prevista e a preparamos. Ela será derivada da coluna `loan_status`. Vejamos as distribuições dos valores:[2]

```
dataset['loan_status'].value_counts(dropna=False)
```

```
Output

Current                                                  788950
Fully Paid                                               646902
Charged Off                                              168084
Late (31-120 days)                                        23763
In Grace Period                                           10474
Late (16-30 days)                                          5786
Does not meet the credit policy. Status:Fully Paid         1988
Does not meet the credit policy. Status:Charged Off         761
Default (Inadimplência)                                      70
NaN (Não é um número)                                        23
Name: loan_status, dtype: int64
```

A partir da documentação de definição dos dados:

Fully Paid
: Empréstimos foram pagos integralmente.

2 A variável prevista é usada ainda para a redução do feature baseado em correlação.

Default
: Empréstimos que não foram pagos há 121 dias ou mais.

Charged Off
: Empréstimos aos quais não há mais uma expectativa racional de pagamento.

Uma grande proporção de observações exibe o status de `Current`, e não sabemos se serão `Charged Off`, `Fully Paid` ou `Default` no futuro. As observações para `Default` são mínimas em número quando comparadas com `Fully Paid` ou `Charged Off` e não são consideradas. As categorias restantes de `loan status` não são de grande importância para esta análise. Assim, de modo a converter isso para um problema de classificação binária e para analisar detalhadamente o efeito das variáveis importantes no status de empréstimo, consideraremos apenas duas categorias principais: Charged Off (Irrecuperáveis) e Fully Paid (Totalmente Pagos):

```
dataset = dataset.loc[dataset['loan_status'].isin(['Fully Paid', 'Charged Off'])]
dataset['loan_status'].value_counts(normalize=True, dropna=False)
```

Output

```
Fully Paid      0.793758
Charged Off     0.206242
Name: loan_status, dtype: float64
```

Cerca de 79% dos empréstimos remanescentes foram totalmente pagos e 21% foram considerados irrecuperáveis; dessa forma, agora temos um problema de classificação desequilibrada, por assim dizer, mas não tão desequilibrada quanto o conjunto de dados da detecção de fraude que vimos no estudo de caso anterior.

No próximo passo, criamos uma nova coluna binária no conjunto de dados, em que categorizamos Fully Paid como 0 e Charged Off como 1. Essa coluna representa a variável prevista para este problema de classificação. O valor de 1 nessa coluna indica que o tomador do empréstimo está inadimplente:

```
dataset['charged_off'] = (dataset['loan_status'] == 'Charged Off').apply(np.uint8)
dataset.drop('loan_status', axis=1, inplace=True)
```

3.2. Seleção de features: limitando o espaço de features. O conjunto inteiro de dados possui 150 features para cada empréstimo, mas nem todos contribuem para a variável prevista. Remover features de baixa importância pode aumentar a acurácia e reduzir tanto a complexidade do modelo quanto o sobreajuste. O tempo de treinamento também pode ser reduzido para conjuntos muito grandes de dados. Eliminaremos features nos próximos passos usando três abordagens diferentes:

- Eliminar features com mais de 30% de valores faltantes.
- Eliminar features que não são intuitivos com base em um julgamento subjetivo.
- Eliminar features com uma baixa correlação com a variável prevista.

3.2.1. Eliminação de features com base em valores significativos faltantes. Primeiro, calculamos a porcentagem de dados faltantes para cada feature:

```
missing_fractions = dataset.isnull().mean().sort_values(ascending=False)

#Descartar a fração faltante
drop_list = sorted(list(missing_fractions[missing_fractions > 0.3].index))
```

```
dataset.drop(labels=drop_list, axis=1, inplace=True)
dataset.shape
```

Output

```
(814986, 92)
```

Esse conjunto de dados tem 92 colunas remanescentes quando algumas delas, com um número significativo de valores faltantes, são descartadas.

3.2.2. Eliminação de features com base na intuitividade. Para filtrar os features ainda mais, verificamos a descrição no dicionário de dados e mantemos aqueles que contribuem de forma intuitiva com a previsão de inadimplência. Mantemos os features que contêm os detalhes relevantes de crédito do tomador, incluindo renda anual, score de crédito da FICO[3] e proporção entre dívida e renda. Também mantemos aqueles que estão disponíveis para os investidores ao considerarem um investimento no empréstimo. Incluem os features no pedido de empréstimo e quaisquer features do Lending Club quando o pedido foi aceito, como classificação do empréstimo e taxa de juros. A lista de features retidos é mostrada no seguinte trecho de código:

```
keep_list = ['charged_off','funded_amnt','addr_state', 'annual_inc', \
'application_type','dti', 'earliest_cr_line', 'emp_length',\
'emp_title', 'fico_range_high',\
'fico_range_low', 'grade', 'home_ownership', 'id', 'initial_list_status', \
'installment', 'int_rate', 'loan_amnt', 'loan_status',\
'mort_acc', 'open_acc', 'pub_rec', 'pub_rec_bankruptcies', \
'purpose', 'revol_bal', 'revol_util', \
'sub_grade', 'term', 'title', 'total_acc',\
'verification_status', 'zip_code','last_pymnt_amnt',\
'num_actv_rev_tl', 'mo_sin_rcnt_rev_tl_op',\
'mo_sin_old_rev_tl_op',"bc_util","bc_open_to_buy",\
"avg_cur_bal","acc_open_past_24mths" ]

drop_list = [col for col in dataset.columns if col not in keep_list]
dataset.drop(labels=drop_list, axis=1, inplace=True)
dataset.shape
```

Output

```
(814986, 39)
```

Depois de removê-los neste passo, restaram 39 colunas.

3.2.3. Eliminação de features com base na correlação. O próximo passo é verificar a correlação com a variável prevista. A correlação nos dá a interdependência entre a variável prevista e o feature. Selecionamos features com uma relação média a forte com a variável-alvo e descartamos aqueles com uma correlação inferior a 3% com a variável prevista:

```
correlation = dataset.corr()
correlation_chargeOff = abs(correlation['charged_off'])
drop_list_corr = sorted(list(correlation_chargeOff\
     [correlation_chargeOff < 0.03].index))
print(drop_list_corr)
```

3 N. do RT. A correspondência exata entre o score de crédito da FICO nos Estados Unidos e os sistemas de pontuação de crédito usados no Brasil não é direta. No Brasil, o score de crédito é calculado por agências como Serasa e SPC Brasil.

```
Output
    ['pub_rec', 'pub_rec_bankruptcies', 'revol_bal', 'total_acc']
```

As colunas com baixa correlação foram descartadas do conjunto de dados, e temos agora apenas 35 colunas.

```
dataset.drop(labels=drop_list_corr, axis=1, inplace=True)
```

4. Seleção de features e análise exploratória

Neste passo, realizamos a análise exploratória dos dados da seleção de features. Dado que muitos features tiveram que ser eliminados, é preferível realizarmos a análise exploratória depois da seleção de features para termos uma visualização melhor dos features relevantes. Também continuaremos com a eliminação de features ao fazermos uma varredura visual e descartarmos aqueles considerados irrelevantes.

4.1. Análise e exploração de features. Nas próximas seções, mergulharemos um pouco mais nos features do conjunto de dados.

4.1.1. Analisando os features categóricos. Vejamos alguns dos features categóricos no conjunto de dados.

Inicialmente, vamos ver os features `id`, `emp_title`, `title` e `zip_code`:

```
dataset[['id','emp_title','title','zip_code']].describe()
```

`Output`

	id	emp_title	title	zip_code
count	814986	766415	807068	814986
unique	814986	280473	60298	925
top	14680062	Teacher	Debt consolidation	945xx
freq	1	11351	371874	9517

Os IDs são todos singulares e irrelevantes para a modelagem. Há muitos valores singulares para profissão e títulos. A ocupação ou função pode oferecer algumas informações para a modelagem de inadimplência; no entanto, presumimos que grande parte dessas informações está incorporada na renda verificada do consumidor. Além disso, para extrair quaisquer informações marginais, seriam necessários outros passos de limpeza nesses features, como padronizar ou agrupar as profissões. Esse trabalho está fora do escopo deste estudo de caso, mas poderia ser explorado em iterações subsequentes do modelo.

Informações de geolocalização podem ser importantes na aprovação ou não de crédito, e os CEPs (zip codes) oferecem uma visão granular de tal dimensão. Novamente, seria necessário um trabalho adicional para preparar esse feature para modelagem, considerado fora do escopo deste estudo de caso.

```
dataset.drop(['id','emp_title','title','zip_code'], axis=1, inplace=True)
```

Vejamos o feature `term`.

Term (prazo) faz referência ao número de pagamentos no empréstimo. Os valores estão em meses e podem ser 36 ou 60. Os empréstimos de 60 meses têm mais chances de serem considerados irrecuperáveis.

Vamos converter o "term" em números inteiros e agrupá-los por período de prazo para uma análise mais profunda:

```
dataset['term'] = dataset['term'].apply(lambda s: np.int8(s.split()[0]))
dataset.groupby('term')['charged_off'].value_counts(normalize=True).loc[:,1]
```

Output

```
term
36    0.165710
60    0.333793
Name: charged_off, dtype: float64
```

Os empréstimos com períodos de cinco anos têm mais do que o dobro de chances de serem considerados irrecuperáveis do que aqueles com períodos de três anos. Esse feature parece ser importante para a previsão.

Vejamos agora o feature `emp_length` (tempo de trabalho):

```
dataset['emp_length'].replace(to_replace='10+ years', value='10 years',\
  inplace=True)

dataset['emp_length'].replace('< 1 year', '0 years', inplace=True)

def emp_length_to_int(s):
      if pd.isnull(s):
          return s
      else:
          return np.int8(s.split()[0])

dataset['emp_length'] = dataset['emp_length'].apply(emp_length_to_int)
charge_off_rates = dataset.groupby('emp_length')['charged_off'].value_counts\
  (normalize=True).loc[:,1]
sns.barplot(x=charge_off_rates.index, y=charge_off_rates.values)
```

Output

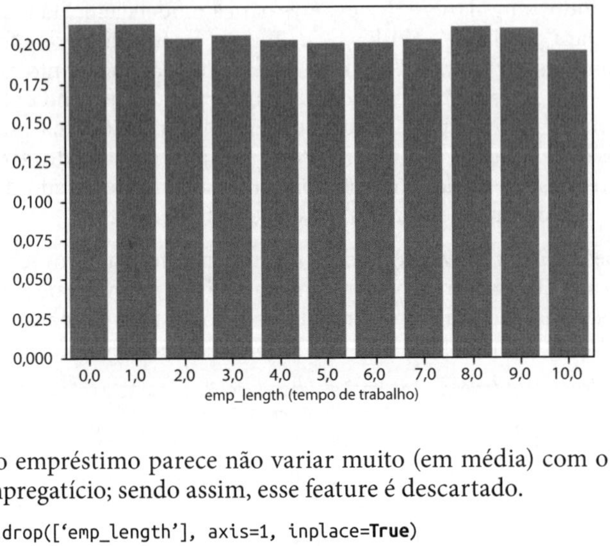

O status do empréstimo parece não variar muito (em média) com o tempo do vínculo empregatício; sendo assim, esse feature é descartado.

```
dataset.drop(['emp_length'], axis=1, inplace=True)
```

Agora, vejamos o feature `sub_grade` (baixo score de crédito):

```
charge_off_rates = dataset.groupby('sub_grade')['charged_off'].value_counts\
(normalize=True).loc[:,1]
sns.barplot(x=charge_off_rates.index, y=charge_off_rates.values)
```

Output

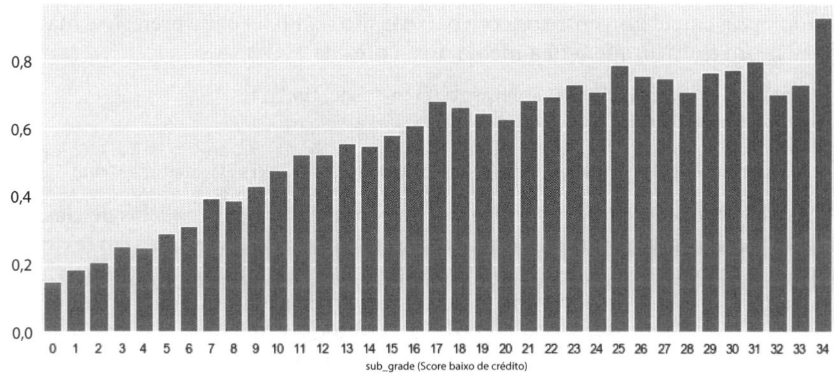

Como o gráfico demonstra, há uma tendência clara de maior probabilidade de o empréstimo se tornar irrecuperável à medida que o score baixo de crédito (sub-grade) piora, sendo, portanto, considerado um feature essencial.

4.1.2. Analisando os features contínuos. Vejamos o feature de renda anual, `annual_inc`:

```
dataset[['annual_inc']].describe()
```

Output

	annual_inc
count	8.149860e+05
mean	7.523039e+04
std	6.524373e+04
min	0.000000e+00
25%	4.500000e+04
50%	6.500000e+04
75%	9.000000e+04
max	9.550000e+06

A renda anual varia de US$0 a US$9.550.000, com uma mediana de US$65.000. Devido à grande variação de rendas, usamos uma transformação logarítmica da variável de renda anual:

```
dataset['log_annual_inc'] = dataset['annual_inc'].apply(lambda x: np.log10(x+1))
dataset.drop('annual_inc', axis=1, inplace=True)
```

Vejamos o feature de score da FICO (`fico_range_low`, `fico_range_high`) :

```
dataset[['fico_range_low','fico_range_high']].corr()
```

Output

	fico_range_low	fico_range_high
fico_range_low	1.0	1.0
fico_range_high	1.0	1.0

Dado que a correlação entre o score baixo e alto da FICO é 1, é preferível manter apenas um feature, que será a média dos scores da FICO:

```
dataset['fico_score'] = 0.5*dataset['fico_range_low'] +\
     0.5*dataset['fico_range_high']

dataset.drop(['fico_range_high', 'fico_range_low'], axis=1, inplace=True)
```

4.2. Codificando dados categóricos. Para usarmos um feature nos modelos de classificação, precisamos converter os dados categóricos (ou seja, os features em texto) na representação numérica. Esse processo é chamado de codificação. Existem várias maneiras de se fazer isso. Porém, para este estudo de caso, usaremos um *label encoder (codificador de rótulos)*, que codifica os rótulos com um valor entre 0 e *n*, em que *n* é o número de rótulos distintos. A função `LabelEncoder` do sklearn é usada no passo a seguir, e todas as colunas categóricas são codificadas de uma só vez:

```
from sklearn.preprocessing import LabelEncoder
# máscara booleana categórica
categorical_feature_mask = dataset.dtypes==object
# filtrar colunas categórias usando a máscara e transformá-las em uma
lista
categorical_cols = dataset.columns[categorical_feature_mask].tolist()
```

Vejamos as colunas categóricas:

```
categorical_cols
```

Output

```
['grade',
 'sub_grade',
 'home_ownership',
 'verification_status',
 'purpose',
 'addr_state',
 'initial_list_status',
 'application_type']
```

4.3. Amostragem de dados. Considerando que os dados de empréstimos estão assimétricos, pegamos amostras deles para termos um número igual de observações de "charge-off" e "no charge-off". A amostragem leva a um conjunto de dados mais equilibrado e evita o sobreajuste:[4]

```
loanstatus_0 = dataset[dataset["charged_off"]==0]
loanstatus_1 = dataset[dataset["charged_off"]==1]
subset_of_loanstatus_0 = loanstatus_0.sample(n=5500)
subset_of_loanstatus_1 = loanstatus_1.sample(n=5500)
```

4 A amostragem é analisada em detalhes no "Estudo de Caso 1: Detecção de Fraude", na página 146.

```
dataset = pd.concat([subset_of_loanstatus_1, subset_of_loanstatus_0])
dataset = dataset.sample(frac=1).reset_index(drop=True)
print("Current shape of dataset :",dataset.shape)
```

Embora a amostragem possa ter vantagens, pode haver algumas desvantagens também. Ela pode excluir alguns dados que não são homogêneos com os dados escolhidos. Isso afeta o nível de acurácia nos resultados. Além disso, a seleção do tamanho adequado de amostras é um trabalho difícil. Sendo assim, a amostragem deve ser realizada com cuidado e, em geral, deve ser evitada no caso de um conjunto de dados relativamente equilibrado.

5. Avaliação de algoritmos e modelos

5.1. Train-test split. A divisão do conjunto de dados de validação para a avaliação do modelo é o próximo passo:

```
Y= dataset["charged_off"]
X = dataset.loc[:, dataset.columns != 'charged_off']
validation_size = 0.2
seed = 7
X_train, X_validation, Y_train, Y_validation = \
train_test_split(X, Y, test_size=validation_size, random_state=seed)
```

5.2. Opções de teste e métricas avaliativas. Neste passo, as opções de teste e as métricas avaliativas são selecionadas. A métrica avaliativa `roc_auc` é a escolhida para esta classificação. Seus detalhes foram apresentados no Capítulo 4. Ela representa a habilidade de um modelo de discriminar classes positivas e negativas. Um `roc_auc` de 1,0 representa um modelo que fez todas as previsões de forma perfeita, e um valor de 0,5 representa um modelo que performa da mesma forma que a aleatoriedade.

```
num_folds = 10
scoring = 'roc_auc'
```

O modelo não pode se dar ao luxo de ter uma quantidade alta de falsos negativos, uma vez que isso leva a um impacto negativo para os investidores e para a credibilidade da empresa. Portanto, podemos usar o recall, como fizemos no caso de uso da detecção de fraude.

5.3. Comparação de modelos e algoritmos. Agora, vamos fazer uma fiscalização nos algoritmos de classificação. Incluímos a RNA e o ensemble na lista de modelos a serem verificados:

```
models = []
models.append(('LR', LogisticRegression()))
models.append(('LDA', LinearDiscriminantAnalysis()))
models.append(('KNN', KNeighborsClassifier()))
models.append(('CART', DecisionTreeClassifier()))
models.append(('NB', GaussianNB()))
# Rede Neural
models.append(('NN', MLPClassifier()))
# Modelos Ensemble
# Métodos Boosting
models.append(('AB', AdaBoostClassifier()))
models.append(('GBM', GradientBoostingClassifier()))
# Métodos Bagging
models.append(('RF', RandomForestClassifier()))
```

```
models.append(('ET', ExtraTreesClassifier()))
```

Depois de realizar a validação cruzada *k*-fold nesses modelos, a performance geral é a seguinte:

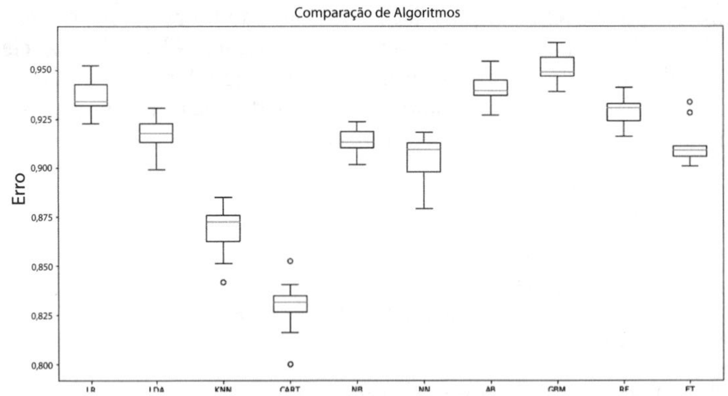

O modelo de método gradient boosting method (GBM) é o que performa melhor, e o selecionamos para o grid search no próximo passo. Os detalhes do GBM e os parâmetros do modelo estão descritos no Capítulo 4.

6. Ajuste de modelo e grid search

Ajustamos o número do estimador e a profundidade máxima dos hiperparâmetros, que foram analisados no Capítulo 4:

```
# Grid Search: Ajuste do GradientBoosting
n_estimators = [20,180]
max_depth= [3,5]
param_grid = dict(n_estimators=n_estimators, max_depth=max_depth)
model = GradientBoostingClassifier()
kfold = KFold(n_splits=num_folds, random_state=seed)
grid = GridSearchCV(estimator=model, param_grid=param_grid, scoring=scoring, \
    cv=kfold)
grid_result = grid.fit(X_train, Y_train)
print("Best: %f using %s" % (grid_result.best_score_, grid_result.
best_params_))
```

`Output`

```
Best: 0.952950 using {'max_depth': 5, 'n_estimators': 180}
```

Um modelo GBM com uma `max_depth` (profundidade máxima) de 5 e 150 estimadores resulta na melhor opção.

7. Finalização do modelo

Agora, realizamos os passos finais para a seleção do modelo.

7.1. Resultados com o conjunto de teste. Vamos preparar o modelo GBM com os parâmetros encontrados durante o passo de grid search e verificar os resultados no conjunto de dados de teste:

```
model = GradientBoostingClassifier(max_depth= 5, n_estimators= 180)
model.fit(X_train, Y_train)
```

```
# estimar acurácia do conjunto de validação
predictions = model.predict(X_validation)
print(accuracy_score(Y_validation, predictions))
```

Output

```
0.889090909090909
```

A acurácia do modelo é de 89% com o conjunto de teste, algo razoável. Examinemos a matriz de confusão:

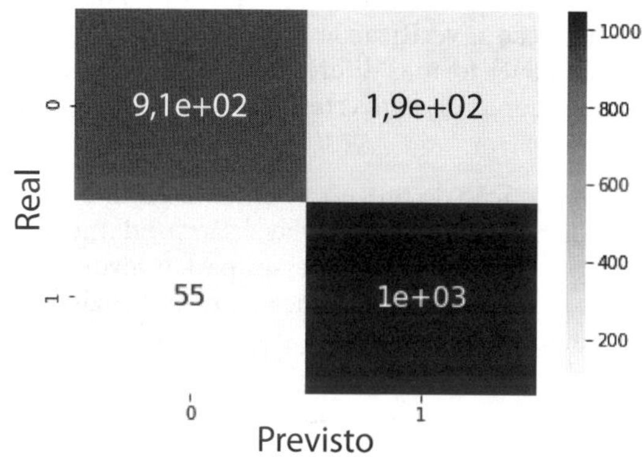

Observando a matriz de confusão e o resultado geral do conjunto de teste, tanto a taxa de falsos positivos quanto a de falsos negativos estão mais baixas; a performance geral do modelo parece boa e está em linha com os resultados do conjunto de treinamento.

7.2. Intuição de variável/importância de feature. Neste passo, computamos e exibimos a importância da variável do nosso modelo treinado:

```
print(model.feature_importances_)#usarclasseincorporadadeimportânciadosfeatures
feat_importances = pd.Series(model.feature_importances_, index=X.columns)
#plotar gráfico de importância de features para melhor visualização
feat_importances.nlargest(10).plot(kind='barh')
pyplot.show()
```

Output

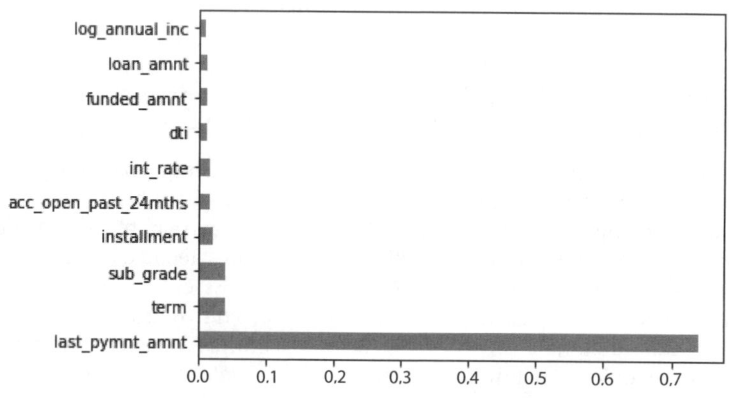

Os resultados da importância do modelo são intuitivos. A quantia do último pagamento (last_pymnt_amnt) parece ser o feature mais importante, seguido pelo prazo do empréstimo (term) e pelo score baixo de crédito (sub_grade).

Conclusão

Neste estudo de caso, introduzimos o algoritmo de árvore baseado em classificação aplicado à previsão de inadimplência. Mostramos que a preparação dos dados é um dos passos mais importantes. Fizemos isso por meio da eliminação de features usando técnicas diferentes, como a intuição de features, a análise de correlação, a visualização e verificações da qualidade dos dados dos features. Ilustramos que pode haver formas diferentes de lidar com os dados categóricos e de analisá-los, bem como de convertê-los em um formato utilizável para os modelos.

Enfatizamos que a realização do processamento de dados e o estabelecimento de uma compreensão da importância da variável são fundamentais no processo de desenvolvimento do modelo. Um foco nesses passos levou à implementação de um modelo simples baseado em classificação, que produziu resultados robustos para a previsão de inadimplência.

Estudo de Caso 3: Estratégia de Trade de Bitcoin

Lançado como código aberto em 2009 pelo pseudônimo Satoshi Nakamoto, o bitcoin é a criptomoeda mais conhecida e a que a que tem o maior tempo de existência.

Uma das grandes desvantagens dos trades com criptomoedas é a volatilidade do mercado. Visto que os mercados de criptomoedas operam ininterruptamente, acompanhar as posições em cripto perante uma dinâmica de mercado tão variável pode se tornar rapidamente uma tarefa impossível de gerenciar. É aqui que os algoritmos de trades automatizados e os trade bots podem ajudar.

Diversos algoritmos de aprendizado de máquina podem ser usados para gerar sinais de trades numa tentativa de prever o movimento do mercado. É possível usar esses algoritmos para classificar o movimento do dia seguinte em três categorias: os mercados subirão (assumir posição long), os mercados cairão (assumir posição short) ou os mercados andarão de lado (não assumir posição). Uma vez sabendo qual é a direção do mercado, podemos decidir os melhores pontos de entrada e de saída.

O aprendizado de máquina possui um aspecto fundamental chamado *engenharia de features*. Significa que podemos criar features novos e intuitivos e alimentá-los com um algoritmo de aprendizado de máquina para obtermos resultados melhores. Podemos introduzir diferentes indicadores técnicos como features para ajudar a prever os preços futuros de um ativo. Esses indicadores técnicos são derivados das variáveis do mercado, como preço ou volume, e têm informações ou sinais adicionais incorporados neles. Há muitas categorias diferentes de indicadores técnicos, incluindo tendência, volume, volatilidade e momentum.

Neste estudo de caso, usaremos vários modelos baseados em classificação para prever se o sinal da posição atual é para compra ou venda. Criaremos indicadores adicionais de tendência e momentum a partir dos preços do mercado para potencializar os features adicionais na previsão.

Neste estudo de caso, vamos nos concentrar em:

- Criar uma estratégia de trades usando a classificação (classificação de sinais de long ou short).
- Fazer a engenharia de features e criar indicadores técnicos de tendência, momentum e reversão à média.
- Criar um framework para resultados de backtesting de uma estratégia de trades.
- Escolher a métrica avaliativa correta para avaliar uma estratégia de trades.

Blueprint para Usar Modelos Baseados em Classificação para Prever a Compra ou a Venda no Mercado de Bitcoin

1. Definição do problema

O problema de prever um sinal de compra ou venda para uma estratégia de trades é definido no framework de classificação, em que a variável prevista tem o valor dxe 1 para compra e 0 para venda. Esse sinal é decidido por meio da comparação das tendências dos preços de curto e longo prazos.

Os dados usados são de uma das maiores exchanges de bitcoin em termos de volume diário, a Bitstamp (*https://www.bitstamp.com*). Os dados incluem preços de janeiro de 2012 a maio de 2017. Indicadores diferentes de tendência e momentum são criados a partir dos dados e acrescentados como features para melhorar a performance do modelo preditivo.

Ao término deste estudo de caso, você estará familiarizado com uma abordagem geral à criação de uma estratégia de trades, desde a limpeza dos dados e a engenharia de features até o ajuste do modelo e o desenvolvimento de um framework de backtesting.

2. Dando o primeiro passo — carregando os dados e os pacotes Python

Vamos carregar os pacotes e os dados.

2.1. Carregando os pacotes Python. Os pacotes-padrão do Python são carregados neste passo. Os detalhes foram apresentados nos estudos de caso anteriores. Consulte o Jupyter notebook deste estudo de caso para obter mais detalhes.

2.2. Carregando os dados. Os dados sobre o bitcoin coletados no site da Bitstamp são carregados neste passo:

```
# carregar conjunto de dados
dataset = pd.read_csv('BitstampData.csv')
```

3. Análise exploratória de dados

Neste passo, daremos uma olhada detalhada nos dados.

3.1. Estatística descritiva. Primeiro, vejamos o shape dos dados.

```
dataset.shape
```

Output

```
(2841377, 8)
```

```
# observar os dados
set_option('display.width', 100)
dataset.tail(2)
```

Output

	Timestamp	Open	High	Low	Close	Volume (BTC)	Volume (Currency)	Weighted Price
2841372	1496188560	2190.49	2190.49	2181.37	2181.37	1.700166	3723.784755	2190.247337
2841373	1496188620	2190.50	2197.52	2186.17	2195.63	6.561029	14402.811961	2195.206304

O conjunto de dados apresenta um acompanhamento minuto a minuto do conjunto OHLC (Open/Abertura, High/Alta, Low/Baixa, Close/Fechamento) e o volume negociado de bitcoin. O conjunto de dados é grande, com aproximadamente 2,8 milhões de observações.

4. Preparação dos dados

Nesta parte, limparemos os dados para preparar a modelagem.

4.1. Limpeza dos dados. Limpamos os dados ao preencher os "NaNs" (não é um número) com os últimos valores disponíveis:

```
dataset[dataset.columns.values] = dataset[dataset.columns.values].ffill()
```

A coluna do `Timestamp` não é útil para a modelagem, sendo, portanto, descartada do conjunto de dados:

```
dataset=dataset.drop(columns=['Timestamp'])
```

4.2. Preparando os dados para classificação. Como primeiro passo, criaremos a variável-alvo para nosso modelo. Essa é a coluna que indicará se o sinal de trade é compra ou venda. Definimos o preço de curto prazo como a média móvel de 10 dias e o preço de longo prazo como a média móvel de 60 dias. Anexamos um rótulo de 1 (0) se o preço de curto prazo é mais alto (ou mais baixo) do que o preço de longo prazo:

```
# Criar média móvel de curto prazo
dataset['short_mavg'] = dataset['Close'].rolling(window=10, min_periods=1,\
center=False).mean()

# Criar média móvel de longo prazo
dataset['long_mavg'] = dataset['Close'].rolling(window=60, min_periods=1,\
center=False).mean()
```

```
# Criar sinais
dataset['signal'] = np.where(dataset['short_mavg'] >
dataset['long_mavg'], 1.0, 0.0)
```

4.3. Engenharia de features. Começamos a engenharia de features analisando os features que esperamos que possam influenciar a performance do modelo preditivo. Com base em uma compreensão conceitual dos fatores-chave que orientam as estratégias de investimento, a tarefa em mãos é identificar e construir novos features que possam captar os riscos ou as características incorporadas por esses orientadores de retorno. Para este estudo de caso, exploraremos a eficácia dos indicadores técnicos específicos do momentum.

Os dados atuais sobre o bitcoin consistem em data, abertura, alta, baixa, fechamento e volume. Usando esses dados, calculamos os seguintes indicadores de momentum:

Média móvel
: A média móvel fornece uma indicação de tendência do preço ao cortar o ruído na série.

Oscilador estocástico %K
: O oscilador estocástico é um indicador de momentum que compara o preço de fechamento de um ativo com uma gama de seus preços anteriores ao longo de certo período. *%K* e *%D* são indicadores lento e rápido. O indicador rápido é mais sensível do que o lento às mudanças no preço de um ativo subjacente e provavelmente resultará em muitos sinais de transações.

Índice de Força Relativa (IFR)/Relative strength index (RSI)
: É um indicador de momentum que mensura a magnitude de mudanças recentes no preço para avaliar condições de overbought (sobrecomprado) ou oversold (sobrevendido) no preço de uma ação ou de outro ativo. O RSI vai de 0 a 100. Um ativo é considerado overbought quando o RSI atinge 70, significando que o ativo pode estar sendo supervalorizado, tornando-se um bom candidato para a correção no preço (pullback). Por outro lado, se o RSI se aproxima de 30, é uma indicação de que o ativo pode estar sendo supervendido (oversold) e, portanto, tem grandes chances de se tornar subvalorizado.

Taxa de Variação/Rate of change (ROC)
: É um oscilador de momentum que mede a porcentagem de mudança entre o preço atual e o período *n* de preços passados. Os ativos com valores mais altos de ROC são considerados mais propensos a serem sobrecomprados; aqueles com um ROC menor, têm mais chances de serem sobrevendidos.

Momentum (MOM)
: É a taxa de aceleração do preço ou do volume de um ativo mobiliário — ou seja, a velocidade na qual o preço está mudando.

Os passos a seguir mostram como gerar alguns features úteis para a previsão. Os features para tendência e momentum podem ser aproveitados para outros modelos de estratégia de trades.

```
#cálculo da média móvel exponencial
def EMA(df, n):
```

```
    EMA = pd.Series(df['Close'].ewm(span=n, min_periods=n).mean(),
name='EMA_'\
     + str(n))
    return EMA
dataset['EMA10'] = EMA(dataset, 10)
dataset['EMA30'] = EMA(dataset, 30)
dataset['EMA200'] = EMA(dataset, 200)
dataset.head()

#cálculo da taxa de variação
def ROC(df, n):
    M = df.diff(n - 1)
    N = df.shift(n - 1)
    ROC = pd.Series(((M / N) * 100), name = 'ROC_' + str(n))
    return ROC
dataset['ROC10'] = ROC(dataset['Close'], 10)
dataset['ROC30'] = ROC(dataset['Close'], 30)

#cálculo do momentum do preço
def MOM(df, n):
    MOM = pd.Series(df.diff(n), name='Momentum_' + str(n))
    return MOM
dataset['MOM10'] = MOM(dataset['Close'], 10)
dataset['MOM30'] = MOM(dataset['Close'], 30)

#cálculo do índice de força relativa
def RSI(series, period):
 delta = series.diff().dropna()
 u = delta * 0
 d = u.copy()
 u[delta > 0] = delta[delta > 0]
 d[delta < 0] = -delta[delta < 0]
 u[u.index[period-1]] = np.mean( u[:period] ) #primeiro valor é a soma dos
ganhos médios
 u = u.drop(u.index[:(period-1)])
 d[d.index[period-1]] = np.mean( d[:period] ) # primeiro valor é a soma das
perdas médias
 d = d.drop(d.index[:(period-1)])
 rs = u.ewm(com=period-1, adjust=False).mean() / \
 d.ewm(com=period-1, adjust=False).mean()
 return 100 - 100 / (1 + rs)
dataset['RSI10'] = RSI(dataset['Close'], 10)
dataset['RSI30'] = RSI(dataset['Close'], 30)
dataset['RSI200'] = RSI(dataset['Close'], 200)

#cálculo do oscilador estocástico
def STOK(close, low, high, n):
 STOK = ((close - low.rolling(n).min()) / (high.rolling(n).max() - \
 low.rolling(n).min())) * 100
 return STOK

def STOD(close, low, high, n):
 STOK = ((close - low.rolling(n).min()) / (high.rolling(n).max() - \
 low.rolling(n).min())) * 100
```

```
    STOD = STOK.rolling(3).mean()
    return STOD

dataset['%K10'] = STOK(dataset['Close'], dataset['Low'], dataset['High'], 10)
dataset['%D10'] = STOD(dataset['Close'], dataset['Low'], dataset['High'], 10)
dataset['%K30'] = STOK(dataset['Close'], dataset['Low'], dataset['High'], 30)
dataset['%D30'] = STOD(dataset['Close'], dataset['Low'], dataset['High'], 30)
dataset['%K200'] = STOK(dataset['Close'], dataset['Low'], dataset['High'], 200)
dataset['%D200'] = STOD(dataset['Close'], dataset['Low'], dataset['High'], 200)

#cálculo da média móvel
def MA(df, n):
    MA = pd.Series(df['Close'].rolling(n, min_periods=n).mean(), name='MA_'\
     + str(n))
    return MA
dataset['MA21'] = MA(dataset, 10)
dataset['MA63'] = MA(dataset, 30)
dataset['MA252'] = MA(dataset, 200)
```

Com nossos features completos, vamos prepará-los para uso.

4.4. Visualização dos dados. Neste passo, visualizamos diferentes propriedades dos features e da variável prevista:

```
dataset[['Weighted_Price']].plot(grid=True)
plt.show()
```

Output

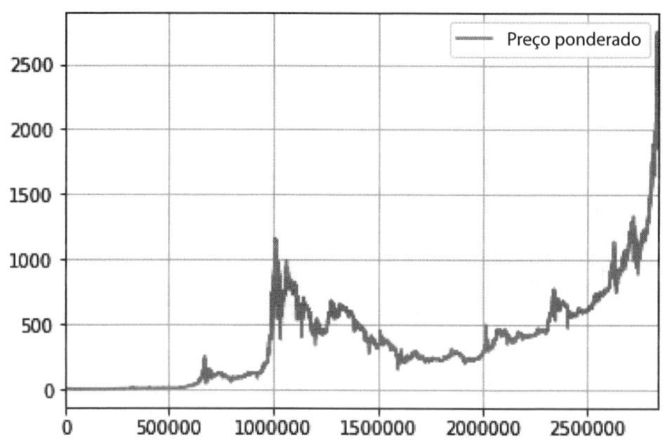

O gráfico ilustra uma forte subida no preço do bitcoin, um aumento de quase US$0 para cerca de US$2.500 em 2017. Além disso, a alta volatilidade do preço é facilmente identificada.

Vejamos a distribuição da variável prevista:

```
fig = plt.figure()
plot = dataset.groupby(['signal']).size().plot(kind='barh', color='red')
plt.show()
```

```
Output
```

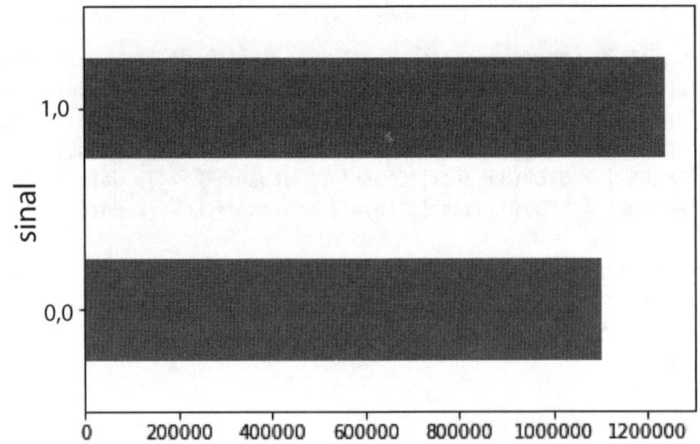

A variável prevista é 1 em mais de 52% do tempo, ou seja, há mais sinais de compra do que de venda. A variável prevista está relativamente equilibrada, em especial quando comparada com o conjunto de dados de fraude no primeiro estudo de caso.

5. Avaliação de algoritmos e modelos

Neste passo, avaliaremos diferentes algoritmos.

5.1. Train-test split. Primeiro, dividimos o conjunto de dados em conjuntos de treinamento (80%) e de teste (20%). Para este estudo de caso, usamos 100 mil observações para termos um cálculo mais rápido. Os próximos passos seriam os mesmos, caso quiséssemos usar o conjunto inteiro de dados:

```
# dividir o conjunto de dados de validação para o fim
subset_dataset= dataset.iloc[-100000:]
Y= subset_dataset["signal"]
X = subset_dataset.loc[:, dataset.columns != 'signal']
validation_size = 0.2
seed = 1
X_train, X_validation, Y_train, Y_validation =\
train_test_split(X, Y, test_size=validation_size, random_state=1)
```

5.2. Opções de teste e métricas avaliativas. A acurácia pode ser usada como a métrica avaliativa, visto que não há um desequilíbrio significativo nos dados:

```
# opções de teste para classificação
num_folds = 10
scoring = 'accuracy'
```

5.3. Comparação de modelos e algoritmos. Para sabermos qual é o melhor algoritmo para nossa estratégia, avaliamos os modelos linear, não linear e ensemble.

5.3.1. Modelos. Verificando os algoritmos de classificação:

```
models = []
models.append(('LR', LogisticRegression(n_jobs=-1)))
models.append(('LDA', LinearDiscriminantAnalysis()))
models.append(('KNN', KNeighborsClassifier()))
models.append(('CART', DecisionTreeClassifier()))
models.append(('NB', GaussianNB()))
```

```
# Rede Neural
models.append(('NN', MLPClassifier()))
# Modelos Ensemble
# Métodos Boosting
models.append(('AB', AdaBoostClassifier()))
models.append(('GBM', GradientBoostingClassifier()))
# Métodos Bagging
models.append(('RF', RandomForestClassifier(n_jobs=-1)))
```

Depois de realizar a validação cruzada *k*-fold, a comparação dos modelos é a seguinte:

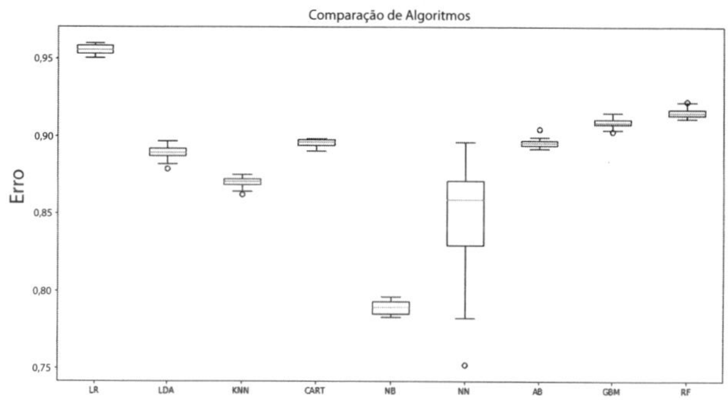

Embora alguns dos modelos mostrem resultados promissores, preferimos o modelo ensemble, dado o tamanho enorme do conjunto de dados, o grande número de features e a relação não linear esperada entre a variável prevista e os features. A floresta aleatória tem a melhor performance entre os modelos ensemble.

6. Ajuste de modelo e grid search

Um grid search é realizado para o modelo de árvore aleatória ao variar o número de estimadores e a profundidade máxima. Os detalhes desse modelo e os parâmetros a serem ajustados são analisados no Capítulo 4.

```
n_estimators = [20,80]
max_depth= [5,10]
criterion = ["gini","entropy"]
param_grid = dict(n_estimators=n_estimators, max_depth=max_depth, \
  criterion = criterion )
model = RandomForestClassifier(n_jobs=-1)
kfold = KFold(n_splits=num_folds, random_state=seed)
grid = GridSearchCV(estimator=model, param_grid=param_grid, \
  scoring=scoring, cv=kfold)
grid_result = grid.fit(X_train, Y_train)
print("Best: %f using %s" % (grid_result.best_score_,\
grid_result.best_params_))
```

```
Output
  Best: 0.903438 using {'criterion': 'gini', 'max_depth': 10, 'n_estimators': 80}
```

7. Finalização do modelo

Vamos finalizar o modelo com os melhores parâmetros encontrados durante o passo de ajustes e realizar a intuição da variável.

7.1. Resultados com o conjunto de teste. Neste passo, avaliamos o modelo selecionado com o conjunto de teste:

```
# preparar modelo
model = RandomForestClassifier(criterion='gini', n_estimators=80,max_depth=10)

#modelo = LogisticRegression()
model.fit(X_train, Y_train)

# estimar acurácia do conjunto de validação
predictions = model.predict(X_validation)
print(accuracy_score(Y_validation, predictions))
```

Output

```
0.9075
```

O modelo selecionado performa muito bem, com uma acurácia de 90,75%. Vejamos a matriz de confusão:

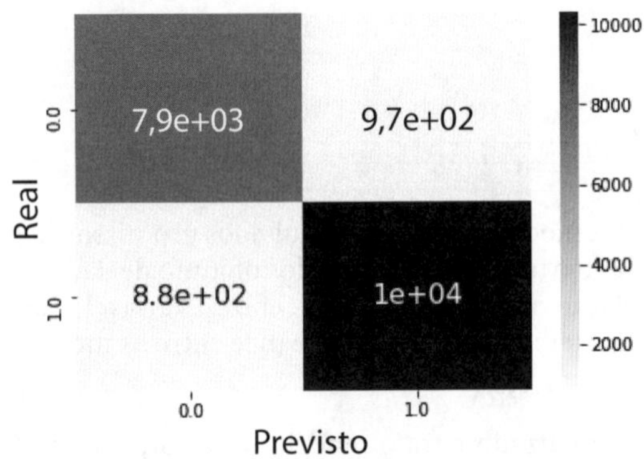

A performance geral do modelo é razoável e está em linha com os resultados do conjunto de treinamento.

7.2. Intuição da variável/importância do feature. Analisemos a importância dos features do modelo:

```
Importance = pd.DataFrame({'Importance':model.feature_importances_*100},\
  index=X.columns)
Importance.sort_values('Importance', axis=0, ascending=True).plot(kind='barh',
\
color='r' )
plt.xlabel('Variable Importance')
```

```
Output
```

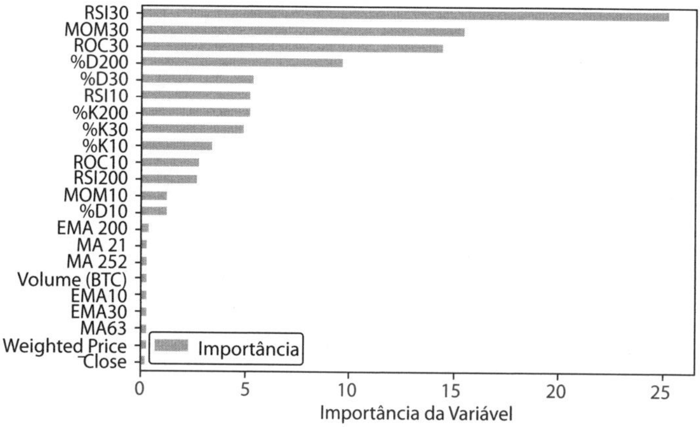

O resultado da importância da variável parece intuitivo, e os indicadores de momentum RSI e MOM ao longo dos últimos 30 dias parecem ser os dois features mais importantes.

O gráfico de importância dos features corrobora o fato de que introduzir novos features leva a uma melhoria na performance do modelo.

7.3. Resultados de backtesting. Neste passo adicional, realizamos um backtest no modelo que desenvolvemos. Criamos uma coluna para os retornos da estratégia ao multiplicar os retornos diários pela posição mantida no fechamento do dia anterior e a comparamos com os retornos reais.

Estratégias de Backtesting de Trading

Uma abordagem de backtesting semelhante à usada neste estudo de caso pode ser usada rapidamente para fazer o backtesting de qualquer estratégia de trading.

```
backtestdata = pd.DataFrame(index=X_validation.index)
backtestdata['signal_pred'] = predictions
backtestdata['signal_actual'] = Y_validation
backtestdata['Market Returns'] = X_validation['Close'].pct_change()
backtestdata['Actual Returns'] = backtestdata['Market Returns'] *\
backtestdata['signal_actual'].shift(1)
backtestdata['Strategy Returns'] = backtestdata['Market Returns'] * \
backtestdata['signal_pred'].shift(1)
backtestdata=backtestdata.reset_index()
backtestdata.head()
backtestdata[['Strategy Returns','Actual Returns']].cumsum().hist()
backtestdata[['Strategy Returns','Actual Returns']].cumsum().plot()
```

```
Output
```

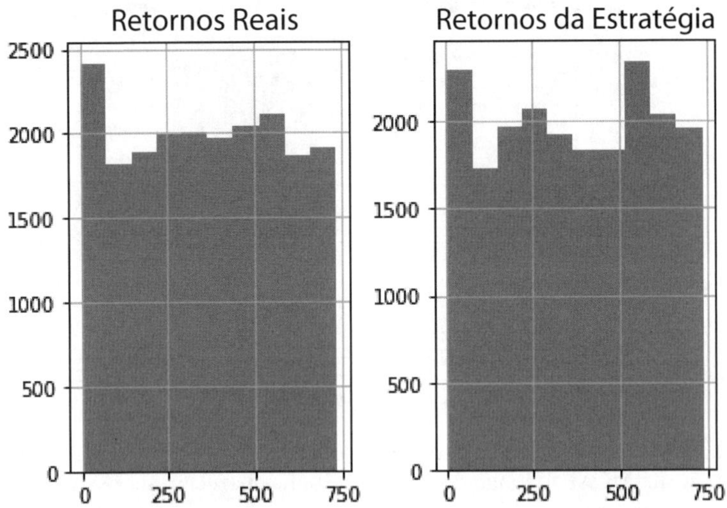

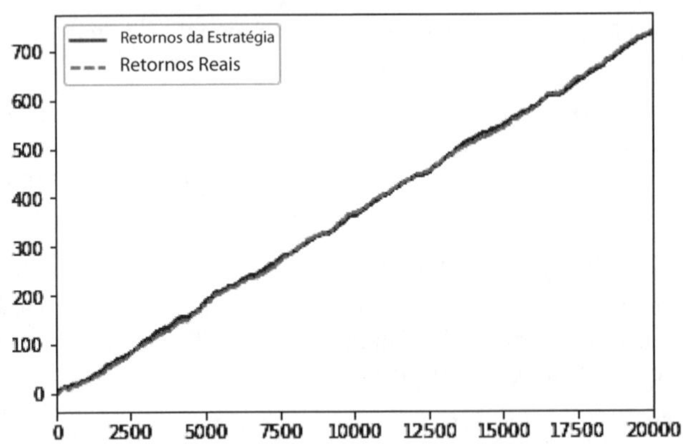

Observando os resultados do backtest, vemos que não desviamos significativamente dos retornos reais do mercado. De fato, a estratégia de trading usando momentum que desenvolvemos melhorou nossa previsão da direção do preço para compra ou venda para obtermos lucros. No entanto, como nossa acurácia não é de 100% (porém maior que 96%), tivemos perdas relativamente pequenas em comparação com os retornos reais.

Conclusão

Este estudo de caso demonstrou que estruturar o problema é um passo fundamental para podermos resolvê-lo com aprendizado de máquina. Ao fazermos isso, determinamos que transformar os rótulos de acordo com o objetivo do investidor e realizar a engenharia de features foram necessários para essa estratégia de trading. Demonstramos a eficiência do uso dos features intuitivos relacionados com a tendência e o momentum do movimento do preço. Isso ajudou a aumentar o poder preditivo do modelo. Por fim, introduzimos um framework de backtesting, que nos permitiu simular uma estratégia de trading usando dados históricos. Isso possibilitou a geração de resultados e a análise do risco e da lucratividade antes de arriscarmos qualquer capital real.

Resumo do Capítulo

No "Estudo de Caso 1: Detecção de Fraude", na página 146, exploramos a questão de um conjunto de dados desequilibrado e a importância de termos a métrica avaliativa certa. No "Estudo de Caso 2: Probabilidade de Inadimplência", na página 158, diversas técnicas e conceitos de processamento de dados, seleção de features e análise exploratória foram analisados. No "Estudo de Caso 3: Estratégia de Trade de Bitcoin", na página 170, vimos maneiras de criar indicadores técnicos como features para os usarmos na melhoria do modelo. Também preparamos um framework de backtesting para uma estratégia de trading.

Em geral, os conceitos de Python, aprendizado de máquina e finanças apresentados neste capítulo podem ser usados como um blueprint para qualquer outro problema de finanças baseado em classificação.

Exercícios

- Preveja se o preço de uma ação subirá ou cairá usando os features relacionados com a ação ou as variáveis macroeconômicas (use as ideias do estudo de caso do bitcoin apresentadas neste capítulo).
- Crie um modelo para detectar a lavagem de dinheiro usando os features de uma transação. Um conjunto de dados para este exercício pode ser obtido no Kaggle (*https://oreil.ly/ GcinN*).
- Realize uma análise de score de crédito de corporações usando os features relacionados com solvibilidade.

PARTE III
Aprendizado Não Supervisionado

CAPÍTULO 7

Aprendizado Não Supervisionado: Redução de Dimensionalidade

Nos capítulos anteriores, usamos técnicas de aprendizado supervisionado para criar modelos de aprendizado de máquina com dados nos quais a resposta já era conhecida (ou seja, os rótulos de classe estavam disponíveis em nossos dados de entrada). Agora, exploraremos o *aprendizado não supervisionado*, caso em que tiramos conclusões a partir dos conjuntos de dados que consistem em dados de entrada nos quais a resposta não é conhecida. Os algoritmos de aprendizado não supervisionado tentam inferir padrões a partir dos dados sem qualquer conhecimento da saída que os dados devem produzir. Sem exigir dados rotulados, o que pode consumir muito tempo e ser impraticável para criar ou adquirir, essa família de modelos permite um uso fácil de conjuntos maiores de dados para a análise e o desenvolvimento de modelos.

A redução de dimensionalidade é uma técnica fundamental dentro do aprendizado não supervisionado. Ela comprime os dados ao encontrar um grupo menor ou um conjunto diferente de variáveis que captem o que mais importa nos features originais, ao mesmo tempo em que minimiza a perda de informações. Essa técnica ajuda a mitigar os problemas associados com a alta dimensionalidade e permite a visualização de aspectos salientes de dados com mais dimensões que, de outro modo, seriam difíceis de explorar.

No contexto de finanças, em que os conjuntos de dados são geralmente grandes e contêm muitas dimensões, as técnicas de redução de dimensionalidade se mostram muito convenientes e proveitosas. A redução de dimensionalidade nos permite reduzir o ruído e a redundância no conjunto de dados e a encontrar uma versão aproximada do conjunto de dados usando menos features. Com menos variáveis a serem consideradas, a exploração e a visualização de um conjunto de dados ficam mais simples. Tais técnicas também aprimoram os modelos de aprendizado supervisionado ao encontrar novos features ou ao reduzir seu número. Os profissionais usam essas técnicas para alocar fundos em classes de ativos e investimentos individuais, identificar estratégias e sinais, implementar a proteção (hedge) de portfólios e a gestão de riscos e desenvolver modelos de precificação de instrumentos.

Neste capítulo, analisaremos as técnicas fundamentais de redução de dimensionalidade e veremos três estudos de caso nas áreas de gestão de portfólio, modelagem de taxa de juros e desenvolvimento de estratégia de trading. Os estudos de caso foram desenvolvidos para abordar não apenas temas diversos sob a perspectiva financeira, mas também para destacar diversos conceitos de aprendizado de máquina e de ciência de dados. O template padronizado contendo a implementação detalhada dos passos de modelagem em Python, aprendizado de máquina e conceitos de finanças podem ser usados como blueprint para qualquer outro problema de redução de dimensionalidade em finanças.

No "Estudo de Caso 1: Gestão de Portfólio: Encontrando um Portfólio *Eigen*", na página 192, usamos um algoritmo de redução de dimensionalidade para alocar capital em diferentes classes de ativos para maximizar os retornos ajustados ao risco. Também apresentamos um framework de backtesting para avaliar a performance do portfólio que criamos.

No "Estudo de Caso 2: Criação da Yield Curve e Modelagem da Taxa de Juros", na página 205, usamos as técnicas de redução de dimensionalidade para gerar os movimentos típicos de uma yield curve (curva da taxa de juros). Isso ilustrará como essas técnicas podem ser usadas para reduzir a dimensão das variáveis do mercado em inúmeras classes de ativos para promover uma gestão mais rápida e eficaz de portfólio, tradings, hedging e gestão de risco.

No "Estudo de Caso 3: Trading de Bitcoin: Aumentando a Velocidade e a Acurácia", na página 213, usamos as técnicas de redução de dimensionalidade para o trading algorítmico. Esse estudo de caso demonstra a exploração de dados e baixa dimensão.

Além dos pontos mencionados, você entenderá os seguintes aspectos ao concluir este capítulo:

- Conceitos básicos de modelos e técnicas usadas para a redução de dimensionalidade e como implementá-los em Python.
- Conceitos de autovalores e autovetores da análise de componentes principais (PCA – principal component analysis), selecionando o número certo de componentes principais e extraindo os pesos de fatores dos componentes principais.
- O uso de técnicas de redução de dimensionalidade como a decomposição em valores singulares e a t-SNE para resumir os dados de alta dimensão buscando a exploração e a visualização eficazes de dados.
- Como reconstruir os dados originais usando os componentes principais reduzidos.
- Como aumentar a velocidade e a acurácia dos algoritmos de aprendizado supervisionado por meio da redução de dimensionalidade.
- Um framework de backtesting para a performance do portfólio computando e analisando suas métricas de performance como o índice de Sharpe e o retorno anualizado do portfólio.

Repositório de Códigos Deste Capítulo

Um template mestre em Python para a redução de dimensionalidade, juntamente com o Jupyter notebook para todos os estudos de caso deste capítulo, está incluído na pasta *Chapter 7 - Unsup. Learning - Dimensionality Reduction* (*https://oreil.ly/tI-KJ*) no repositório de códigos para este livro. Para trabalhar com qualquer problema de aprendizado de máquina com modelagem de redução em Python envolvendo os modelos de redução de dimensionalidade (como PCA, SVD, Kernel PCA ou t-SNE) apresentados neste capítulo, você precisa modificar levemente o template para que esteja alinhado com a definição do problema. Todos os estudos de caso apresentados neste capítulo usam o template mestre padrão em Python com os passos padronizados de desenvolvimento de modelos apresentados no Capítulo 3. Para os estudos de caso de redução de dimensionalidade, os passos 6 (ajuste do modelo) e 7 (finalização do modelo) são relativamente mais leves em comparação com os modelos de aprendizado supervisionado, então foram agrupados no passo 5. Nas situações em que os passos são irrelevantes, foram pulados ou combinados com outros para tornar o fluxo do estudo de caso mais intuitivo.

Técnicas de Redução de Dimensionalidade

A redução de dimensionalidade representa as informações em um conjunto de dados de forma mais eficiente ao usar menos features. Essas técnicas projetam os dados em um espaço menos dimensional ao descartar a variação nos dados que não é informativa ou ao identificar um subespaço menos dimensional onde os dados estão, ou perto deles.

Há muitos tipos de técnicas de redução de dimensionalidade. Neste capítulo, veremos as seguintes técnicas mais usadas:

- Análise de componentes principais (principal component analysis - PCA).
- Análise de componentes principais kernel (KPCA).
- Incorporação estocástica de vizinhos distribuídos em t (t-SNE).

Depois da aplicação dessas técnicas de redução de dimensionalidade, o subespaço de features de baixa dimensão pode ser uma função linear ou não linear do subespaço correspondente de features de alta dimensão. Dessa forma, em um nível amplo, esses algoritmos de redução de dimensionalidade podem ser classificados como lineares ou não lineares. Os algoritmos lineares, como a PCA, forçam as novas variáveis a serem combinações lineares dos features originais.

Os algoritmos não lineares, como KPCA e t-SNE, podem captar estruturas mais complexas nos dados. No entanto, dado o número infinito de opções, os algoritmos ainda precisam fazer suposições para chegar a uma solução.

Análise de Componentes Principais

A ideia principal da análise de componentes principais (principal component analysis - PCA) é reduzir a dimensionalidade de um conjunto de dados com grande número de variáveis, ao mesmo tempo em que retém o máximo possível de variância nos dados. A PCA nos permite entender se há uma representação diferente dos dados que possa explicar a maioria dos pontos de dados originais.

A PCA encontra um conjunto de novas variáveis que, por meio de uma combinação linear, produz as variáveis originais. As novas variáveis são chamadas de *componentes principais* (PCs, em inglês). Esses componentes principais são ortogonais (ou independentes) e podem representar os dados originais. O número de componentes é um hiperparâmetro do algoritmo PCA que estabelece a dimensionalidade-alvo.

O algoritmo PCA funciona ao projetar os dados originais no espaço dos componentes principais. Ele então identifica uma sequência dos componentes principais, sendo que cada uma se alinha com a direção de variância máxima nos dados (após considerar a variância captada por componentes previamente computados). A otimização sequencial também garante que os novos componentes não estejam correlacionados com componentes existentes. Assim, o conjunto resultante constitui uma base ortogonal para um espaço vetorial.

O declínio na quantidade de variância dos dados originais explicado pelos componentes principais reflete a extensão da correlação entre os features originais. O número de componentes que capta, por exemplo, 95% da variação original relativa ao número total de features oferece um insight sobre a informação linearmente independente dos dados originais. Para entendermos como a PCA funciona, consideremos a distribuição dos dados mostrada na Figura 7-1.

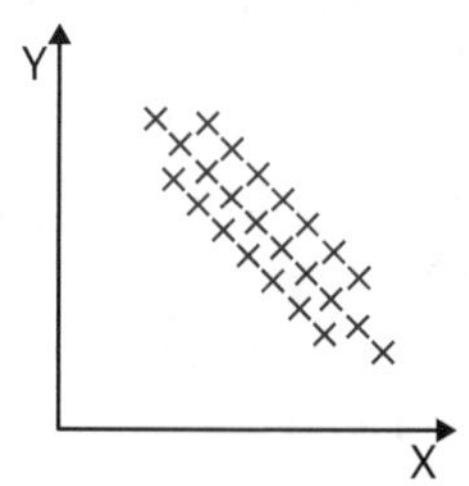

Figura 7-1. PCA-1

A PCA encontra um novo sistema quadrante (eixos *y'* e *x'*) que é obtido a partir do original por meio da translação e da rotação. Ele moverá o centro do sistema de coordenadas do ponto original *(0, 0)* para o centro da distribuição de pontos de dados. Em seguida, ele moverá o eixo x para o eixo principal da variação, que é aquele com a maior variação relativa aos pontos de dados (ou seja, a direção da difusão máxima). Então, ele move os outros eixos de forma ortogonal para o principal, em uma direção menos importante de variação.

A Figura 7-2 mostra um exemplo de PCA em que duas dimensões explicam praticamente toda a variância dos dados subjacentes.

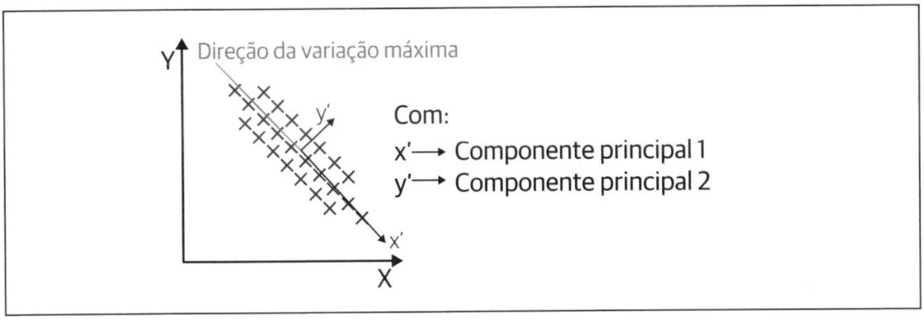

Figura 7-2. PCA-2

Essas novas direções que contêm a variação máxima são chamadas de componentes principais e são ortogonais umas às outras por padrão.

Há duas abordagens para encontrar os componentes principais: a *decomposição em autovalores* (Eigen decomposition) e a *decomposição em valores singulares* (SVD - singular value decomposition).

Decomposição em autovalores

Estes são os passos da decomposição em autovalores:

1. Primeiro, uma matriz de covariância é criada para os features.
2. Uma vez que a matriz de covariância é computada, os *autovetores* da matriz são calculados.[1] Eles são as direções da variância máxima.
3. Então os *autovalores* são criados. Eles definem a magnitude dos componentes principais.

Assim, para *n* dimensões, haverá uma matriz de covariância $n \times n$ e, como resultado, teremos um autovetor de *n* valores e *n* autovalores.

A biblioteca sklearn do Python oferece uma implementação poderosa da PCA. A função `sklearn.decomposition.PCA` computa o número desejado de componentes principais e projeta os dados no espaço de componentes. O trecho de código a seguir ilustra como criar dois componentes principais a partir de um conjunto de dados.

Implementação

```
# Importar algoritmo PCA
from sklearn.decomposition import PCA
# Inicializar o algoritmo e estabelecer o número de PC's
pca = PCA(n_components=2)
# Ajustar o modelo aos dados
pca.fit(data)
# Obter lista de PC's
pca.components_
# Transformar o modelo para dados
pca.transform(data)
# Obter os autovalores
pca.explained_variance_ratio
```

1 Autovetores e autovalores são conceitos de álgebra linear.

Há itens adicionais, como a *carga fatorial*, que podem ser obtidos usando as funções na biblioteca sklearn. Seu uso será demonstrado nos estudos de caso.

Decomposição em valores singulares

A decomposição em valores singulares (SVD) é a fatoração de uma matriz em três matrizes e é aplicável a um caso mais geral de matrizes retangulares $m \times n$.

Se A é uma matriz $m \times n$, então a SVD pode expressá-la como:

$$A = U\Sigma V^{T}$$

em que A é uma matriz $m \times n$, U é uma matriz ortogonal $(m \times m)$, Σ é uma matriz diagonal retangular não negativa e V é uma matriz ortogonal $(n \times n)$. A SVD de dada matriz nos diz exatamente como podemos decompô-la. Σ é uma matriz diagonal com m valores diagonais chamados *valores singulares*. Sua magnitude indica como são significativos para preservar as informações dos dados originais. V contém os componentes principais como vetores de coluna.

Como vimos, tanto a decomposição em autovalores quanto a SVD nos dizem que usar a PCA está efetivamente vendo os dados iniciais a partir de um ângulo diferente. Ambas sempre darão a mesma resposta, porém a SVD pode ser muito mais eficiente do que a decomposição em autovalores, visto que pode lidar com matrizes esparsas (aquelas que contêm muito poucos elementos não zeros). Além disso, a SVD produz melhor estabilidade numérica, especialmente quando alguns dos features estão fortemente correlacionados.

A SVD truncada é uma variante da SVD que computa apenas os maiores valores singulares, quando o número de computações é um parâmetro especificado pelo usuário. Esse método é diferente da SVD normal, no sentido de que produz uma fatoração em que o número de colunas é igual à truncação especificada. Por exemplo, considerando uma matriz $n \times n$, a SVD produzirá matrizes com n colunas, ao passo que a SVD truncada produzirá matrizes com um número especificado de colunas que pode ser menor que n.

`Implementação`

```
from sklearn.decomposition import TruncatedSVD
svd = TruncatedSVD(ncomps=20).fit(X)
```

Em termos de fraquezas da técnica PCA, embora seja muito eficaz para reduzir o número de dimensões, os componentes principais resultantes podem ser menos interpretáveis do que os features originais. Além disso, os resultados podem ser sensíveis ao número selecionado de componentes principais. Por exemplo, muito poucos componentes principais podem deixar passar informações, em comparação com a lista original de features. E, também, a PCA pode não funcionar bem se todos os dados forem fortemente não lineares.

Análise de Componentes Principais Kernel

Uma grande limitação da PCA é que ela se aplica apenas a transformações lineares. A análise de componentes principais kernel (KPCA - kernel principal component analysis) estende a PCA para que lide com a não linearidade. Primeiro, ela mapeia os dados originais em algum feature de espaço não linear (geralmente com mais dimensões). Depois, ela aplica a PCA para extrair os componentes principais desse espaço.

Podemos ver um exemplo simples de quando a KPCA é aplicável na Figura 7-3. As transformações lineares são adequadas para os pontos de dados em forma de círculo e de cruz no gráfico à esquerda. No entanto, se todos os círculos forem arranjados como estão no gráfico à direita, o resultado não é linearmente separável. Teríamos então que aplicar a KPCA para separar os componentes.

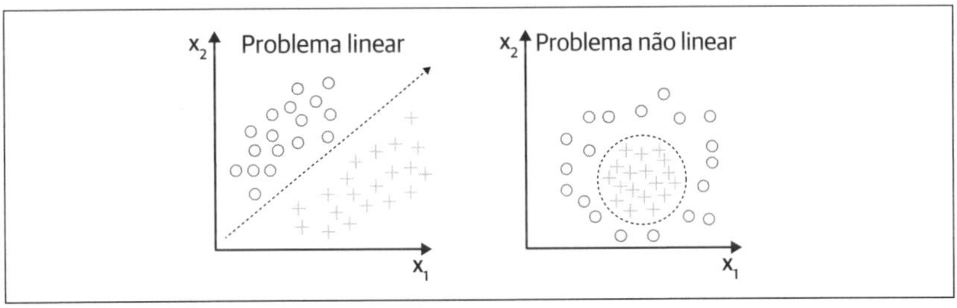

Figura 7-3. PCA kernel

Implementação

```
from sklearn.decomposition import KernelPCA
kpca = KernelPCA(n_components=4, kernel='rbf').fit_transform(X)
```

No código Python, especificamos `kernel='rbf'`, que é a função de base radial kernel (*https://oreil.ly/zCo-X*). Ela é comumente usada como um kernel nas técnicas de aprendizado de máquina, como nas SVMs (veja o Capítulo 4).

Ao usar a KPCA, a separação de componentes fica mais fácil em um espaço mais dimensional, visto que o mapeamento nesse tipo de espaço fornece um poder maior de classificação.

Incorporação Estocástica de Vizinhos Distribuídos em t

A incorporação estocástica de vizinhos distribuídos em t (t-SNE - t-distributed stochastic neighbor embedding) é um algoritmo de redução de dimensionalidade que reduz as dimensões ao modelar a probabilidade de distribuição dos vizinhos ao redor de cada ponto. Nesse caso, o termo *vizinhos* se refere ao conjunto de pontos que estão mais próximos de determinado ponto. O algoritmo enfatiza manter juntos os pontos similares em baixas dimensões, em vez de manter a distância entre os pontos que estão separados em dimensões altas.

O algoritmo começa calculando a probabilidade de semelhança de pontos de dados nos espaços dimensionais altos e baixos correspondentes. A semelhança de pontos é calculada como a probabilidade condicional de que um ponto *A* escolheria o ponto *B* como vizinho se os vizinhos fossem escolhidos em proporção à sua probabilidade de densidade sob uma distribuição normal centralizada em A. O algoritmo então tenta minimizar a diferença entre essas probabilidades condicionais (ou semelhanças) nos espaços dimensionais altos e baixos para obter uma representação perfeita dos pontos de dados no espaço dimensional baixo.

Implementação

```
from sklearn.manifold import TSNE
X_tsne = TSNE().fit_transform(X)
```

Uma implementação da t-SNE é apresentada no terceiro estudo de caso deste capítulo.

Estudo de Caso 1: Gestão de Portfólio: Encontrando um Portfólio *Eigen*

Um dos principais objetivos da gestão de portfólios é alocar capital em diferentes classes de ativos para maximizar os retornos ajustados ao risco. A otimização de portfólio usando média-variância é a técnica mais usada para a alocação de ativos. O método exige uma matriz estimada de covariância e os retornos esperados dos ativos considerados. No entanto, a natureza errática dos retornos financeiros leva a erros de estimativas nessas entradas, especialmente quando o tamanho da amostra de retornos é insuficiente em comparação ao número de ativos que estão sendo alocados. Tais erros comprometem muito a otimalidade dos portfólios resultantes, levando a resultados ruins e instáveis.

A redução de dimensionalidade é uma técnica que podemos usar para resolver esse problema. Usando a PCA, podemos pegar uma matriz de covariância $n \times n$ de nossos ativos e criar um conjunto de n portfólios principais linearmente não correlacionados (às vezes referido na literatura como *portfólio eigen*) composto de nossos ativos e suas variâncias correspondentes. Os componentes principais da matriz de covariância captam a principal covariação entre os ativos e são mutualmente não correlacionados. Além disso, podemos usar os componentes principais padronizados como os pesos do portfólio, com a garantia estatística de que os retornos desses portfólios principais são linearmente não correlacionados.

Ao término deste estudo de caso, você estará familiarizado com uma abordagem geral para encontrar um portfólio *eigen* para a alocação de ativos, desde a compreensão dos conceitos da PCA até o backtesting de diferentes componentes principais.

Neste estudo de caso, vamos nos concentrar em:

- Entender os autovalores (eigenvalues) e autovetores (eigenvectors) da PCA e derivar os pesos do portfólio usando os componentes principais.
- Desenvolver um framework de backtesting para avaliar a performance do portfólio.
- Compreender como realizar a modelagem de uma redução de dimensionalidade do início ao fim.

Blueprint para Usar a Redução de Dimensionalidade para a Alocação de Ativos

1. Definição do Problema

Nosso objetivo neste estudo de caso é maximizar os retornos ajustados ao risco de um portfólio de valores mobiliários usando a PCA em um conjunto de dados com os retornos de ações.

O conjunto de dados usado neste estudo de caso é o índice Dow Jones Industrial Average (DJIA) e suas 30 ações respectivas. Os dados de retorno usados serão a partir do ano 2000 e podem ser baixados do Yahoo Finance.

Também compararemos a performance dos nossos portfólios hipotéticos com um referencial e faremos o backtest do modelo para avaliarmos a eficácia da abordagem.

2. Dando o primeiro passo — carregando os dados e os pacotes Python

2.1. Carregando os pacotes Python. A lista das bibliotecas usadas para carregar, analisar e preparar os dados, avaliar e ajustar o modelo são mostradas a seguir. Os detalhes da maioria desses pacotes e funções podem ser encontrados nos Capítulos 2 e 4.

```
Pacotes para redução de dimensionalidade
```

```
from sklearn.decomposition import PCA
from sklearn.decomposition import TruncatedSVD
from numpy.linalg import inv, eig, svd
from sklearn.manifold import TSNE
from sklearn.decomposition import KernelPCA
```

```
Pacotes para processamento e visualização dos dados
```

```
import numpy as np
import pandas as pd
import matplotlib.pyplot as plt
from pandas import read_csv, set_option
from pandas.plotting import scatter_matrix
import seaborn as sns
from sklearn.preprocessing import StandardScaler
```

2.2. Carregando os dados. Importamos o dataframe contendo os preços ajustados de fechamento para todas as empresas do índice DJIA:

```
# carregar conjunto de dados
dataset = read_csv('Dow_adjcloses.csv', index_col=0)
```

3. Análise exploratória de dados

Em seguida, inspecionamos o conjunto de dados.

3.1. Estatística descritiva. Vejamos como os dados estão:

```
dataset.shape
```

```
Output
```

```
(4804, 30)
```

Os dados compreendem 30 colunas e 4.804 linhas contendo os preços diários de fechamento das 30 ações no índice desde 2000.

3.2. Visualização dos dados. A primeira coisa que devemos fazer é obter uma noção básica de nossos dados. Vejamos as correlações de retorno:

```
correlation = dataset.corr()
plt.figure(figsize=(15, 15))
plt.title('Correlation Matrix')
sns.heatmap(correlation, vmax=1, square=True,annot=True, cmap='cubehelix')
```

Há uma correlação positiva significativa entre os retornos diários. O gráfico (disponível em tamanho integral no GitHub, em *https://oreil.ly/yFwu-*) também indica que as informações incorporadas nos dados podem ser representadas por menos variáveis (ou seja, algo menor do que as 30 dimensões que temos agora). Daremos outra olhada cuidadosa nos dados depois que implementarmos a redução de dimensionalidade

```
Output
```

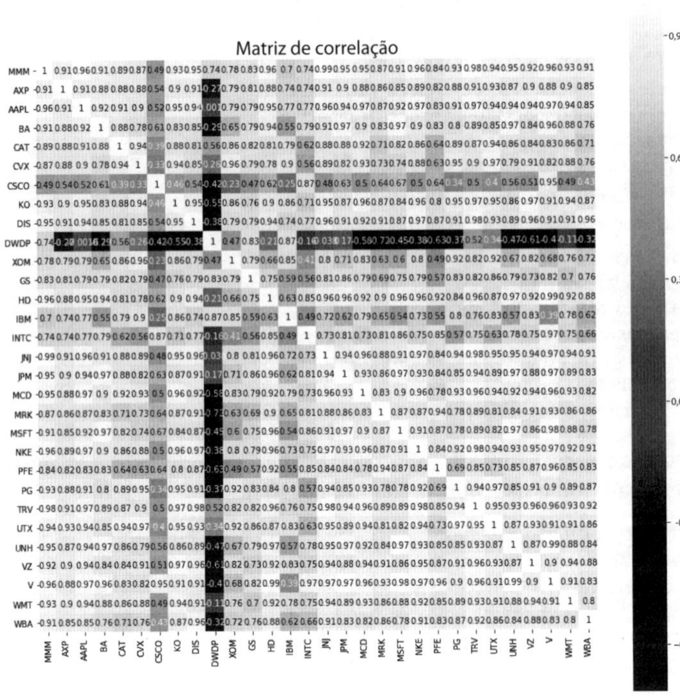

4. Preparação dos dados

Preparamos os dados para modelagem nas seções seguintes.

4.1. Limpeza dos dados. Primeiro, verificamos se há valores "não aplicáveis" (NAs) nas linhas e os descartamos ou os preenchemos com a média da coluna:

```
#Verificar qualquer valor nulo e removê-lo'''
print('Null Values =',dataset.isnull().values.any())
```

Output

```
Null Values = True
```

Algumas ações foram adicionadas ao índice depois da nossa data de início. Para garantir uma análise adequada, descartaremos aquelas com mais de 30% de valores faltantes. Duas ações atendem a esse critério — Dow Chemicals e Visa:

```
missing_fractions = dataset.isnull().mean().sort_values(ascending=False)
missing_fractions.head(10)
drop_list = sorted(list(missing_fractions[missing_fractions > 0.3].index))
dataset.drop(labels=drop_list, axis=1, inplace=True)
dataset.shape
```

Output

```
(4804, 28)
```

Temos os dados de retorno para 28 empresas e mais uma adicional para o índice DJIA. Agora, preenchemos os NAs com a média das colunas:

```
# Preencher os valores faltantes com o último valor disponível no conjun-
to de dados.
dataset=dataset.fillna(method='ffill')
```

4.2. Transformação dos dados. Além de resolvermos os valores faltantes, também é importante padronizarmos os features do conjunto de dados em uma escala unitária (média = 0 e variância = 1). Todas as variáveis devem estar na mesma escala antes de aplicarmos a PCA; caso contrário, um feature com valores grandes dominará o resultado. Usamos `StandardScaler` no sklearn para padronizar o conjunto de dados, como mostrado a seguir:

```
from sklearn.preprocessing import StandardScaler
scaler = StandardScaler().fit(datareturns)
rescaledDataset = pd.DataFrame(scaler.fit_transform(datareturns),columns =\
  datareturns.columns, index = datareturns.index)
# resumir dados transformados
datareturns.dropna(how='any', inplace=True)
rescaledDataset.dropna(how='any', inplace=True)
```

De modo geral, é importante limpar e padronizar os dados para criar um conjunto de dados significativo e confiável a ser usado sem erros na redução de dimensionalidade.

Vejamos os retornos de uma das ações a partir do conjunto de dados limpo e padronizado:

```
# Visualisar os retornos Log para o DJIA
plt.figure(figsize=(16, 5))
plt.title("AAPL Return")
rescaledDataset.AAPL.plot()
plt.grid(True);
plt.legend()
plt.show()
```

Output

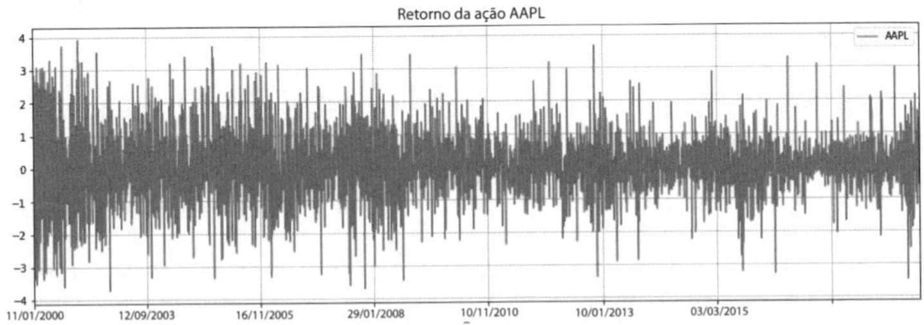

5. Avaliação de algoritmos e modelos

5.1. Train-test split. O portfólio é dividido em conjuntos de treinamento e de teste para realizar a análise com relação ao melhor portfólio e para a realização do backtesting.

```
# Dividindo o conjunto de dados em conjunto de treinamento e de teste
percentage = int(len(rescaledDataset) * 0.8)
X_train = rescaledDataset[:percentage]
X_test = rescaledDataset[percentage:]

stock_tickers = rescaledDataset.columns.values
n_tickers = len(stock_tickers)
```

5.2. Avaliação do modelo: aplicando a análise de componentes principais. Como próximo passo, criamos uma função para realizar a PCA usando a biblioteca sklearn. Essa função gera os componentes principais a partir dos dados que serão usados para mais análises:

```
pca = PCA()
PrincipalComponent=pca.fit(X_train)
```

5.2.1. Variância explicada usando PCA. Neste passo, analisamos a variância explicada usando PCA. O declínio na quantidade de variância dos dados originais explicada pelos componentes principais reflete a extensão da correlação entre os features originais. O primeiro componente principal capta a principal variância nos dados originais, o segundo componente é uma representação da segunda maior variância e assim por diante. Os autovetores com os menores autovalores descrevem a menor quantidade de variação dentro do conjunto de dados. Portanto, esses valores podem ser descartados.

Os próximos gráficos mostram o número de componentes principais e a variância explicada por eles.

```
NumEigenvalues=20
fig, axes = plt.subplots(ncols=2, figsize=(14,4))
Series1 = pd.Series(pca.explained_variance_ratio_[:NumEigenvalues]).
sort_values()
Series2 = pd.Series(pca.explained_variance_ratio_[:NumEigenvalues]).cumsum()
Series1.plot.barh(title='Explained Variance Ratio by Top Factors', ax=axes[0]);
Series1.plot(ylim=(0,1), ax=axes[1], title='Cumulative Explained Variance');
```

Output

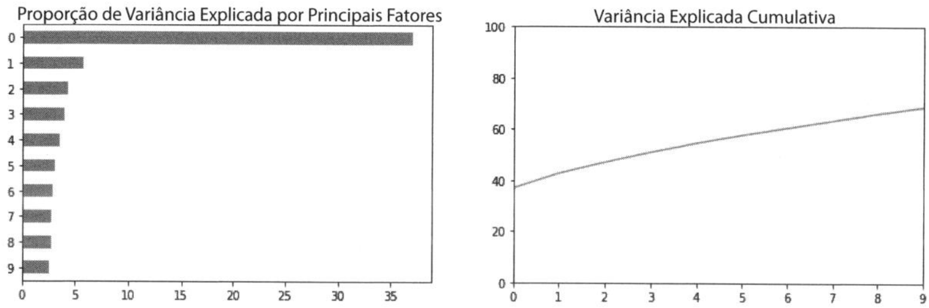

Descobrimos que o fator mais importante explica em torno de 40% da variação no retorno diário. Esse componente principal dominante é geralmente interpretado como o fator "mercado". Falaremos sobre sua interpretação e outros fatores quando virmos os pesos do portfólio.

O gráfico à direita mostra a variância explicada cumulativa e indica que cerca de dez fatores explicam 37% da variância nos retornos das 28 ações analisadas.

5.2.2. Analisando os pesos do portfólio. Neste passo, olharemos mais de perto cada um dos componentes principais. Eles podem ser menos interpretáveis do que os features originais. Porém podemos observar os pesos dos fatores em cada componente principal para avaliar qualquer tema intuitivo com relação às 28 ações. Criamos cinco portfólios, definindo os pesos de cada ação como o primeiro dos cinco componentes principais. Em seguida, criamos um gráfico de dispersão que mostra a visualização de um gráfico descendente, organizado com o peso respectivo de cada empresa no componente principal escolhido.

```
def PCWeights():
    #Pesos dos componentes principais (PCs) para cada 28 PCs

    weights = pd.DataFrame()
    for i in range(len(pca.components_)):
            weights["weights_{}".format(i)] = \
            pca.components_[i] / sum(pca.components_[i])
    weights = weights.values.T
    return weights
weights=PCWeights()

sum(pca.components_[0])
```

Output

```
-5.247808242068631
```

```
NumComponents=5
topPortfolios = pd.DataFrame(pca.components_[:NumComponents],\
columns=dataset.columns)
eigen_portfolios = topPortfolios.div(topPortfolios.sum(1), axis=0)
eigen_portfolios.index = [f'Portfolio {i}' for i in range( NumComponents)]
np.sqrt(pca.explained_variance_)
eigen_portfolios.T.plot.bar(subplots=True, layout=(int(NumComponents),1), \
figsize=(14,10), legend=False, sharey=True, ylim= (-1,1))
```

Dado que a escala para os gráficos é a mesma, também podemos observar o mapa de calor (heatmap) desta forma:

```
Output
```

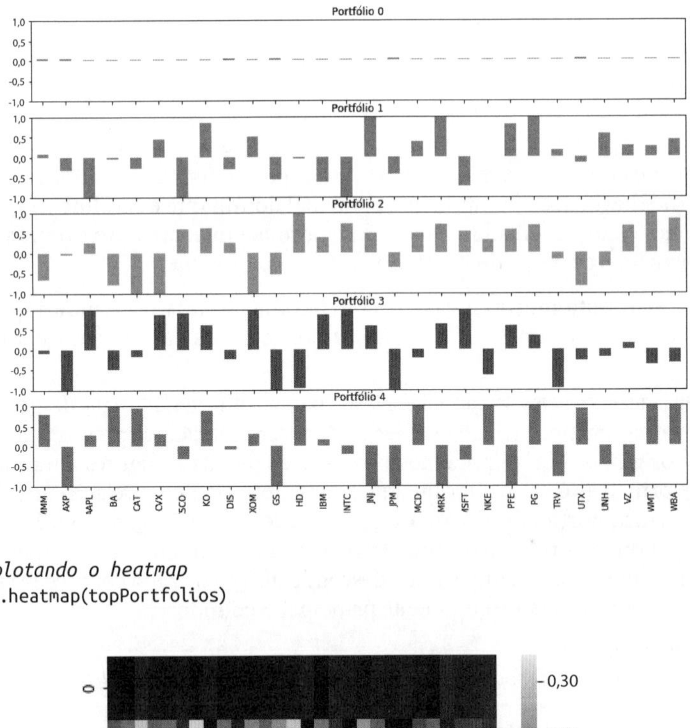


```
# plotando o heatmap
sns.heatmap(topPortfolios)
```

```
Output
```

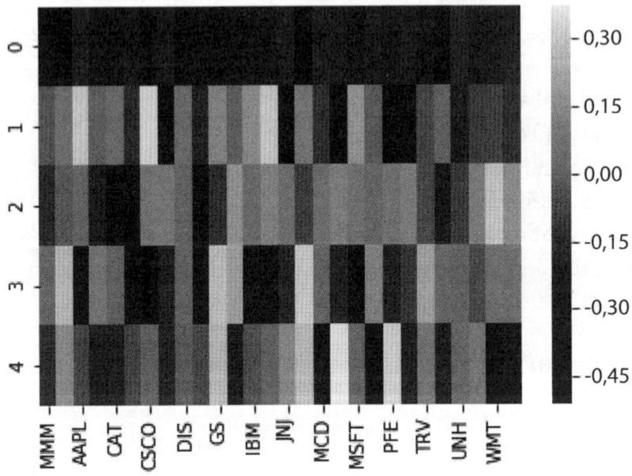

O mapa de calor e o gráfico de barras mostram a contribuição de diferentes ações em cada autovetor.

Tradicionalmente, a intuição subjacente a cada portfólio principal é que ele representa algum tipo de fator independente de risco. A manifestação desses fatores de risco depende dos ativos no portfólio. Em nosso estudo de caso, os ativos são todos ações de empresas dos EUA. O portfólio principal com a maior variância é normalmente um fator de risco sistemático (ou seja, o fator "mercado). Ao observarmos o primeiro componente principal (*Portfólio 0*), vemos que os pesos estão distribuídos de forma homogênea entre as ações. Tal portfólio com pesos praticamente iguais explica 40% da variância no índice e é uma boa representação de um fator sistemático de risco.

O restante dos portfólios *eigen* corresponde tipicamente a fatores setoriais ou industriais. Por exemplo, o *Portfólio 1* atribui um alto peso às ações JNJ e MRK, que são de empresas do setor de saúde. Da mesma forma, o *Portfólio 3* tem altos pesos para empresas de tecnologia e eletrônicos, como AAPL, MSFT e IBM.

Quando o universo dos ativos para nosso portfólio é expandido, incluindo investimentos amplos e globais, podemos identificar fatores de risco internacional de ativos, risco de taxa de juros, exposição a commodities, risco geográfico e muitos outros.

No próximo passo, encontraremos o melhor portfólio *eigen*.

5.2.3. Encontrando o melhor portfólio *eigen*. Para determinar o melhor portfólio *eigen*, usamos o *índice de Sharpe*. É uma avaliação da performance ajustada ao risco que explica os retornos anuais em comparação com a volatilidade anual de um portfólio. Um índice de Sharpe alto explica retornos mais altos e/ou menor volatilidade para o portfólio em questão. O índice Sharpe anual é computado ao dividir os retornos anuais pela volatilidade anual. Para o retorno anual, aplicamos a média geométrica de todos os retornos com respeito aos períodos por ano (dias de operações na bolsa em um ano). A volatilidade anual é computada ao pegarmos o desvio-padrão dos retornos e o multiplicarmos pela raiz quadrada dos períodos por ano.

O código a seguir computa o índice de Sharpe de um portfólio:

```
# Cálculo do Índice de Sharpe
# Cálculo baseado em um número convencional de dias de negociação em
bolsa por ano (252).
def sharpe_ratio(ts_returns, periods_per_year=252):
n_years = ts_returns.shape[0]/ periods_per_year
annualized_return = np.power(np.prod(1+ts_returns), (1/n_years))-1
annualized_vol = ts_returns.std() * np.sqrt(periods_per_year)
annualized_sharpe = annualized_return / annualized_vol

return annualized_return, annualized_vol, annualized_sharpe
```

Criamos um loop para computar os pesos do componente principal para cada portfólio *eigen*. Depois, ele usa a função do índice de Sharpe para procurar o portfólio com o maior índice de Sharpe. Uma vez que descobrimos qual portfólio tem esse índice mais alto, podemos visualizar sua performance em relação ao índice para comparação:

```
def optimizedPortfolio():
    n_portfolios = len(pca.components_)
    annualized_ret = np.array([0.] * n_portfolios)
    sharpe_metric = np.array([0.] * n_portfolios)
    annualized_vol = np.array([0.] * n_portfolios)
    highest_sharpe = 0
    stock_tickers = rescaledDataset.columns.values
    n_tickers = len(stock_tickers)
    pcs = pca.components_

    for i in range(n_portfolios):

      pc_w = pcs[i] / sum(pcs[i])
      eigen_prtfi = pd.DataFrame(data ={'weights': pc_w.squeeze()*100}, \
      index = stock_tickers)
      eigen_prtfi.sort_values(by=['weights'], ascending=False, inplace=True)
      eigen_prti_returns = np.dot(X_train_raw.loc[:, eigen_prtfi.index], pc_w)
      eigen_prti_returns = pd.Series(eigen_prti_returns.squeeze(),\
      index=X_train_raw.index)
      er, vol, sharpe = sharpe_ratio(eigen_prti_returns)
      annualized_ret[i] = er
      annualized_vol[i] = vol
      sharpe_metric[i] = sharpe

      sharpe_metric= np.nan_to_num(sharpe_metric)

    # encontrar portfólio com o maior índice de Sharpe
    highest_sharpe = np.argmax(sharpe_metric)

    print('Eigen portfolio #%d with the highest Sharpe. Return %.2f%%,\
     vol = %.2f%%, Sharpe = %.2f' %
            (highest_sharpe,
            annualized_ret[highest_sharpe]*100,
            annualized_vol[highest_sharpe]*100,
            sharpe_metric[highest_sharpe]))

    fig, ax = plt.subplots()
    fig.set_size_inches(12, 4)
    ax.plot(sharpe_metric, linewidth=3)
    ax.set_title('Sharpe ratio of eigen-portfolios')
    ax.set_ylabel('Sharpe ratio')
    ax.set_xlabel('Portfolios')

    results = pd.DataFrame(data={'Return': annualized_ret,\
    'Vol': annualized_vol,
    'Sharpe': sharpe_metric})
    results.dropna(inplace=True)
    results.sort_values(by=['Sharpe'], ascending=False, inplace=True)
    print(results.head(5))
```

```
        plt.show()

    optimizedPortfolio()
```

Output

```
    Eigen portfolio #0 with the highest Sharpe. Return 11.47%, vol = 13.31%, \
    Sharpe = 0.86
        Return    Vol  Sharpe
    0    0.115  0.133   0.862
    7    0.096  0.693   0.138
    5    0.100  0.845   0.118
    1    0.057  0.670   0.084
```

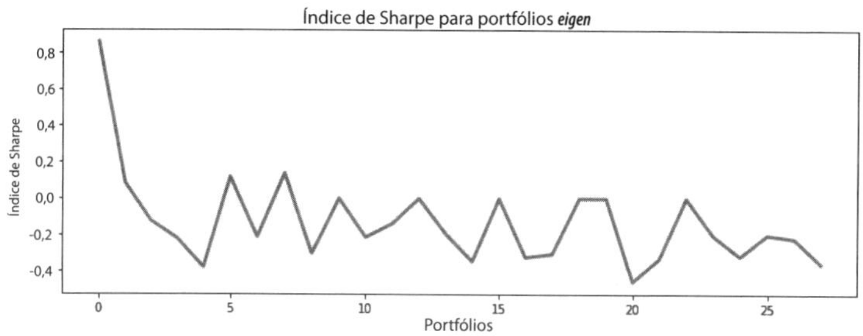

Como mostram os resultados, o *Portfólio 0* é o que tem a melhor performance, com o maior retorno *e* a menor volatilidade. Vejamos a composição desse portfólio:

```
weights = PCWeights()
portfolio = portfolio = pd.DataFrame()
def plotEigen(weights, plot=False, portfolio=portfolio):
      portfolio = pd.DataFrame(data ={'weights': weights.squeeze() * 100}, \
      index = stock_tickers)
      portfolio.sort_values(by=['weights'], ascending=False, inplace=True)
      if plot:
                portfolio.plot(title='Current Eigen-Portfolio Weights',
                          figsize=(12, 6),
                          xticks=range(0, len(stock_tickers), 1),
                          rot=45,
                          linewidth=3
                          )
                plt.show()

      return portfolio

# Os pesos são armazenados em matrizes, em que 0 é o primeiro peso do
componente principal.
plotEigen(weights=weights[0], plot=True)
```

```
Output
```

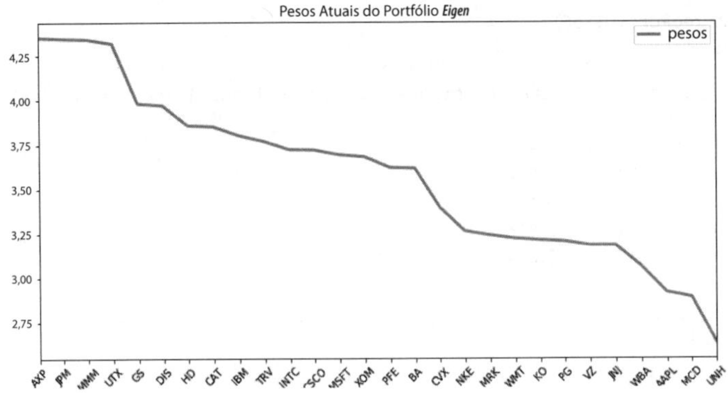

Lembre-se de que é esse portfólio que explica 40% da variância e representa o fator de risco sistemático. Observando os pesos do portfólio (em porcentagem no eixo y), vemos que eles não variam muito e que ficam entre 2,7% e 4,5% para todas as ações. No entanto, os pesos parecem ser mais altos no setor financeiro, e ações como AXP, JPM e GS têm pesos acima da média.

5.2.4. Backtesting dos portfólios *eigen*. Agora tentaremos fazer o backtest desse algoritmo com o conjunto de teste. Veremos alguns com a melhor performance e aquele com a pior. Para aqueles que performam melhor, vemos os portfólios *eigen* que ficaram em terceiro e quarto lugares (*Portfólios 5* e *1*), ao passo que aquele com a pior performance ficou em 19º lugar (*Portfólio 14*):

```
def Backtest(eigen):

    '''
    Plots principal components returns against real returns.
    '''

    eigen_prtfi = pd.DataFrame(data ={'weights': eigen.squeeze()}, \
    index=stock_tickers)
    eigen_prtfi.sort_values(by=['weights'], ascending=False, inplace=True)

    eigen_prti_returns = np.dot(X_test_raw.loc[:, eigen_prtfi.index], eigen)
    eigen_portfolio_returns = pd.Series(eigen_prti_returns.squeeze(),\
     index=X_test_raw.index)
    returns, vol, sharpe = sharpe_ratio(eigen_portfolio_returns)
    print('Current Eigen-Portfolio:\nReturn = %.2f%%\nVolatility = %.2f%%\n\
    Sharpe = %.2f' % (returns * 100, vol * 100, sharpe))
    equal_weight_return=(X_test_raw * (1/len(pca.components_))).sum(axis=1)
    df_plot = pd.DataFrame({'EigenPorfolio Return': eigen_portfolio_returns, \
    'Equal Weight Index': equal_weight_return}, index=X_test.index)
    np.cumprod(df_plot + 1).plot(title='Returns of the equal weighted\
     index vs. First eigen-portfolio',
             figsize=(12, 6), linewidth=3)
    plt.show()
```

```
Backtest(eigen=weights[5])
Backtest(eigen=weights[1])
Backtest(eigen=weights[14])
```

Output

```
Current Eigen-Portfolio:
Return = 32.76%
Volatility = 68.64%
Sharpe = 0.48
```

```
Current Eigen-Portfolio:
Return = 99.80%
Volatility = 58.34%
Sharpe = 1.71
```

```
Current Eigen-Portfolio:
Return = -79.42%
Volatility = 185.30%
Sharpe = -0.43
```

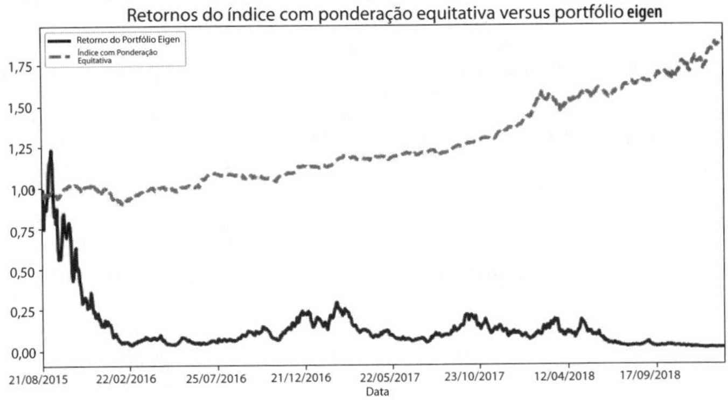

Como mostram os gráficos, o retorno do portfólio *eigen* dos principais portfólios se sai melhor que o índice com ponderação equitativa. O portfólio *eigen* em 19º lugar ficou significativamente abaixo do mercado no conjunto de teste. A performance boa e a ruim são atribuídas aos pesos das ações ou dos setores no portfólio *eigen*. Podemos nos aprofundar mais para entender a força motriz de cada portfólio. Por exemplo, o *Portfólio 1* atribui um peso alto a diversas ações do setor de saúde, como já vimos. Esse setor teve um aumento significativo a partir de 2017, o que está refletido no gráfico do *Portfólio Eigen 1*.

Dado que esses portfólios *eigen* são independentes, eles também oferecem oportunidades de diversificação. Sendo assim, podemos investir nesses portfólios *eigen* não correlacionados, oferecendo outros benefícios potenciais de gestão de portfólios.

Conclusão

Neste estudo de caso, aplicamos técnicas de redução de dimensionalidade no contexto de gestão de portfólios, usando autovalores e autovetores a partir da PCA para realizar a alocação de ativos.

Demonstramos que, embora certa interpretabilidade seja perdida, a intuição subjacente aos portfólios resultantes pode ser associada aos fatores de risco. Neste exemplo, o primeiro portfólio *eigen* representou um fator de risco sistemático, enquanto os outros exibiram uma concentração setorial ou industrial.

Por meio do backtesting, descobrimos que o portfólio com o melhor resultado no conjunto de treinamento também alcançou a melhor performance no conjunto de teste. Diversos portfólios se saíram melhor que o índice baseado no índice de Sharpe, a métrica de performance ajustada ao risco usada neste exercício.

De forma geral, descobrimos que usar a PCA e analisar portfólios *eigen* pode produzir uma metodologia robusta para a alocação de ativos e a gestão de portfólios.

Estudo de Caso 2: Criação da Yield Curve e Modelagem da Taxa de Juros

Diversos problemas na gestão de portfólio, nos tradings e na gestão de risco demandam uma compreensão profunda e a modelagem das yield curves.

Uma yield curve representa as taxas de juros em uma gama de vencimentos, geralmente retratada em um gráfico de linha, como analisamos no Estudo de Caso 4: Previsão da Curva a Termo (Yield Curve) do Capítulo 5. A curva da taxa de juros ilustra o "preço de fundos" em determinado momento e, devido ao valor temporal do dinheiro, em geral mostra as taxas de juros subindo como uma função do vencimento.

Pesquisadores da área financeira estudaram a yield curve e descobriram que alterações ou mudanças no formato da curva são atribuíveis a alguns fatores inobserváveis. Especificamente, estudos empíricos revelam que mais de 99% do movimento de vários rendimentos de títulos públicos dos EUA são captados por três fatores, muitas vezes referidos como nível, inclinação e curvatura. Os nomes descrevem como cada um influencia o formato da curva da taxa de juros em reação a um choque. Um choque no nível muda as taxas de juros de todos os vencimentos em quantias praticamente idênticas, incluindo um *desvio paralelo* que muda o nível de toda a curva para cima ou para baixo. Um choque no fator inclinação altera a diferença nas taxas em curto e longo prazos. Por exemplo, quando as taxas de longo prazo aumentam mais do que as de curto prazo, isso resulta em uma curva mais íngreme (visualmente, a curva fica com uma inclinação mais forte para cima). As mudanças nas taxas em curto e longo prazos também podem produzir uma yield curve mais achatada. Os principais efeitos do choque no fator curvatura se concentram em taxas de juro de médio prazo, levando a características de lombadas, torções ou formatos em U.

A redução de dimensionalidade decompõe o movimento da curva da taxa de juros nesses três fatores. Reduzir a yield curve em menos componentes significa que podemos focar algumas dimensões intuitivas na curva. Traders e gestores de risco usam essa técnica para condensar a curva em fatores de risco para se protegerem dos riscos da taxa de juros. De modo semelhante, os gestores de portfólios têm, então, menos dimensões para analisar quando alocam os fundos. Os estruturadores de taxas de juros usam essa técnica para modelar a curva a termo e analisar seu formato. De modo geral, ela promove mais velocidade e eficácia para a gestão de portfólios, os tradings, o hedge e a gestão de risco.

Neste estudo de caso, usamos a PCA para gerar movimentos típicos de uma yield curve e mostrar que os primeiros três componentes principais correspondem ao nível, à inclinação e à curva de taxa de juros, respectivamente.

Neste estudo de caso, vamos nos concentrar em:

- Entender a intuição subjacente aos autovetores.
- Usar dimensões resultantes da redução de dimensionalidade para reproduzir dados originais.

Blueprint para Usar a Redução de Dimensionalidade para Gerar uma Yield Curve

1. Definição do problema

Nosso objetivo neste estudo de caso é usar as técnicas de redução de dimensionalidade para gerar os movimentos comuns de uma yield curve.

Os dados usados neste estudo de caso foram obtidos no Quandl (*https://www.quandl.com*), uma fonte importante de conjunto de dados financeiros, econômicos e alternativos. Usamos os dados de onze prazos (ou vencimentos), de um mês a trinta anos, das curvas do Tesouro dos EUA. São de frequência diária e estão disponíveis partindo de 1960 em diante.

2. Dando o primeiro passo — carregando os dados e os pacotes Python

2.1. Carregando os pacotes Python. O carregamento dos pacotes Python é semelhante ao do estudo de caso anterior sobre redução de dimensionalidade. Por favor, consulte o Jupyter notebook deste estudo de caso para obter mais detalhes.

2.2. Carregando os dados. No primeiro passo, carregamos os dados com prazos diferentes das curvas do Tesouro dos EUA a partir do Quandl:

```
# Para usar o quandl, o ApiConfig.api_key precisará ser
# configurado para identificá-lo na API do quandl. Por favor, veja
# a documentação do quandl par obter mais detalhes
quandl.ApiConfig.api_key = 'API Key'

treasury = ['FRED/DGS1MO','FRED/DGS3MO','FRED/DGS6MO','FRED/DGS1',\
'FRED/DGS2','FRED/DGS3','FRED/DGS5','FRED/DGS7','FRED/DGS10',\
'FRED/DGS20','FRED/DGS30']

treasury_df = quandl.get(treasury)
treasury_df.columns = ['TRESY1mo','TRESY3mo','TRESY6mo','TRESY1y',\
'TRESY2y','TRESY3y','TRESY5y','TRESY7y','TRESY10y',\'TRESY20y','TRESY30y']
dataset = treasury_df
```

3. Análise exploratória de dados

Aqui, daremos a primeira olhada nos dados.

3.1. Estatística descritiva. No próximo passo, vemos o formato do conjunto de dados:

```
# shape
dataset.shape
```

`Output`

```
(14420, 11)
```

O conjunto de dados tem 14.420 linhas contendo os dados de 11 prazos da curva do Tesouro para mais de 50 anos.

3.2. Visualização dos dados. Vejamos o movimento das taxas a partir dos dados baixados:

```
dataset.plot(figsize=(10,5))
plt.ylabel("Rate")
plt.legend(bbox_to_anchor=(1.01, 0.9), loc=2)
plt.show()
```

Output

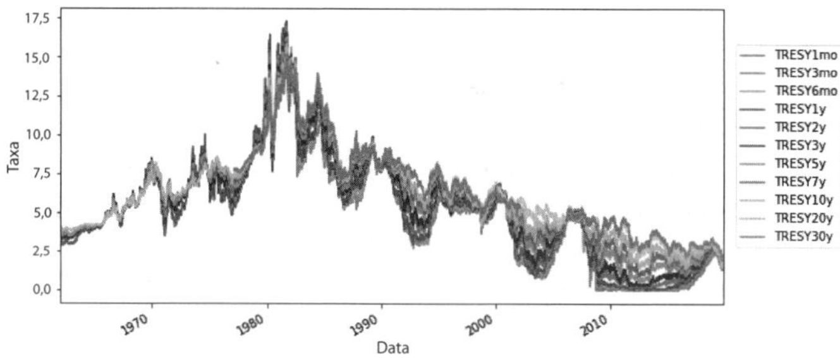

No próximo passo, vemos as correlações entre os prazos:

```
# correlação
correlation = dataset.corr()
plt.figure(figsize=(15, 15))
plt.title('Correlation Matrix')
sns.heatmap(correlation, vmax=1, square=True, annot=True, cmap='cubehelix')
```

Output

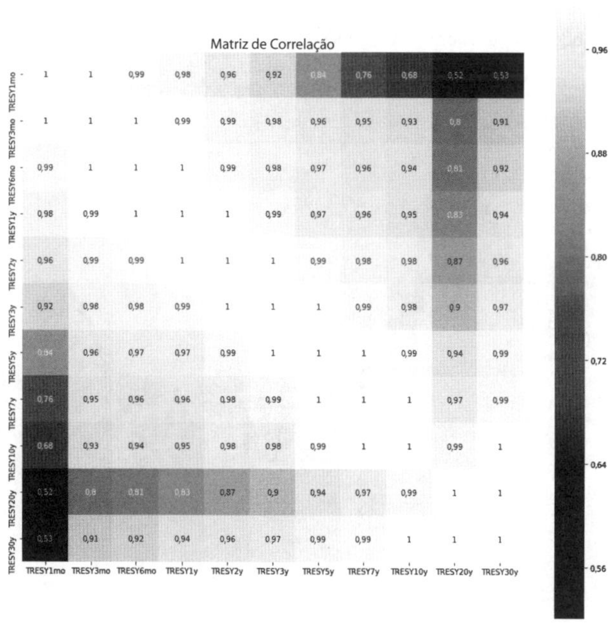

Há uma correlação positiva significativa entre os prazos, como você pode ver na saída (a versão em tamanho integral está disponível no GitHub, em *https://oreil.ly/hjQG7*). Isso é uma indicação de que reduzir o número de dimensões pode ser útil na modelagem dos dados. Visualizações adicionais dos dados serão realizadas depois da implementação dos modelos de redução de dimensionalidade.

4. Preparação dos dados

A limpeza e a transformação dos dados são pré-requisito de modelagem neste estudo de caso.

4.1. Limpeza dos dados. Aqui, verifique se há NAs nos dados e descarte-os ou preencha-os com a média da coluna.

4.2. Transformação dos dados. Padronizamos as variáveis na mesma escala antes de aplicar a PCA para evitar que um feature com grandes valores domine o resultado. Usamos a função `StandardScaler` no sklearn para padronizar os features do conjunto de dados em uma escala unitária (média = 0 e variância = 1):

```
from sklearn.preprocessing import StandardScaler
scaler = StandardScaler().fit(dataset)
rescaledDataset = pd.DataFrame(scaler.fit_transform(dataset),\
columns = dataset.columns,
index = dataset.index)
# resumir os dados transformados
dataset.dropna(how='any', inplace=True)
rescaledDataset.dropna(how='any', inplace=True)
```

`Visualizando o conjunto de dados padronizado`

```
rescaledDataset.plot(figsize=(14, 10))
plt.ylabel("Rate")
plt.legend(bbox_to_anchor=(1.01, 0.9), loc=2)
plt.show()
```

`Output`

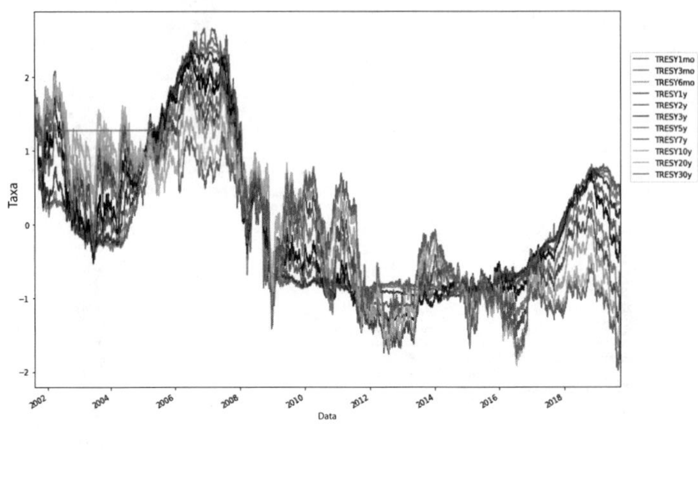

5. Avaliação de algoritmos e modelos

5.1. Avaliação de modelo: aplicando a análise de componentes principais. Como um próximo passo, criamos uma função para realizar a PCA usando a biblioteca sklearn. Essa função gera os componentes principais dos dados que serão usados para uma análise mais profunda:

```
pca = PCA()
PrincipalComponent=pca.fit(rescaledDataset)
```

5.1.1. Variância explicada usando PCA.

```
NumEigenvalues=5
fig, axes = plt.subplots(ncols=2, figsize=(14, 4))
pd.Series(pca.explained_variance_ratio_[:NumEigenvalues]).sort_values().\
plot.barh(title='Explained Variance Ratio by Top Factors',ax=axes[0]);
pd.Series(pca.explained_variance_ratio_[:NumEigenvalues]).cumsum()\
.plot(ylim=(0,1),ax=axes[1], title='Cumulative Explained Variance');
# variância explicada
pd.Series(np.cumsum(pca.explained_variance_ratio_)).to_frame\
('Explained Variance_Top 5').head(NumEigenvalues).style.format('{:,.2%}'.format)
```

Output

	Explained Variance_Top 5
0	84,36%
1	98,44%
2	99,53%
3	99,83%
4	99,94%

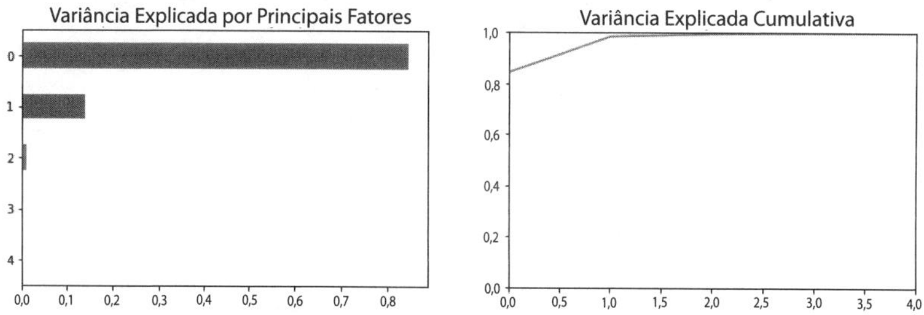

Os três primeiros componentes principais representam 84,4%, 14,08% e 1,09% da variância, respectivamente. De forma cumulada, eles descrevem mais de 99,5% de todo o movimento nos dados. É uma redução incrivelmente eficiente de dimensões. Lembre-se de que, no primeiro estudo de caso, vimos os dez primeiros componentes representar apenas 73% da variância.

5.1.2. Intuição subjacente aos componentes principais. Idealmente, podemos ter certa intuição e interpretação desses componentes principais. Para explorar isso, precisamos primeiro ter uma função para determinar os pesos de cada componente principal e, em seguida, realizar a visualização dos componentes principais:

```
def PCWeights():
    '''
    Principal Components (PC) weights for each 28 PCs
    '''
    weights = pd.DataFrame()

    for i in range(len(pca.components_)):
       weights["weights_{}".format(i)] = \
       pca.components_[i] / sum(pca.components_[i])

    weights = weights.values.T
    return weights

weights=PCWeights()

weights = PCWeights()
NumComponents=3

topPortfolios = pd.DataFrame(weights[:NumComponents], columns=dataset.columns)
topPortfolios.index = [f'Principal Component {i}' \
for i in range(1, NumComponents+1)]

axes = topPortfolios.T.plot.bar(subplots=True, legend=False, figsize=(14, 10))
plt.subplots_adjust(hspace=0.35)
axes[0].set_ylim(0, .2);
```

Output

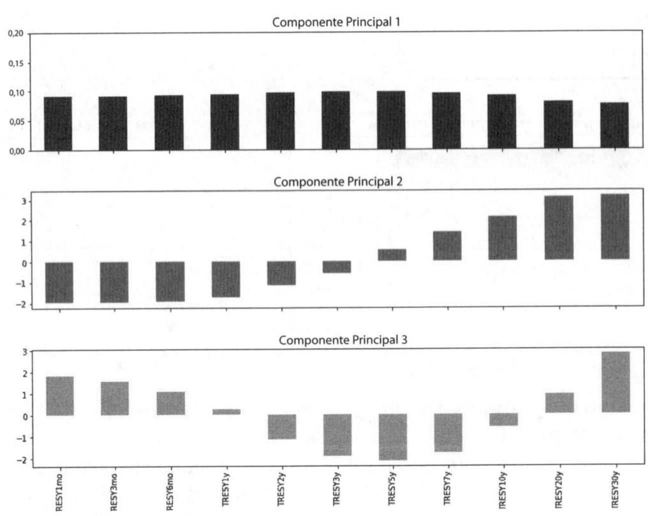


```
pd.DataFrame(pca.components_[0:3].T).plot(style= ['s-','o-','^-'], \
                            legend=False, title="Principal Component")
```

```
Output
```

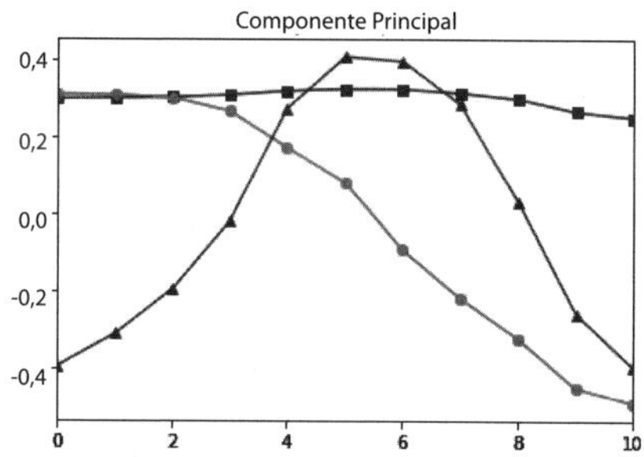

Ao plotar os componentes dos autovetores, podemos fazer a seguinte interpretação:

Componente Principal 1

Este autovetor tem todos valores positivos, com todos os prazos ponderados na mesma direção. Isso significa que o primeiro componente principal reflete movimentos que causam todos os vencimentos a se moverem na mesma direção, correspondendo aos *movimentos direcionais* na yield curve. São esses os movimentos que mudam toda a curva para cima ou para baixo.

Componente Principal 2

O segundo autovetor tem a primeira metade dos componentes em negativo e a segunda metade em positivo. As taxas do Tesouro na extremidade curta (extremidade longa) da curva são todos ponderados de forma positiva (negativa). Isso significa que o segundo componente principal reflete movimentos que fazem a extremidade curta a ir em uma direção e a extremidade longa em outra. Consequentemente, ele representa os *movimentos de inclinação* na yield curve.

Componente Principal 3

O terceiro autovetor tem o primeiro terço dos componentes em negativo, o segundo terço em positivo e o último em negativo. Isso significa que o terceiro componente principal reflete os movimentos que causam as extremidades curta e longa a irem a uma direção, e a do meio a ir a outra direção, resultando em *movimentos de curvatura* da yield curve.

5.1.3. Reconstruindo a curva usando os componentes principais. Um dos principais features da PCA é a habilidade de reconstruir o conjunto inicial de dados usando as saídas da PCA. Com uma matriz simples de reconstrução, podemos gerar uma réplica quase exata dos dados iniciais:

```
pca.transform(rescaledDataset)[:, :2]
```

```
Output

array([[ 4.97514826, -0.48514999],
       [ 5.03634891, -0.52005102],
       [ 5.14497849, -0.58385444],
       ...,
       [-1.82544584,  2.82360062],
       [-1.69938513,  2.6936174 ],
       [-1.73186029,  2.73073137]])
```

Mecanicamente, a PCA é apenas uma matriz de multiplicação:

$$Y = XW$$

em que Y representa os componentes principais, X representa os dados de entrada e W é uma matriz de coeficientes, que podemos usar para recuperar a matriz original conforme esta equação:

$$X = YW'$$

em que W' é o inverso da matriz de coeficientes W.

```
nComp=3
reconst= pd.DataFrame(np.dot(pca.transform(rescaledDataset)[:, :nComp],\
pca.components_[:nComp,:]),columns=dataset.columns)
plt.figure(figsize=(10,8))
plt.plot(reconst)
plt.ylabel("Treasury Rate")
plt.title("Reconstructed Dataset")
plt.show()
```

Esta figura mostra o gráfico replicado da taxa do Tesouro e demonstra que, usando apenas os primeiros três componentes principais, conseguimos replicar o gráfico original. Apesar de reduzir os dados de onze dimensões para três, ainda retemos mais de 99% das informações e podemos reproduzir facilmente os dados originais. Além disso, também temos a intuição com relação a essas três forças motrizes dos momentos na yield curve. A redução da yield curve em menos componentes significa que os profissionais podem se concentrar em menos fatores que influenciam as taxas de juros. Por exemplo, para fazer hedge em um portfólio, pode ser suficiente protegê-lo contra movimentos apenas nos primeiros três componentes principais.

`Output`

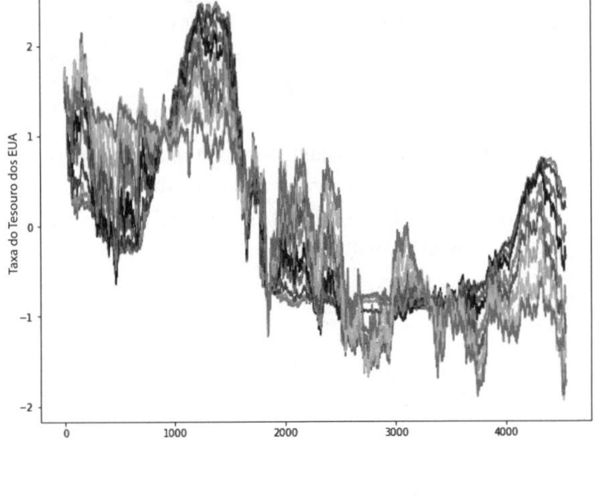

Conclusão

Neste estudo de caso, introduzimos a redução de dimensionalidade para decompor a curva da taxa do Tesouro dos EUA em menos componentes. Vimos que os componentes principais são bastante intuitivos para este estudo de caso. Os primeiros três componentes principais explicam mais de 99,5% da variação e representam os movimentos direcionais, de inclinação e de curvatura, respectivamente.

Ao usar a análise de componentes principais, analisar os autovetores e entender a intuição que lhes é subjacente, demonstramos como o uso da redução de dimensionalidade levou a menos dimensões intuitivas na yield curve. Tal redução de dimensionalidade da yield curve pode levar a uma execução mais rápida e eficaz da gestão de portfólios, dos tradings, do hedge e da gestão de risco.

Estudo de Caso 3: Trading de Bitcoin: Aumentando a Velocidade e a Acurácia

À medida que o trading fica mais automatizado, os traders continuarão buscando usar o máximo possível de features e indicadores técnicos para tornar suas estratégias mais acuradas e eficientes. Um dos inúmeros desafios é que acrescentar mais variáveis leva a uma complexidade ainda maior, dificultando chegar a conclusões sólidas. Usando as técnicas de redução de dimensionalidade, podemos comprimir muitos features e indicadores técnicos em algumas coleções lógicas, ao mesmo tempo em que mantemos uma quantidade significativa da variância dos dados originais. Isso ajuda a acelerar o treinamento e o ajuste do modelo. Adicionalmente, ajuda a impedir o sobreajuste ao descartar as variáveis correlacionadas, que podem, em última instância, fazer mais mal do que bem. A redução de dimensionalidade também melhora a exploração e a visualização de um conjunto de dados para entendermos o agrupamento ou as relações, uma tarefa importante na criação e monitoramento contínuo das estratégias de trading.

Neste estudo de caso, usaremos a redução de dimensionalidade para turbinar o "Estudo de Caso 3: Estratégia de Trade de Bitcoin", do Capítulo 6. Aqui, desenvolvemos uma estratégia de trading com bitcoin que considera a relação entre os preços de curto e de longo prazos para prever um sinal de compra ou venda. Criamos diversos novos features intuitivos e com indicadores técnicos, incluindo tendência, volume, volatilidade e momentum. Aplicamos as técnicas de redução de dimensionalidade nesses features para obtermos melhores resultados.

Neste estudo de caso, vamos nos concentrar em:

- Reduzir as dimensões de um conjunto de dados para produzir resultados melhores e mais rápidos para o aprendizado supervisionado.
- Usar a SVD e a t-SNE para visualizar os dados em dimensões menores.

Blueprint para Usar a Redução de Dimensionalidade para Melhorar uma Estratégia de Trading

1. Definição do problema

Nosso objetivo neste estudo de caso é usar as técnicas de redução de dimensionalidade para melhorar uma estratégia algorítmica de trading. Os dados e as variáveis usadas aqui são as mesmas usadas no "Estudo de Caso 3: Estratégia de Trade de Bitcoin", do Capítulo 6. Para referência, estamos usando os dados de preço intraday do bitcoin, o volume e o preço ponderado do bitcoin a partir de janeiro de 2012 até outubro de 2017. Os passos 3 e 4 apresentados neste estudo de caso usam os mesmos passos do estudo de caso no Capítulo 6. Sendo assim, eles foram condensados aqui para evitarmos a repetição.

2. Dando o primeiro passo — carregando os dados e os pacotes Python

2.1. Carregando os pacotes Python. Os pacotes Python usados neste estudo de caso são os mesmos apresentados nos dois estudos de caso anteriores deste capítulo.

3. Análise exploratória de dados

Consulte a seção "Análise exploratória de dados", na página 172 (Capítulo 6) para obter mais detalhes sobre este passo.

4. Preparação dos dados

Preparamos os dados para modelagem nas próximas seções.

4.1. Limpeza dos dados. Limpamos os dados ao preencher os NAs com os últimos valores disponíveis:

```
dataset[dataset.columns] = dataset[dataset.columns].ffill()
```

4.2. Preparando os dados para classificação. Anexamos o seguinte rótulo para cada movimento: 1 se o preço em curto prazo aumentar em comparação com o preço em longo prazo; 0 se o preço em curto prazo diminuir em comparação com o preço em longo prazo. O rótulo é atribuído a uma variável que denominaremos *sinal*, que é a variável prevista para este estudo de caso. Vejamos os dados para previsão:

```
dataset.tail(5)
```

`Output`

	Open	High	Low	Close	Volume_(BTC)	Volume_(Currency)	Weighted_Price	short_mavg	long_mavg	signal
2841372	2190.49	2190.49	2181.37	2181.37	1.700	3723.785	2190.247	2179.259	2189.616	0.0
2841373	2190.50	2197.52	2186.17	2195.63	6.561	14402.812	2195.206	2181.622	2189.877	0.0
2841374	2195.62	2197.52	2191.52	2191.83	15.663	34361.024	2193.792	2183.605	2189.943	0.0
2841375	2195.82	2216.00	2195.82	2203.51	27.090	59913.493	2211.621	2187.018	2190.204	0.0
2841376	2201.70	2209.81	2196.98	2208.33	9.962	21972.309	2205.649	2190.712	2190.510	1.0

O conjunto de dados contém a coluna sinal juntamente com todas as outras colunas.

4.3. Engenharia de features. Neste passo, criamos um conjunto de dados que contém os preditores que serão usados para fazer o sinal de previsão. Usando os dados de preço intraday do bitcoin, incluindo a abertura, o preço máximo, mínimo, fechamento e volume, computamos os seguintes indicadores técnicos:

- Média Móvel
- Oscilador Estocástico %K e %D
- Índice de Força Relativa (Relative Strength Index - RSI)
- Taxa de Variação (Rate Of Change - ROC)
- Momentum (MOM)

O código para a criação de todos os indicadores, juntamente com suas descrições, foi apresentado no Capítulo 6. O conjunto final de dados e as colunas usadas são estes:

	Close	Volume_(BTC)	Weighted_Price	signal	EMA10	EMA30	EMA200	ROC10	ROC30	MOM10	...	RSI200	%K10	%D10	%K30
2841372	2181.37	1.700	2190.247	0.0	2181.181	2182.376	2211.244	0.431	-0.649	8.42	...	46.613	56.447	73.774	47.883
2841373	2195.63	6.561	2195.206	0.0	2183.808	2183.231	2211.088	1.088	-0.062	23.63	...	47.638	93.687	71.712	93.805
2841374	2191.83	15.663	2193.792	0.0	2185.266	2183.786	2210.897	1.035	-0.235	19.83	...	47.395	80.995	77.043	81.350
2841375	2203.51	27.090	2211.621	0.0	2188.583	2185.058	2210.823	1.479	0.297	34.13	...	48.213	74.205	82.963	74.505
2841376	2208.33	9.962	2205.649	1.0	2192.174	2186.560	2210.798	1.626	0.516	36.94	...	48.545	82.810	79.337	84.344

4.4. Visualização dos dados. Vejamos a distribuição da variável prevista:

```
fig = plt.figure()
plot = dataset.groupby(['signal']).size().plot(kind='barh', color='red')
plt.show()
```

`Output`

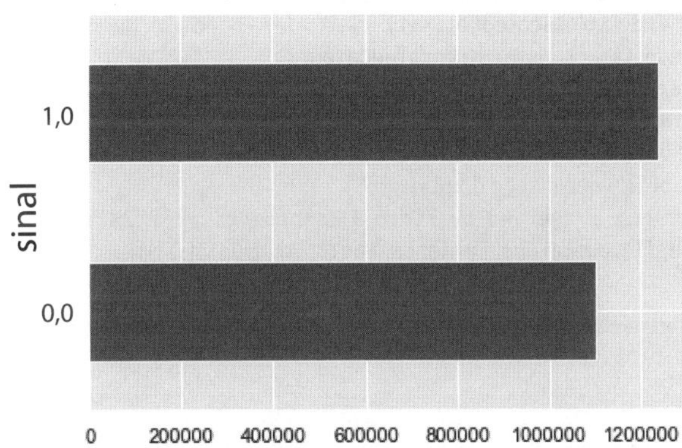

O sinal previsto é de "compra" em 52,9% das vezes.

5. Avaliação de algoritmos e modelos

Em seguida, realizamos a redução de dimensionalidade e avaliamos os modelos.

5.1. Train-test split. Neste passo, dividimos o conjunto de dados em conjuntos de treinamento e de teste:

```
Y= subset_dataset["signal"]
X = subset_dataset.loc[:, dataset.columns != 'signal'] validation_size = 0.2
X_train, X_validation, Y_train, Y_validation = train_test_split\
(X, Y, test_size=validation_size, random_state=1)
```

Padronizamos as variáveis para a mesma escala antes de aplicarmos a redução de dimensionalidade. A padronização dos dados é realizada usando o seguinte código Python:

```
from sklearn.preprocessing import StandardScaler
scaler = StandardScaler().fit(X_train)
rescaledDataset = pd.DataFrame(scaler.fit_transform(X_train),\
columns = X_train.columns, index = X_train.index)
# resumir dados transformados
X_train.dropna(how='any', inplace=True)
rescaledDataset.dropna(how='any', inplace=True)
rescaledDataset.head(2)
```

Output

	Close	Volume_(BTC)	Weighted_Price	EMA10	EMA30	EMA200	ROC10	ROC30	MOM10	MOM30	...	RSI200	%K10	%D10	%K30	%D30
2834071	1.072	-0.367	1.040	1.064	1.077	1.014	0.005	-0.159	0.009	-0.183	...	-0.325	1.322	0.427	-0.205	-0.412
2836517	-1.738	1.126	-1.714	-1.687	-1.653	-1.733	-0.533	-0.597	-0.066	-0.416	...	-0.465	-1.620	-0.511	-1.283	-0.970

5.2. Decomposição em valores singulares (redução de features). Aqui, usaremos a SVD para realizar a PCA. Especificamente, usamos o método TruncatedSVD no pacote sklearn para transformar o conjunto inteiro de dados em uma representação usando os cinco componentes principais:

```
ncomps = 5
svd = TruncatedSVD(n_components=ncomps)
svd_fit = svd.fit(rescaledDataset)
Y_pred = svd.fit_transform(rescaledDataset)
ax = pd.Series(svd_fit.explained_variance_ratio_.cumsum()).plot(kind='line', \
figsize=(10, 3))
ax.set_xlabel("Eigenvalues")
ax.set_ylabel("Percentage Explained")
print('Variance preserved by first 5 components == {:.2%}'.\
format(svd_fit.explained_variance_ratio_.cumsum()[-1]))
```

Output

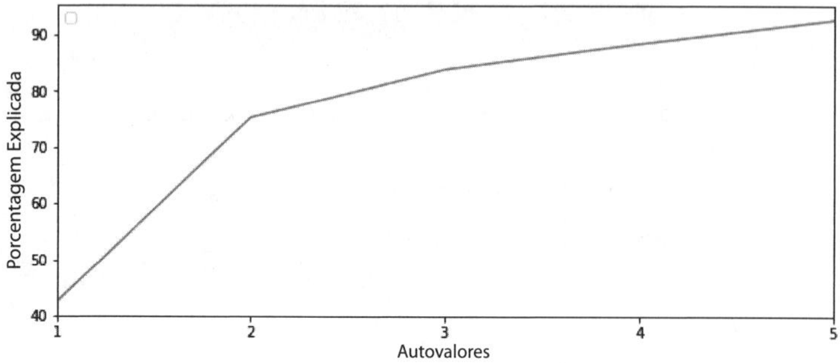

Depois do processo, preservamos 92,75% da variância usando apenas cinco componentes, em vez de usar os mais de 25 features originais. É uma compressão fabulosamente útil para a análise e as iterações do modelo.

Por motivos de conveniência, criaremos um dataframe em Python especificamente para esses cinco componentes principais:

```
dfsvd = pd.DataFrame(Y_pred, columns=['c{}'.format(c) for \
c in range(ncomps)], index=rescaledDataset.index)
print(dfsvd.shape)
dfsvd.head()
```

Output

```
(8000, 5)
```

	c0	c1	c2	c3	c4
2834071	–2,252	1,920	0,538	–0,019	–0,967
2836517	5,303	–1,689	–0,678	0,473	0,643
2833945	–2,315	–0,042	1,697	–1,704	1,672
2835048	–0,977	0,782	3,706	–0,697	0,057
2838804	2,115	–1,915	0,475	–0,174	–0,299

5.2.1. Visualização básica de features reduzidos. Vamos visualizar o conjunto comprimido de dados:

```
svdcols = [c for c in dfsvd.columns if c[0] == 'c']
```

Gráficos de Pares

Os gráficos de pares são uma representação simples de um conjunto de gráficos de dispersão em 2D, com cada componente plotado em relação a todos os outros componentes. Os pontos de dados recebem uma cor de acordo com a classificação de seu sinal:

```
plotdims = 5
ploteorows = 1
dfsvdplot = dfsvd[svdcols].iloc[:, :plotdims]
dfsvdplot['signal']=Y_train
ax = sns.pairplot(dfsvdplot.iloc[::ploteorows, :], hue='signal', size=1.8)
```

```
Output
```

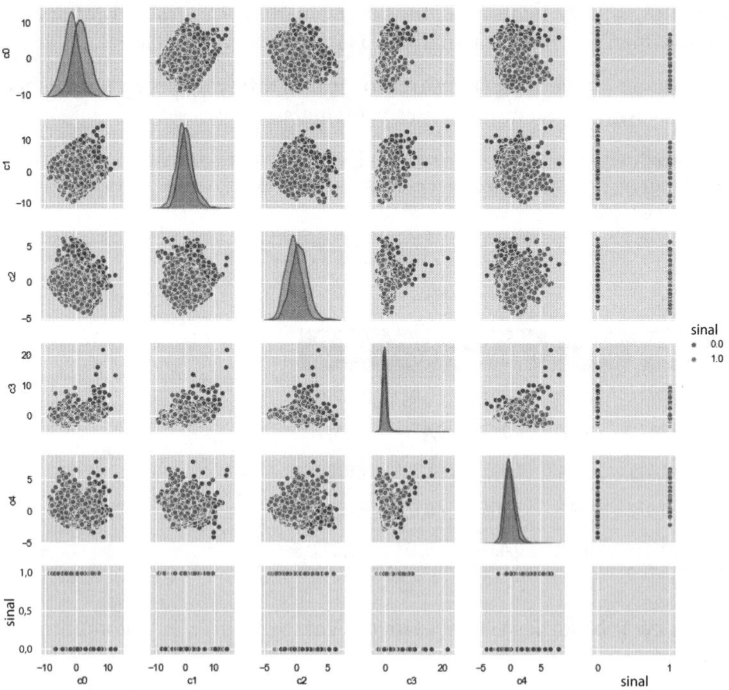

Podemos ver que há uma separação clara dos pontos coloridos (a versão colorida integral está disponível no GitHub, em *https://oreil.ly/GWfug*), ou seja, os pontos de dados a partir do mesmo sinal tendem a se agrupar. A separação fica mais distinta para os primeiros componentes, com as características de distribuições de sinais ficando mais semelhantes à medida que vamos do primeiro componente ao quinto. Dito isso, o gráfico nos dá suporte para usarmos todos os cinco componentes em nosso modelo.

5.3. Visualização t-SNE. Neste passo, implementamos a t-SNE e observamos a visualização relacionada. Usaremos a implementação básica disponível no Scikit-learn:

```
tsne = TSNE(n_components=2, random_state=0)

Z = tsne.fit_transform(dfsvd[svdcols])
dftsne = pd.DataFrame(Z, columns=['x','y'], index=dfsvd.index)
dftsne['signal'] = Y_train

g = sns.lmplot('x', 'y', dftsne, hue='signal', fit_reg=False, size=8
               , scatter_kws={'alpha':0.7,'s':60})
```

Output

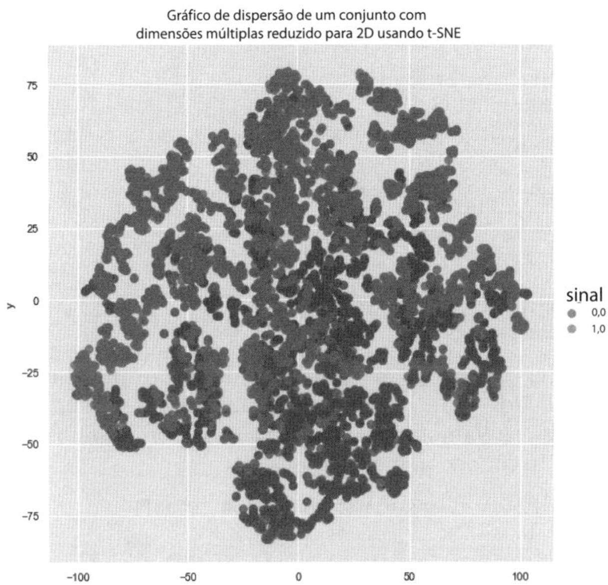

O gráfico nos mostra que há um bom grau de agrupamento para o sinal de trading. Há um pouco de sobreposição dos sinais de curto e longo prazos, mas podem ser distinguidos razoavelmente bem usando o número reduzido de features.

5.4. Comparação de modelos com e sem a redução de dimensionalidade. Neste passo, analisamos o impacto da redução de dimensionalidade na classificação e o impacto na acurácia geral e no tempo de computação:

```
# opções de teste para classificação
scoring = 'accuracy'
```

5.4.1. Modelos. Primeiro, analisamos o tempo que foi necessário para o modelo sem redução de dimensionalidade, em que temos todos os indicadores técnicos:

```
import time
start_time = time.time()

# fiscalização dos algoritmos
models = RandomForestClassifier(n_jobs=-1)
cv_results_XTrain= cross_val_score(models, X_train, Y_train, cv=kfold, \
  scoring=scoring)
print("Time Without Dimensionality Reduction--- %s seconds ---" % \
(time.time() - start_time))
```

Output

```
Time Without Dimensionality Reduction
7.781347990036011 seconds
```

O tempo total que o modelo sem redução de dimensionalidade levou é em torno de oito segundos. Vejamos o tempo necessário com a redução de dimensionalidade, em que apenas os cinco componentes principais da SVD truncada são usados:

```
start_time = time.time()
X_SVD= dfsvd[svdcols].iloc[:, :5]
cv_results_SVD = cross_val_score(models, X_SVD, Y_train, cv=kfold, \
scoring=scoring)
print("Time with Dimensionality Reduction--- %s seconds ---" % \
(time.time() - start_time))
```

`Output`

```
Time with Dimensionality Reduction
2.281977653503418 seconds
```

O tempo total necessário para o modelo com redução de dimensionalidade é em torno de dois segundos — uma redução de quatro vezes em tempo, o que é uma melhoria significativa. Vamos investigar se há qualquer declínio na acurácia ao usarmos o conjunto condensado de dados:

```
print("Result without dimensionality Reduction: %f (%f)" %\
(cv_results_XTrain.mean(), cv_results_XTrain.std()))
print("Result with dimensionality Reduction: %f (%f)" %\
(cv_results_SVD.mean(), cv_results_SVD.std()))
```

`Output`

```
Result without dimensionality Reduction: 0.936375 (0.010774)
Result with dimensionality Reduction: 0.887500 (0.012698)
```

A acurácia diminui aproximadamente 5%, de 93,6% para 88,7%. A melhoria na velocidade precisa ser equilibrada com relação a essa perda em acurácia. Se tal perda é aceitável, dependerá do problema. Caso seja um modelo que precise ser recalibrado com frequência, então um tempo menor de computação será essencial, especialmente ao lidar com conjunto de dados grandes e velozes. A melhoria no tempo de computação tem outros benefícios, especialmente nos estágios iniciais do desenvolvimento da estratégia de trading. Ela nos permite testarmos um número maior de features (ou indicadores técnicos) em menos tempo.

Conclusão

Neste estudo de caso, demonstramos a eficiência da redução de dimensionalidade e da análise dos componentes principais ao reduzir o número de dimensões no contexto de uma estratégia de trading. Por meio dessa redução, obtivemos uma taxa proporcional de acurácia com uma melhora de quatro vezes na velocidade de modelagem. No desenvolvimento de estratégias de trading envolvendo conjuntos expansivos de dados, tais aprimoramentos na velocidade podem levar a melhorias no processo inteiro.

Demonstramos que a SVD e a t-SNE produziram conjuntos reduzidos de dados que podem ser facilmente visualizados para avaliar os sinais de trading. Isso nos permitiu distinguir os sinais de curto e longo prazos dessa estratégia de trading de formas que não seriam possíveis com o número original de features.

Resumo do Capítulo

Os estudos de caso apresentados neste capítulo se concentraram em compreender os conceitos de diferentes métodos de redução de dimensionalidade, desenvolvendo a intuição com relação aos componentes principais e visualizando os conjuntos condensados de dados.

De forma geral, os conceitos em Python, aprendizado de máquina e finanças apresentados neste capítulo por meio dos estudos de caso podem ser usados como blueprint para qualquer outro problema de finanças baseado em redução de dimensionalidade.

No próximo capítulo, exploraremos conceitos e estudos de caso para outro tipo de aprendizado não supervisionado: agrupamentos.

Exercícios

1. Usando a redução de dimensionalidade, extraia os diferentes fatores das ações dentro de um índice diferente e use-os para criar uma estratégia de trading.
2. Escolha qualquer um dos estudos de caso baseados em regressão do Capítulo 5 e use a redução de dimensionalidade para ver se há qualquer melhoria no tempo de computação. Explique os componentes usando a carga fatorial e desenvolva uma intuição de alto nível para eles.
3. Para o estudo de caso 3 apresentado neste capítulo, realize a carga fatorial dos componentes principais e compreenda a intuição dos diferentes componentes.
4. Obtenha os componentes principais de pares diferentes de moedas ou de diferentes preços de commodities. Identifique as forças motrizes dos componentes principais mais importantes e vincule-as com algumas variáveis macroeconômicas intuitivas.

CAPÍTULO 8

Aprendizado Não Supervisionado: Agrupamento

No capítulo anterior, exploramos a redução de dimensionalidade, que é um tipo de aprendizado não supervisionado. Neste capítulo, exploraremos o *agrupamento* (*clustering*) uma categoria de técnicas de aprendizado não supervisionado que nos permite descobrir estruturas ocultas nos dados.

Tanto o agrupamento quanto a redução de dimensionalidade resumem os dados. A redução de dimensionalidade comprime os dados ao representá-los por meio de menos e novos features, ao passo que capta as informações mais relevantes. De modo similar, o agrupamento é uma forma de reduzir o volume de dados e encontrar padrões. No entanto, isso é feito ao categorizar os dados originais, e não por criar novas variáveis. Os algoritmos de agrupamento atribuem observações aos subgrupos que consistem em pontos semelhantes de dados. O objetivo do agrupamento é encontrar um ajuntamento natural nos dados de modo que os itens em determinado agrupamento sejam mais semelhantes entre si do que com aqueles de agrupamentos diferentes. O agrupamento serve para entendermos os dados de uma forma melhor sob a perspectiva de diversas categorias de clusters (grupos) criados. Ele também possibilita a categorização automática de novos objetos de acordo com os critérios de aprendizado.

No campo das finanças, o agrupamento tem sido usado por traders e gestores de investimentos para encontrar clusters homogêneos de ativos, classes, setores e países com base em características semelhantes. A análise de agrupamento aprimora as estratégias de trading ao fornecer insights sobre categorias de sinais de trading. A técnica tem sido usada para segmentar consumidores ou investidores em um número de clusters para entender melhor seu comportamento e para realizar análises adicionais.

Neste capítulo, analisaremos técnicas fundamentais de agrupamento e apresentaremos três estudos de caso nas áreas de gestão de portfólio e de desenvolvimento de estratégia de trading.

No "Estudo de Caso 1: Agrupamento para Pairs Trading", na página 229, usamos os métodos de agrupamento para selecionar pares de ações para uma estratégia de trading. Uma *estratégia de pairs trading* envolve associar uma posição comprada com uma posição vendida em dois instrumentos financeiros que estão intimamente relacionados. Encontrar os pares adequados pode ser um desafio quando o número de instrumentos é alto. Neste estudo de caso, demonstramos como o agrupamento pode ser uma técnica útil no desenvolvimento de estratégias de trading e em outras situações semelhantes.

No "Estudo de Caso 2: Gestão de Portfólio: Agrupando Investidores", na página 243, identificamos agrupamentos de investidores com habilidades e disposição semelhantes para assumir riscos. Demonstramos como as técnicas de agrupamento [clusterização] podem ser usadas para uma alocação eficaz de ativos e para o reequilíbrio de portfólios. Isso ilustra como parte do processo de gestão do portfólio pode ser automatizado, o que é tremendamente proveitoso para gestores de investimento e robôs advisors.

No "Estudo de Caso 3: Paridade de Risco Hierárquica", na página 251, usamos um algoritmo baseado em agrupamento para alocar capital em diferentes classes de ativos e comparamos os resultados com outras técnicas de alocação de portfólio.

Neste capítulo, aprenderemos sobre os seguintes conceitos relacionados às técnicas de agrupamento [clusterização]:

- Conceitos básicos sobre modelos e técnicas usados para o agrupamento.
- Como implementar diferentes técnicas de agrupamento em Python.
- Como realizar efetivamente as visualizações de resultados de agrupamentos.
- Entender o significado intuitivo dos resultados de agrupamentos.
- Como escolher as técnicas certas de agrupamento para um problema.
- Selecionar o número adequado de agrupamentos em diferentes algoritmos.
- Criar árvores hierárquicas de agrupamento usando Python.

Repositório de Código Deste Capítulo

Um template master para agrupamento baseado em Python, juntamente com o Jupyter notebook para os estudos de caso apresentados neste capítulo, está em Chapter 8 - Unsup. Learning - Clustering (*https://oreil.ly/uzbaH*) no repositório de código para este livro. Para trabalhar com qualquer problema de aprendizado de máquina em Python envolvendo os modelos de agrupamento (como *k*-means, agrupamento hierárquico etc.) apresentados neste capítulo, você precisa apenas modificar o template para que se alinhe com o problema. Assim como nos capítulos anteriores, os estudos de caso apresentados neste capítulo usam o template master padrão Python com os passos padronizados de desenvolvimento de modelos apresentados no Capítulo 2. Para os estudos de caso de agrupamento, os passos 6 (Ajuste do Modelo e Grid Search) e 7 (Finalizando o Modelo) foram unidos ao passo 5 (Avaliação de Algoritmos e Modelos).

Técnicas de Agrupamento

Há muitos tipos de técnicas de agrupamento, que diferem quanto à estratégia de identificar os agrupamentos. Escolher qual técnica aplicar depende da natureza e da estrutura dos dados. Neste capítulo, analisaremos as seguintes três técnicas:

- Agrupamento *k*-means.
- Agrupamento hierárquico.
- Agrupamento de propagação de afinidade.

A próxima seção resume essas técnicas, incluindo pontos fortes e fracos. Detalhes adicionais para cada método de agrupamento serão disponibilizados nos estudos de caso.

Agrupamento k-means

k-means é a técnica de agrupamento mais conhecida. O algoritmo do *k*-means visa encontrar e agrupar os pontos de dados em classes que têm alta semelhança entre si. Essa semelhança é entendida como o oposto da distância entre os pontos de dados. Quando mais perto estão, mais chances há de que pertençam ao mesmo cluster.

O algoritmo encontra *k* centroides e atribui cada ponto de dado a exatamente um cluster com o objetivo de minimizar a variância dentro do cluster (chamado de *inércia*). Ele usa tipicamente a distância euclideana (distância comum entre dois pontos), mas outras métricas de distância podem ser usadas. O algoritmo *k*-means entrega um local ótimo para determinado *k* e atua da seguinte maneira:

1. Este algoritmo especifica o número de agrupamentos.
2. Os pontos de dados são selecionados de forma aleatória como centros dos clusters.
3. Cada ponto de dado é atribuído ao centro do cluster do qual está mais próximo.
4. Os centros dos clusters são atualizados para a média dos pontos atribuídos.
5. Os passos 3 e 4 são repetidos até que todos os centros de clusters permaneçam inalterados.

Usando termos simples, nós nos movemos aleatoriamente em torno do número específico de centroides em cada iteração, atribuindo cada ponto de dado ao seu centroide mais próximo. Uma vez feito isso, calculamos a distância média de todos os pontos em cada centroide. Depois, quando não pudermos mais reduzir a distância mínima a partir dos pontos de dados até seus respectivos centroides, teremos encontrado nossos clusters.

Hiperparâmetros do k-means

Os hiperparâmetros do *k*-means incluem:

Número de clusters
: O número de clusters e centroides a gerar.

Iterações máximas
: Número máximo de iterações do algoritmo em uma única execução.

Número inicial
: O número de vezes que o algoritmo será executado com diferentes sementes centroides. O resultado final será o melhor output do número definido de execuções consecutivas, em termos de inércia.

Com o *k*-means, diferentes pontos aleatórios de partida para os centros dos clusters geralmente resultam em soluções muito distintas de agrupamento. Portanto, o algoritmo *k*-means é executado em sklearn com pelo menos dez inicializações aleatórias diferentes, e a solução que ocorre o maior número de vezes é escolhida.

Os pontos fortes do *k*-means incluem simplicidade, ampla variedade de aplicabilidade, rápida convergência e escalabilidade linear para dados grandes, ao mesmo tempo em que produz clusters com um tamanho uniforme. Sua utilidade é maximizada quando sabemos o número exato de clusters, *k*, previamente. De fato, um dos principais pontos fracos do *k*-means é a necessidade de ajustar seu hiperparâmetro. Outras desvantagens incluem a falta de certeza em encontrar um ótimo global e sensibilidade a valores atípicos.

Implementação em Python

A biblioteca sklearn do Python oferece uma implementação poderosa do *k*-means. O trecho de código a seguir ilustra como aplicar o agrupamento *k*-means em um conjunto de dados:

```
from sklearn.cluster import KMeans
#Ajustar com k-means
k_means = KMeans(n_clusters=nclust)
k_means.fit(X)
```

O número de clusters é o hiperparâmetro essencial a ser ajustado. Veremos a técnica de agrupamento *k*-means nos estudos de caso 1 e 2 deste capítulo, em que mais detalhes sobre a escolha do número certo de clusters e visualizações detalhadas serão fornecidos.

Agrupamento Hierárquico

O *agrupamento hierárquico* envolve criar clusters que tenham um ordenamento predominante de cima para baixo. A principal vantagem desta técnica é que não precisamos especificar o número de clusters; o modelo determina isso por si só. Esta técnica de agrupamento é dividida em dois tipos: agrupamento hierárquico aglomerativo e agrupamento hierárquico divisivo.

O *agrupamento hierárquico aglomerativo* é o tipo mais comum de agrupamento hierárquico e é usado para agrupar objetos com base em sua semelhança. É uma abordagem "de baixo para cima" em que cada observação começa em seu próprio cluster, e pares de clusters são fundidos à medida que você sobe a hierarquia. Este algoritmo entrega um *local optimum* e funciona desta forma:

1. Torna cada ponto de dado em um cluster de um único ponto e forma *N* clusters.
2. Pega os dois pontos de dados mais próximos e os combina, deixando *N-1* clusters.
3. Pega os dois clusters mais próximos e os combina, formando *N-2* clusters.
4. Repete o passo 3 até ficar com apenas um cluster.

O *agrupamento hierárquico divisivo* funciona "de cima para baixo" e divide sequencialmente os clusters remanescentes para produzir os subgrupos mais distintos.

Ambos produzem níveis hierárquicos *N-1* e facilitam a criação de agrupamento no nível que melhor divide os dados em grupos homogêneos. Focaremos a abordagem de agrupamento aglomerativo, que é mais comum.

O agrupamento hierárquico permite a plotagem de *dendrogramas*, que são visualizações de agrupamentos hierárquicos binários. Um dendrograma é um tipo de diagrama de árvore que mostra as relações hierárquicas entre diferentes conjuntos de dados. Ele fornece uma visualização interessante e informativa dos resultados de agrupamentos hierárquicos. O dendrograma contém a memória do algoritmo de agrupamento hierárquico, então você saberá como o cluster é formado simplesmente ao inspecionar o gráfico.

A Figura 8-1 mostra um exemplo de dendrogramas baseados no agrupamento hierárquico. A distância entre os pontos de dados representa dessemelhanças, e a altura dos blocos representa a distância entre os clusters.

As observações que se fundem na base são semelhantes, embora aquelas no topo sejam bem diferentes. Com os dendrogramas, chegamos a conclusões com base no local do eixo vertical, e não no horizontal.

As vantagens do agrupamento hierárquico são que é fácil implementá-lo, não é necessário especificar o número de clusters e ele produz dendrogramas que são muito úteis para compreender os dados. No entanto, a complexidade temporal para o agrupamento hierárquico pode resultar em longos tempos de computação com relação a outros algoritmos, como o *k*-means. Se tivermos um conjunto grande de dados, pode ser difícil determinar o número certo de clusters com base no dendrograma. O agrupamento hierárquico é muito sensível a valores atípicos, e, quando eles existem, a performance do modelo diminui significativamente.

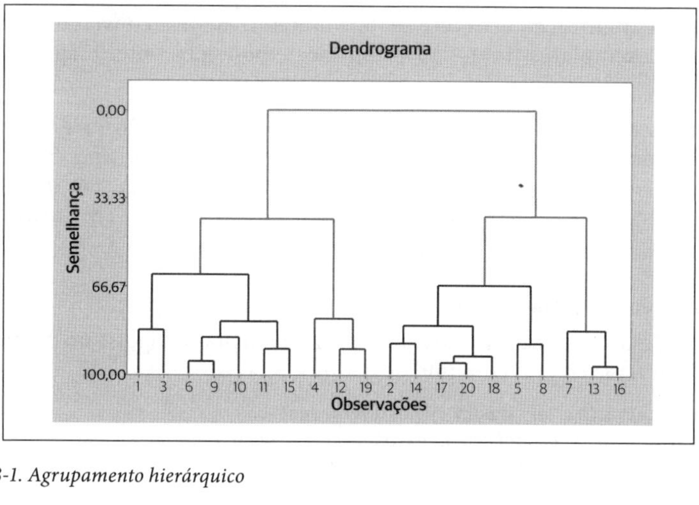

Figura 8-1. Agrupamento hierárquico

Implementação em Python

O trecho de código a seguir ilustra como aplicar o agrupamento hierárquico aglomerativo com quatro clusters no conjunto de dados:

```
from sklearn.cluster import AgglomerativeClustering
model = AgglomerativeClustering(n_clusters=4, affinity='euclidean',\
  linkage='ward')
clust_labels1 = model.fit_predict(X)
```

Mais detalhes com relação aos hiperparâmetros do agrupamento hierárquico aglomerativo podem ser encontrados no site do sklearn (*https://scikit-learn.org*). Analisaremos a técnica de agrupamento hierárquico nos estudos de caso 1 e 3 deste capítulo.

Agrupamento de Propagação de Afinidade

A *propagação de afinidade* cria clusters ao enviar mensagens entre os pontos de dados até a convergência. Diferentemente dos algoritmos de agrupamento como o *k*-means, a propagação de afinidade não exige que o número de clusters seja determinado ou estimado antes de executar o algoritmo. Dois parâmetros importantes são usados na propagação de afinidade para determinar o número de clusters: a *preferência*, que controla quantos *exemplares* (ou protótipos) são usados; e o *fator de amortecimento*, que amortece a responsabilidade e a disponibilidade das mensagens para evitar oscilações numéricas ao atualizar essas mensagens.

Um conjunto de dados é descrito usando um pequeno número de exemplares. Esses são os membros do conjunto de entrada que são os representantes dos clusters. O algoritmo de propagação de afinidade pega um conjunto de semelhanças de pares entre os pontos de dados e encontra clusters ao maximizar a semelhança total entre os pontos de dados e seus exemplares. As mensagens enviadas entre os pares representam a adequabilidade de uma amostra para ser a exemplar de outra, que é atualizada em resposta aos valores dos outros pares. Essa atualização acontece de forma iterativa até a convergência, ponto em que os exemplares finais são escolhidos e podemos obter o agrupamento final.

Em termos de pontos fortes, a propagação de afinidade não exige que o número de clusters seja determinado antes de executar o algoritmo. Ele é rápido e pode ser aplicado em grandes matrizes de semelhança. Porém o algoritmo com frequência converge para soluções abaixo do ideal, e às vezes nem chega a convergir.

Implementação em Python

O trecho de código a seguir ilustra como implementar o algoritmo de propagação de afinidade em um conjunto de dados:

```
from sklearn.cluster import AffinityPropagation
# Inicializar o algoritmo e estabelecer o número de PC's
ap = AffinityPropagation()
ap.fit(X)
```

Você pode encontrar mais detalhes sobre os hiperparâmetros do agrupamento de propagação de afinidade no site do sklearn (*https://scikit-learn.org*). Analisaremos a técnica de propagação de afinidade nos estudos de caso 1 e 2 deste capítulo.

Estudo de Caso 1: Agrupamento para Pairs Trading

Uma estratégia de pairs trading cria um portfólio de ativos correlacionados com uma exposição semelhante ao fator de risco de mercado. Discrepâncias temporárias nos preços desses ativos podem criar oportunidades de lucro por meio de uma posição comprada em um instrumento e vendida em outro. Uma estratégia de pairs trading é projetada para eliminar o risco de mercado e explorar tais discrepâncias temporárias nos retornos relativos das ações.

A premissa fundamental no pairs trading é que a *reversão à média* é uma dinâmica esperada dos ativos. Essa reversão deve levar a uma relação de equilíbrio em longo prazo, da qual tentamos nos aproximar por meio de métodos estatísticos. Quando os momentos de divergências (presumivelmente temporárias) a partir dessa tendência de longo prazo surgem, é muito possível conseguir lucrar. O segredo para um pairs trading de sucesso é a habilidade de selecionar o par correto de ativos a ser usado.

Tradicionalmente, o método de tentativa e erro era usado para a seleção de pares. Ações ou instrumentos que estavam meramente no mesmo setor ou indústria eram agrupados. A ideia era que se essas ações fossem de empresas em setores semelhantes, suas ações deveriam ter uma movimentação também semelhante. Contudo, este não era e não é o caso. Além disso, com um grande universo de ações, encontrar um par adequado é uma tarefa difícil, dado que há um total $n(n-1)/2$ pares possíveis, em que n é o número de instrumentos. O agrupamento pode ser uma técnica proveitosa neste caso.

Neste estudo de caso, usaremos algoritmos de agrupamento para selecionar pares de ações para uma estratégia de pairs trading.

Neste estudo de caso, vamos nos concentrar em:

- Avaliar três métodos principais de agrupamento: *k*-means, agrupamento hierárquico e agrupamento hierárquico de propagação de afinidade.
- Compreender as abordagens para encontrar o número certo de clusters no *k*-means e no agrupamento hierárquico.
- Visualizar os dados nos clusters, incluindo a visualização dos dendrogramas.
- Selecionar o algoritmo certo de agrupamento.

Blueprint para Usar o Agrupamento para Selecionar Pares

1. Definição do problema

Nosso objetivo neste estudo de caso é realizar uma análise de agrupamento das ações do índice S&P 500 para escolhermos pares destinados a uma estratégia de pairs trading. Os dados das ações do S&P 500 foram obtidos usando o `pandas_datareader` a partir do Yahoo Finance. Eles incluem dados de preços de 2018 em diante.

2. Dando o primeiro passo — carregando os dados e os pacotes Python

A lista de bibliotecas usadas para o carregamento, a análise e a preparação de dados, bem como para a avaliação do modelo, são mostradas a seguir.

2.1. Carregando os pacotes Python. Os detalhes para a maioria destes pacotes e funções já foram disponibilizados nos Capítulos 2 e 4. O uso desses pacotes será demonstrado em passos diferentes do processo de desenvolvimento de modelo.

`Pacotes para agrupamento`

```
from sklearn.cluster import KMeans, AgglomerativeClustering,
AffinityPropagation
from scipy.cluster.hierarchy import fcluster
from scipy.cluster.hierarchy import dendrogram, linkage, cophenet
from scipy.spatial.distance import pdist
from sklearn.metrics import adjusted_mutual_info_score
from sklearn import cluster, covariance, manifold
```

`Pacotes para processamento e visualização dos dados`

```
# Carregar bibliotecas
import numpy as np
import pandas as pd
import matplotlib.pyplot as plt
from pandas import read_csv, set_option
from pandas.plotting import scatter_matrix
import seaborn as sns
from sklearn.preprocessing import StandardScaler
import datetime
import pandas_datareader as dr
import matplotlib.ticker as ticker
from itertools import cycle
```

2.2. Carregando os dados. Os dados das ações são carregados a seguir.[1]

```
dataset = read_csv('SP500Data.csv', index_col=0)
```

---

1 Consulte o Jupyter notebook para entender a coleta de dados de preços usando o `pandas_datareader`.

3. Análise exploratória dos dados

Daremos uma olhada rápida nos dados nesta seção.

3.1. Estatística descritiva. Vejamos como os dados estão:

```
# shape
dataset.shape
```

```
Output
```

```
(448, 502)
```

Os dados contêm 502 colunas e 448 observações.

3.2. Visualização dos dados. Daremos uma olhada cuidadosa na visualização pós-agrupamento.

4. Preparação dos dados

Preparamos os dados para modelagem nas próximas seções.

4.1. Limpeza dos dados. Neste passo, buscamos NAs nas linhas e os descartamos ou os preenchemos com a média da coluna:

```
#Verificar qualquer valor nulo e removê-lo'''
print('Null Values =',dataset.isnull().values.any())
```

```
Output
```

```
Null Values = True
```

Vamos nos desfazer das colunas com mais de 30% de valores faltantes:

```
missing_fractions = dataset.isnull().mean().sort_values(ascending=False)
missing_fractions.head(10)
drop_list = sorted(list(missing_fractions[missing_fractions > 0.3].index))
dataset.drop(labels=drop_list, axis=1, inplace=True)
dataset.shape
```

```
Output
```

```
(448, 498)
```

Considerando que há valores nulos, descartaremos algumas linhas:

```
# Preencher os valores faltantes com o último valor disponível no conjun-
to de dados.
dataset=dataset.fillna(method='ffill')
```

Os passos de limpeza dos dados identificaram os valores faltantes e os popularam. Este passo é importante para criar um conjunto de dados significativo, confiável e limpo que pode ser usado sem quaisquer erros no agrupamento.

4.2. Transformação dos dados. Para os propósitos de agrupamento, usaremos os *retornos anuais* e a *variância* como variáveis, visto que são os principais indicadores da performance e da volatilidade das ações. O código a seguir prepara essas variáveis:

```
#Calcular a porcentagem de retorno anual médio e as volatilidades
returns = pd.DataFrame(dataset.pct_change().mean() * 252)
returns.columns = ['Returns']
```

```
returns['Volatility'] = dataset.pct_change().std() * np.sqrt(252)
data = returns
```

Todas as variáveis devem estar na mesma escala antes de aplicarmos o agrupamento; caso contrário, um feature com grandes valores dominará o resultado. Usamos o `StandardScaler` no sklearn para padronizar os features do conjunto de dados em uma escala unitária (média = 0 e variância = 1):

```
from sklearn.preprocessing import StandardScaler
scaler = StandardScaler().fit(data)
rescaledDataset = pd.DataFrame(scaler.fit_transform(data),\
  columns = data.columns, index = data.index)
# resumir os dados transformados
rescaledDataset.head(2)
```

Output

	Retornos	Volatilidade
ABT	0.794067 −0.702741	ABBV

Com os dados preparados, podemos agora explorar os algoritmos de agrupamento.

5. Avaliação de algoritmos e modelos

Analisaremos os seguintes modelos:

- *k*-means.
- Agrupamento hierárquico (agrupamento aglomerativo).
- Propagação de afinidade.

5.1. Agrupamento k-means. Aqui, fazemos a modelagem usando o *k*-means e avaliamos duas maneiras de encontrar o número ideal de clusters.

5.1.1. Encontrando o número ideal de clustes. Sabemos que o *k*-means atribui inicialmente os pontos de dados aos clusters de forma aleatória e, depois, calcula os centroides ou valores médios. Em seguida, ele calcula as distâncias dentro de cada cluster, eleva-as ao quadrado e as soma para obter a soma dos quadrados do erro.

A ideia básica é definir *k* clusters para que a variação total dentro do cluster (ou erro) seja minimizada. Os dois métodos a seguir são úteis para encontrar o número de clusters no *k*-means:

Método do cotovelo
: Baseia-se na soma dos quadrados do erro (SSE) dentro dos clusters.

Método da silhueta
: Baseia-se no score da silhueta.

Primeiro, vamos examinar o método do cotovelo. A SSE para cada ponto é o quadrado da distância do ponto a partir de sua representação (ou seja, o centro previsto de seu cluster). A soma dos quadrados do erro é plotada para uma gama de valores para o número de clusters. O primeiro cluster acrescentará muita informação (explicará grande parte da variância), porém mais cedo ou mais tarde o ganho marginal cairá, causando um ângulo no gráfico. O número de clusters é escolhido nesse momento; dessa forma, é referido como o "critério do cotovelo".

Vamos implementar isso em Python usando a biblioteca sklearn e plotar a SSE para uma gama de valores para *k*:

```
distortions = []
max_loop=20
for k in range(2, max_loop):
  kmeans = KMeans(n_clusters=k)
  kmeans.fit(X)
  distortions.append(kmeans.inertia_)
fig = plt.figure(figsize=(15, 5))
plt.plot(range(2, max_loop), distortions)
plt.xticks([i for i in range(2, max_loop)], rotation=75)
plt.grid(True)
```

Output

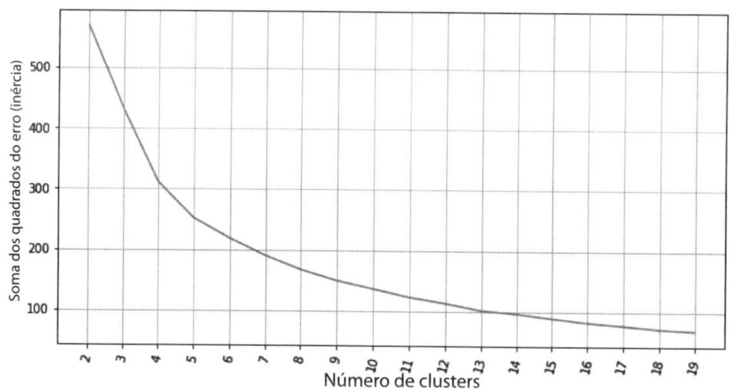

Analisando o gráfico da soma dos quadrados do erro, parece que a dobra do cotovelo ocorre em torno de cinco ou seis clusters para esses dados. Certamente, podemos ver que, quando o número de clusters passa de seis, a SSE dentro dos clusters começa a ficar achatada.

Agora, vejamos o método da silhueta. O score da silhueta mensura o grau de semelhança que um ponto tem com seu próprio cluster (*coesão*) comparado com outros clusters (*separação*). A variação do valor da silhueta fica entre 1 e –1. Um valor alto é desejável e indica que o ponto está alocado no cluster correto. Se muitos pontos tiverem um valor negativo de silhueta, isso pode indicar que criamos clusters demais ou de menos.

Vamos implementar isso em Python usando a biblioteca sklearn e plotar o score da silhueta para uma gama de valores para *k*:

```
from sklearn import metrics

silhouette_score = []
for k in range(2, max_loop):
      kmeans = KMeans(n_clusters=k, random_state=10, n_init=10, n_jobs=-1)
```

```
        kmeans.fit(X)
        silhouette_score.append(metrics.silhouette_score(X, kmeans.labels_, \
          random_state=10))
fig = plt.figure(figsize=(15, 5))
plt.plot(range(2, max_loop), silhouette_score)
plt.xticks([i for i in range(2, max_loop)], rotation=75)
plt.grid(True)
```

Output

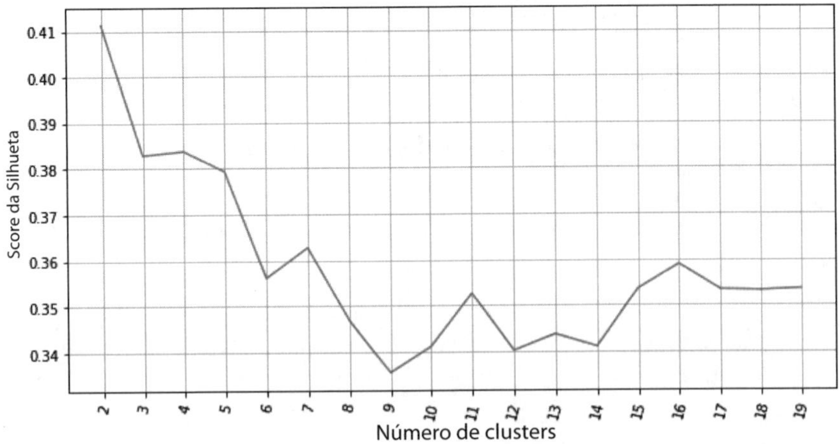

Observando o gráfico de score da silhueta, podemos ver que há várias partes onde há "dobras". Visto que não há muita diferença na SSE depois de seis clusters, deduzimos que seis clusters é a escolha preferida nesse modelo *k*-means.

Combinando as informações de ambos os métodos, chegamos à conclusão de que o número ideal de clusters é seis.

5.1.2. Agrupamento e visualização. Vamos criar o modelo *k*-means com seis clusters e visualizar os resultados:

```
nclust=6
#Ajustar com k-means
k_means = cluster.KMeans(n_clusters=nclust)
k_means.fit(X)
#Extrair rótulos
target_labels = k_means.predict(X)
```

Não é uma tarefa fácil visualizar como os clusters são formados quando o número de variáveis no conjunto de dados é muito grande. Um gráfico básico de dispersão é um método de visualizarmos um cluster em um espaço 2D. Criamos um a seguir para identificar as relações inerentes em nossos dados:

```
centroids = k_means.cluster_centers_
fig = plt.figure(figsize=(16,10))
ax = fig.add_subplot(111)
scatter = ax.scatter(X.iloc[:,0],X.iloc[:,1], c=k_means.labels_, \
  cmap="rainbow", label = X.index)
```

```
    ax.set_title('k-means results')
    ax.set_xlabel('Mean Return')
    ax.set_ylabel('Volatility')
    plt.colorbar(scatter)

    plt.plot(centroids[:,0],centroids[:,1],'sg',markersize=11)
Output
```

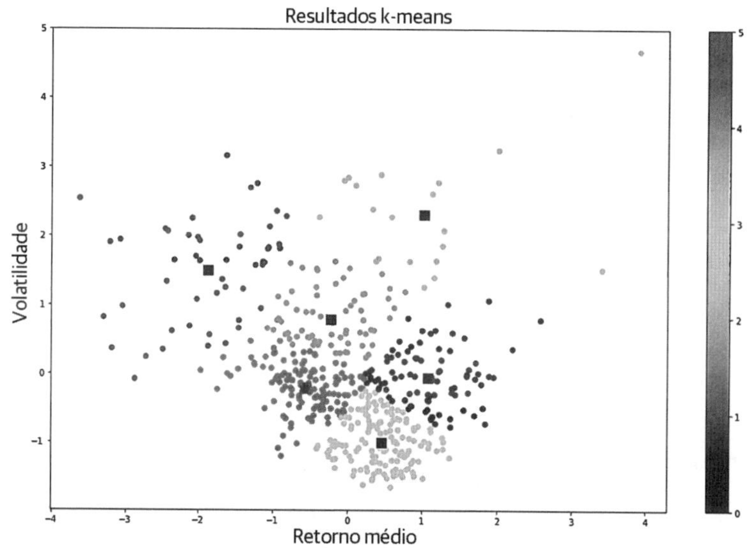

Nesse gráfico, podemos perceber, de certa forma, que há clusters distintos separados por cores diferentes (a versão colorida está disponível no GitHub, em *https://oreil.ly/8RvSp*). O agrupamento de dados no gráfico parece estar bem separado. Também há um grau de separação nos centroides dos clusters, representados pelos quadrados.

Vejamos o número de ações em cada cluster:

```
# mostrar o número de ações em cada cluster
clustered_series = pd.Series(index=X.index, data=k_means.labels_.flatten())
# ação agrupada com seu rótulo de cluster
clustered_series_all = pd.Series(index=X.index, data=k_means.labels_.
flatten())
clustered_series = clustered_series[clustered_series != -1]

plt.figure(figsize=(12,7))
plt.barh(
   range(len(clustered_series.value_counts())), # rórulos de clusters, eixo y
   clustered_series.value_counts()
)
plt.title('Cluster Member Counts')
plt.xlabel('Stocks in Cluster')
plt.ylabel('Cluster Number')
plt.show()
```

Output

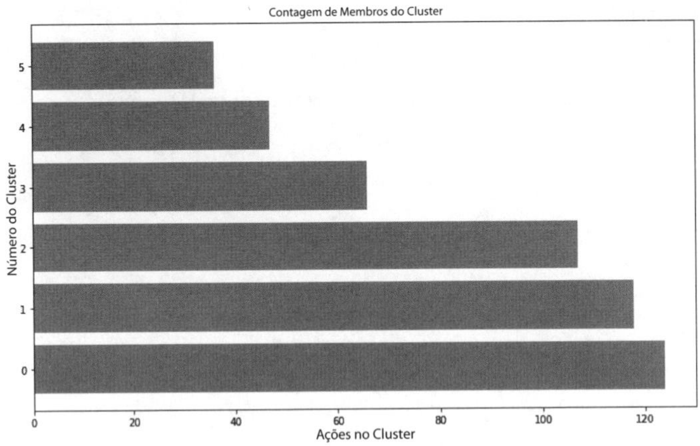

O número de ações por cluster varia entre 40 a 120. Embora a distribuição não seja igual, temos um número significativo de ações em cada cluster.

Vejamos o agrupamento hierárquico.

5.2. Agrupamento hierárquico (agrupamento aglomerativo). No primeiro passo, vemos o gráfico hierárquico e verificamos o número de clusters.

5.2.1. Criando um gráfico hierárquico/dendrograma. A classe hierárquica tem um método de dendrograma que pega o valor retornado pelo *método linkage* da mesma classe. O método linkage pega o conjunto de dados e o método para minimizar as distâncias como parâmetros. Usamos *ward* como o método, visto que ele minimiza a variância das distâncias entre os clusters:

```
from scipy.cluster.hierarchy import dendrogram, linkage, ward

#Calcular linkage
Z= linkage(X, method='ward')
Z[0]
```

Output

```
array([3.30000000e+01, 3.14000000e+02, 3.62580431e-03, 2.00000000e+00])
```

A melhor forma de visualizar um algoritmo de agrupamento aglomerativo é por meio de um dendrograma, que mostra uma árvore de clusters, sendo que as folhas representam as ações individuais e a raiz o cluster único final. A distância entre cada cluster é mostrada no eixo y. Quanto maiores forem os galhos, menos correlacionados serão os dois clusters:

```
#Plotar Dendrograma
plt.figure(figsize=(10, 7))
plt.title("Stocks Dendrograms")
dendrogram(Z,labels = X.index)
plt.show()
```

Output

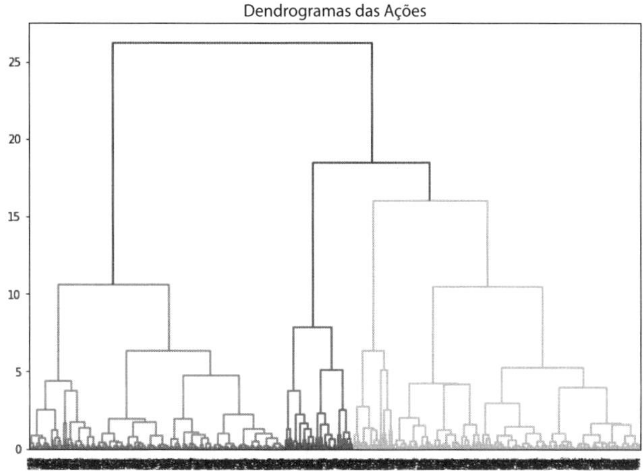

Esse gráfico pode ser usado para inspecionar visualmente o número de clusters que seriam criados para um limite selecionado de distância (embora os nomes das ações no eixo horizontal não fiquem muito claros, podemos ver que estão agrupadas em diversos clusters). O número de linhas verticais que uma linha hipotética reta e horizontal atravessará é o número de clusters criados para esse valor de limite de distância. Por exemplo, no valor de 20, a linha horizontal atravessaria dois galhos verticais do dendrograma, sugerindo dois clusters nesse limite de distância. Todos os pontos de dados (folhas) daquele galho seriam rotulados como aquele cluster pelo qual a linha horizontal atravessou.

Escolher um limite de corte de 13 produz quatro clusters, como fica confirmado no seguinte código em Python:

```
distance_threshold = 13
clusters = fcluster(Z, distance_threshold, criterion='distance')
chosen_clusters = pd.DataFrame(data=clusters, columns=['cluster'])
chosen_clusters['cluster'].unique()
```

Output

```
array([1, 4, 3, 2], dtype=int64)
```

5.2.2. Agrupamento e visualização. Vamos criar o modelo de agrupamento hierárquico com quatro clusters e visualizar os resultados:

```
nclust = 4
hc = AgglomerativeClustering(n_clusters=nclust, affinity='euclidean', \
linkage='ward')
clust_labels1 = hc.fit_predict(X)

fig = plt.figure(figsize=(16,10))
ax = fig.add_subplot(111)
scatter = ax.scatter(X.iloc[:,0],X.iloc[:,1], c=clust_labels1, cmap="rainbow")
ax.set_title('Hierarchical Clustering')
ax.set_xlabel('Mean Return')
ax.set_ylabel('Volatility')
plt.colorbar(scatter)
```

Assim como no gráfico de agrupamento *k*-means, observamos que há alguns clusters distintos separados por cores diferentes (o gráfico colorido está disponível em *https://oreil.ly/8RvSp*).

```
Output
```

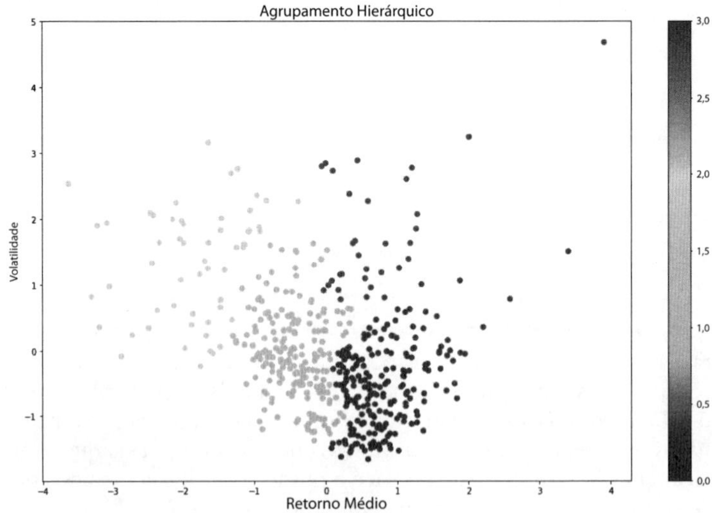

Vejamos agora o agrupamento de propagação de afinidade.

5.3. Propagação de afinidade. Vamos criar o modelo de propagação de afinidade e visualizar os resultados:

```
ap = AffinityPropagation()
ap.fit(X)
clust_labels2 = ap.predict(X)

fig = plt.figure(figsize=(10,8))
ax = fig.add_subplot(111)
scatter = ax.scatter(X.iloc[:,0],X.iloc[:,1], c=clust_labels2, cmap="rainbow")
ax.set_title('Affinity')
ax.set_xlabel('Mean Return')
ax.set_ylabel('Volatility')
plt.colorbar(scatter)
```

Output

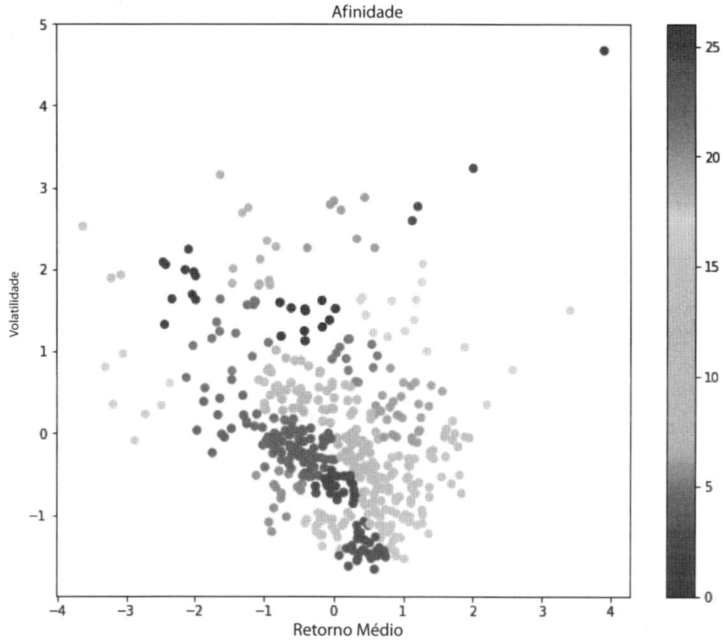

O modelo de propagação de afinidade com os hiperparâmetros escolhidos produziu muito mais clusters que o *k*-means e o agrupamento hierárquico. Há alguns agrupamentos distintos, mas também há mais sobreposições devido ao número maior de clusters (a versão completa está disponível no GitHub, em *https://oreil.ly/8RvSp*). No próximo passo, avaliaremos as técnicas de agrupamento.

5.4. Avaliação de cluster. Se os rótulos de verdade fundamental não são conhecidos, a avaliação deve ser realizada usando o próprio modelo. O coeficiente da silhueta (`sklearn.metrics.silhouette_score`) é um exemplo que podemos usar. Um coeficiente mais alto sugere um modelo com clusters mais bem definidos. O coeficiente da silhueta é computado para cada um dos métodos de agrupamento já definidos:

```
from sklearn import metrics
print("km", metrics.silhouette_score(X, k_means.labels_, metric='euclidean'))
print("hc", metrics.silhouette_score(X, hc.fit_predict(X), metric='euclidean'))
print("ap", metrics.silhouette_score(X, ap.labels_, metric='euclidean'))
```

Output

```
km 0.3350720873411941
hc 0.3432149515640865
ap 0.3450647315156527
```

Dado que a propagação de afinidade se sai melhor, procedemos com ela e usamos 27 clusters, como especificado por esse método de agrupamento.

Visualizando o retorno dentro de um cluster. Concluímos a técnica de agrupamento e o número de clusters, mas precisamos verificar se o agrupamento leva a uma saída sensata. Para fazer isso, visualizamos o comportamento histórico das ações em alguns clusters:

```
# cada ação com seu rótulo de cluster (incluindo -1)
clustered_series = pd.Series(index=X.index, data=ap.fit_predict(X).flatten())
# ações agrupadas com seu rótulo de cluster
clustered_series_all = pd.Series(index=X.index, data=ap.fit_predict(X).
flatten())
clustered_series = clustered_series[clustered_series != -1]
# obter o número de ações em cada cluster
counts = clustered_series_ap.value_counts()
# visualizar alguns clusters
cluster_vis_list = list(counts[(counts<25) & (counts>1)].index)[::-1]
cluster_vis_list
# plotar alguns dos clusters menores
plt.figure(figsize=(12, 7))
cluster_vis_list[0:min(len(cluster_vis_list), 4)]

for clust in cluster_vis_list[0:min(len(cluster_vis_list), 4)]:
  tickers = list(clustered_series[clustered_series==clust].index)
  # calcular o retorno (lognormal) das ações
  means = np.log(dataset.loc[:"2018-02-01", tickers].mean())
  data = np.log(dataset.loc[:"2018-02-01", tickers]).sub(means)
  data.plot(title='Stock Time Series for Cluster %d' % clust)
plt.show()
```

Output

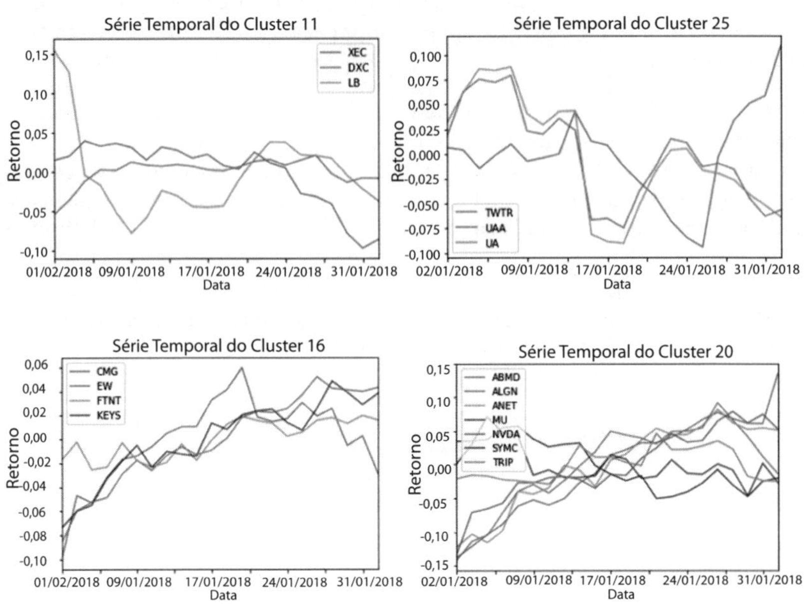

Observando esses gráficos, em todos os clusters com um número pequeno de ações, podemos ver movimentos semelhantes de ações sob clusters diferentes, o que corrobora a eficácia da técnica de agrupamento.

6. Seleção de pares

Com os clusters criados, diversas técnicas estatísticas baseadas em cointegração podem ser aplicadas nas ações dentro de um cluster para criar os pares. Duas ou mais séries temporais são consideradas cointegradas quando são não estacionárias e tendem a se mover juntas.[2] A presença da cointegração entre as séries temporais pode ser validada por meio de inúmeras técnicas estatísticas, incluindo o teste de Dickey-Fuller aumentado (*https://oreil.ly/5xKZy*) e o teste de Johansen (*https://oreil.ly/9zbnC*).

Neste passo, fazemos uma varredura em uma lista de ações dentro de um cluster e testamos a cointegração entre os pares. Primeiro, escrevemos uma função que retorne uma matriz com o resultado do teste de cointegração, uma matriz do valor-p e quaisquer pares para os quais o valor-p ficou abaixo de 0,05.

Função de cointegração e seleção de pares.

```
def find_cointegrated_pairs(data, significance=0.05):
    # Esta função está disponível em https://www.quantopian.com
    n = data.shape[1]
    score_matrix = np.zeros((n, n))
    pvalue_matrix = np.ones((n, n))
    keys = data.keys()
    pairs = []
    for i in range(1):
        for j in range(i+1, n):
            S1 = data[keys[i]]
            S2 = data[keys[j]]
            result = coint(S1, S2)
            score = result[0]
            pvalue = result[1]
            score_matrix[i, j] = score
            pvalue_matrix[i, j] = pvalue
            if pvalue < significance:
                pairs.append((keys[i], keys[j]))
    return score_matrix, pvalue_matrix, pairs
```

Em seguida, verificamos a cointegração de diferentes pares dentro de diversos clusters usando a função que acabamos de criar e retornamos os pares encontrados:

```
from statsmodels.tsa.stattools import coint
cluster_dict = {}
for i, which_clust in enumerate(ticker_count_reduced.index):
    tickers = clustered_series[clustered_series == which_clust].index
    score_matrix, pvalue_matrix, pairs = find_cointegrated_pairs(
        dataset[tickers]
    )
    cluster_dict[which_clust] = {}
    cluster_dict[which_clust]['score_matrix'] = score_matrix
```

2 Consulte o Capítulo 5 para obter mais detalhes.

```
        cluster_dict[which_clust]['pvalue_matrix'] = pvalue_matrix
        cluster_dict[which_clust]['pairs'] = pairs

pairs = []
for clust in cluster_dict.keys():
        pairs.extend(cluster_dict[clust]['pairs'])

print ("Number of pairs found : %d" % len(pairs))
print ("In those pairs, there are %d unique tickers." % len(np.unique(pairs)))
```

Output

```
Number of pairs found : 32
In those pairs, there are 47 unique tickers.
```

Agora, vamos visualizar os resultados do processo de seleção de pares. Consulte o Jupyter notebook deste estudo de caso para obter detalhes sobre os passos relacionados com a visualização de pares usando a técnica t-SNE.

O gráfico a seguir mostra a força do *k*-means para encontrar pares não tradicionais (destacados com uma seta na visualização). DXC é o ticker da empresa DXC Technology, e XEC representa a empresa Cimarex Energy. Essas duas ações são de setores diferentes e parecem não ter nada em comum à primeira vista, mas são identificadas como pares usando os testes de agrupamento *k*-means e de cointegração. Isso sugere que uma relação estável de longo prazo existe entre os movimentos dos preços de suas ações.

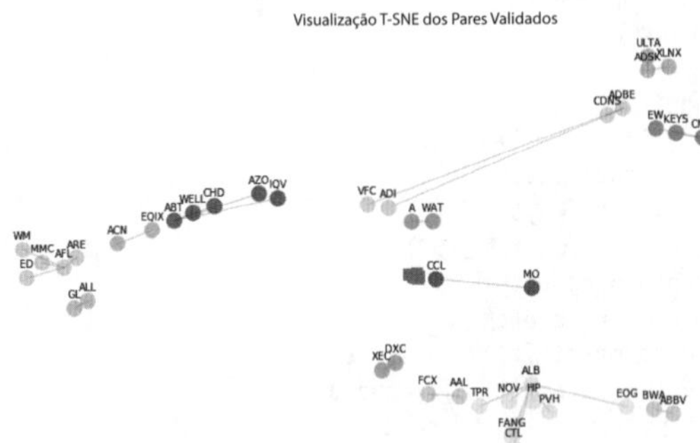

Uma vez que os pares são criados, podem ser usados em uma estratégia de pairs trading. Quando os preços das ações do par se desviam da relação de longo prazo identificada, o investidor busca montar uma posição comprada na ação com baixo desempenho e uma posição vendida na ação com alto desempenho. Se as ações voltarem à sua relação histórica, haverá lucro a partir da convergência dos preços.

Conclusão

Neste estudo de caso, demonstramos a eficiência das técnicas de agrupamento [clusterização] ao encontrar pequenos grupos de ações nos quais identificar pares a serem usados em uma estratégia de pairs trading. Um próximo passo além deste estudo de caso seria explorar e fazer o backtest de várias estratégias de trading com posições compradas e vendidas usando pares de ações do agrupamento.

O agrupamento pode ser usado para unir ações e outros tipos de ativos em grupos que tenham características semelhantes para diversos outros tipos de estratégias de trading. Também pode ser eficaz na criação de um portfólio, ajudando a garantir uma escolha de um conjunto de ativos com diversificação suficiente entre eles.

Estudo de Caso 2: Gestão de Portfólio: Agrupando Investidores

A gestão de ativos e a alocação de investimentos são um processo tedioso e lento no qual os gestores de investimentos muitas vezes precisam criar abordagens customizadas para cada cliente ou investidor.

E se pudéssemos organizar esses clientes em perfis específicos de investidor, ou clusters, em que cada grupo fosse um indicativo de investidores com características semelhantes?

Agrupar os investidores com base em características similares pode levar à simplicidade e à padronização no processo de gestão de investimentos. Esses algoritmos podem agrupar investidores com base em diferentes fatores, como idade, renda e tolerância ao risco. Pode ajudar os gestores de investimentos a identificar grupos distintos dentro de sua base de investidores. Além disso, ao usar essas técnicas, os gestores podem evitar a introdução de quaisquer vieses que, de outro modo, poderiam impactar negativamente a tomada de decisão. Os fatores analisados por meio do agrupamento podem ter um grande impacto na alocação e no rebalanceamento de ativos, tornando-o uma ferramenta valiosa e eficaz na gestão de investimentos.

Neste estudo de caso, usaremos métodos de agrupamento para identificar diferentes tipos de investidores.

Os dados usados para este estudo de caso são da Survey of Consumer Finances [Pesquisa sobre as Finanças do Consumidor], conduzida pelo Federal Reserve Board. O mesmo conjunto de dados foi usado no "Estudo de Caso 3: Tolerância do Investidor ao Risco e Robôs Advisors", do Capítulo 5.

Neste estudo de caso, vamos nos concentrar em:

- Entender o significado intuitivo dos agrupamentos.
- Escolher as técnicas certas de agrupamento.
- Visualizar o resultado do agrupamento e selecionar o número correto de clusters em *k*-means.

Blueprint para Usar o Agrupamento para Classificar Investidores

1. Definição do problema

O objetivo deste estudo de caso é criar um modelo de agrupamento para classificar indivíduos ou investidores com base em parâmetros relacionados com a habilidade e a disposição em assumir riscos. Para tanto, focaremos o uso da demografia comum e das características financeiras.

Os dados da pesquisa que estamos usando incluem as respostas de mais de 10 mil pessoas em 2007 (antes da crise) e em 2009 (depois da crise). Há mais de quinhentos features. Visto que os dados contêm muitas variáveis, primeiro reduziremos esse número e selecionaremos os features mais intuitivos relacionados com a habilidade e a disposição do investidor em assumir riscos.

2. Dando o primeiro passo — carregando os dados e os pacotes Python

2.1. Carregando os pacotes Python. Os pacotes carregados para este estudo de caso são semelhantes aos usados no estudo de caso apresentado no Capítulo 5. Todavia, alguns pacotes adicionais relacionados às técnicas de agrupamento são mostrados no seguinte trecho de código:

```
# Importar pacotes para técnicas de agrupamento
from sklearn.cluster import KMeans,
AgglomerativeClustering,AffinityPropagation
from sklearn.metrics import adjusted_mutual_info_score
from sklearn import cluster, covariance, manifold
```

2.2. Carregando os dados. Os dados (novamente, os mesmos usados no Capítulo 5) são processados ainda mais para darem os atributos a seguir que representam a habilidade e a disposição de uma pessoa em assumir riscos. Os dados processados se referem ao ano de 2007 e são carregados assim:

```
# carregar conjunto de dados
dataset = pd.read_excel('ProcessedData.xlsx')
```

3. Análise exploratória dos dados

Em seguida, observamos mais de perto diferentes features e colunas encontrados nos dados.

3.1. Análise descritiva. Primeiro, vejamos como os dados estão:

```
dataset.shape
```

Output

```
(3866, 13)
```

Os dados têm informações para 3.886 pessoas em 13 colunas:

```
# observar os dados
set_option('display.width', 100)
dataset.head(5)
```

	ID	AGE	EDUC	MARRIED	KIDS	LIFECL	OCCAT	RISK	HHOUSES	WSAVED	SPENDMOR	NWCAT	INCCL
0	1	3	2	1	0	2	1	3	1	1	5	3	4
1	2	4	4	1	2	5	2	3	0	2	5	5	5
2	3	3	1	1	2	3	2	2	1	2	4	4	4
3	4	3	1	1	2	3	2	2	1	2	4	3	4
4	5	4	3	1	1	5	1	2	1	3	3	5	5

Como podemos ver na tabela, há doze atributos para cada pessoa. Eles podem ser categorizados como demográficos, financeiros e comportamentais. Estão resumidos na Figura 8-2:

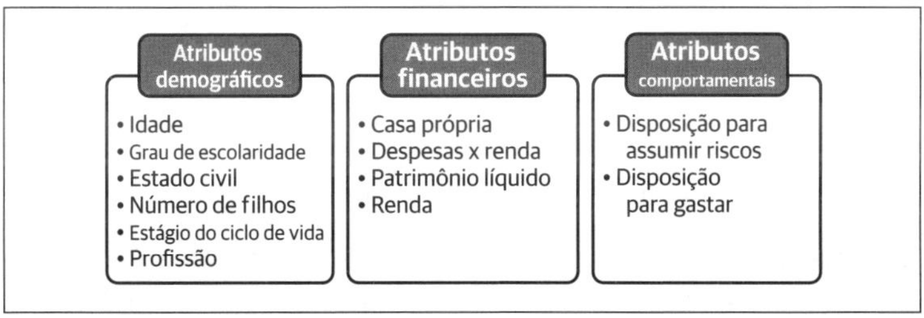

Figura 8-2. Atributos para agrupar pessoas

Muitos desses atributos já foram usados e definidos no estudo de caso do Capítulo 5. Alguns atributos adicionais (LIFECYCL [estágio do ciclo de vida], HHOUSES [casa própria] e SPENDMOR [disposição para gastar]) são usados neste estudo de caso e estão definidos a seguir:

LIFECYCL

É uma variável do ciclo de vida, usada para ter uma aproximação da habilidade da pessoa em assumir riscos. Há seis categorias em níveis crescentes de tal habilidade. O valor de 1 representa "menos de 55 anos, solteiro e sem filhos", e um valor de 6 representa "mais de 55 anos e desempregado".

HHOUSES

Indica se a pessoa tem casa própria. O valor de 1 (0) implica que a pessoa tem (não tem) casa própria.

SPENDMOR

Representa uma preferência maior de gastos se os ativos valorizaram em uma escala de 1 a 5.

3.2. Visualização dos dados. Daremos uma olhada detalhada na visualização pós-agrupamento.

4. Preparação dos dados

Aqui, realizamos quaisquer mudanças necessárias nos dados, preparando-os para a modelagem.

4.1. Limpeza dos dados. Neste passo, verificamos se há NAs nas linhas e os descartamos ou os preenchemos com a média da coluna:

```
print('Null Values =', dataset.isnull().values.any())
```

`Output`

```
Null Values = False
```

Visto que não há dados faltantes e que já estão em um formato categórico, não é necessário realizar qualquer outra limpeza. A coluna *ID* é desnecessária, e, assim, é descartada:

```
X=X.drop(['ID'], axis=1)
```

4.2. Transformação dos dados. Como vimos na Seção 3.1, todas as categorias representam dados categóricos com uma escala numérica semelhante, sem valores incomuns. Dessa forma, não será necessário fazer a transformação dos dados para o agrupamento.

5. Avaliação de algoritmos e modelos

Analisaremos a performance do *k*-means e da propagação de afinidade.

5.1. Agrupamento k-means. Observamos os detalhes do agrupamento *k*-means neste passo. Primeiro, encontramos o número ideal de clusters, seguido pela criação de um modelo.

5.1.1. Encontrando o número ideal de clusters. Veremos as seguintes duas métricas para avaliar o número de clusters no modelo *k*-means. O código Python para obtê-las é o mesmo que o usado no estudo de caso 1:

1. Soma dos quadrados do erro (SSE).
2. Score da silhueta.

`Soma dos quadrados do erro (SSE) dentro dos clusters`

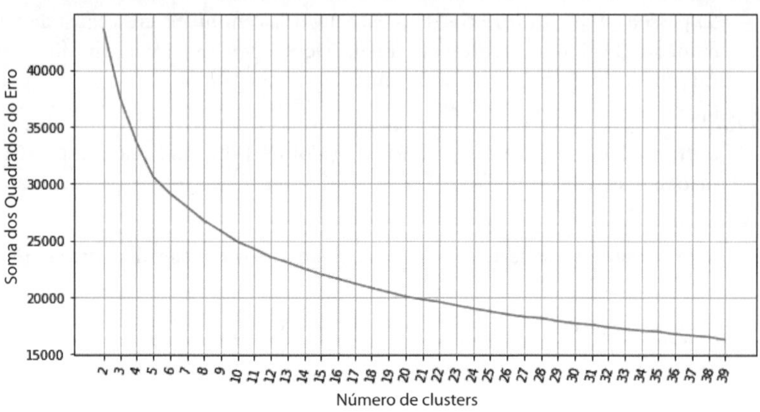

```
Score da silhueta
```

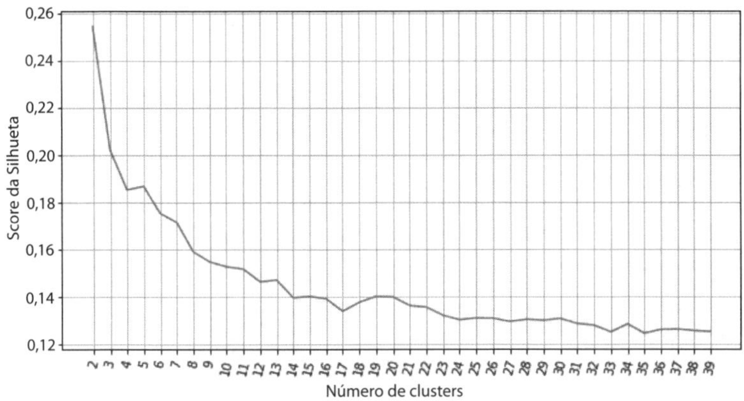

Observando ambos os gráficos, o número ideal de clusters parece ser sete. Podemos ver que à medida que o número de clusters passa de seis, a SSE dentro dos clusters começa a se achatar. No segundo gráfico, podemos ver que há diversas partes do gráfico em que uma dobra pode ser vista. Visto que não há muita diferença na SSE depois de sete clusters, usaremos esse número no modelo *k*-means a seguir.

5.1.2. Agrupamento e visualização. Vamos criar um modelo *k*-means com sete clusters:

```
nclust=7

# Ajustar com k-means
k_means = cluster.KMeans(n_clusters=nclust)
k_means.fit(X)
```

Vamos atribuir um cluster-alvo para cada pessoa no conjunto de dados. Essa atribuição é usada ainda para a análise exploratória dos dados para entender o comportamento de cada cluster:

```
# Extrair rótulos
target_labels = k_means.predict(X)
```

5.2. Propagação de afinidade. Aqui, criamos um modelo de propagação de afinidade e observamos o número de clusters:

```
ap = AffinityPropagation()
ap.fit(X)
clust_labels2 = ap.predict(X)

cluster_centers_indices = ap.cluster_centers_indices_
labels = ap.labels_
n_clusters_ = len(cluster_centers_indices)
print('Estimated number of clusters: %d' % n_clusters_)
```

```
Output
    Estimated number of clusters: 161
```

A propagação de afinidade resultou em mais de 150 clusters. Um número tão grande assim provavelmente dificultará a realização de uma diferenciação adequada entre eles.

5.3. Avaliação dos clusters. Neste passo, verificamos a performance dos clusters usando o coeficiente da silhueta (*sklearn.metrics.silhouette_score*). Lembre-se de que um score mais alto nesse coeficiente se relaciona com um modelo que tem clusters mais bem definidos:

```
from sklearn import metrics
print("km", metrics.silhouette_score(X, k_means.labels_))
print("ap", metrics.silhouette_score(X, ap.labels_))
```

```
Output
    km 0.170585217843582
    ap 0.09736878398868973
```

O modelo *k*-means tem um coeficiente da silhueta muito mais alto em comparação com a propagação de afinidade. Além disso, o grande número de clusters resultantes da propagação de afinidade é insustentável. No contexto do problema em questão, ter menos clusters, ou categorizações de investidores, ajuda a criar a simplicidade e a padronização no processo de gestão de investimentos. Isso dá aos usuários dessa informação (por exemplo, os consultores financeiros) uma certa intuição gerenciável quanto à representação dos clusters. Compreender e conseguir falar com seis a oito tipos de investidores é muito mais prático do que manter um entendimento significativo com mais de cem perfis diferentes. Tendo isso em mente, procederemos com o *k*-means como a técnica preferida de agrupamento.

6. Intuição de cluster

Neste passo, analisaremos os clusters e tentaremos chegar a conclusões a partir deles. Fazemos isso ao plotar a média de cada variável do cluster e resumir as descobertas:

```
cluster_output= pd.concat([pd.DataFrame(X), pd.DataFrame(k_means.labels_, \
  columns = ['cluster'])],axis=1)
output=cluster_output.groupby('cluster').mean()
```

`Features demográficos: plotar para cada cluster`

```
output[['AGE','EDUC','MARRIED','KIDS','LIFECL','OCCAT']].\
plot.bar(rot=0, figsize=(18,5));
```

Output

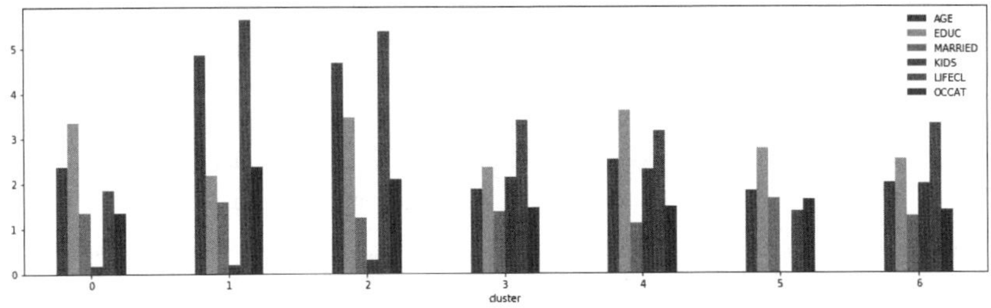

Esse gráfico mostra os valores médios dos atributos para cada cluster (a versão colorida está disponível no GitHub, em *https://oreil.ly/61d9_*). Por exemplo, ao comparar os clusters 0 e 1, o 0 tem uma média *menor* de idade, contudo uma média *maior* de grau de escolaridade. No entanto, esses dois clusters são mais semelhantes em estado civil e número de filhos. Assim, com base nos atributos demográficos, as pessoas no cluster 0 terão, em média, mais tolerância ao risco em comparação com aquelas do cluster 1.

Atributos financeiros e comportamentais: plotar para cada gráfico

```
output[['HHOUSES','NWCAT','INCCL','WSAVED','SPENDMOR','RISK']].\
plot.bar(rot=0, figsize=(18,5));
```

Output

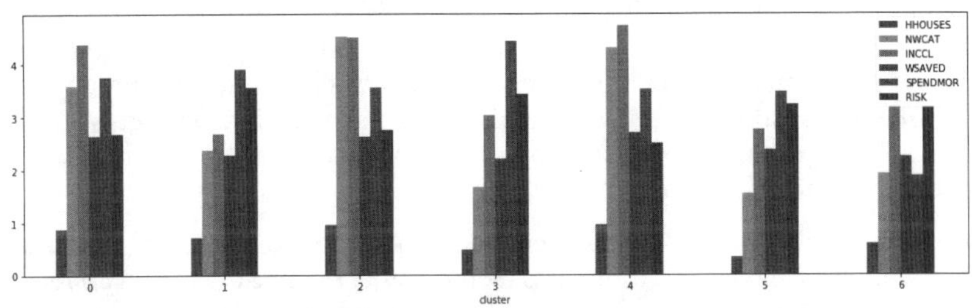

Aqui, o gráfico mostra os valores médios dos atributos financeiros e comportamentais para cada cluster (a versão colorida está disponível no GitHub, em *https://oreil.ly/61d9_*). Novamente, ao compararmos os clusters 0 e 1, o primeiro tem uma média maior de casa própria, de valor patrimonial líquido e renda, e uma média menor da disposição em assumir riscos em comparação com o segundo. Em termos de comparação entre despesas × renda e disposição para economizar, os dois clusters são comparáveis. Portanto, podemos postular que as pessoas no cluster 1 terão, em média, uma habilidade maior, contudo uma disposição menor para assumir riscos em comparação com aquelas do cluster 1.

Combinando as informações dos atributos demográficos, financeiros e comportamentais para esses dois clusters, a habilidade geral para assumir riscos de uma pessoa do cluster 0 é mais alta do que uma do cluster 1. Depois de realizar análises semelhantes em todos os outros clusters, resumimos os resultados na tabela a seguir. A coluna de tolerância ao risco representa a avaliação subjetiva da tolerância ao risco de cada cluster.

Cluster	Features	Capacidade Risco
Cluster 0	Idade baixa, valor patrimonial líquido e renda altos, categoria menor de vida arriscada, disposição para gastar mais	Alta
Cluster 1	Idade alta, valor patrimonial líquido e renda baixos, categoria alta de vida arriscada, disposição para assumir riscos, baixo grau de escolaridade	Baixa
Cluster 2	Idade alta, valor patrimonial líquido e renda altos, categoria alta de vida arriscada, disposição para assumir riscos, casa própria	Média
Cluster 3	Idade baixa, renda e valor patrimonial líquido muito baixos, alta disposição para assumir riscos, muitos filhos	Baixa
Cluster 4	Idade média, valor patrimonial líquido e renda muito altos, alta disposição para assumir riscos, muitos filhos, casa própria	Alta
Cluster 5	Idade baixa, renda e valor patrimonial líquido muito baixos, alta disposição para assumir riscos, sem filhos	Média
Cluster 6	Idade baixa, renda e valor patrimonial líquido médios, alta disposição para assumir riscos, muitos filhos, casa própria	Baixa

Conclusão

Uma das lições fundamentais deste estudo de caso é a abordagem para entendermos a intuição de cluster. Usamos técnicas de visualização para compreender o comportamento esperado do membro de um cluster ao interpretar qualitativamente os valores médios das variáveis de cada cluster. Demonstramos a eficiência do agrupamento ao descobrir os grupos naturais de diferentes investidores com base em sua tolerância ao risco.

Dado que os algoritmos de agrupamento podem agrupar exitosamente os investidores com base em fatores diferentes (como idade, renda e tolerância ao risco), podem ser usados ainda por gestores de portfólios para padronizar a alocação do portfólio e reequilibrar estratégias em todos os clusters, tornando o processo de gestão de investimentos mais rápido e mais eficaz.

Estudo de Caso 3: Paridade de Risco Hierárquica

A *otimização de portfólio pela média-variância de Markowitz* é a técnica mais comumente usada para a criação de portfólios e alocação de ativos. Nessa técnica, precisamos estimar a matriz de covariância e os retornos esperados dos ativos para serem usados como entradas. Como analisamos no "Estudo de Caso 1: Gestão de Portfólio: Encontrando um Portfólio *Eigen*", no Capítulo 7, a natureza errática dos retornos financeiros causam erros de estimativa nos retornos esperados e na matriz de covariância, especialmente quando o número de ativos é alto em comparação ao tamanho da amostra. Tais erros arriscam e muito a otimalidade dos portfólios resultantes, o que leva a resultados errôneos e instáveis. Além disso, pequenas mudanças nos retornos presumidos dos ativos, das volatilidades ou das covariâncias podem levar a grandes efeitos no resultado do procedimento de otimização. Nesse sentido, a otimização pela média-variância de Markowitz é um problema inverso mal proposto (ou mal condicionado).

No artigo "Building Diversified Portfolios That Outperform Out-of-Sample" ["Criando portfólios diversificados com um desempenho superior ao esperado fora da amostra", em tradução livre] (*https://oreil.ly/2BmW5*), de Marcos López de Prado (2016), o autor propõe um método de alocação de portfólio baseado em agrupamento denominado paridade de risco hierárquica. A ideia principal é executar o agrupamento hierárquico na matriz de covariância dos retornos das ações e, depois, encontrar uma ponderação diversificada ao distribuir o capital igualmente para cada hierarquia de cluster (assim, muitas estratégias correlacionadas receberão a mesma alocação total que uma não correlacionada). Isso resolve alguns dos problemas (destacados no parágrafo anterior) encontrados na otimização pela média-variância de Markowitz e melhora a estabilidade numérica.

Neste estudo de caso, implementaremos a paridade de risco hierárquica com base nos métodos de agrupamento e a compararemos com o método de otimização pela média-variância de Markowitz.

O conjunto de dados usado para este estudo de caso são os preços das ações que compõem o índice S&P 500 a partir de 2018, que pode ser baixado no Yahoo Finance. É o mesmo conjunto de dados usado no estudo de caso 1.

Neste estudo de caso, vamos nos concentrar em:

- Aplicar técnicas baseadas no agrupamento para a alocação de portfólio.
- Desenvolver um framework para comparar métodos de alocação de portfólio.

Blueprint para Usar o Agrupamento para Implementar a Paridade de Risco Hierárquica

1. Definição do problema

Nosso objetivo neste estudo de caso é usar um algoritmo baseado em agrupamento em um conjunto de dados de ações para alocar capital em diferentes classes de ativos. Para fazer o backtest e comparar a alocação de portfólio com a tradicional otimização pela média-variância de Markowitz, realizaremos a visualização e usaremos métricas de performance, como o índice de Sharpe.

2. Dando o primeiro passo — carregando os dados e os pacotes Python

2.1. Carregando os pacotes Python. Os pacotes carregados para este estudo de caso são semelhantes àqueles usados no estudo de caso prévio. No entanto, alguns pacotes adicionais relacionados às técnicas de agrupamento são mostrados no seguinte trecho de código:

```
# Importar Modelos de Pacotes
import scipy.cluster.hierarchy as sch
from sklearn.cluster import AgglomerativeClustering
from scipy.cluster.hierarchy import fcluster
from scipy.cluster.hierarchy import dendrogram, linkage, cophenet
from sklearn.metrics import adjusted_mutual_info_score
from sklearn import cluster, covariance, manifold
import ffn

# Pacote para otimização da otimização pela média-variância
import cvxopt as opt
from cvxopt import blas, solvers
```

Visto que este estudo de caso usa os mesmos dados do estudo de caso 1, alguns dos próximos passos (como carregar os dados) foram pulados para evitar a repetição. Como um lembrete, os dados contêm 500 ações e 448 observações.

3. Análise exploratória de dados.

Daremos uma olhada detalhada na visualização pós-agrupamento posteriormente neste estudo de caso.

4. Preparação dos dados

4.1. Limpeza dos dados Consulte o estudo de caso 1 para obter os passos de limpeza dos dados.

4.2. Transformação dos dados. Usaremos os retornos anuais para o agrupamento. Adicionalmente, treinaremos os dados e, depois, os testaremos. Aqui, preparamos o conjunto de dados para treinamento e teste ao separar 20% para o teste e geramos a série de retorno:

```
X= dataset.copy('deep')
row= len(X)
```

```
train_len = int(row*.8)

X_train = X.head(train_len)
X_test = X.tail(row-train_len)

# Calcular a porcentagem de retorno
returns = X_train.to_returns().dropna()
returns_test=X_test.to_returns().dropna()
```

5. **Avaliação de algoritmos e modelos**

Neste passo, veremos o agrupamento hierárquico e realizaremos mais análises e visualizações.

5.1. Criando um gráfico hierárquico/dendrograma. O primeiro passo é procurar clusters para correlações usando a técnica de agrupamento hierárquico aglomerativo. A classe hierárquica tem um método de dendrograma que pega o valor retornado pelo método linkage da mesma classe. O método linkage pega o conjunto de dados e o método para minimizar as distâncias como parâmetros. Há opções diferentes para medir a distância. A opção que usaremos é ward, visto que ela minimiza a variância das distâncias entre os clusters. Outras possibilidades de medir a distância incluem centroide e single.

Linkage realiza o agrupamento real com apenas uma linha de código e retorna uma lista dos clusters unidos no formato:

```
Z= [stock_1, stock_2, distance, sample_count]
```

Como um precursor, definimos uma função para converter a correlação em distâncias:

```
def correlDist(corr):
  # Uma matriz de distância baseada na correlação, em que 0<=d[i,j]<=1
  # Essa é uma métrica adequada de distância
  dist = ((1 - corr) / 2.) ** .5 # matriz de distância
  return dist
```

Agora, convertemos a correlação dos resultados das ações em distâncias, seguida pela computação dos linkages no passo a seguir. A computação de linkages é seguida pela visualização dos clusters por meio de um dendrograma. Novamente, as folhas são as ações individuais e a raiz é o cluster final. A distância entre cada cluster é mostrada no eixo y; quanto mais longos forem os galhos, menos correlacionados dois clusters estarão.

```
#Calcular linkage
dist = correlDist(returns.corr())
link = linkage(dist, 'ward')

#Plotar Dendrograma
plt.figure(figsize=(20, 7))
plt.title("Dendrograms")
dendrogram(link,labels = X.columns)
plt.show()
```

No próximo gráfico, o eixo horizontal representa os clusters. Embora os nomes das ações no eixo horizontal não estejam muito claros (o que era de se esperar, visto que há quinhentas ações), podemos ver que elas estão agrupadas em diversos clusters.

O número adequado de clusters parece ser dois, três ou seis, dependendo do nível desejado de limite de distância. Em seguida, aproveitaremos os linkages computados neste passo para computar a alocação de ativos com base na paridade de risco hierárquica.

`Output`

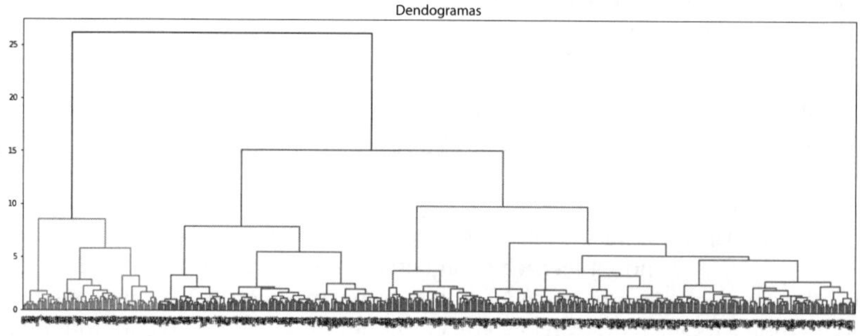

5.2. Passos para a paridade de risco hierárquica. O algoritmo de paridade de risco hierárquica (HRP – hierarchical risk parity) funciona em três estágios, como destacados no artigo de Prado:

Agrupamento de árvore
: Agrupar investimentos semelhantes em clusters baseados em sua matriz de correlação. Ter uma estrutura hierárquica nos ajuda a melhorar os problemas de estabilidade dos otimizadores quadráticos na inversão da matriz de covariância.

Semidiagonalização
: Reorganizar a matriz de covariância para que investimentos semelhantes sejam colocados juntos. Essa diagonalização de matriz nos permite distribuir pesos idealmente seguindo uma alocação de variância inversa.

Bisseção recursiva
: Distribuir a alocação por meio da bisseção recursiva baseada na covariação de clusters.

Após realizar o primeiro estágio da seção anterior, em que identificamos os clusters com base nas métricas de distância, procedemos para a semidiagonalização.

5.2.1. Semidiagonalização. É um processo conhecido como seriação de matriz, que reorganiza as linhas e colunas de uma matriz de covariância para que os valores maiores fiquem na diagonal. Como mostrado no código a seguir, o processo reorganiza a matriz de covariação para que investimentos semelhantes sejam colocados juntos. Essa diagonalização de matriz nos permite distribuir pesos idealmente seguindo uma alocação inversa de variância:

```
def getQuasiDiag(link):
  # Organizar itens agrupados por distância
  link = link.astype(int)
  sortIx = pd.Series([link[-1, 0], link[-1, 1]])
  numItems = link[-1, 3] # número de itens originais
while sortIx.max() >= numItems:
  sortIx.index = range(0, sortIx.shape[0] * 2, 2) # criar espaço
  df0 = sortIx[sortIx >= numItems] # encontrar clusters
```

```
        i = df0.index
        j = df0.values - numItems
        sortIx[i] = link[j, 0] # item 1
        df0 = pd.Series(link[j, 1], index=i + 1)
        sortIx = sortIx.append(df0) # item 2
        sortIx = sortIx.sort_index() # reorganizar
        sortIx.index = range(sortIx.shape[0]) # reindexar
    return sortIx.tolist()
```

5.2.2. Bisseção recursiva. No próximo passo, realizamos a bisseção recursiva, que é uma abordagem de cima para baixo para dividir os pesos do portfólio entre subconjuntos baseados na proporção inversa de suas variâncias agregadas. A função `getClusterVar` computa a variância dos clusters e, nesse processo, exige a variância inversa de portfólio da função `getIVP`. A saída da função `getClusterVar` é usada pela função `getRecBipart` para computar a alocação final por meio da bisseção recursiva baseada na covariância dos clusters:

```
def getIVP(cov, **kargs):
# Computar a variância inversa do portfólio
ivp = 1. / np.diag(cov)
ivp /= ivp.sum()
return ivp

def getClusterVar(cov,cItems):
    # Computar a variância por cluster
    cov_=cov.loc[cItems,cItems] # divisão de matrix
    w_=getIVP(cov_).reshape(-1, 1)
    cVar=np.dot(np.dot(w_.T,cov_),w_)[0, 0]
    return cVar

def getRecBipart(cov, sortIx):
    # Computar HRP alloc
    w = pd.Series(1, index=sortIx)
    cItems = [sortIx] # inicializar todos os itens em um cluster
    while len(cItems) > 0:
            cItems = [i[j:k] for i in cItems for j, k in ((0,\
             len(i) // 2), (len(i) // 2, len(i))) if len(i) > 1] # bisseção
            for i in range(0, len(cItems), 2): # analisar em pares
              cItems0 = cItems[i] # cluster 1
              cItems1 = cItems[i + 1] # cluster 2
              cVar0 = getClusterVar(cov, cItems0)
              cVar1 = getClusterVar(cov, cItems1)
              alpha = 1 - cVar0 / (cVar0 + cVar1)
              w[cItems0] *= alpha # peso 1
              w[cItems1] *= 1 - alpha # peso 2
    return w
```

A seguir, a função `getHRP` combina os três estágios — agrupamento, semidiagonalização e bisseção recursiva — para produzir os pesos finais:

```
def getHRP(cov, corr):
    # Criar um portfólio hierárquico
    dist = correlDist(corr)
    link = sch.linkage(dist, 'single')
```

```
    #plt.figure(figsize=(20, 10))
    #dn = sch.dendrogram(link, labels=cov.index.values)
    #plt.show()
    sortIx = getQuasiDiag(link)
    sortIx = corr.index[sortIx].tolist()
    hrp = getRecBipart(cov, sortIx)
    return hrp.sort_index()
```

5.3. Comparação com outros métodos de alocação de ativos. Um foco principal deste estudo de caso é desenvolver uma alternativa à otimização de portfólio pela média-variância de Markowitz usando o agrupamento. Neste passo, definimos uma função para computar a alocação de um portfólio baseado na técnica de Markowitz. Essa função (`getMVP`) pega a matriz de covariância dos ativos como uma entrada, realiza a otimização pela média-variância e produz as alocações do portfólio:

```
def getMVP(cov):
    cov = cov.T.values
    n = len(cov)
    N = 100
    mus = [10 ** (5.0 * t / N - 1.0) for t in range(N)]

    # Converter para matrizes cvxopt
    S = opt.matrix(cov)
    #pbar = opt.matrix(np.mean(returns, axis=1))
    pbar = opt.matrix(np.ones(cov.shape[0]))

    # Criar matrizes de restrição
    G = -opt.matrix(np.eye(n)) # matriz de identidade negativa n x n
    h = opt.matrix(0.0, (n, 1))
    A = opt.matrix(1.0, (1, n))
    b = opt.matrix(1.0)

    # Calcular pesos eficientes de fronteira usando programação
quadrática
    solvers.options['show_progress'] = False
    portfolios = [solvers.qp(mu * S, -pbar, G, h, A, b)['x']
                  for mu in mus]
    ## Calcular risco e retorno da fronteira
    returns = [blas.dot(pbar, x) for x in portfolios]
    risks = [np.sqrt(blas.dot(x, S * x)) for x in portfolios]
    ## Calcular o 2º grau polinomial da curva de fronteira.
    m1 = np.polyfit(returns, risks, 2)
    x1 = np.sqrt(m1[2] / m1[0])
    # CALCULAR O PORTFÓLIO IDEAL
    wt = solvers.qp(opt.matrix(x1 * S), -pbar, G, h, A, b)['x']
    return list(wt)
```

5.4. Obtendo os pesos do portfólio para todos os tipos de alocação de ativos. Neste passo, usamos as funções anteriores para computar a alocação de ativos usando os dois métodos de alocação de ativos. Depois, visualizamos os resultados:

```
def get_all_portfolios(returns):

    cov, corr = returns.cov(), returns.corr()
```

```
        hrp = getHRP(cov, corr)
        mvp = getMVP(cov)
        mvp = pd.Series(mvp, index=cov.index)
        portfolios = pd.DataFrame([mvp, hrp], index=['MVP', 'HRP']).T
        return portfolios

#Obter os portfólios e plotar o gráfico pizza
portfolios = get_all_portfolios(returns)

portfolios.plot.pie(subplots=True, figsize=(20, 10),legend = False);
fig, (ax1, ax2) = plt.subplots(1, 2,figsize=(30,20))
ax1.pie(portfolios.iloc[:, 0], );
ax1.set_title('MVP',fontsize=30)
ax2.pie(portfolios.iloc[:, 1]);
ax2.set_title('HRP',fontsize=30)
```

Os gráficos a seguir mostram a alocação de ativos do método MVP em comparação ao HRP. Fica claro que há mais diversificação no HRP. Agora, vejamos os resultados do backtesting.

```
Output
```

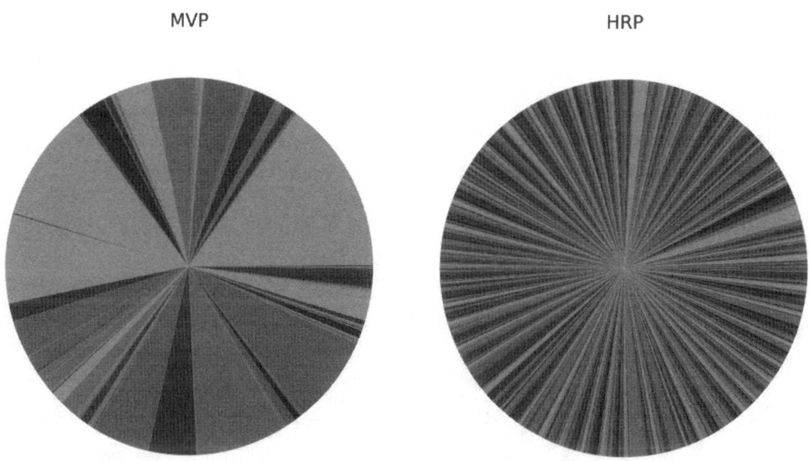

6. Backtesting

Faremos agora o backtesting da performance dos portfólios produzidos pelos algoritmos, observando os resultados dentro e fora da amostra:

```
nsample_Result=pd.DataFrame(np.dot(returns,np.array(portfolios)), \
'MVP','HRP'], index = returns.index)
OutOfSample_Result=pd.DataFrame(np.dot(returns_test,np.array(portfolios)), \
columns=['MVP', 'HRP'], index = returns_test.index)

Insample_Result.cumsum().plot(figsize=(10, 5), title ="In-Sample Results",\
                                   style=['--','-'])
OutOfSample_Result.cumsum().plot(figsize=(10, 5), title ="Out Of Sample
Results",\
                                   style=['--','-'])
```

```
Output
```

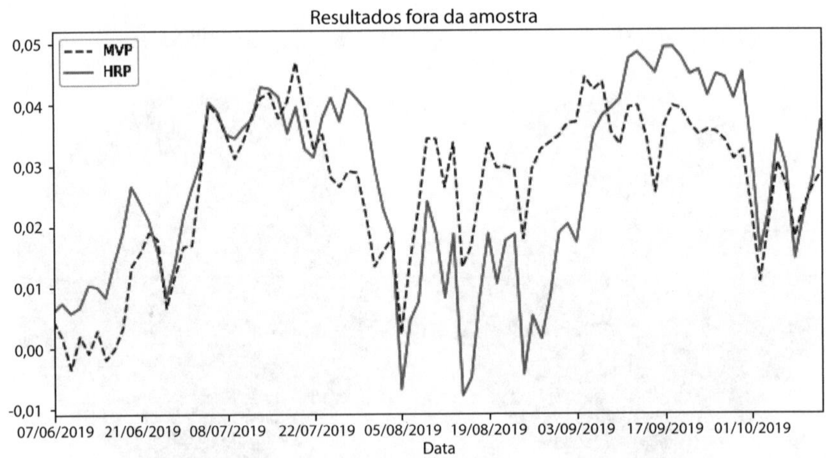

Observando os gráficos, vemos que o MVP tem um mau desempenho durante um período significativo de tempo no teste dentro da amostra. No teste fora da amostra, ele se saiu melhor que o HRP por um breve período entre agosto de 2019 e meados de setembro de 2019. No próximo passo, examinaremos o índice de Sharpe para os dois métodos de alocação:

Resultados dentro da amostra

```
#Resultados dentro da amostra
stddev = Insample_Result.std() * np.sqrt(252)
sharp_ratio = (Insample_Result.mean()*np.sqrt(252))/(Insample_Result).std()
Results = pd.DataFrame(dict(stdev=stddev, sharp_ratio = sharp_ratio))
Results
```

Output

	stdev	sharp_ratio
MVP	0.086	0.785
HRP	0.127	0.524

Resultados fora da amostra

```
#Resultados fora da amostra
stddev_oos = OutOfSample_Result.std() * np.sqrt(252)
sharp_ratio_oos = (OutOfSample_Result.mean()*np.sqrt(252))/
(OutOfSample_Result).\
std()
Results_oos = pd.DataFrame(dict(stdev_oos=stddev_oos, sharp_ratio_oos = \
  sharp_ratio_oos))
Results_oos
```

Output

	stdev_oos	sharp_ratio_oos
MVP	0.103	0.787
HRP	0.126	0.836

Embora os resultados dentro da amostra do MVP pareçam promissores, o índice de Sharpe fora da amostra e o retorno geral do portfólio criado usando a abordagem de agrupamento são melhores. A diversificação que o HRP obtém com ativos não correlacionados torna a metodologia mais robusta contra choques.

Conclusão

Neste estudo de caso, vimos que a alocação de portfólio baseada no agrupamento hierárquico oferece uma separação melhor de ativos em clusters com características semelhantes sem depender da análise clássica de correlação usada na otimização de portfólio pela média-variância de Markowitz.

A técnica de Markowitz produz um portfólio menos diverso, concentrado em poucas ações. A abordagem HRP, aproveitando a alocação baseada no agrupamento hierárquico, resulta em um portfólio mais diverso e distribuído. Essa abordagem apresenta o melhor desempenho fora da amostra e oferece melhor gestão de risco de cauda devido à diversificação.

Certamente, as estratégias de paridade de risco hierárquica correspondentes resolvem as falhas da alocação de portfólio baseada em variância mínima. É visual e flexível e parece oferecer uma metodologia robusta para alocação e gestão de portfólios.

Resumo do Capítulo

Neste capítulo, aprendemos sobre diferentes técnicas de agrupamento e as usamos para captar a estrutura natural dos dados para melhorar a tomada de decisão em diversas áreas das finanças. Por meio dos estudos de caso, demonstramos que as técnicas de agrupamento podem ser úteis para melhorar as estratégias de trading e a gestão de portfólio.

Além de oferecer uma abordagem para diferentes problemas financeiros, os estudos de caso se concentraram em compreender os conceitos dos modelos de agrupamento, desenvolvendo a intuição e visualizando os clusters. No geral, os conceitos em Python, aprendizado de máquina e finanças apresentados neste capítulo pelos estudos de caso podem ser usados como um blueprint para qualquer outro problema em finanças baseado em agrupamento.

Concluída nossa análise sobre o aprendizado supervisionado e não supervisionado, exploraremos outro tipo de aprendizado de máquina no próximo capítulo: o aprendizado por reforço.

Exercícios

- Use o agrupamento hierárquico para formar clusters de investimentos em uma classe diferente de ativo, como forex ou commodities.
- Aplique a análise de agrupamento para o pairs trading no mercado de taxa de juros no universo dos títulos.

PARTE IV

Aprendizado por Reforço e Processamento de Linguagem Natural

CAPÍTULO 9

Aprendizado por Reforço

Os incentivos são a força motriz de quase tudo, e, nas finanças, não é diferente. Os humanos não aprendem com milhões de exemplos rotulados. Em vez disso, é comum aprendermos a partir de experiências positivas ou negativas que associamos com nossas ações. Aprender com as experiências e as recompensas ou as punições associadas é a ideia central subjacente ao aprendizado por reforço (AR).[1]

O aprendizado por reforço é uma abordagem de treinamento de uma máquina para encontrar o melhor curso de ação por meio de normas ideais que maximizem as recompensas e minimizem as punições.

Os algoritmos de AR que capacitaram o *AlphaGo* (o primeiro programa de computador que derrotou um jogador humano profissional de Go) também estão encontrando lugar nas finanças. A ideia principal do aprendizado por reforço de *maximizar as recompensas* se alinha belamente com diversas áreas de finanças, incluindo o trading algorítmico e a gestão de portfólio. O AR é especialmente adequado para o algotrading, pois o conceito de um *agente maximizador de retornos* em um ambiente incerto e dinâmico tem muito a ver com um investidor ou uma estratégia de trading que interage com os mercados financeiros. Os modelos baseados em aprendizado por reforço dão um passo além em comparação com as estratégias de trading, baseadas em previsões analisadas nos capítulos anteriores, e determinam as normas baseadas em regras para as ações (ou seja, emitir uma ordem, não fazer nada, cancelar uma ordem e assim por diante).

De modo semelhante, na gestão de portfólio e na alocação de ativos, o aprendizado por reforço baseado em algoritmos não produz previsões e não aprende a estrutura do mercado implicitamente. Ele faz mais do que isso. Ele aprende diretamente as normas de mudanças dos pesos de alocação do portfólio de forma dinâmica no mercado que não para de mudar. Os modelos de AR também são úteis para os problemas de execução de ordens, que envolvem o processo de completar uma ordem de compra ou venda para um instrumento de mercado. Aqui, os algoritmos aprendem por meio da tentativa e do erro, descobrindo o caminho ideal de execução por conta própria.

Com a habilidade de lidar com mais nuances e parâmetros dentro do ambiente operacional, os algoritmos de aprendizado por reforço também podem produzir estratégias de hedge de derivativos. Diferentemente das estratégias tradicionais de hedge baseadas em finanças, as estratégias dos algoritmos de AR são ideais e

1 Aprendizado por reforço também é referido como AR ao longo deste capítulo.

válidas perante as fricções do mercado no mundo real, como custos de transação, impacto de mercado, restrições de liquidez e limites de risco.

Neste capítulo, analisaremos três estudos de caso baseados no aprendizado por reforço que abordam aplicações financeiras: trading algorítmico, hedge de derivativos e alocação de portfólio. Em termos de passos de desenvolvimento do modelo, os estudos de caso seguem um modelo padronizado com sete passos apresentado no Capítulo 2. O desenvolvimento e a avaliação do modelo são passos essenciais para o aprendizado por reforço, e esses passos serão enfatizados. Com diversos conceitos de aprendizado de máquina e finanças implementados, esses estudos de caso podem ser usados como blueprints para qualquer outro problema de finanças baseado em aprendizado por reforço.

No "Estudo de Caso 1: Estratégia de Trading Baseada no Aprendizado por Reforço", na página 279, demonstramos o uso do AR para desenvolver uma estratégia de trading algorítmico.

No "Estudo de Caso 2: Hedge de Derivativos", na página 296 implementamos e analisamos técnicas baseadas no aprendizado por reforço para calcular a estratégia ideal de hedge para portfólios de derivativos sob os atritos do mercado.

No "Estudo de Caso 3: Alocação de Portfólio", na página 312, ilustramos o uso de uma técnica baseada em aprendizado por reforço em um conjunto de dados de criptomoedas, de modo a alocar capital em diferentes criptos para maximizar os retornos ajustados ao risco. Também apresentamos um *ambiente de simulação* baseado em AR para treinar e testar o modelo.

Além dos tópicos mencionados, você entenderá os seguintes pontos ao término deste capítulo:

- Componentes essenciais do aprendizado por reforço (recompensa, agente, ambiente, ação e norma).
- Algoritmos baseados em modelos e sem modelos para o aprendizado por reforço juntamente com modelos baseados em normas e valores.
- Abordagens fundamentais para resolver problemas de aprendizado por reforço, como os processos de decisão de Markov (MDP), diferença temporal (TD) e redes neurais artificiais (RNAs).
- Métodos para treinar e testar algoritmos de AR baseados em valor e norma usando as RNAs e o aprendizado profundo.
- Como configurar um agente ou ambiente de simulação para problemas de AR usando Python.
- Como criar e implementar um problema relacionado à estratégia de trading algorítmico, à gestão de portfólio e ao hedge de instrumentos em um framework de aprendizado de máquina baseado em classificação.

Repositório de Códigos Deste Capítulo

Um Jupyter notebook baseado em Python para todos os estudos de caso apresentados neste capítulo está incluso na pasta Chapter 9 - Reinforcement Learning (*https://oreil.ly/FpOxD*) do repositório de códigos deste livro. Para trabalhar com quaisquer outros problemas de aprendizado de máquina em Python envolvendo os modelos de AR (como DQN ou policy gradient) apresentados neste capítulo, você precisará alterar levemente o template para o alinhar com o problema.

Aprendizado por Reforço: Teoria e Conceitos

O aprendizado por reforço é um tópico extenso que abarca uma vasta gama de conceitos e terminologia. A seção teórica deste capítulo aborda os itens e tópicos listados na Figura 9-1.[2]

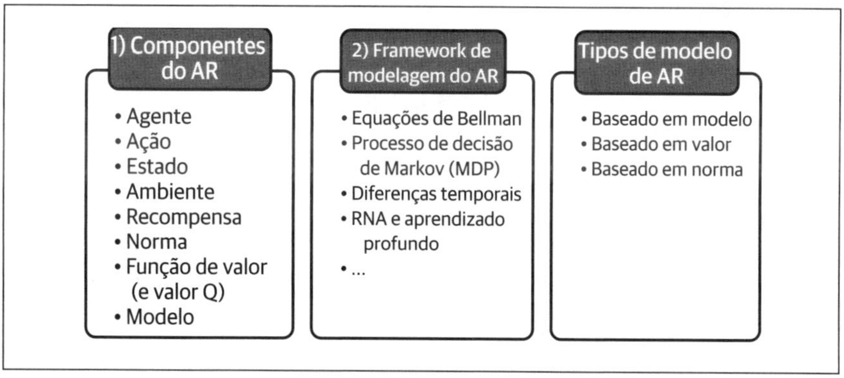

Figura 9-1. Resumo dos conceitos de AR

Para podermos resolver qualquer problema usando o AR, é importante primeiro entender e definir seus componentes.

Componentes do AR

Os principais componentes de um sistema de AR são o agente, as ações, o ambiente, o estado e a recompensa.

Agente
: A entidade que realiza as ações.

Ações
: Aquilo que um agente pode fazer dentro de seu ambiente.

Ambiente
: O mundo em que o agente reside.

2 Para obter mais detalhes, não deixe de ler o livro *Reinforcement Learning: An Introduction* de Richard Sutton e Andrew Barto (MIT Press) [sem publicação no Brasil], ou de assistir ao curso gratuito de David Silver sobre AR na University College London (*https://oreil.ly/niRu-*).

Estado
: A situação atual.

Recompensa
: O retorno imediato enviado pelo ambiente para avaliar a última ação do agente.

O objetivo do aprendizado por reforço é aprender uma estratégia ideal por meio de tentativas experimentais e loops de feedback relativamente simples. Com a estratégia ideal, o agente pode então se adaptar ativamente ao ambiente para maximizar as recompensas. Diferentemente do aprendizado supervisionado, esses sinais de recompensa não são dados ao modelo imediatamente. São retornados como consequência de uma sequência de ações que o agente realiza.

As ações de um agente são normalmente condicionadas àquilo que ele percebe a partir do ambiente. O que o agente percebe é referido como observação ou estado do ambiente. A Figura 9-2 resume os componentes de um sistema de aprendizado por reforço.

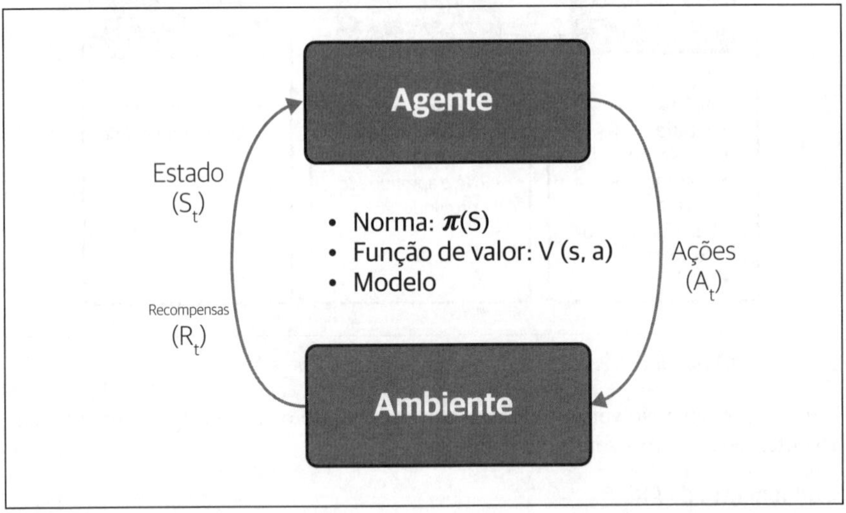

Figura 9-2. Componentes do AR

A interação entre o agente e o ambiente envolve uma sequência de ações e recompensas observadas no tempo, $t = 1, 2...T$. Durante o processo, o agente acumula conhecimento sobre o ambiente, aprende a norma ideal e toma decisões sobre qual ação realizar em seguida para aprender de forma eficiente a melhor norma. Vamos rotular o estado, a ação e a recompensa no intervalo temporal t como S_t, $A_t...R_t$, respectivamente. Assim, a sequência de interação é integralmente descrita por um episódio (também conhecido como "tentativa" ou "trajetória"), e a sequência encerra no estado terminal S_T: S_1, A_1, R_2, S_2, $A_2...A_T$.

Além dos cinco componentes de aprendizado por reforço já mencionados, há outros três: norma, função de valor (e valor Q) e modelo do ambiente. Vejamos cada um em detalhes.

Norma

A norma (policy) é um algoritmo ou um conjunto de regras que descreve como um agente toma suas decisões. Mais formalmente, é uma função, geralmente representada por π, que conecta um estado (s) e uma ação (a):

$$a_t = \pi(s_t)$$

Isso significa que um agente decide sua ação dado o estado atual. A norma pode ser determinística ou escolástica. Uma norma determinística conecta um estado com as ações. Por outro lado, uma norma escolástica produz a saída de uma distribuição de probabilidade sobre as ações. Significa que, em vez de ter a certeza de realizar a ação a, há a probabilidade atribuída à ação dado um estado.

Nosso objetivo no aprendizado por reforço é aprender uma norma ideal (também referida como π *). Uma norma ideal nos diz como agir para maximizar o retorno em cada estado.

Função de valor (e valor Q)

O objetivo de um agente de aprendizado por reforço é aprender a realizar bem uma tarefa em um ambiente. Matematicamente, isso significa maximizar a recompensa futura, ou a recompensa descontada cumulativa, G, que pode ser expressa pela seguinte equação como uma função da função de recompensa R em momentos diferentes:

$$G_t = R_{t+1} + \gamma R_{t+2} + \cdots = \sum_{0}^{\infty} \gamma^k R_{t+k+1}$$

O fator de desconto γ é um valor entre 0 e 1 para penalizar as recompensas no futuro, visto que as recompensas futuras não oferecem benefícios imediatos e podem ter uma incerteza maior. A recompensa futura é uma entrada importante para a função de valor.

A função de valor (ou valor de estado) mensura a atratividade de um estado por meio de uma previsão sobre uma recompensa futura G_t. A função de valor de um estado s é o retorno esperado, com uma norma π se estivermos nesse estado no tempo t:

$$V(s) = E[G_t \mid S_t = s]$$

De igual modo, definimos a função de valor de ação (valor Q) de um par estado-ação de estado (s, a) como:

$$Q(s, a) = E[G_t \mid S_t = s, A_t = a]$$

Assim, a função de valor é o retorno esperado para um estado seguindo uma norma π. O valor Q é a recompensa esperada para o par estado-ação seguindo uma norma π.

A função de valor e o valor Q também estão interconectados. Visto que seguimos a norma-alvo π, podemos fazer uso da distribuição de probabilidade para possíveis ações e valores Q para recuperar a função de valor:

$$V(s) = \sum_{a \in A} Q(s, a)\pi(a \mid s)$$

Essa equação representa a relação entre a função de valor e o valor Q.

A relação entre a função de recompensa (*R*), as recompensas futuras (*G*), a função de valor e o valor Q é usada para derivar as equações de Bellman (analisadas posteriormente neste capítulo), que são um dos componentes fundamentais de muitos modelos de aprendizado por reforço.

Modelo

O modelo é um descritor do ambiente. Com o modelo, podemos aprender ou deduzir como o ambiente interagiria com o agente e lhe forneceria feedback. Os modelos são usados para *planejamento*, quer dizer, qualquer forma de decidir sobre o curso de uma ação ao considerar possíveis situações futuras. Um modelo do mercado de ações, por exemplo, tem a tarefa de prever como os preços estarão no futuro. O modelo tem duas partes principais: *função de probabilidade de transição* (*P*) e função de recompensa. Já falamos sobre a função de recompensa. A função de transição (*P*) registra a probabilidade de transicionar de um estado para outro depois de agir.

De forma geral, um agente de AR pode estar tentando, de forma direta ou indireta, aprender uma função de norma ou de valor mostrada na Figura 9-3. A abordagem para aprender uma norma varia dependendo do tipo de modelo de AR. Quando conhecemos totalmente o ambiente, podemos encontrar a solução ideal ao usarmos *abordagens baseadas em modelos.*[3] Quando não conhecemos o ambiente, seguimos uma *abordagem sem modelo* (*model free*) e tentamos aprender o modelo explicitamente como parte do algoritmo.

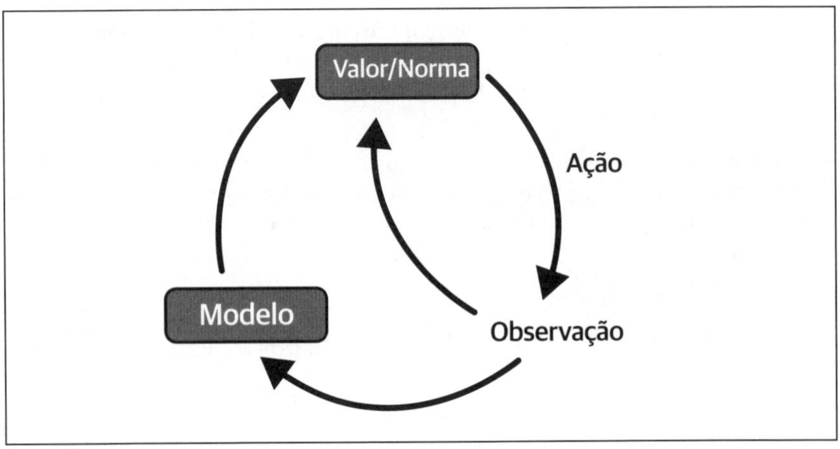

Figura 9-3. Modelo, valor e norma

Componentes do AR em um contexto de trading

Vamos tentar entender qual é a relação dos componentes do AR com um ambiente de trading:

3 Veja a seção "Modelos de Aprendizado por Reforço", na página 274, para obter mais detalhes sobre as abordagens baseadas em modelo e sem modelo.

Agente

O agente é nosso agente de trading. Pode ser um trader humano que toma decisões com base no estado atual da bolsa e de sua conta.

Ação

Haveria três ações: *Compra, Hold* e *Venda.*

Função de recompensa

Uma função óbvia de recompensa seria o *P&L* (*Lucros e Perdas*). Outras funções de recompensa podem ser o *índice de Sharpe* ou o *drawdown máximo*.[4] Pode haver uma grande variedade de funções complexas de recompensa que oferecem um equilíbrio entre lucro e risco.

Ambiente

O ambiente em um contexto de trading seria a *bolsa*. No caso do trading na bolsa, não observamos o estado completo do ambiente. Especificamente, não sabemos sobre outros agentes, e o que um agente observa não é o estado verdadeiro do ambiente, apenas uma derivação dele.

Isso é referido como *processo de decisão de Markov parcialmente observável* (POMDP). É o tipo mais comum de ambiente que encontramos em finanças.

Framework de Modelagem de AR

Nesta seção, descrevemos o framework central do aprendizado por reforço usado em diversos modelos de AR.

Equações de Bellman

As equações de Bellman se referem a um conjunto de equações que decompõem a função de valor e o valor Q na recompensa imediata mais os valores futuros descontados.

No AR, o principal objetivo de um agente é obter a soma mais esperada de recompensas de cada estado que entra. Para tanto, precisamos tentar obter a função ideal de valor e o valor Q; as equações de Bellman nos ajudam com isso.

Usamos a relação entre a função de recompensa (R), as recompensas futuras (G), a função de valor e o valor Q para derivarmos a equação de Bellman para a função de valor, como mostra a Equação 9-1.

Equação 9-1. Equação de Bellman para a função de valor

$$V(s) = E[R_{t+1} + \gamma V(S_{t+1}) \mid S_t = s]$$

Aqui, a função de valor é decomposta em duas partes: uma recompensa imediata, R_{t+1}, e o valor descontado do estado sucessor, $\gamma V(S_{t+1})$, como mostra a equação. Dessa forma, decompomos o problema em recompensa imediata e o estado sucessor descontado. O valor de estado *V(s)* para o estado *s* no tempo *t* pode ser computado usando a recompensa atual R_{t+1} e a função de valor no tempo *t*+1. Essa é a equação de Bellman para a função de valor. Essa equação pode

4 Um drawdown máximo representa a perda máxima observada do pico ao vale de um portfólio antes que um novo pico seja alcançado; é um indicador de risco de baixa ao longo de um período específico.

ser maximizada para obtermos uma equação chamada Equação de Otimização de Bellman para a função de valor, representada por *V*(s)*.

Seguimos um algoritmo semelhante para estimar os valores ideais de estado-ação (valores Q). Os algoritmos simplificados de iteração para a função de valor e o valor Q são mostrados nas Equações 9-2 e 9-3.

Equação 9-2. Algoritmo de iteração para a função de valor

$$V_{k+1}(s) = \max_{a} \sum_{s'} P_{ss'}^{a}\left(R_{ss'}^{a} + \gamma V_k(s')\right)$$

Equação 9-3. Algoritmo de iteração para o valor Q

$$Q_{k+1}(s, a) = \sum_{s'} P_{ss'}^{a}[R_{ss'}^{a} + \gamma * \max_{a'} * Q_k(s', a')]$$

em que

- P_{ss}^{a} é a probabilidade de transição do estado *s* para o estado *s'*, dado que a ação *a* foi escolhida.
- R_{ss}^{a} é a recompensa que o agente obtém quando vai do estado *s* para o estado *s'*, dado que a ação *a* foi escolhida.

As equações de Bellman são importantes, pois nos permitem expressar os valores de estados como valores de outros estados. Significa que, se conhecemos a função de valor ou o valor Q de s_{t+1}, podemos calcular com muita facilidade o valor de s_t. Isso abre muitas portas para abordagens iterativas para calcular o valor de cada estado, visto que, se sabemos qual é o valor do estado seguinte, podemos saber qual é o valor do estado atual.

Se tivermos informações completas sobre o ambiente, os algoritmos de iteração mostrados nas Equações 9-2 e 9-3 se transformam em um problema de planejamento, solucionável pela programação dinâmica que demostraremos na próxima seção. Infelizmente, na maioria dos cenários, não conhecemos R_{ss} ou P_{ss}, portanto não podemos aplicar as equações de Bellman diretamente, mas elas estabelecem o fundamento teórico para muitos algoritmos de AR.

Processos de decisão de Markov

Quase todos os problemas de AR podem ser considerados processos de decisão de Markov (MDPs – Markov decision processes). Eles descrevem formalmente um ambiente para o aprendizado por reforço. Um processo de decisão de Markov consiste em cinco elementos: *M* = *S* , *A*, *P*, *R*, *γ*, em que os símbolos transmitem os mesmos significados definidos na seção anterior:

- *S*: um conjunto de estados.
- *A*: um conjunto de ações.
- *P*: probabilidade de transição.
- *R*: função de recompensa.
- *γ*: fator descontado para recompensas futuras.

Os MDPs formulam a interação agente-ambiente como um problema sequencial de decisão ao longo de uma série de intervalos temporais t = 1, …, T. O agente e o ambiente interagem continuamente, o agente selecionando as ações e o ambiente reagindo a essas ações e apresentando novas situações ao agente, com o objetivo de chegar a uma norma ou estratégia ideais. As equações de Bellman formam a base para o algoritmo geral.

Todos os estados no MDP têm a propriedade de Markov, referindo-se ao fato de que o futuro depende apenas do estado atual, e não do histórico.

Vejamos um exemplo do MDP em um contexto financeiro e analisemos a equação de Bellman. O trading no mercado pode ser formalizado como um MDP, que é um processo com probabilidades especificadas de transição de estado para estado. A Figura 9-4 mostra um exemplo do MDP no mercado financeiro, com um conjunto de estados, a probabilidade de transição, a ação e a recompensa.

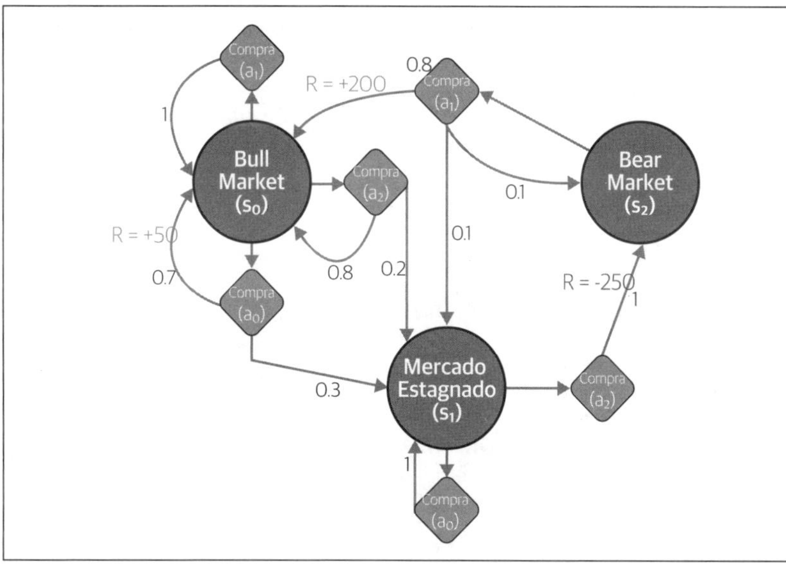

Figura 9-4. Processo de decisão de Markov

O MDP apresentado aqui tem três estados: bull market [mercado em alta], bear market [mercado em baixa] e mercado estagnado, representado pelos três estados (s_0, s_1, s_2). As três ações de um trader são manter (hold), comprar e vender, representadas por a_0, a_1, a_2, respectivamente. Essa é uma configuração hipotética em que presumimos que as probabilidades de transações são conhecidas, e a ação do trader leva a uma mudança no estado do mercado. Nas seções subsequentes, veremos abordagens para resolver problemas de AR sem fazer essas suposições. O gráfico também mostra as probabilidades de transição e as recompensas para diferentes ações. Se começarmos no estado s_0 (bull market), o agente pode escolher entre as ações a_0, a_1, a_2 (manter, comprar ou vender). Se ele escolhe a ação comprar (a_1), permanece no estado s_0 com certeza e sem qualquer recompensa. Ele pode então decidir ficar lá para sempre, se assim o desejar. Mas caso escolha a ação hold (a_0), terá uma probabilidade de 70% de ganhar uma recompensa de +50, e permanecer no estado s_0. Poderá então tentar novamente para ganhar o máximo possível de recompensas. Porém, em algum momento, acabará chegando ao estado s_1 (mercado estagnado). No estado s_1 ele tem apenas duas ações possíveis: manter (a_0) ou comprar (a_1). Pode escolher ficar aí repetidamente escolhendo a ação a_1, ou pode escolher passar para o estado s_2 (bear market) e obter uma recompensa negativa de –250. No estado s_3 ele não tem outra opção a não ser a ação de compra (a_1), que muito provavelmente o levará de volta ao estado s_0 (bull market), ganhando uma recompensa de +200 no processo.

Pois bem, observando esse MDP, podemos encontrar uma norma ou uma estratégia ideais para obter a maior recompensa ao longo do tempo. No estado s_0, fica claro que a ação a_0 é a melhor opção, e no estado s_2 o agente não tem outra escolha senão a ação a_1, mas no estado s_1 não fica óbvio se o agente deveria manter (a_0) ou vender (a_2).

Vamos aplicar a seguinte equação de Bellman conforme a Equação 9-3 para obtermos o valor Q ideal:

$$Q_{k+1}(s, a) = \sum_{s'} P_{ss'}^{a} [R_{ss'}^{a} + \gamma * \max_{a'} * Q_k(s', a')]$$

```
import numpy as np
nan=np.nan # representa ações impossíveis
# Matriz para probabilidade de transição
P = np.array([ # shape=[s, a, s’]
[[0.7, 0.3, 0.0], [1.0, 0.0, 0.0], [0.8, 0.2, 0.0]],
[[0.0, 1.0, 0.0], [nan, nan, nan], [0.0, 0.0, 1.0]],
[[nan, nan, nan], [0.8, 0.1, 0.1], [nan, nan, nan]],
])

# Matriz para o retorno
R = np.array([ # shape=[s, a, s’]
[[50., 0.0, 0.0], [0.0, 0.0, 0.0], [0.0, 0.0, 0.0]],
[[50., 0.0, 0.0], [nan, nan, nan], [0.0, 0.0, -250.]],
[[nan, nan, nan], [200., 0.0, 0.0], [nan, nan, nan]],
])
# Ações
A = [[0, 1, 2], [0, 2], [1]]
# Os dados já obtidos do Yahoo Finance são importados.

# Agora, vamos executar o algoritmo de Iteração Valor Q:
Q = np.full((3, 3), -np.inf) # -inf para ações impossíveis
for state, actions in enumerate(A):
     Q[state, actions] = 0.0 # Valor inicial = 0.0, para todas as ações
possíveis
discount_rate = 0.95
n_iterations = 100
for iteration in range(n_iterations):
     Q_prev = Q.copy()
     for s in range(3):
          for a in A[s]:
               Q[s, a] = np.sum([
     T[s, a, sp] * (R[s, a, sp] + discount_rate * np.max(Q_prev[sp]))
          for sp in range(3)])
print(Q)
```

```
Output

    [[109.43230584 103.95749333  84.274035  ]
     [  5.5402017          -inf   5.83515676]
     [        -inf 269.30353051         -inf]]
```

Isso nos dá a norma ideal (valor Q) para esse MDP, quando usamos uma taxa de desconto de 0,95. Buscando o maior valor Q para cada estado, temos: em um bull market (s_0), escolher a ação hold (a_0); em um mercado estagnado (s_1), escolher a ação vender (a_2); e em um bear market (s_2), escolher a ação comprar (a_1).

Esse exemplo é uma demonstração de um algoritmo de programação dinâmica (DP – dynamic programming) para obter a norma ideal. Esses métodos pegam uma suposição irreal de conhecimento completo sobre o ambiente, mas são os fundamentos conceituais para a maioria das outras abordagens.

Aprendizado por diferença temporal

Os problemas de aprendizado por reforço com ações discretas podem muitas vezes ser modelados como processos de decisão de Markov, como vimos no exemplo anterior; contudo, na maioria dos casos, o agente inicialmente não tem insights sobre as probabilidades de transição. Ele também não sabe quais serão as recompensas. É aqui que o aprendizado por diferença temporal (TD – temporal difference) pode ser útil.

Um algoritmo de aprendizado por TD é muito semelhante ao algoritmo de iteração de valor (Equação 9-2) baseado na equação de Bellman, mas é ajustado para levar em conta o fato de que o agente tem apenas um conhecimento parcial do MDP. Em geral, presumimos que o agente inicialmente conhece os estados e as ações possíveis, e nada além disso. Por exemplo, ele usa uma norma de exploração, puramente aleatória, para explorar o MDP, e à medida que progride, o algoritmo de aprendizado por TD atualiza e estima os valores de estado com base nas transições e recompensas que são realmente observadas.

A ideia fundamental no aprendizado por TD é atualizar a função de valor $V(S_t)$ para um retorno estimado $R_{t+1} + \gamma V(S_{t+1})$ (conhecido como *TD target*). A extensão para a qual queremos atualizar a função de valor é controlada pelo hiperparâmetro de *taxa de aprendizado* α, que define o quão agressivos queremos ser ao atualizar nosso valor. Quando α está próximo de zero, não estamos atualizando muito agressivamente. Quando α está próximo de um, estamos apenas substituindo o valor antigo pelo atualizado:

$$V(s_t) \leftarrow V(s_t) + \alpha(R_{t+1} + \gamma V(s_{t+1}) - V(s_t))$$

De modo semelhante, para a estimação do valor Q:

$$Q(s_t, a_t) \leftarrow Q(s_t, a_t) + \alpha(R_{t+1} + \gamma Q(s_{t+1}, a_{t+1}) - Q(s_t, a_t))$$

Muitos modelos de AR usam o algoritmo de aprendizado TD que veremos na próxima seção.

Rede neural artificial e aprendizado profundo

Os modelos de aprendizado por reforço normalmente utilizam uma rede neural artificial e métodos de aprendizado profundo para aproximar uma função de valor ou de norma. Ou seja, a RNA pode aprender a conectar estados com valores ou pares estado-ação com valores Q. Elas usam *coeficientes*, ou *pesos*, para aproximar a função relacionando entradas com saídas. No contexto do AR, o aprendizado das RNAs significa encontrar os pesos certos ao ajustá-los iterativamente de tal modo que as recompensas sejam maximizadas. Consulte os Capítulos 3 e 5 para obter mais detalhes sobre os métodos relacionados à RNA (incluindo o aprendizado profundo).

Modelos de Aprendizado por Reforço

O aprendizado por reforço pode ser categorizado em algoritmos *baseados em modelos* (*model based*) e *sem modelo* (*model free*), tendo por base o fato de as recompensas e as probabilidades para cada passo estarem ou não prontamente acessíveis.

Algoritmos baseados em modelos

Os algoritmos baseados em modelos tentam entender o ambiente e criar um modelo para representá-lo. Quando o problema de AR inclui probabilidades bem definidas de transição e um número limitado de estados e ações, pode ser considerado um *MDP finito* para o qual a programação dinâmica (DP) pode computar uma solução exata, semelhante ao exemplo anterior.[5]

Algoritmos sem modelos

Os algoritmos sem modelos tentam maximizar a recompensa esperada apenas a partir da experiência real, sem um modelo ou um conhecimento prévio. Eles são usados quando temos informações incompletas sobre o modelo. A norma do agente $\pi(s)$ fornece a diretriz sobre qual é a ação ideal a ser tomada em determinado estado com o objetivo de maximizar as recompensas totais. Cada estado é associado com uma função de valor $V(s)$, prevendo a quantidade esperada de recompensas futuras que podemos receber nesse estado ao agir de acordo com a norma correspondente. Em outras palavras, a função de valor quantifica o quão bom um estado é. Os algoritmos sem modelo são divididos ainda em *baseados em valor* e *baseados em norma*. Os algoritmos baseados em valor aprendem o estado, ou o valor Q, ao escolher a melhor ação em um estado. Esses algoritmos são geralmente baseados no aprendizado por diferença temporal sobre o qual falamos na seção sobre o framework do AR. Os algoritmos baseados em norma (também conhecidos como *busca direta de norma*) aprendem diretamente uma norma ideal que conecta o estado com a ação (ou tenta aproximar a norma ideal, caso a norma ideal real não seja alcançável).

Na maioria das situações em finanças, não conhecemos totalmente o ambiente, as recompensas ou as probabilidades de transição, e devemos recor-

5 Se os espaços de estado e ação do MDP são finitos, é então denominado um processo finito de decisão de Markov.

rer aos algoritmos sem modelo e a abordagens relacionadas.[6] Dessa forma, o foco da próxima seção e dos estudos de caso será os métodos sem modelo e algoritmos relacionados.

A Figura 9-5 mostra uma taxonomia do aprendizado por reforço sem modelo. Reforçamos nossa recomendação para que você consulte a obra *Reinforcement Learning: An Introduction* para obter uma compreensão mais profunda sobre os algoritmos e os conceitos.

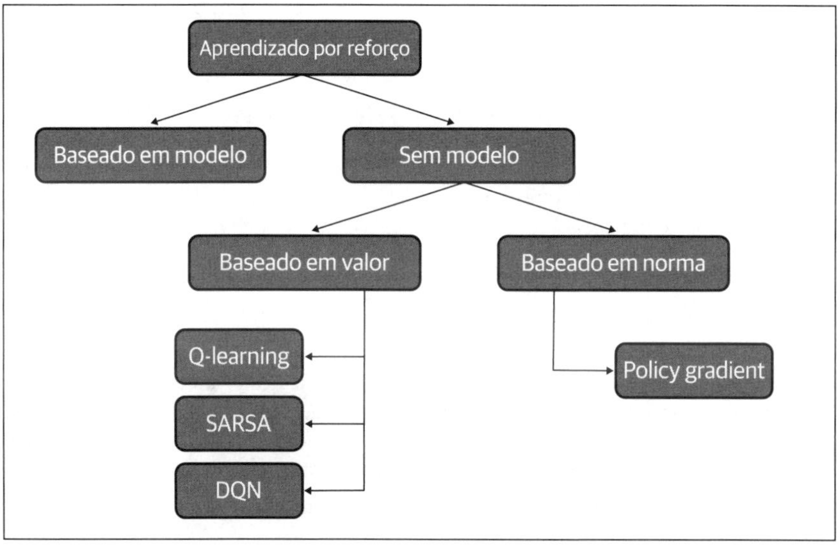

Figura 9-5. Taxonomia dos modelos de AR

No contexto de métodos sem modelo, o aprendizado por diferença temporal é uma das abordagens mais utilizadas. Nesse método, o algoritmo refina suas estimativas com base nas próprias estimativas anteriores. Os algoritmos baseados em valor *Q-learning* e *SARSA* usam essa abordagem.

Os métodos sem modelo normalmente fazem uso de uma rede neural artificial para aproximar uma função de valor ou de norma. O *policy gradient* e o *deep Q-network (DQN)* são dois algoritmos sem modelo comumente utilizados que usam redes neurais artificiais. O policy gradient é uma abordagem baseada em norma que parametriza diretamente a norma. O deep Q-network é um método baseado em valor que combina aprendizado profundo com *Q-learning*, que estabelece o objetivo de aprendizado para otimizar as estimativas do valor Q (Q-value).[7]

6 O exemplo de MDP baseado em programação dinâmica que vimos na seção anterior foi o de um algoritmo baseado em modelo. Como pudemos perceber, exemplos de recompensas e probabilidades de transição são necessários para tais algoritmos.

7 Há alguns modelos, como o actor-critic, que fazem uso de métodos baseados em norma e daqueles baseados em valor.

Q-Learning

Q-learning é uma adaptação do aprendizado por TD. O algoritmo avalia qual ação realizar com base em uma função de valor Q (ou de ação-valor) que determina o valor de estar em determinado estado e tomar determinada ação nesse estado. Para cada par estado-ação *(s, a)*, esse algoritmo registra uma média móvel das recompensas, *R*, que o agente obtém ao sair do estado *s* com a ação *a*, mais a recompensa que espera obter posteriormente.

Visto que a norma-alvo agiria de forma ideal, levamos o máximo das estimativas do valor Q para o próximo estado.

O aprendizado ocorre *fora da norma* (*off-policy*), quer dizer, o algoritmo *não* precisa selecionar ações com base na norma que está implícita apenas pelo valor da função. Todavia, a convergência exige que todos os pares estado-ação continuem sendo atualizados durante todo o processo de treinamento, e uma maneira simples de garantir que isso ocorra é usar uma norma *ε-greedy*, que será definida na próxima seção.

Estes são os passos do Q-learning:

1. No tempo *t*, partimos do estado s_t e escolhemos uma ação de acordo com os valores Q, $a_t = max_a Q(s_t, a)$.
2. Aplicamos uma abordagem *ε-greedy* que seleciona aleatoriamente uma ação com uma probabilidade de ε ou então escolhe a melhor ação de acordo com a função de valor Q. Isso garante a exploração de novas ações em dado estado ao mesmo tempo em que também aproveita a experiência de aprendizado.[8]
3. Com a ação a_t, observamos a recompensa R_{t+1} e entramos no novo estado S_{t+1}.
4. Atualizamos a função ação-valor:

   $$Q(s_t, a_t) \leftarrow Q(s_t, a_t) + \alpha(R_{t+1} + \gamma \max_a Q(s_{t+1}, at) - Q(s_t, a_t))$$
5. Incrementamos o intervalo temporal, $t = t+1$ e repetimos os passos.

Observadas as iterações suficientes desses passos, o algoritmo convergirá no valor Q ideal.

SARSA

SARSA também é um algoritmo baseado em aprendizado de diferença temporal. Ele se refere ao procedimento de atualização do valor Q ao seguir uma sequência de $...S_t, A_t, R_{t+1}, S_{t+1}, A_{t+1}, ...$ Os primeiros dois passos do SARSA são semelhantes aos passos do Q-learning. No entanto, diferentemente do Q-learning, o SARSA é um algoritmo *dentro da norma* (*on policy*) em que o agente entende a norma ideal e a usa para agir. Nesse algoritmo, as normas usadas para *atualizar* e para *agir* são as mesmas. O Q-learning é considerado um algoritmo *fora da norma* (*off policy*).

8 *Off-policy, ε-greedy, exploração (exploration)* e *aproveitamento (exploitation)* são termos bastante usados em AR e também serão usados em outras seções e estudos de casos.

Deep Q-Network

Na seção anterior, vimos como o Q-learning nos permite aprender a função do valor Q ideal em um ambiente com ações discretas de estado usando atualizações iterativas baseadas na equação de Bellman. Porém o Q-learning pode ter as seguintes desvantagens:

- Nos casos em que o espaço do estado e da ação é grande, a tabela ideal do valor Q se torna rapidamente inviável computacionalmente.
- O Q-learning pode sofrer instabilidades e divergências.

Para resolver essas falhas, usamos as RNAs para aproximar os valores Q. Por exemplo, se usarmos uma função com parâmetro θ para calcular os valores Q, podemos rotular a função do valor Q como $Q(s,a;\theta)$. O algoritmo deep Q-learning aproxima um conjunto de pesos, θ, de uma deep Q-network que conecta os estados com as ações. O algoritmo visa melhorar e estabilizar muito o procedimento de treinamento do Q-learning por meio de dois mecanismos inovadores:

Replay de experiência

Em vez de executar o Q-learning em pares de estado-ação à medida que ocorrem durante a simulação ou na experiência real, o algoritmo armazena o histórico do estado, da ação, da recompensa e das próximas transições de estado que são experienciadas pelo agente em uma grande *memória de replay*. Isso pode ser referido como um *minilote* de observações. Durante as atualizações do Q-learning, as amostras são extraídas aleatoriamente da memória de replay e, assim, uma amostra pode ser usada diversas vezes. O replay de experiência melhora os dados de forma eficiente, remove as correlações nas sequências de observação e suaviza as mudanças na distribuição dos dados.

Alvo periodicamente atualizado

Q é otimizado para os valores-alvo que são apenas atualizados periodicamente. A Q-network é clonada e mantida congelada à medida que a otimização visa cada passo C (C é um hiperparâmetro). Essa modificação torna o treinamento mais estável à medida que supera as oscilações em curto prazo. Para aprender os parâmetros da rede, o algoritmo aplica o *gradient descent*[9] em uma função de perda definida como a diferença quadrática entre a estimativa do DQN do alvo e sua estimativa do valor Q do par atual de estado-ação, $Q(s,a:\theta)$. Esta é a função de perda:

$$L(\theta_i) = \mathbb{E}[(r + \gamma \max_{a'} Q(s', a'; \theta_{i-1}) - Q(s, a; \theta_i))^2]$$

A função de perda é basicamente uma função do erro quadrático médio (MSE), em que $(r + \gamma \max_{a'} Q(s', a'; \theta_{i-1}))$ representa o valor-alvo e $Q[s, a; \theta_i]$ representa o valor previsto. θ são os pesos da rede, computados quando a função de perda é minimizada. Tanto o alvo quanto a estimativa atual dependem do conjunto de pesos, salientando a distinção do aprendizado supervisionado, em que os alvos são fixados antes do treinamento.

9 Consulte o Capítulo 3 para obter mais detalhes sobre o gradient descent.

Um exemplo do DQN para o caso do trading contendo ações de compra, venda e hold está representado na Figura 9-6. Aqui, fornecemos à rede apenas o estado (*s*) como entrada, e recebemos valores Q para todas as ações possíveis (compra, venda e hold) de uma só vez. Usaremos o DQN no primeiro e no terceiro estudos de caso deste capítulo.

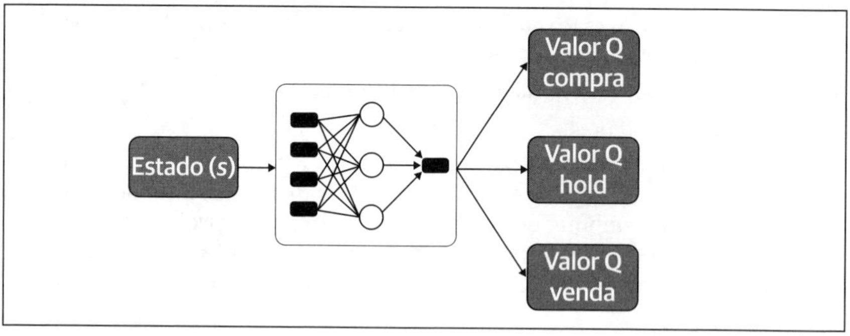

Figura 9-6. DQN

Policy gradient

Policy gradient é um método baseado em norma no qual aprendemos uma função de norma, π, que é uma conexão direta entre cada estado com a melhor ação correspondente naquele estado. É uma abordagem mais simples do que o método baseado em valor, sem a necessidade de uma função de valor Q.

Os métodos de policy gradient aprendem a norma diretamente com uma função parametrizada para θ, $\pi(a|s;\theta)$. Essa função pode ser complexa e talvez exija um modelo sofisticado. Nos métodos de policy gradient, usamos RNAs para conectar o estado com a ação, pois são eficientes para aprender funções complexas. A função de perda da RNA é o oposto do retorno esperado (recompensas cumulativas futuras).

O objetivo do método policy gradient pode ser definido como:

$$J(\theta) = V_{\pi_\theta}(S_1) = \mathbb{E}_{\pi_\theta}[V_1]$$

em que θ representa um conjunto de pesos da RNA que conecta estados com ações. A ideia aqui é maximizar a função do objetivo e computar os pesos (θ) da RNA.

Visto que esse é um problema de maximização, otimizamos a norma ao pegar o *gradient ascent* (o contrário do gradient descent, que é usado para minimizar a função de perda), com o derivativo parcial do objetivo com respeito ao parâmetro da norma θ:

$$\theta \leftarrow \theta + \frac{\partial}{\partial \theta} J(\theta)$$

Usando o gradient ascent, podemos encontrar o melhor θ que produza o retorno mais alto. A computação numérica do gradiente pode ser feita ao perturbar θ

com uma pequena quantidade de ε na k-ésima dimensão ou ao usar uma abordagem analítica para derivar o gradiente.

Usaremos o método de policy gradiente no estudo de caso 2 deste capítulo.

Principais Desafios no Aprendizado por Reforço

Até aqui, falamos apenas sobre o que os algoritmos de aprendizado por reforço podem fazer. Contudo, diversas falhas são esboçadas a seguir:

Eficiência de recursos
: Os algoritmos atuais de aprendizado por reforço exigem vastas quantidades de tempo, de dados de treinamento e de recursos computacionais para chegar a um nível desejado de proficiência. Assim, torná-los treináveis com recursos limitados continuará sendo uma questão importante.

Atribuição de crédito
: No AR, sinais de recompensa podem ocorrer significativamente mais tarde que as ações que contribuíram com o resultado, complicando a associação das ações com suas consequências.

Interpretabilidade
: No AR, é relativamente difícil para um modelo fornecer quaisquer relações significativas e intuitivas entre a entrada e sua saída correspondente que possa ser facilmente compreendida. Algoritmos mais avançados de aprendizado por reforço incorporam redes neurais profundas, o que torna a interpretabilidade ainda mais difícil devido a um grande número de camadas e nós dentro da rede neural.

Agora, vejamos os estudos de caso.

Estudo de Caso 1: Estratégia de Trading Baseada no Aprendizado por Reforço

O trading algorítmico tem basicamente três componentes: desenvolvimento de norma, otimização de parâmetro e backtesting. A norma determina as ações com base no estado atual do mercado. A otimização do parâmetro é realizada usando uma busca por possíveis valores de parâmetros de estratégia, como limiares ou coeficientes. Por fim, o backtesting avalia a viabilidade de uma estratégia de trading ao explorar como ela teria se saído, usando dados históricos.

O AR se baseia em encontrar uma norma para maximizar a recompensa em determinado ambiente. Em vez de precisar escrever manualmente uma norma de trading baseada em regra, o AR aprende uma diretamente. Não há a necessidade de especificar as regras e os limiares explicitamente. Sua habilidade de decidir a norma por si sós torna os modelos de AR muito adequados para os algoritmos de aprendizado de máquina criarem modelos automatizados de tradings algorítmicos, ou *trading bots*.

Com relação aos passos de *otimização de parâmetro* e de *backtesting*, o AR permite uma otimização end-to-end e maximiza as recompensas (potencialmente atrasadas). Os agentes de aprendizado por reforço são treinados em uma simulação, que pode ser tão complexa quanto você desejar. Considerando latências, liquidez e taxas, podemos combinar facilmente os passos de backtesting e de otimização de parâmetro sem a necessidade de passar por estágios separados.

Além disso, os algoritmos de AR aprendem normas poderosas parametrizadas por redes neurais artificiais. Eles também podem aprender a se adaptar a diversas condições de mercado ao experienciá-las nos dados históricos, considerando que são treinados em um longo horizonte de tempo e possuem memória suficiente. Isso lhes permite ser muito mais robustos perante os mercados inconstantes do que as estratégias de trading baseadas no aprendizado supervisionado, que, devido à natureza simplista da norma, podem não ter uma parametrização poderosa o suficiente para aprender a se adaptar às condições instáveis do mercado.

O aprendizado por reforço, com sua capacidade de lidar facilmente com a norma, a otimização de parâmetro e o backtesting, é ideal para a próxima onda de trading algorítmico. Supostamente, parece que diversas das mais sofisticadas mesas de execução algorítmica em grandes bancos de investimentos e fundos de hedge estão começando a usar o aprendizado por reforço para otimizar seu processo de tomada de decisão.

Neste estudo de caso, criaremos uma estratégia de trading de ponta a ponta com base no aprendizado por reforço. Usaremos a abordagem Q-learning com deep Q-network (DQN) para encontramos uma norma e uma implementação da estratégia. Como vimos anteriormente, o nome "Q-learning" é uma referência à função $Q(s, a)$, que retorna a recompensa esperada com base no estado s e fornece uma ação a. Além de desenvolver uma estratégia específica de trading, este estudo de caso analisará o framework geral e os componentes de uma estratégia de trading baseada no aprendizado por reforço.

Neste estudo de caso, vamos nos concentrar em:

- Entender os principais componentes de um framework de AR sob a perspectiva de uma estratégia de trading.
- Avaliar o método Q-learning de AR em Python para definir um agente, seguido pela configuração de treinamento e de teste.
- Implementar uma rede neural profunda a ser usada para problemas de AR em Python usando o pacote Keras.
- Entender a estrutura de classe da programação em Python enquanto se implementa um modelo baseado em AR.
- Compreender a intuição e a interpretação dos algoritmos baseados em AR.

Blueprint para Criar uma Estratégia de Trading com Base no Aprendizado por Reforço

1. Definição do problema

No framework de aprendizado por reforço deste estudo de caso, o algoritmo realiza uma ação (compra, venda ou hold) dependendo do estado atual do preço da ação da empresa. Ele é treinado para usar um modelo de deep Q-learning para realizar a melhor ação. Os principais componentes do framework de aprendizado por reforço para este estudo de caso são:

Agente
: O agente de trading.

Ação
: Compra, venda ou hold.

Função de recompensa
: Lucro e perdas (P&L – profit and loss) realizados são usados como função de recompensa para este estudo de caso. A recompensa depende da ação: vender (lucro e perdas realizados), compra (sem recompensa) ou hold (sem recompensa).

Estado
: Uma função sigmoide[10] das diferenças dos preços históricos das ações para determinada janela de tempo é usada como o estado. O estado S_t é descrito como $(d_{t-\tau+1}, d_{t-1}, d_t)$, em que $d_T = sigmoid\,(p_t - p_{t-1})$, p_t é o preço no tempo t, e τ é o tamanho da janela temporal. Uma função sigmoide converte as diferenças dos preços históricos de uma ação em um número entre 0 e 1, o que ajuda a normalizar os valores para probabilidades e facilita a interpretação do estado.

Ambiente
: Bolsa de valores ou mercado de ações.

Selecionando os Componentes de AR para uma Estratégia de Trading

Formular um comportamento inteligente para uma estratégia de trading baseada em aprendizado por reforço começa com a identificação dos componentes corretos do modelo de AR. Dessa forma, antes de passarmos ao desenvolvimento do modelo, devemos identificar cuidadosamente os seguintes componentes de AR:

Função de recompensa
: É um parâmetro importante, visto que ele decide se o algoritmo de AR aprenderá a otimizar a métrica apropriada. Além do retorno, ou P&L, a função de recompensa pode incorporar o risco embutido no instrumento subjacente ou incluir outros parâmetros como volatilidade ou

10 Veja mais detalhes sobre a função sigmoide no Capítulo 3.

drawdown máximo. Também pode incluir os custos de transação das ações compra/venda.

Estado

O estado determina as observações que o agente recebe do ambiente por tomar uma decisão. O estado deve ser representativo do comportamento atual do mercado em comparação com o passado e, também, pode incluir valores de quaisquer sinais que acredita-se serem preditivos ou itens relacionados com a microestrutura do mercado, como volume negociado.

Os dados que usaremos serão os preços de fechamento do S&P 500. São extraídos do Yahoo Finance e contêm dez anos de dados diários, entre 2010 e 2019.

2. Dando o primeiro passo — carregando os dados e os pacotes Python

2.1. Carregando os pacotes Python. A lista de bibliotecas usadas para todos os passos da implementação do modelo, desde o *carregamento dos dados* até a *avaliação do modelo*, incluindo o desenvolvimento do modelo baseado em aprendizado profundo, estão inclusos aqui. Os detalhes da maioria desses pacotes e funções já foram disponibilizados nos Capítulos 2, 3 e 4. Os pacotes usados para diferentes propósitos foram separados no código Python aqui, e seu uso será demonstrado em diferentes passos do processo de desenvolvimento do modelo.

`Pacotes para aprendizado por reforço`

```
import keras
from keras import layers, models, optimizers from keras import backend as K
from collections import namedtuple, deque
from keras.models import Sequential
from keras.models import load_model
from keras.layers import Dense
from keras.optimizers import Adam
```

`Pacotes/módulos para processamento e visualização de dados`

```
import numpy as np
import pandas as pd
import matplotlib.pyplot as plt
from pandas import read_csv, set_option
import datetime
import math
from numpy.random import choice
import random
from collections import deque
```

2.2. Carregando os dados. Os dados obtidos para o período de 2010 a 2019 são carregados:

```
dataset = read_csv('data/SP500.csv', index_col=0)
```

3. Análise exploratória de dados

Veremos a estatística descritiva e a visualização dos dados nesta seção. Vamos observar nosso conjunto de dados:

```
# shape
dataset.shape
```

```
Output
    (2515, 6)

    # observar os dados
    set_option('display.width', 100)
    dataset.head(5)
Output
```

Date	Open	High	Low	Close	Adj Close	Volume
2001-01-02	1320.28	1320.28	1276.05	1283.27	1283.27	1129400000
2001-01-03	1283.27	1347.76	1274.62	1347.56	1347.56	1880700000
2001-01-04	1347.56	1350.24	1329.14	1333.34	1333.34	2131000000
2001-01-05	1333.34	1334.77	1294.95	1298.35	1298.35	1430800000
2001-01-08	1298.35	1298.35	1276.29	1295.86	1295.86	1115500000

Os dados têm um total de 2.515 linhas e 6 colunas, que contêm as categorias *abertura*, *máximo*, *mínimo*, *fechamento*, *preço ajustado de fechamento* e *volume total*. O preço ajustado de fechamento é aquele ajustado para desdobramentos e dividendos. Para o propósito deste estudo de caso, nosso foco será no preço de fechamento.

O gráfico mostra que o índice S&P 500 vem em uma sequência de alta entre 2010 e 2019. Vamos realizar a preparação dos dados.

4. Preparação dos dados

Este passo é importante para criar um conjunto de dados significativo, confiável e limpo que possa ser usado sem quaisquer erros no algoritmo de aprendizado por reforço.

4.1. Limpeza dos dados. Neste passo, buscamos NAs nas linhas e os descartamos ou os preenchemos com a média da coluna:

```
#Verifica valores nulos e os remove'''
print('Null Values =', dataset.isnull().values.any())
```

Output

```
Null Values = False
```

Visto que não há valores nulos nos dados, não há a necessidade de realizar qualquer outra limpeza nos dados.

5. Avaliação de algoritmos e modelos

Este é o principal passo do desenvolvimento do modelo de aprendizado por reforço, em que definiremos todas as funções e classes relevantes e treinaremos o algoritmo. No primeiro passo, preparamos os dados para o conjunto de treinamento e o conjunto de teste.

5.1. Train-test split. Neste passo, dividimos o conjunto original de dados em um conjunto de treinamento e outro de teste. Usamos o conjunto de teste para confirmar a performance do nosso modelo final e para entender se há qualquer sobreajuste. Usaremos 80% do conjunto de dados para modelagem e 20% para teste:

```
X=list(dataset["Close"])
X=[float(x) for x in X]
validation_size = 0.2
train_size = int(len(X) * (1-validation_size))
X_train, X_test = X[0:train_size], X[train_size:len(X)]
```

5.2. Implementação de passos e módulos. O algoritmo geral deste estudo de caso (e do aprendizado por reforço como um todo) é um tanto complexo visto que exige a criação de uma *estrutura de código baseada em classe* e o uso simultâneo de muitos módulos e funções. Esta seção extra foi acrescentada para este estudo de caso de modo a fornecer uma explicação funcional do que está acontecendo no programa.

O algoritmo, em termos simples, decide se deve comprar, vender ou fazer hold quando é alimentado com o preço atual do mercado.

A Figura 9-7 apresenta um panorama geral do treinamento do algoritmo baseado em Q-learning no contexto deste estudo de caso. O algoritmo avalia qual ação realizar com base em um valor Q, que determina o valor de estar em determinado estado e de realizar determinada ação nesse estado.

Como podemos ver na Figura 9-7, o estado (*s*) é decidido com base no comportamento atual e histórico do preço (P_t, P_{t-1}, ...). Com base no estado atual, a ação é "comprar". Com essa ação, observamos uma recompensa de *US$10* (isto é, o P&L associado com a ação) e passamos para o próximo estado. Usando a recompensa atual e o valor Q do próximo estado, o algoritmo atualiza a função do valor Q. O algoritmo continua seguindo para os passos seguintes. Dadas iterações suficientes desses passos, esse algoritmo convergirá no valor Q ideal.

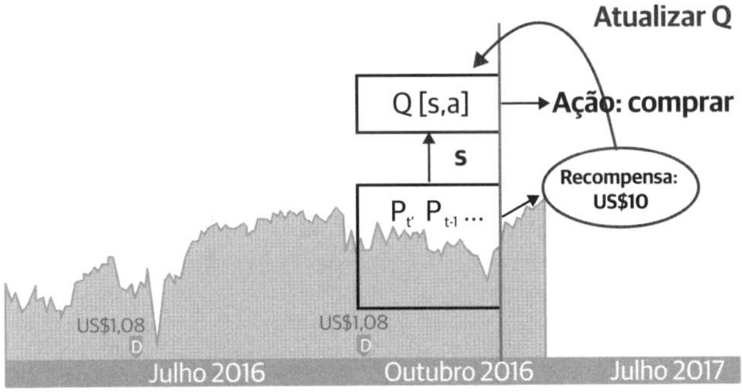

Figura 9-7. Aprendizado por reforço para trading

A deep Q-network que usamos neste estudo de caso usa uma RNA para aproximar os valores Q; assim, a função de valor de ação é definida como *Q(s,a;θ)*. O algoritmo Q-learning aproxima a função de valor Q ao aprender um conjunto de pesos, *θ*, de uma DQN multicamadas que conecta os estados com as ações.

Módulos e funções

Implementar esse algoritmo DQN exige a implementação de diversas funções e módulos que interagem entre si durante o treinamento do modelo. Aqui temos um resumo dos módulos e das funções:

Classe agente
: O agente é definido como classe "Agent". Isso mantém as variáveis e as funções-membros que realizam o Q-learning. Um objeto da classe `Agent` é criado na fase de treinamento e é usado para treinar o modelo.

Funções de ajuda
: Neste módulo, criamos funções adicionais que são úteis para o treinamento.

Módulo de treinamento
: Neste passo, realizamos o treinamento dos dados usando as variáveis e as funções definidas nos métodos agente e ajuda. Durante o treinamento, a ação prescrita para cada dia é prevista, as recompensas são computadas e os pesos do modelo Q-learning baseado em aprendizado profundo são atualizados iterativamente ao longo de diversos episódios. Além disso, o lucro e a perda de cada ação são somados para determinar se um lucro geral ocorreu. O objetivo é maximizar o lucro total.

Disponibilizamos uma análise profunda sobre a interação estre os diferentes módulos e funções na seção "5.5. Treinando o modelo".

Vejamos cada um em detalhes.

5.3. Classe agente. Consiste nos seguintes componentes:

- `Constructor`
- Função `model`
- Função `act`
- Função `expReplay`

O `Constructor` é definido como função `init` e contém parâmetros importantes comom `discount factor` para a função de recompensa, `epsilon` para a abordagem *ε-greedy*, `state size` e `action size`. O número de ações é estabelecido para três (comprar, vender e fazer hold). A variável `memory` define o tamanho da `replay memory`. O parâmetro de entrada dessa função também consiste no parâmetro `is_eval`, que define se o treinamento é contínuo. Essa variável é alterada para `True` durante a fase de avaliação/teste. Outro detalhe é que, se o modelo pré-treinado precisar ser usado na fase de avaliação/treinamento, ele é passado usando a variável `model_name`:

```
class Agent:
      def __init__(self, state_size, is_eval=False, model_name=""):
            self.state_size = state_size # dias anteriores normalizados
            self.action_size = 3 # hold, compra, venda
            self.memory = deque(maxlen=1000)
            self.inventory = []
            self.model_name = model_name
            self.is_eval = is_eval

            self.gamma = 0.95
            self.epsilon = 1.0
            self.epsilon_min = 0.01
            self.epsilon_decay = 0.995

            self.model = load_model("models/" + model_name) if is_eval \
             else self._model()
```

A função `model` é um modelo de aprendizado profundo que conecta os estados com as ações. Essa função pega o estado do ambiente e retorna uma tabela de *valor Q* ou uma norma que se refere a uma probabilidade de distribuição das ações. Essa função é criada usando a biblioteca Keras Python.[11] A arquitetura para o modelo de aprendizado profundo usado é:

- O modelo espera linhas de dados com números de variáveis iguais ao *tamanho do estado*, que chega como uma entrada.
- A primeira, a segunda e a terceira camadas ocultas têm *64*, *32* e *8* nós, respectivamente, e todas essas camadas usam a função de ativação ReLU.
- A camada de saída tem o número de nós igual ao tamanho da ação (três), e o nó usa uma função de ativação linear:[12]

```
def _model(self):
      model = Sequential()
      model.add(Dense(units=64, input_dim=self.state_size, activation="relu"))
      model.add(Dense(units=32, activation="relu"))
      model.add(Dense(units=8, activation="relu"))
      model.add(Dense(self.action_size, activation="linear"))
      model.compile(loss="mse", optimizer=Adam(lr=0.001))

      return model
```

11 Os detalhes da implementação de modelos de aprendizado profundo baseados em Keras são mostrados no Capítulo 3.

12 Consulte o Capítulo 3 para obter mais detalhes sobre as funções de ativação linear e ReLU.

A função `act` retorna uma ação dado um estado. Ela usa a função `model` e retorna uma ação de compra, venda ou hold:

```
def act(self, state):
    if not self.is_eval and random.random() <= self.epsilon:
      return random.randrange(self.action_size)

    options = self.model.predict(state)
    return np.argmax(options[0])
```

A função `expReplay` é a função-chave, na qual a rede neural é treinada com base na experiência observada. Essa função implementa o mecanismo *replay de experiência*, analisado há pouco. O replay de experiência armazena um histórico de estado, ação, recompensa e próximas transições de estado que são experienciadas pelo agente. Ele pega um minilote de observações (*replay de memória*) como uma entrada e atualiza os pesos do modelo Q-learning baseado em aprendizado profundo ao minimizar a função de perda. A abordagem *epsilon greedy* implementada nessa função impede o sobreajuste. Para explicar a função, diferentes passos estão numerados nos comentários do código Python a seguir, juntamente com um esboço dos passos:

1. Preparar o replay buffer memory, que é o conjunto de observações usado para o treinamento. Novas experiências são acrescentadas ao replay buffer memory usando um loop for.
2. *Fazer o loop* em todas as observações de estado, ação, recompensa e próximas transições de estado no minilote.
3. A variável-alvo para a tabela Q é atualizada com base na equação de Bellman. A atualização acontece se o estado atual for o estado terminal ou o fim do episódio. Isso é representado pela variável `done` e é definido ainda na função de treinamento. Caso não se classificado como `done`, o alvo é ajustado para recompensa.
4. Prever o valor Q do próximo estágio usando um modelo de aprendizado profundo.
5. O valor Q desse estado para a ação no replay buffer atual é ajustado para alvo.
6. Os pesos do modelo de aprendizado profundo são atualizados usando a função `model.fit`.
7. A abordagem epsilon greedy é implementada. Lembre-se de que essa abordagem seleciona uma ação de forma aleatória com uma probabilidade de ε ou a melhor ação, de acordo com a função de valor Q, com a probabilidade de $1-\varepsilon$.

```
def expReplay(self, batch_size):
    mini_batch = []
    l = len(self.memory)
    #1: preparar a replay memory
    for i in range(l - batch_size + 1, l):
      mini_batch.append(self.memory[i])

    #2: Fazer loop em todo o lote de replay.
    for state, action, reward, next_state, done in mini_batch:
      target = reward # recompensa ou Q no tempo t
      #3: atualizar o alvo para tabela Q. equação de tabela
      if not done:
```

```
            target = reward + self.gamma * \
             np.amax(self.model.predict(next_state)[0])
        #set_trace()

        # 4: Valor Q do estado atual a partir da tabela
        target_f = self.model.predict(state)
        # 5: Atualizar a tabela Q de saída para a ação dada na tabela
        target_f[0][action] = target
        # 6. Treinar e ajustar o modelo
        self.model.fit(state, target_f, epochs=1, verbose=0)

    #7. Implementar algoritmo epsilon greedy
    if self.epsilon > self.epsilon_min:
        self.epsilon *= self.epsilon_decay
```

5.4. Funções de ajuda [Helper functions]. Neste módulo, criamos funções adicionais que são úteis para o treinamento. Algumas das funções de ajuda são analisadas aqui. Para obter detalhes sobre outras funções de ajuda, consulte o Jupyter notebook no repositório deste livro no GitHub.

A função `getState` gera o estado considerando os dados da ação, o tempo *t* (dia da previsão) e a janela *n* (número de dias para voltar no tempo). Primeiro, o vetor da diferença de preço é computado, seguido por escalar esse vetor de zero a um com uma função `sigmoid`. Isso retorna como o estado.

```
getState(data, t, n):
    d = t - n + 1
    block = data[d:t + 1] if d >= 0 else -d * [data[0]] + data[0:t + 1]
    res = []
    for i in range(n - 1):
       res.append(sigmoid(block[i + 1] - block[i]))
    return np.array([res])
```

A função `plot_behavior` retorna a plotagem do preço do mercado juntamente com indicadores para as ações de compra e de venda. É usada para a avaliação geral do algoritmo durante a fase de treinamento e de teste.

```
def plot_behavior(data_input, states_buy, states_sell, profit):
    fig = plt.figure(figsize = (15, 5))
    plt.plot(data_input, color='r', lw=2.)
    plt.plot(data_input, '^', markersize=10, color='m', label='Buying signal',\
     markevery=states_buy)
    plt.plot(data_input, 'v', markersize=10, color='k', label='Selling signal',\
     markevery = states_sell)
    plt.title('Total gains: %f'%(profit))
    plt.legend()
    plt.show()
```

5.5. Treinando o modelo. Procederemos para o treinamento dos dados. Com base em nosso agente, definimos as seguintes variáveis e instanciamos o agente da ação:

Episódio

O número de vezes que o código é treinado com todos os dados. Neste estudo de caso, usamos dez episódios.

Tamanho das janelas

Número de dias de mercado a serem considerados para avaliar o estado.

Tamanho de lote

Tamanho do replay buffer ou memória usados durante o treinamento.

Estando essas variáveis definidas, treinamos o modelo iterando os episódios. A Figura 9-8 mostra um detalhamento dos passos de treinamento e junta todos os elementos discutidos até aqui. A seção superior, mostrando os passos 1 a 7, descreve os passos no módulo de *treinamento*, e a seção inferior descreve os passos na função `replay buffer` (ou seja, a função `exeReplay`).

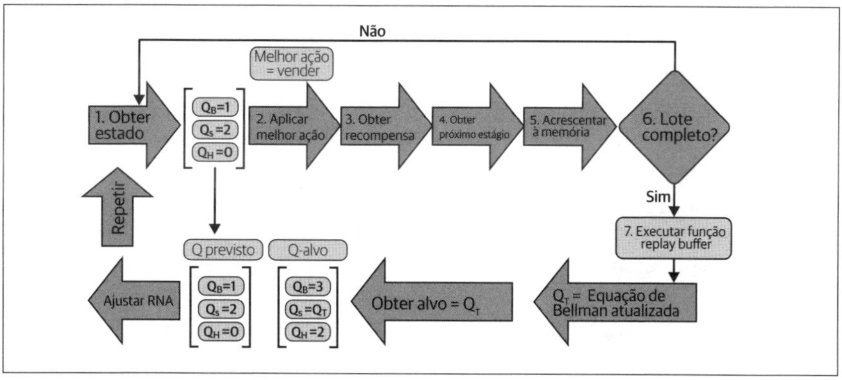

Figura 9-8. Passos de treinamento do Q-trading

Os passos 1 a 6 mostrados na Figura 9-8 estão numerados no código Python a seguir e são descritos assim:

1. Obter o estado atual usando a função de ajuda `getState`. Ela retorna um vetor de estados, em que o comprimento do vetor é definido pelo tamanho das janelas e os valores dos estados são entre 0 e 1.
2. Obter a ação para determinado estado usando a função `act` da classe de agente.
3. Obter a recompensa para determinada ação. A conexão entre a ação e a recompensa é descrita na seção de definição do problema deste estudo de caso.
4. Obter o próximo estado usando a função `getState`. O detalhe do próximo estado é usado ainda na equação de Bellman para atualizar a função Q.
5. Os detalhes do estado, do próximo estado, da ação etc. são salvos na memória do objeto do agente, que é usado então pela função `exeReply`. Veja a seguir uma amostra de um minilote:

Estado	ação	recompensa	próximo_estado	done
0,5000	2	0	1,0000	Falso
1,0000	0	0	0,0000	Falso
0,0000	1	0	0,0000	Falso
0,0000	0	0	0,0766	Falso
0,0766	1	0	9,9929	Falso
0,9929	2	0	1,0000	Falso
1,0000	2	17,410	1,0000	Falso
1,0000	2	0	0,0003	Falso
0,0003	2	0	0,9997	Falso
0,9997	1	0	0,9437	Falso

6. Verificar se o lote está completo. O tamanho de um lote é definido pela variável tamanho de lote. Caso esteja completo, passamos para a função `Replay buffer` e atualizamos a função Q ao minimizarmos o MSE entre o Q previsto e o Q-alvo. Caso contrário, passamos para o próximo passo de tempo.

O código produz os resultados finais de cada episódio, juntamente com a plotagem mostrando as ações de compra e venda e o lucro total para cada episódio na fase de treinamento.

```
window_size = 1
agent = Agent(window_size)
l = len(data) - 1
batch_size = 10
states_sell = []
states_buy = []
episode_count = 3

for e in range(episode_count + 1):
     print("Episode " + str(e) + "/" + str(episode_count))
     # 1-obter estado
     state = getState(data, 0, window_size + 1)

     total_profit = 0
     agent.inventory = []

     for t in range(l):
              # 2-aplicar a melhor ação
              action = agent.act(state)

              # sit
              next_state = getState(data, t + 1, window_size + 1)
              reward = 0

              if action == 1: # compra
              agent.inventory.append(data[t])
```

```
                states_buy.append(t)
                print("Buy: " + formatPrice(data[t]))

    elif action == 2 and len(agent.inventory) > 0: # venda
          bought_price = agent.inventory.pop(0)
            #3: Obter Recompensa

          reward = max(data[t] - bought_price, 0)
          total_profit += data[t] - bought_price
          states_sell.append(t)
          print("Sell: " + formatPrice(data[t]) + " | Profit: " \
          + formatPrice(data[t] - bought_price))

          done = True if t == l - 1 else False
          # 4: Obter próximo estado a ser usado na equação de Bellman
          next_state = getState(data, t + 1, window_size + 1)

          # 5: Acrescentar à memória
          agent.memory.append((state, action, reward, next_state, done))
          state = next_state

    if done:

          print("------------------------------")
          print("Total Profit: " + formatPrice(total_profit))
          print("------------------------------")

    # 6: Executar função replay buffer
          if len(agent.memory) > batch_size:
             agent.expReplay(batch_size)

    if e % 10 == 0:
          agent.model.save("models/model_ep" + str(e))
```

Output

```
Running episode 0/10
Total Profit: $6738.87
```

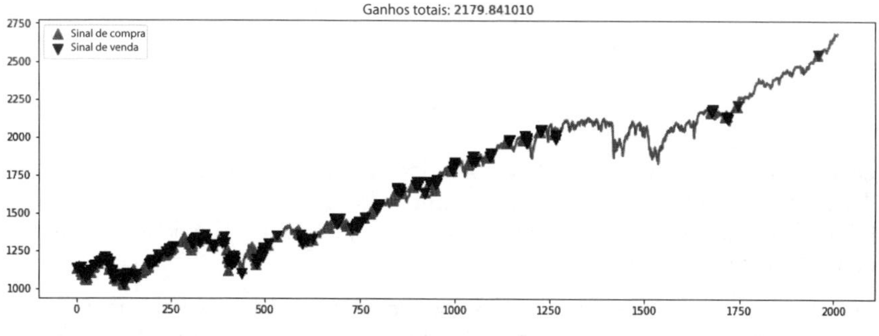


```
Running episode 1/10
Total Profit: -$45.07
```

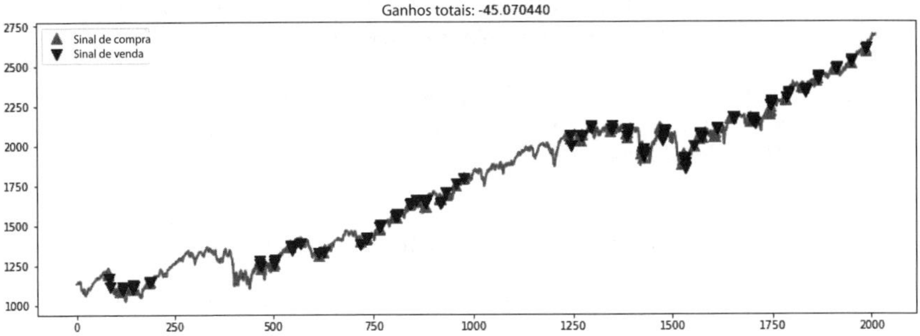


```
Running episode 9/10
Total Profit: $1971.54
```

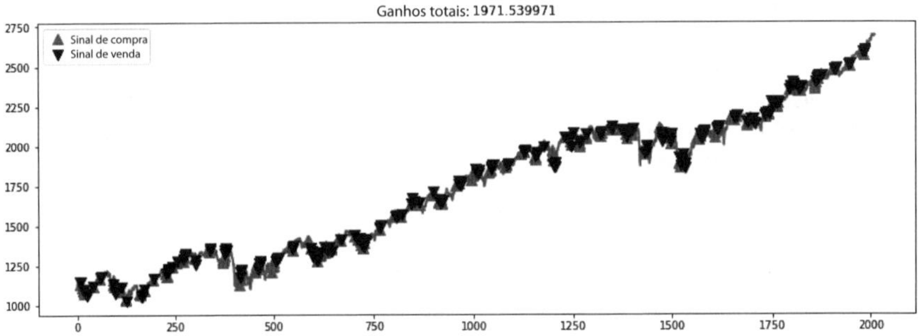


```
Running episode 10/10
Total Profit: $1926.84
```

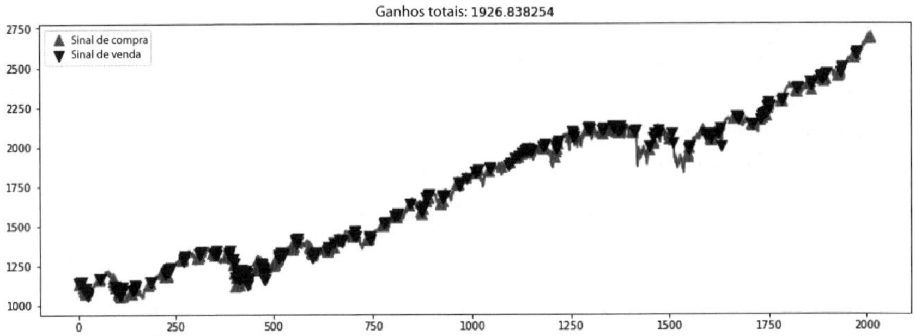

Os gráficos mostram os detalhes do padrão compra/venda e os ganhos totais dos primeiros dois (zero e um) e dos últimos dois (nove e dez) episódios. Os detalhes dos outros episódios podem ser vistos no Jupyter notebook no repositório do GitHub para este livro.

Como podemos ver, no início dos episódios zero e um, visto que o agente não tem um pré-conhecimento das consequências de suas ações, ele realiza ações aleatórias para observar as recompensas associadas a elas. No episódio zero, há um lucro total de US$6.728, certamente um resultado forte, mas no episódio um, vemos um prejuízo geral de US$45. O fato de que a recompensa acumulativa por episódio flutua substancialmente no início ilustra o processo de exploração pelo qual o algoritmo está passando. Ao observarmos os episódios nove e dez, parece que o agente começa a aprender com seu treinamento. Ele descobre a estratégia e começa a explorá-la de forma consistente. As ações de compra e venda desses últimos dois episódios levam a um P&L que talvez seja menor do que aquele no episódio zero, porém muito mais robusto. As ações de compra e venda nos últimos episódios foram realizadas de maneira uniforme durante todo o período de tempo, e o lucro geral é estável.

Idealmente, o número de episódios de treinamento deve ser mais alto do que o número usado neste estudo de caso. Isso levará a uma performance melhor de treinamento. Antes de passarmos para a fase de teste, vejamos os detalhes sobre o ajuste do modelo.

5.6. Ajuste do modelo. Da mesma forma que em outras técnicas de aprendizado de máquina, podemos encontrar a melhor combinação de hiperparâmetros do modelo no AR ao usarmos técnicas como grid search. O grid search para problemas baseados em AR tem um uso computacional intenso. Sendo assim, nesta seção, em vez de realizarmos o grid search, apresentaremos os hiperparâmetros fundamentais a serem considerados, juntamente com sua intuição e impacto potencial no output do modelo.

Gamma (fator de desconto)

Decair o gamma fará com que o agente priorize as recompensas de curto prazo à medida que aprende quais são elas, e dá menos ênfase nas recompensas de longo prazo. Diminuir o fator de desconto neste estudo de caso pode fazer com que o algoritmo se concentre nas recompensas de longo prazo.

Epsilon

A variável epsilon conduz a propriedade *exploração x aproveitamento* do modelo. Quanto mais pudermos conhecer nosso ambiente, menos explorações aleatórias faremos. Quando reduzimos o epsilon, a probabilidade de uma ação aleatória se torna menor, e aproveitamos mais oportunidades para nos beneficiar com as ações de alto valor que já descobrimos. Contudo, na configuração para trading, é importante que o algoritmo não cause *sobreajuste* com os dados de treinamento, e o epsilon deve ser modificado de acordo.

Episódios e tamanho de lote

Um número mais alto de episódios e um tamanho maior de lote no treinamento levarão a um treinamento melhor e a um valor Q mais ideal. No entanto, há uma contrapartida, visto que o número aumentado de episódio e de tamanho de lote aumenta o tempo total de treinamento.

Tamanho de janela

Determina o número de dias de mercado a serem considerados para avaliar o estado. Pode ser aumentado caso queiramos que o estado seja determinado por um número maior de dias no passado.

Número de camadas e nós do modelo de aprendizado profundo

Isso pode ser modificado para termos um treinamento melhor e um valor Q mais ideal. Os detalhes sobre o impacto de alterar camadas e nós dos modelos de RNA são analisados no Capítulo 3, e o grid search para um modelo de aprendizado profundo é analisado no Capítulo 5.

6. Testando os dados

Depois de treinar os dados, eles são avaliados com relação ao conjunto de dados de treinamento. É um passo importante, especialmente para o aprendizado por reforço, visto que o agente pode correlacionar de forma equivocada uma recompensa com certos features espúrios dos dados, ou ele pode fazer um sobreajuste de um padrão específico de gráfico. No passo de teste, observamos a performance do modelo já treinado (*model_ep10*) no passo de treinamento com os dados de teste. O código Python é semelhante ao do conjunto de treinamento que vimos anteriormente. No entanto, o identificador (flag) `is_eval` é ajustado para `true`, a função `reply buffer` não é chamada e não há treinamento. Vejamos os resultados:

```
#O agente já está definido no conjunto de teste precedente.
test_data = X_test
l_test = len(test_data) - 1
state = getState(test_data, 0, window_size + 1)
total_profit = 0
is_eval = True
done = False
states_sell_test = []
states_buy_test = []
model_name = "model_ep10"
agent = Agent(window_size, is_eval, model_name)
state = getState(data, 0, window_size + 1)
total_profit = 0
agent.inventory = []

for t in range(l_test):
      action = agent.act(state)

      next_state = getState(test_data, t + 1, window_size + 1)
      reward = 0
if action == 1:

      agent.inventory.append(test_data[t])
      print("Buy: " + formatPrice(test_data[t]))

elif action == 2 and len(agent.inventory) > 0:
      bought_price = agent.inventory.pop(0)
      reward = max(test_data[t] - bought_price, 0)
      total_profit += test_data[t] - bought_price
      print("Sell: " + formatPrice(test_data[t]) + " | profit: " +\
        formatPrice(test_data[t] - bought_price))

if t == l_test - 1:
      done = True
agent.memory.append((state, action, reward, next_state, done))
state = next_state

if done:
      print("--------------------------------------------")
```

```
        print("Total Profit: " + formatPrice(total_profit))
        print("--------------------------------------")
```

```
Output
    Total Profit: $1280.40
```

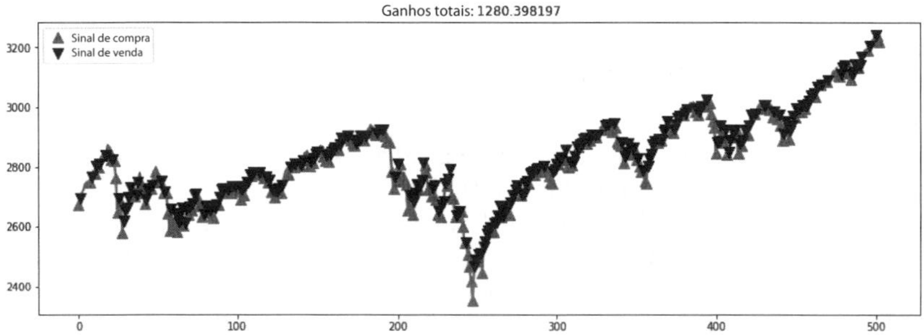

Observando esses resultados, nosso modelo resultou em um lucro total de US$1.280, e podemos dizer que nosso agente DQN performa muito bem no conjunto de teste.

Conclusão

Neste estudo de caso, criamos uma estratégia automatizada de trading, ou *robô de trading/trading bot* que precisa apenas ser alimentado pela execução de dados do mercado de ações para produzir um sinal de negociação. Vimos que o algoritmo decide a norma por si só, e a abordagem como um todo é muito mais simples e com princípios do que a abordagem baseada em aprendizado supervisionado. O modelo treinado foi lucrativo no conjunto de teste, corroborando a eficácia da estratégia de trading baseada em AR.

Ao usar um modelo de aprendizado por reforço como o DQN, que é baseado em uma rede neural profunda, podemos aprender normas que são mais complexas e poderosas do que um trader humano poderia aprender.

Dada a alta complexidade e baixa interpretabilidade do modelo baseado em AR, a visualização e os passos de teste se tornam muito importantes. Para a interpretabilidade, usamos a plotagem dos episódios de treinamento do algoritmo de treinamento e descobrimos que o modelo começa a aprender ao longo de um período de tempo, descobre a estratégia e começa a aproveitá-la. Um número suficiente de testes deve ser conduzido com diferentes períodos de tempo antes de aplicar o modelo para o trading de verdade.

Ao usarmos modelos baseados em AR, devemos selecionar cuidadosamente os componentes do AR, como a função de recompensa e o estado, e garantir uma compreensão de seu impacto nos resultados gerais do modelo. Antes da implementação ou de treinar o modelo, é importante pensar em perguntas tais como "Como posso planejar a função de recompensa ou o estado para que o algoritmo de AR tenha o potencial de aprender e otimizar a métrica certa?".

De forma geral, esses modelos baseados em AR podem permitir aos profissionais do setor financeiro criar estratégias de trading com uma abordagem bastante flexível. O framework disponibilizado neste estudo de caso pode ser um ótimo ponto de partida para desenvolver modelos mais poderosos de trading algorítmico.

Estudo de Caso 2: Hedge de Derivativos

Grande parte da teoria financeira para lidar com a precificação de derivativos e a gestão de risco se baseia na hipótese idealizada e completa dos mercados de um hedge perfeito, sem restrições de trading, custos de transação, impacto de mercado ou restrições de liquidez. Na prática, porém, tais fricções são muito reais. Como consequência, a gestão prática de risco usando derivativos exige supervisão humana e manutenção; os modelos por si só são insuficientes. A implementação é ainda parcialmente motivada pela compreensão intuitiva do trader sobre as falhas das ferramentas existentes.

Os algoritmos de aprendizado por reforço, com sua habilidade de captar mais nuances e parâmetros dentro do ambiente operacional, estão inerentemente alinhados com o objetivo do hedge. Esses modelos podem produzir estratégias dinâmicas que são ideais, mesmo em um mundo com fricções. As abordagens de AR sem modelo demandam pouquíssimas premissas teoréticas. Isso permite a automatização do hedge sem exigir frequentes intervenções humanas, tornando o processo de hedge como um todo significativamente mais rápido. Esses modelos podem aprender com grandes quantidades de dados históricos e podem considerar muitas variáveis para tomar decisões mais precisas e acuradas de hedge. Além disso, a disponibilidade de vastas quantidades de dados torna os modelos baseados em AR mais proveitosos e eficazes do que nunca.

Neste estudo de caso, implementamos uma estratégia de hedge baseada em aprendizado por reforço que adota ideias apresentadas no artigo "Deep Hedging" [Hedge profundo], de Hans Bühler et al., disponível em inglês em *https://oreil.ly/6_Qvz*. Criaremos uma estratégia ideal de hedge para um tipo específico de derivativo (opções de compra/call) ao minimizarmos o P&L ajustado ao risco. Usamos a métrica *CVaR* (valor condicional em risco), que quantifica o risco de cauda de uma posição ou portfólio como uma métrica de avaliação de risco.

Neste estudo de caso, vamos nos concentrar em:

- Usar o aprendizado por reforço baseado em norma (ou baseado em busca direta de norma) e implementá-lo usando uma rede neural profunda.
- Comparar a eficácia de uma estratégia baseada em AR com o modelo tradicional de Black-Scholes.
- Configurar um agente para um problema de AR usando a estrutura de classe em Python.

- Implementar e avaliar um método de AR baseado em policy gradient.
- Introduzir o conceito básico das funções no pacote TensorFlow Python.
- Implementar a simulação de Monte Carlo do preço de uma ação e o modelo de precificação de Black-Scholes, além de computar as opções gregas.

Blueprint para Implementar uma Estratégia de Hedge Baseada no Aprendizado por Reforço

1. Definição do problema

No framework de aprendizado por reforço para este estudo de caso, o algoritmo decide a melhor estratégia de hedge para as opções de compra usando preços do mercado do ativo subjacente. Uma estratégia de AR de busca direta de norma é usada. A ideia geral, derivada do artigo "Deep Hedging", baseia-se em minimizar o erro de hedge sob uma métrica de avaliação de risco. O P&L geral de estratégia de hedge para uma opção de call ao longo de um período de tempo, de t=1 até t=T, =pode ser escrito como:

$$PnL_T(Z, \delta) = -Z_T + \sum_{t=1}^{T} \delta_{t-1}(S_t - S_{t-1}) - \sum_{t=1}^{T} C_t$$

em que

- Z_T é o benefício de uma opção de call no vencimento.
- $\delta_{t-1}(S_t - S_{t-1})$ é o fluxo de caixa de instrumentos de hedge no dia t, em que δ é o hedge e S_t é o preço spot no dia t.
- C_t é o custo de transação no tempo t e pode ser constante ou proporcional ao tamanho do hedge.

Os componentes individuais na equação são os componentes do fluxo de caixa. No entanto, seria preferível levar em consideração o risco que surge de qualquer posição durante a criação da função de recompensa. Usamos a métrica CVaR para avaliar o risco. Ela quantifica a quantidade de risco de cauda e é o `expected shortfall` (parâmetro de aversão ao risco)[13] para o nível de confiança α. Agora, a função de recompensa é modificada para o seguinte:

$$V_T = f\left(-Z_T + \sum_{t=1}^{T} \delta_{t-1}(S_t - S_{t-1}) - \sum_{t=1}^{T} C_t\right)$$

em que f representa o CVaR.

13 O expected shortfall (perda média esperada) é o valor de um investimento no cenário de cauda.

Treinaremos uma rede *baseada em RNA* para aprender a estratégia ideal de hedge (ou seja, $\delta_1, \delta_2..., \delta_T$) considerando o preço da ação, o preço de strike e o parâmetro de aversão ao risco, (α), ao minimizar o CVaR. Presumimos que os custos de transação sejam zero para simplificar. O modelo pode ser estendido facilmente para incorporar custos de transação e outras fricções de mercado.

Os dados usados para o preço subjacente e sintético da ação são gerados pela simulação de Monte Carlo, presumindo uma distribuição lognormal de preço. Presumimos ainda uma taxa de juros de 0% e uma volatilidade anual de 20%.

Os componentes fundamentais do modelo são:

Agente
: Trader ou agente de trading.

Ação
: Estratégia de hedge ($\delta_1, \delta_2..., \delta_T$).

Função de recompensa
: CVaR — é uma função convexa e é minimizada durante o treinamento do modelo.

Estado
: O estado é a representação do mercado atual e as variáveis relevantes de produto. O estado representa as entradas do modelo, que incluem o caminho simulado do preço da ação ($S_1, S_2..., S_T$), o strike e o parâmetro de aversão ao risco (α).

Ambiente
: Bolsa de ações ou mercado de ações.

2. Dando o primeiro passo

2.1. Carregando os pacotes Python. O carregamento dos pacotes Python é semelhante ao dos estudos de caso prévios. Por favor, consulte o Jupyter notebook para este estudo de caso para obter mais detalhes.

2.2. Gerando os dados. Neste passo, geramos os dados para este estudo de caso usando uma simulação de Black-Scholes.

Essa função gera os caminhos de Monte Carlo para o preço da ação e obtém o preço da opção para cada um dos caminhos. O cálculo, mostrado a seguir, baseia-se na hipótese lognormal dos preços das ações:

$$S_{t+1} = S_t e^{\left(\mu - \frac{1}{2}\sigma^2\right)\Delta t + \sigma\sqrt{\Delta t}Z}$$

em que S é o preço da ação, σ é a volatilidade, μ é o drift, t é o tempo e Z é uma variável normal padrão.

```
def monte_carlo_paths(S_0, time_to_expiry, sigma, drift, seed, n_sims, \
    n_timesteps):
    """
    Cria caminhos aleatórios do preço de uma ação seguindo um retorno de
    movimento geométrico browniano:
    a (n_timesteps x n_sims x 1) matrix
    """
```

```
        if seed > 0:
                np.random.seed(seed)
        stdnorm_random_variates = np.random.randn(n_sims, n_timesteps)
        S = S_0
        dt = time_to_expiry / stdnorm_random_variates.shape[1]
        r = drift
        S_T = S * np.cumprod(np.exp((r-sigma**2/2)*dt+sigma*np.sqrt(dt)*\
        stdnorm_random_variates), axis=1)
        return np.reshape(np.transpose(np.c_[np.ones(n_sims)*S_0, S_T]), \
        (n_timesteps+1, n_sims, 1))
```

Geramos 50 mil simulações do preço spot ao longo do período de um mês. O número total de intervalos de tempo é 30. Dessa forma, para cada cenário de Monte Carlo, há uma observação por dia. Os parâmetros necessários para a simulação são definidos a seguir:

```
S_0 = 100; K = 100; r = 0; vol = 0.2; T = 1/12
timesteps = 30; seed = 42; n_sims = 5000

# Gerar caminhos de Monte Carlo
paths_train = monte_carlo_paths(S_0, T, vol, r, seed, n_sims, timesteps)
```

3. Análise exploratória de dados

Veremos a estatística descritiva e a visualização dos dados nesta seção. Visto que os dados foram gerados pela simulação, apenas inspecionamos um caminho como uma inspeção de sanidade do algoritmo de simulação:

```
# Plotar Caminhos para uma simulação
plt.figure(figsize=(20, 10))
plt.plot(paths_train[1])
plt.xlabel('Time Steps')
plt.title('Stock Price Sample Paths')
plt.show()
```

`Output`

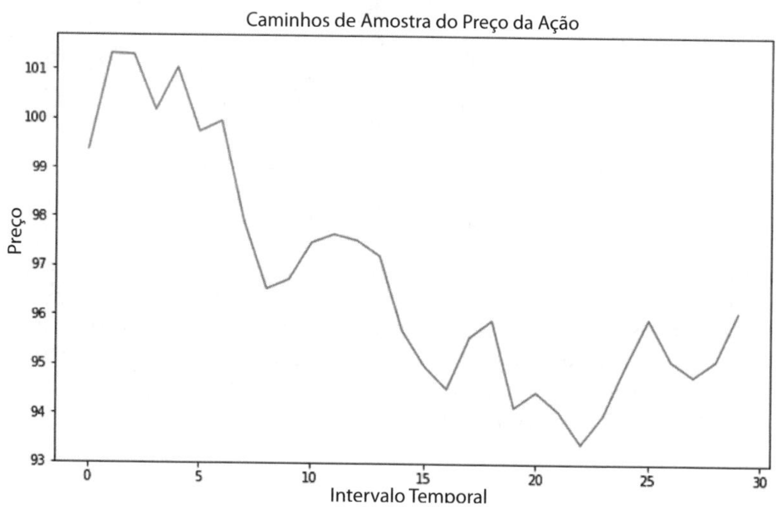

4. Avaliação de algoritmos e modelos

Nesta abordagem de busca direta de norma, usamos uma rede neural artificial (RNA) para conectar o estado com a ação. Em uma RNA tradicional, presumimos que todas as entradas (e saídas) sejam independentes entre si. No entanto, a decisão de hedge no tempo *t* (representado por δ_t) *depende do caminho* e é influenciada pelo preço da ação e pelas decisões de hedge nos intervalos temporais anteriores. Sendo assim, não é viável usar uma RNA tradicional. Uma *rede neural recorrente (RNR)* é um tipo de RNA que pode captar as dinâmicas com tempos variantes do sistema subjacente e é mais adequada neste contexto. As RNRs têm memória que capta informações sobre o que já foi calculado. Usamos essa propriedade do modelo de RNR para a modelagem de série temporal no Capítulo 5. *LSTM* (também analisada no Capítulo 5) é um tipo especial de RNR capaz de aprender dependências de longo prazo. Informações passadas do estado são disponibilizadas à rede ao conectar-se com uma ação; a extração de dados passados irrelevantes é então aprendida como parte do processo de treinamento. Usaremos o modelo LSTM para conectar o estado com a ação e obtermos a estratégia de hedge (ou seja, δ_1, δ_2, ...δ_T).

4.1. Script de policy gradient. Falaremos sobre os passos de implementação e treinamento do modelo nesta seção. Fornecemos as variáveis de entrada — caminho do preço da ação (S_1, S_2, ...S_T), strike e parâmetro de aversão ao risco, α — para o modelo treinado e recebemos a estratégia de hedge (ou seja, δ_1, δ_2, ...δ_T) como saída. A Figura 9-9 mostra um panorama do treinamento do policy gradient para este estudo de caso.

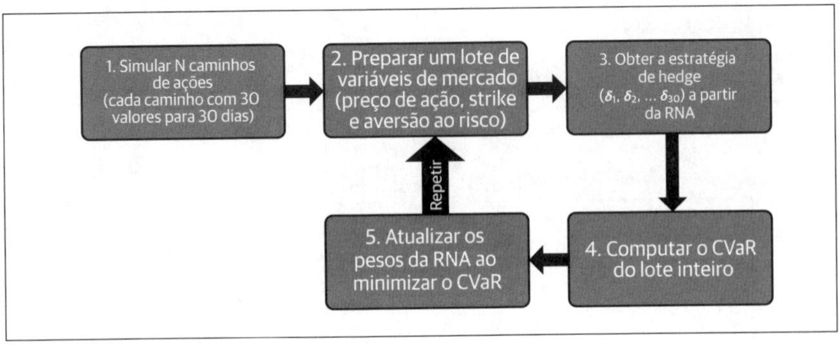

Figura 9-9. Treinamento de policy gradient para hedge de derivativos

Já realizamos o passo 1 na seção 2 deste estudo de caso. Os passos 2 a 5 são autoexplicativos e são implementados na classe `agent` definida posteriormente. O `agent` segura as variáveis e as funções-membros que realizam o treinamento. Um `object` da classe `agent` é criado usando a fase treinada e é usado para treinar o modelo. Depois de um número suficiente de iterações dos passos 2 a 5, um modelo ideal de policy gradient é gerado.

A classe consiste nos seguintes módulos:

1. Constructor
2. Função execute_graph_batchwise
3. Funções training, predict e restore

Analisemos mais profundamente o código Python para cada função.

O Constructor é definido como uma função init, em que definimos os parâmetros do modelo. Podemos passar os timesteps, o batch_size e o number of nodes em cada camada do modelo LSTM para o construtor. Definimos as variáveis de entrada do modelo (ou seja, caminho do preço da ação, strike e parâmetro de aversão ao risco) como *TensorFlow placeholders*. Placeholders, ou marcadores de posição, são usados para alimentar dados de fora do gráfico computacional, e alimentamos os dados dessas variáveis de entrada durante a fase de treinamento. Implementamos uma rede LSTM no TensorFlow usando a função tf.MultiRNNCell. O modelo LSTM usa quatro camadas com 62, 46, 46 e 1 nós. A função de perda é o CVaR, que é minimizada quando tf.train é chamada durante o passo de treinamento. Separamos os P&Ls negativos realizados da estratégia de trading e calculamos a média das principais perdas $(1-\alpha)$:

```
class Agent(object):
    def __init__(self, time_steps, batch_size, features,\
     nodes = [62, 46, 46, 1], name='model'):

     #1. Inicializar as variáveis
     tf.reset_default_graph()
     self.ba tch_size = batch_size # Número de opções em um lote
    self.S_t_input = tf.placeholder(tf.float32, [time_steps, batch_size, \
      features]) #Spot
    self.K = tf.placeholder(tf.float32, batch_size) #Strike
    self.alpha = tf.placeholder(tf.float32) #alfa para cVaR

    S_T = self.S_t_input[-1,:,0] #Spot no tempo T
    # Mudança no Spot
    dS = self.S_t_input[1:, :, 0] - self.S_t_input[0:-1, :, 0]
    #dS = tf.reshape(dS, (ime_steps, batch_size))

    #2. Preparar S_t para uso na RNR, remover o \
    #último intervalo temporal (em T, o portfólio é zero)
    S_t = tf.unstack(self.S_t_input[:-1, :,:], axis=0)

    # Criar lstm
    lstm = tf.contrib.rnn.MultiRNNCell([tf.contrib.rnn.LSTMCell(n) \
    for n in nodes])

    #3. Assim, o estado é um tensor conveniente que mantém o último
    #estado real de RNC, ingorando os zeros.
    #O tensor da estratégia mantém os outputs de todas as células.
    self.strategy, state = tf.nn.static_rnn(lstm, S_t, initial_state=\
      lstm.zero_state(batch_size, tf.float32), dtype=tf.float32)
```

```
self.strategy = tf.reshape(self.strategy, (time_steps-1, batch_size))

#4. Preço da Opção
self.option = tf.maximum(S_T-self.K, 0)

self.Hedging_PnL = - self.option + tf.reduce_sum(dS*self.strategy, \
  axis=0)

#5. Hedge total do P&L de cada caminho
self.Hedging_PnL_Paths = - self.option + dS*self.strategy

# 6. Calcular o CVaR para um dado nível de confiança alpha
# Pegar os maiores prejuízos 1-alpha (principais P&L negativos
#1-alpha) e calcular a média
CVaR, idx = tf.nn.top_k(-self.Hedging_PnL, tf.cast((1-self.alpha)*\
batch_size, tf.int32))
CVaR = tf.reduce_mean(CVaR)
#7. Minimizar o CVaR
self.train = tf.train.AdamOptimizer().minimize(CVaR)
self.saver = tf.train.Saver()
self.modelname = name
```

A função `execute_graph_batchwise` é a função fundamental do programa, na qual treinamos a rede neural baseada na experiência observada. Ela pega um lote de estados como entrada e atualiza os pesos do modelo LSTM baseado em policy gradient ao fazer um loop em todas as épocas e lotes. Primeiro, ela prepara um lote de variáveis de mercado (preço da ação, strike e aversão ao risco) e usa a função `sess.run` para treinamento. Essa é uma função TensorFlow para executar qualquer operação definida dentro dela. Aqui, ela pega as entradas e executa a função `tf.train` que foi definida no constructor. Depois de um número suficiente de iterações, um modelo ideal de policy gradient é gerado:

```
def _execute_graph_batchwise(self, paths, strikes, riskaversion, sess, \
  epochs=1, train_flag=False):
    #1: Inicializar as variáveis.
    sample_size = paths.shape[1]
    batch_size=self.batch_size
    idx = np.arange(sample_size)
    start = dt.datetime.now()
    #2: Fazer loop em todas as épocas
    for epoch in range(epochs):
        # Salvar o hedge de P&L para cada lote
        pnls = []
        strategies = []
        if train_flag:
        np.random.shuffle(idx)

        #3. Fazer loop em todas as observações
    for i in range(int(sample_size/batch_size)):
        indices = idx[i*batch_size : (i+1)*batch_size]
        batch = paths[:,indices,:]
```

```
        #4. Treinar LSTM
        if train_flag:#executa o treinamento, fazendo hedge de P&L e estratégia.
            _, pnl, strategy = sess.run([self.train, self.Hedging_PnL, \
              self.strategy], {self.S_t_input: batch,\
                self.K : strikes[indices],\
                self.alpha: riskaversion})
                 #5. Avaliação e sem treinamento

        else:
            pnl, strategy = sess.run([self.Hedging_PnL, self.strategy], \
              {self.S_t_input: batch,\
              self.K : strikes[indices],
              self.alpha: riskaversion})\
              pnls.append(pnl)
              strategies.append(strategy)
        #6. Calcular o preço de opção # considerando o nível alfa de aversão
ao risco
        CVaR = np.mean(-np.sort(np.concatenate(pnls))\
        [:int((1-riskaversion)*sample_size)])
        #7. Retornar métricas de treinamento, |
        #se estiver na fase de treinamento
        if train_flag:
            if epoch % 10 == 0:
              print('Time elapsed:', dt.datetime.now()-start)
              print('Epoch', epoch, 'CVaR', CVaR)
               #Salvar o modelo
              self.saver.save(sess, "model.ckpt")
self.saver.save(sess, "model.ckpt")

#8. Retornar CVaR e outros parâmetros
return CVaR, np.concatenate(pnls), np.concatenate(strategies,axis=1)
```

A função `training` apenas aciona a função `execute_graph_batchwise` e fornece todas as entradas necessárias de treinamento para essa função. A função `predict` retorna a ação (estratégia de hedge) considerando um estado (variáveis de mercado). A função `restore` restaura o modelo treinado salvo para ser usado posteriormente para treinamento ou previsão:

```
def training(self, paths, strikes, riskaversion, epochs, session, init=True):
    if init:
            sess.run(tf.global_variables_initializer())
    self._execute_graph_batchwise(paths, strikes, riskaversion, session, \
    epochs, train_flag=True)


def predict(self, paths, strikes, riskaversion, session):
    return self._execute_graph_batchwise(paths, strikes, riskaversion,\
     session,1, train_flag=False)
```

4.2. Treinando os dados. Os passos de nosso modelo baseado em normas são:

1. Definir o parâmetro de aversão ao risco para o CVaR, o número de features (é o número total de ações, e, neste caso, temos apenas uma), o preço de strike e o tamanho do lote. O CVaR representa a quantia de prejuízo que queremos minimizar. Por exemplo, um CVaR de 99% significa que queremos evitar o prejuízo extremo, enquanto um CVaR de 50% minimiza os prejuízos medianos. Treinamos com um CVaR de 50% para termos um prejuízo médio menor.
2. Instanciar o agente de policy gradient, que tem a norma baseada em RNR com a função de prejuízo baseada no CVaR.
3. Iterar os lotes; a estratégia é definida pela saída de normas da rede baseada em LSTM.
4. Por fim, o modelo treinado é salvo.

```
batch_size = 1000
features = 1
K = 100
alpha = 0.50 #parâmetro de aversão ao risco para CVaR
epoch = 101 #Está configurado para 11, mas deve ser idealmente um número
mais alto
model_1 = Agent(paths_train.shape[0], batch_size, features, name='rnn_final')
# Treinar o modelo leva alguns minutos
start = dt.datetime.now()
with tf.Session() as sess:
  # Treinar Modelo
    model_1.training(paths_train, np.ones(paths_train.shape[1])*K, alpha,\
  epoch, sess)
print('Training finished, Time elapsed:', dt.datetime.now()-start)
```

Output

```
Time elapsed: 0:00:03.326560
Epoch 0 CVaR 4.0718956
Epoch 100 CVaR 2.853285
Training finished, Time elapsed: 0:01:56.299444
```

5. Testando os dados

O teste é um passo importante, especialmente para o AR, visto que é difícil para um modelo fornecer quaisquer relações significativas e intuitivas entre a entrada e sua saída correspondente que sejam facilmente compreendidas. No passo de teste, compararemos a eficácia da estratégia de hedge com uma estratégia de hedge delta no modelo de Black-Scholes. Primeiro, definimos as funções de ajuda usadas neste passo.

5.1. Funções de ajuda para comparação com Black-Scholes. Neste módulo, criamos funções adicionais que são usadas para comparação com o tradicional modelo Black-Scholes.

5.1.1. Preço e delta do Black-Scholes. A função `BlackScholes_price` implementa a fórmula analítica para o preço da opção de call, e `BS_delta` implementa a fórmula analítica para o delta de uma opção de call:

```
def BS_d1(S, dt, r, sigma, K):
    return (np.log(S/K) + (r+sigma**2/2)*dt) / (sigma*np.sqrt(dt))

def BlackScholes_price(S, T, r, sigma, K, t=0):
    dt = T-t
    Phi = stats.norm(loc=0, scale=1).cdf
    d1 = BS_d1(S, dt, r, sigma, K)
    d2 = d1 - sigma*np.sqrt(dt)
    return S*Phi(d1) - K*np.exp(-r*dt)*Phi(d2)

def BS_delta(S, T, r, sigma, K, t=0):
    dt = T-t
    d1 = BS_d1(S, dt, r, sigma, K)
    Phi = stats.norm(loc=0, scale=1).cdf
    return Phi(d1)
```

5.1.2. Resultado do teste e plotagem. As funções a seguir são usadas para computar as métricas-chave e plotagens relacionadas para avaliar a eficácia do hedge. A função `test_hedging_strategy` computa diferentes tipos de P&L, incluindo CVaR, P&L e Hedge de P&L. A função `plot_deltas` plota a comparação do delta de AR em comparação ao hedge de Black-Scholes em diferentes pontos temporais. A função `plot_strategy_pnl` é usada para plotar o P&L total da estratégia baseada em AR em comparação ao hedge de Black-Scholes:

```
    def test_hedging_strategy(deltas, paths, K, price, alpha,
output=True):
    S_returns = paths[1:,:,0]-paths[:-1,:,0]
    hedge_pnl = np.sum(deltas * S_returns, axis=0)
    option_payoff = np.maximum(paths[-1,:,0] - K, 0)
    replication_portfolio_pnls = -option_payoff + hedge_pnl + price
    mean_pnl = np.mean(replication_portfolio_pnls)
    cvar_pnl = -np.mean(np.sort(replication_portfolio_pnls)\
    [:int((1-alpha)*replication_portfolio_pnls.shape[0])])
    if output:
      plt.hist(replication_portfolio_pnls)
      print('BS price at t0:', price)
      print('Mean Hedging PnL:', mean_pnl)
      print('CVaR Hedging PnL:', cvar_pnl)
      return (mean_pnl, cvar_pnl, hedge_pnl, replication_portfolio_pnls,
deltas)

def plot_deltas(paths, deltas_bs, deltas_rnn, times=[0, 1, 5, 10, 15, 29]):
    fig = plt.figure(figsize=(10,6))
    for i, t in enumerate(times):
    plt.subplot(2,3,i+1)
    xs = paths[t,:,0]
    ys_bs = deltas_bs[t,:]
    ys_rnn = deltas_rnn[t,:]
    df = pd.DataFrame([xs, ys_bs, ys_rnn]).T

    plt.plot(df[0], df[1], df[0], df[2], linestyle='', marker='x' )
    plt.legend(['BS delta', 'RNN Delta'])
```

```
        plt.title('Delta at Time %i' % t)
        plt.xlabel('Spot')
        plt.ylabel('$\Delta$')
        plt.tight_layout()

def plot_strategy_pnl(portfolio_pnl_bs, portfolio_pnl_rnn):
        fig = plt.figure(figsize=(10,6))
        sns.boxplot(x=['Black-Scholes', 'RNN-LSTM-v1 '], y=[portfolio_pnl_bs, \
        portfolio_pnl_rnn])
        plt.title('Compare PnL Replication Strategy')
        plt.ylabel('PnL')
```

5.1.3. Erro de hedge para a replicação Black-Scholes. A função a seguir é usada para obter a estratégia de hedge baseada no modelo tradicional de Black-Scholes, que é usada ainda para comparação com a estratégia de hedge baseada em AR:

```
def black_scholes_hedge_strategy(S_0, K, r, vol, T, paths, alpha, output):
        bs_price = BlackScholes_price(S_0, T, r, vol, K, 0)
        times = np.zeros(paths.shape[0])
        times[1:] = T / (paths.shape[0]-1)
        times = np.cumsum(times)
        bs_deltas = np.zeros((paths.shape[0]-1, paths.shape[1]))
        for i in range(paths.shape[0]-1):
          t = times[i]
          bs_deltas[i,:] = BS_delta(paths[i,:,0], T, r, vol, K, t)
        return test_hedging_strategy(bs_deltas, paths, K, bs_price, alpha,
output)
```

5.2. Comparação entre Black-Scholes e aprendizado por reforço. Compararemos a eficácia da estratégia de hedge ao observarmos a influência do parâmetro de aversão de risco CVaR e inspecionarmos o nível de qualidade no qual o modelo baseado em AR pode generalizar a estratégia de hedge se mudarmos o moneyness da opção, o drift e a volatilidade do processo subjacente.

5.2.1. Teste com aversão ao risco de 99%. Como mencionamos, o CVaR representa a quantia de prejuízo que queremos minimizar. Treinamos o modelo usando uma aversão ao risco de 50% para minimizar o prejuízo médio. No entanto, para propósitos de teste, aumentamos a aversão ao risco para 99%, significando que queremos evitar o prejuízo extremo. Esses resultados são comparados com o modelo Black-Scholes:

```
n_sims_test = 1000
# Caminho de Monte Carlo para o conjunto de teste
alpha = 0.99
paths_test = monte_carlo_paths(S_0, T, vol, r, seed_test, n_sims_test, \
  timesteps)
```

Usamos a função treinada e comparamos os modelos Black-Scholes e AR no seguinte código:

```
with tf.Session() as sess:
      model_1.restore(sess, 'model.ckpt')
      #Usando o model_1 treinado na seção anterior
      test1_results = model_1.predict(paths_test, np.ones(paths_test.
shape[1])*K, \
      alpha, sess)

_,_,_,portfolio_pnl_bs, deltas_bs = black_scholes_hedge_strategy\
(S_0,K, r, vol, T, paths_test, alpha, True)
plt.figure()
_,_,_,portfolio_pnl_rnn, deltas_rnn = test_hedging_strategy\
(test1_results[2], paths_test, K, 2.302974467802428, alpha, True)
plot_deltas(paths_test, deltas_bs, deltas_rnn)
plot_strategy_pnl(portfolio_pnl_bs, portfolio_pnl_rnn)
```

Output

```
BS price at t0: 2.3029744678024286
Mean Hedging PnL: -0.0010458505607415178
CVaR Hedging PnL: 1.2447953011695538
RL based BS price at t0: 2.302974467802428
RL based Mean Hedging PnL: -0.0019250998451393934
RL based CVaR Hedging PnL: 1.3832611348053374
```

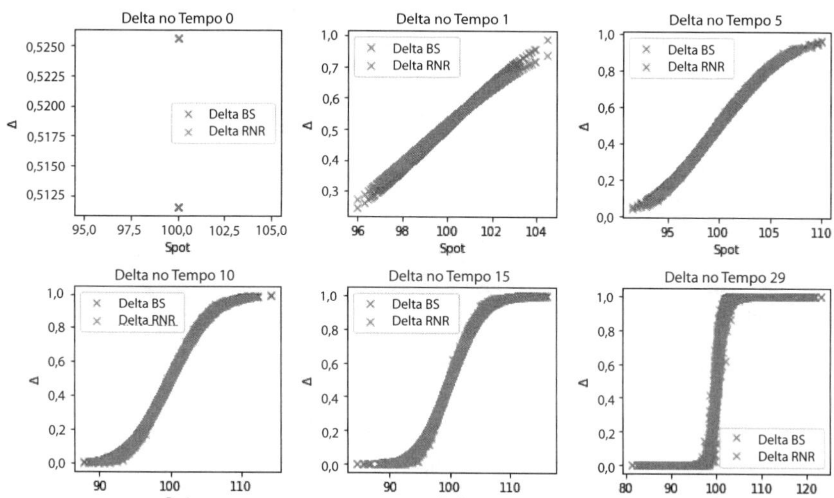

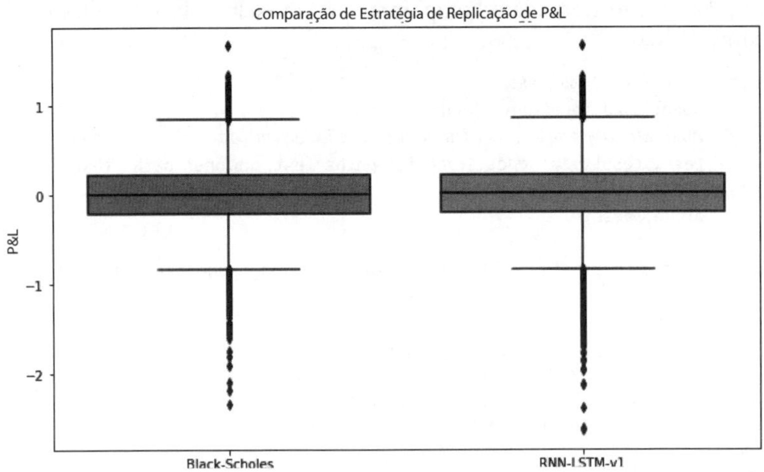

Para o primeiro conjunto de teste (strike 100, mesmo drift, mesma volatilidade) com uma aversão ao risco de 99%, os resultados parecem muito bons. Vemos que o delta tanto do modelo Black-Scholes quanto da abordagem baseada em AR convergem com o passar do tempo do dia 1 ao 30. Os CVaRs de ambas as estratégias são semelhantes e baixos em magnitude, com valores de 1,24 e 1,38 para Black-Scholes e AR, respectivamente. Além disso, a volatilidade das duas estratégias é semelhante, como ilustra o segundo gráfico.

5.2.2. Alterando o moneyness. Vejamos agora a comparação das estratégias, quando o moneyness, definido como a relação do preço de strike com o preço spot, é alterado. Para fazer isso, diminuímos o preço de strike em 10. O trecho de código é semelhante ao do caso anterior, e o output é mostrado a seguir:

```
BS price at t0: 10.07339936955367
Mean Hedging PnL: 0.0007508571761945107
CVaR Hedging PnL: 0.6977526775080665
RL based BS price at t0: 10.073
RL based Mean Hedging PnL: -0.038571546628968216
RL based CVaR Hedging PnL: 3.4732447615593975
```

Com a alteração no moneyness, vemos que o P&L da estratégia de AR é significativamente pior do que o da estratégia Black-Scholes. Vemos um desvio considerável do delta entre as duas em todos os dias. O CVaR e a volatilidade da estratégia baseada em AR são muito maiores. Os resultados indicam que devemos ter cuidado ao generalizar o modelo para níveis diferentes de moneyness e que devemos treinar o modelo com a opção de usar uma variedade de strikes antes de implementá-lo em um ambiente de produção.

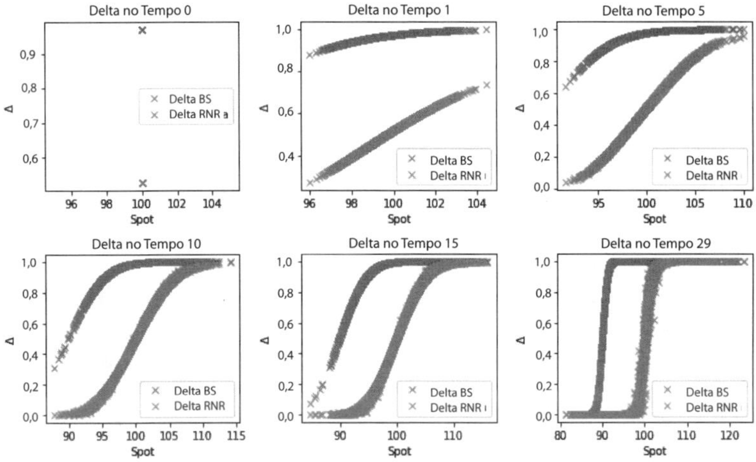

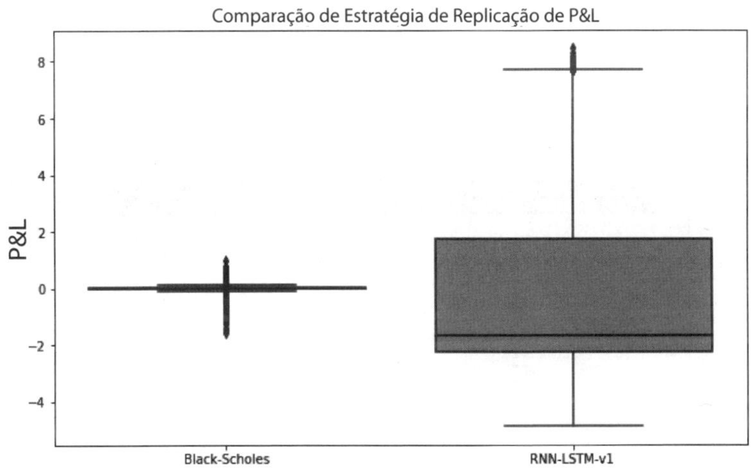

5.2.3. Alterando o drift. Vejamos agora a comparação das estratégias quando o drift é alterado. Para fazer isso, presumimos que o drift do preço da ação é de 4% por mês ou 48% anualizado. O output é mostrado a seguir:

```
Output
BS price at t0: 2.3029744678024286
Mean Hedging PnL: -0.01723902964827388
CVaR Hedging PnL: 1.2141220199385756
RL based BS price at t0: 2.3029
RL based Mean Hedging PnL: -0.037668804359885316
RL based CVaR Hedging PnL: 1.357201635552361
```

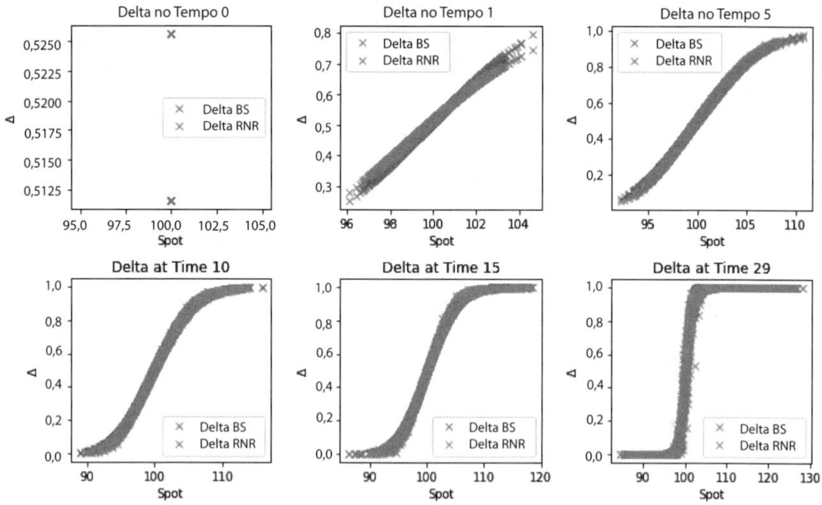

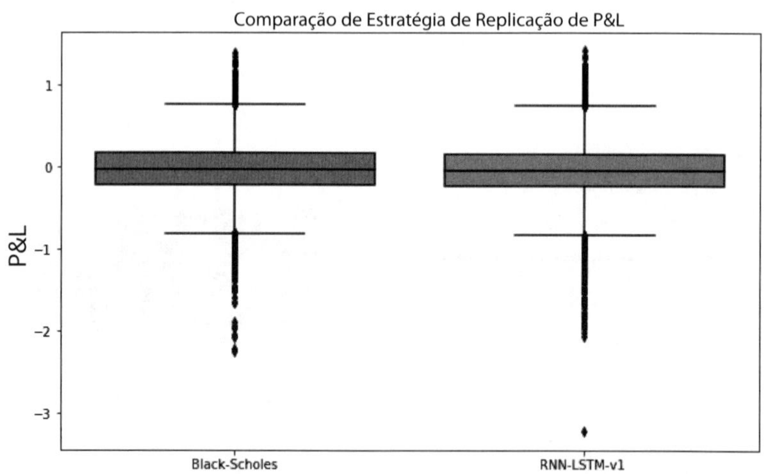

De modo geral, os resultados parecem bons para a mudança no drift. A conclusão é similar à dos resultados quando a aversão ao risco foi alterada, com os deltas para as duas abordagens convergindo ao longo do tempo. Novamente os CVaRs são semelhantes em magnitude, com o Black-Scholes produzindo um valor de 1,21 e o AR um valor de 1,357.

5.2.4. Volatilidade alterada. Por fim, veremos o impacto de alterar a volatilidade. Para fazer isso, a elevamos em 5%:

```
Output

BS price at t0: 2.3029744678024286
Mean Hedging PnL: -0.5787493248269506
CVaR Hedging PnL: 2.5583922824407566
```

```
RL based BS price at t0: 2.309
RL based Mean Hedging PnL: -0.5735181045192523
RL based CVaR Hedging PnL: 2.835487824499669
```

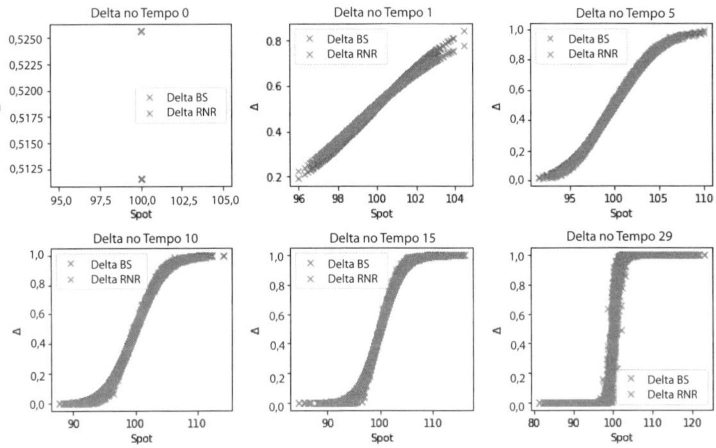

Observando os resultados, o delta, o CVaR e a volatilidade geral de ambos os modelos são semelhantes. Dessa forma, ao verificarmos diferentes comparações gerais, a performance desse hedge baseado em AR está em pé de igualdade com o hedge baseado em Black-Scholes.

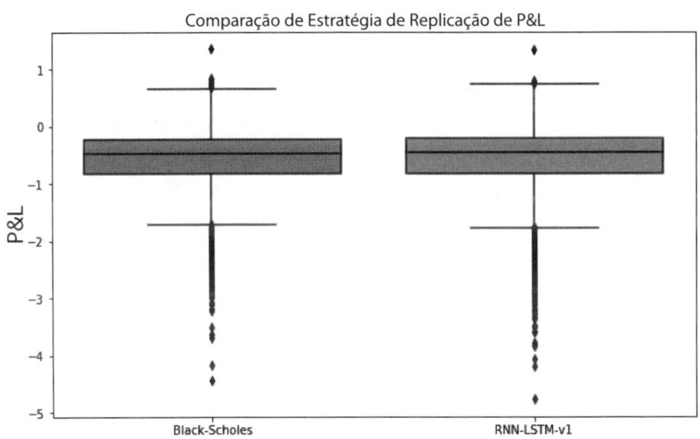

Conclusão

Neste estudo de caso, comparamos a eficácia de uma estratégia de hedge de opção de call usando o AR. A estratégia de hedge baseada em AR saiu-se muito bem mesmo quando certos parâmetros de entrada foram modificados. No entanto, ela não conseguiu generalizar a estratégia para opções em diferentes níveis de moneyness. Ela ressalta o fato de que o AR é uma abordagem com intensidade de dados, e é importante treinar o modelo com cenários diferentes, o que se torna mais importante se a intenção for usar o modelo em uma ampla variedade de derivativos.

Embora tenhamos visto que as estratégias de AR e a tradicional Black-Scholes são comparáveis, a abordagem de AR oferece muito mais possibilidades de melhorias. O modelo de AR pode ser treinado ainda mais usando uma ampla variedade de instrumentos com diferentes hiperparâmetros, levando a melhorias de performance. Seria interessante explorar a comparação desses dois modelos de hedge para derivativos mais exóticos, dada a contrapartida entre as duas abordagens.

De modo geral, a abordagem baseada em AR é independente de modelo e escalável, além de oferecer melhorias eficazes para muitos problemas clássicos.

Estudo de Caso 3: Alocação de Portfólio

Como vimos em estudos de caso anteriores, a técnica mais comumente usada para a alocação de portfólio, a *otimização de portfólio pela média-variância*, possui diversos pontos fracos, incluindo:

- Erros de estimação nos retornos esperados e na matriz de covariância causados pela natureza errática dos retornos financeiros.
- Otimização quadrática instável que compromete muito o nível ideal dos portfólios resultantes.

Abordamos algumas dessas fraquezas no "Estudo de Caso 1: Gestão de Portfólio: Encontrando um Portfólio *Eigen*", no Capítulo 7, e no "Estudo de Caso 3: Paridade de Risco Hierárquica", no Capítulo 8. Aqui, abordamos esse problema sob uma perspectiva do AR.

Os algoritmos de aprendizado por reforço, com a habilidade de decidir por si sós a norma, são modelos fortes para realizar a alocação de portfólio de forma automatizada, sem a necessidade de supervisão contínua. A automação dos passos manuais envolvidos na alocação de portfólio pode ser extremamente útil, especificamente para os robôs advisors.

Em um framework baseado em AR, tratamos a alocação de portfólio não apenas como um problema de otimização com apenas um passo, mas como um *controle contínuo* do portfólio com recompensas atrasadas. Saímos de uma alocação ideal discreta para um território de controle contínuo, e no ambiente de um mercado em constantes mudanças, os algoritmos de AR podem ser aproveitados para resolver problemas complexos e dinâmicos de alocação de portfólio.

Neste estudo de caso, usaremos uma abordagem baseada em Q-learning e DQN para encontrarmos uma norma para a alocação ideal de portfólio em um conjunto de criptomoedas. De forma geral, a abordagem e o framework em termos de implementação baseada em Python são semelhantes aos do estudo de caso 1.

Portanto, algumas seções repetitivas ou explicações sobre o código serão puladas aqui.

Neste estudo de caso, vamos nos concentrar em:

- Definir os componentes de AR em um problema de alocação de portfólio.
- Avaliar o Q-learning no contexto de alocação de portfólio.
- Criar um ambiente de simulação a ser usado no framework de AR.
- Estender o framework de Q-learning usado no desenvolvimento da estratégia de trading para a gestão de portfólio.

Blueprint para Criar um Algoritmo Baseado em Aprendizado por Reforço para a Alocação de Portfólio

1. Definição de problema

No framework de aprendizado por reforço definido para este estudo de caso, o algoritmo realiza uma ação, que é a *alocação ideal de portfólio*, dependendo do estado atual do portfólio. O algoritmo é treinado para usar um framework de Q-learning profundo e os componentes do modelo são estes:

Agente
: Gestor do portfólio, um robô advisor ou um investidor individual.

Ação
: Atribuição e rebalanceamento dos pesos do portfólio. O modelo DQN fornece os valores Q, que são convertidos em pesos do portfólio.

Função de recompensa
: O índice de Sharpe. No entanto, pode haver uma ampla gama de funções complexas de recompensa que forneçam uma contrapartida entre lucro e risco, como retorno percentual ou drawdown máximo.

Estado
: O estado é a matriz de correlação dos instrumentos com base em uma janela específica de tempo. A matriz de correlação é uma variável adequada de estado para a alocação de portfólio, uma vez que contém as informações sobre as relações entre diferentes instrumentos e pode ser útil para realizar a alocação de portfólio.

Ambiente
: A exchange de criptomoedas.

O conjunto de dados usado neste estudo de caso é da plataforma Kaggle (*https://oreil.ly/613O2*). Ela contém os preços diários de criptomoedas em 2018. Os dados contêm algumas das criptos mais líquidas, incluindo Bitcoin, Ethereum, Ripple, Litecoin e Dash.

2. Dando o primeiro passo — carregando os dados e os pacotes Python

2.1. Carregando os pacotes Python. Os pacotes Python padrão são carregados neste passo. Os detalhes já foram apresentados em estudos de caso anteriores. Consulte o Jupyter notebook deste estudo de caso para obter mais detalhes.

2.2. Carregando os dados. Os dados coletados são carregados neste passo:

```
dataset = read_csv('data/crypto_portfolio.csv',index_col=0)
```

3. Análise exploratória de dados

3.1. Estatística descritiva. Veremos a estatística descritiva e as visualizações dos dados nesta seção:

```
# shape
dataset.shape
```

```
Output
```

```
(375, 15)
# observar os dados
set_option('display.width', 100)
dataset.head(5)
```

```
Output
```

Date	ADA	BCH	BNB	BTC	DASH	EOS	ETH	IOT	LINK	LTC	TRX	USDT	XLM	XMR	XRP
2018-01-01	0.7022	2319.120117	8.480	13444.879883	1019.419983	7.64	756.200012	3.90	0.7199	224.339996	0.05078	1.01	0.4840	338.170013	2.05
2018-01-02	0.7620	2555.489990	8.749	14754.129883	1162.469971	8.30	861.969971	3.98	0.6650	251.809998	0.07834	1.02	0.5560	364.440002	2.19
2018-01-03	1.1000	2557.520020	9.488	15156.620117	1129.890015	9.43	941.099976	4.13	0.6790	244.630005	0.09430	1.01	0.8848	385.820007	2.73
2018-01-04	1.1300	2355.780029	9.143	15180.080078	1120.119995	9.47	944.830017	4.10	0.9694	238.300003	0.21010	1.02	0.6950	372.230011	2.73
2018-01-05	1.0100	2390.040039	14.850	16954.779297	1080.880005	9.29	967.130005	3.76	0.9669	244.509995	0.22400	1.01	0.6400	357.299988	2.51

Os dados têm um total de 375 linhas e 15 colunas. Essas colunas contêm os preços diários de quinze criptomoedas em 2018.

4. Avaliação de algoritmos e modelos

Este é um passo fundamental no desenvolvimento do modelo de aprendizado por reforço, em que definiremos todas as funções e classes e treinaremos o algoritmo.

4.1. Script do agente e do ambiente de criptomoedas. Temos uma classe `Agent` que mantém as variáveis e as funções-membros que realizam o Q-learning. É semelhante à classe `Agent` definida no estudo de caso 1, com uma função adicional para converter o output do valor Q da rede neural profunda em pesos de portfólio e vice-versa. O módulo de treinamento implementa a iteração através de diversos episódios e lotes e salva as informações de estado, ação, recompensa e próximo estado a serem usadas no treinamento. Pulamos a descrição detalhada do código Python da classe `Agent` e o módulo de treinamento neste estudo de caso. Você pode consultar o Jupyter notebook no repositório de código deste livro para obter mais detalhes.

Implementamos um ambiente de simulação para criptomoedas usando uma classe chamada `CryptoEnvironment`. O conceito de um ambiente de simulação, ou *gym*, é bastante comum em problemas de AR. Um dos desafios do aprendizado por reforço é a falta de ambientes disponíveis de simulação nos quais fazer testes. O *OpenAI gym* é uma caixa de ferramentas que oferece uma ampla variedade de ambientes simulados (como jogos Atari, simulações físicas em 2D/3D), então podemos treinar os agentes, compará-los ou desenvolver novos algoritmos de AR. Além disso, ele foi desenvolvido com o objetivo de se tornar um ambiente padronizado e um benchmark para a pesquisa de AR. Introduzimos um conceito semelhante na classe `CryptoEnvironment`, na qual criamos uma ambiente de simulação para criptomoedas. Essa classe tem as seguintes funções essenciais:

getState
: Esta função retorna o estado assim como o retorno histórico ou dados históricos brutos, dependendo se o identificador é `is_cov_matrix` ou `is_raw_time_series`

getReward
: Esta função retorna a recompensa (o índice de Sharpe) do portfólio, considerando seus pesos e o período retroativo.

```
class CryptoEnvironment:

    def __init__(self, prices = './data/crypto_portfolio.csv', capital =
1e6):
        self.prices = prices
        self.capital = capital
        self.data = self.load_data()

    def load_data(self):
      data = pd.read_csv(self.prices)
      try:
        data.index = data['Date']
        data = data.drop(columns = ['Date'])
    except:
        data.index = data['date']
        data = data.drop(columns = ['date'])
    return data

    def preprocess_state(self, state):
        return state

    def get_state(self, t, lookback, is_cov_matrix=True\
      is_raw_time_series=False):

      assert lookback <= t

    decision_making_state = self.data.iloc[t-lookback:t]
    decision_making_state = decision_making_state.pct_change().dropna()
```

```
        if is_cov_matrix:
            x = decision_making_state.cov()
            return x
        else:
            if is_raw_time_series:
                decision_making_state = self.data.iloc[t-lookback:t]
            return self.preprocess_state(decision_making_state)

    def get_reward(self, action, action_t, reward_t, alpha = 0.01):

        def local_portfolio(returns, weights):
          weights = np.array(weights)
          rets = returns.mean() # * 252
          covs = returns.cov() # * 252
          P_ret = np.sum(rets * weights)
          P_vol = np.sqrt(np.dot(weights.T, np.dot(covs, weights)))
          P_sharpe = P_ret / P_vol
          return np.array([P_ret, P_vol, P_sharpe])

        data_period = self.data[action_t:reward_t]
        weights = action
        returns = data_period.pct_change().dropna()

        sharpe = local_portfolio(returns, weights)[-1]
        sharpe = np.array([sharpe] * len(self.data.columns))
        ret = (data_period.values[-1] - data_period.values[0]) / \
        data_period.values[0]

        return np.dot(returns, weights), ret
```

Exploraremos o treinamento do modelo de AR no próximo passo.

4.2. Treinando os dados. Como um primeiro passo, inicializamos a classe `Agent` e a classe `CryptoEnvironment`. Depois, estabelecemos o `number of episodes` e o `batch size` para o propósito de treinamento. Dada a volatilidade das criptomoedas, definimos a `window size` do estado em 180 e a `rebalancing frequency` para 90 dias:

```
N_ASSETS = 15
agent = Agent(N_ASSETS)
env = CryptoEnvironment()
window_size = 180
episode_count = 50
batch_size = 32
rebalance_period = 90
```

A Figura 9-10 oferece uma análise profunda no treinamento do algoritmo DQN usado para desenvolver a estratégia de alocação de portfólio baseada em AR. Se observarmos atentamente, o gráfico é semelhante aos passos definidos na Figura 9-8 do estudo de caso 1, com pequenas diferenças na *matriz Q*, *função de recompensa* e *ação*. Os passos 1 a 7 descrevem o treinamento e o módulo

`CryptoEnvironment`; os passos 8 a 10 mostram o que acontece na função `replay buffer` (ou seja, a função `exeReplay`) no módulo `Agent`.

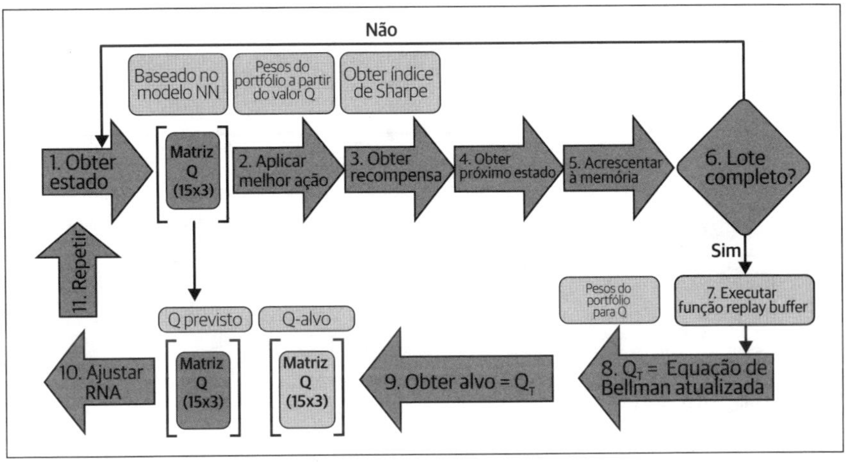

Figura 9-10. Treinamento do DQN para a otimização de portfólio

Estes são os detalhes dos passos 1 a 6:

1. Obter o *estado atual* usando a função de ajuda `getState` definida no módulo `CryptoEnvironment`. Ele retorna uma matriz de correlação das criptomoedas baseada no tamanho da janela.
2. Obter a *ação* para determinado estado usando a função `act` da classe `Agent`. A ação é o peso do portfólio de criptomoedas.
3. Obter a *recompensa* para determinada ação usando a função `getReward` no módulo `CryptoEnvironment`.
4. Obter o próximo estado usando a função `getState`. O detalhe do próximo estado é usado ainda na equação de Bellman para atualizar a função Q.
5. Os detalhes do estado, do próximo estado e da ação são salvos na memória do objeto `Agent`. Essa memória é usada ainda pela função `exeReply`.
6. Verificar se o lote está completo. O tamanho do lote é definido pela variável tamanho de lote. Caso não esteja completo, passamos para a próxima iteração de tempo. Caso esteja completo, então passamos para a função `Replay buffer` e atualizamos a função Q ao minimizar o MSE entre o Q previsto e o Q-alvo nos passos 8, 9 e 10.

Como mostram os gráficos a seguir, o código produz os resultados finais juntamente com dois gráficos para cada episódio. O primeiro gráfico mostra o retorno total cumulativo ao longo do tempo, enquanto o segundo mostra a porcentagem de cada criptomoeda no portfólio.

```
Output
Episode 0/50 epsilon 1.0
```

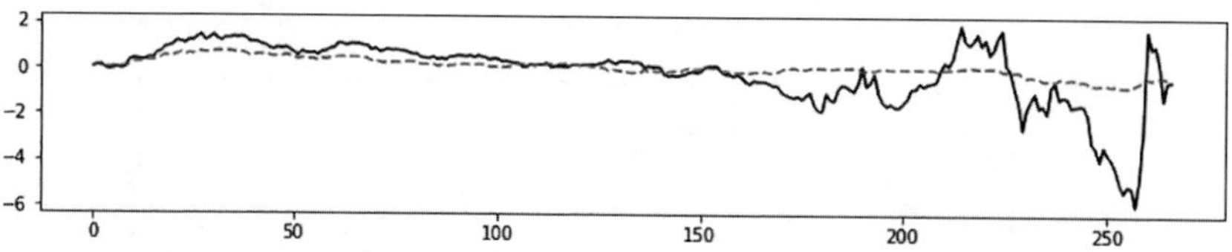

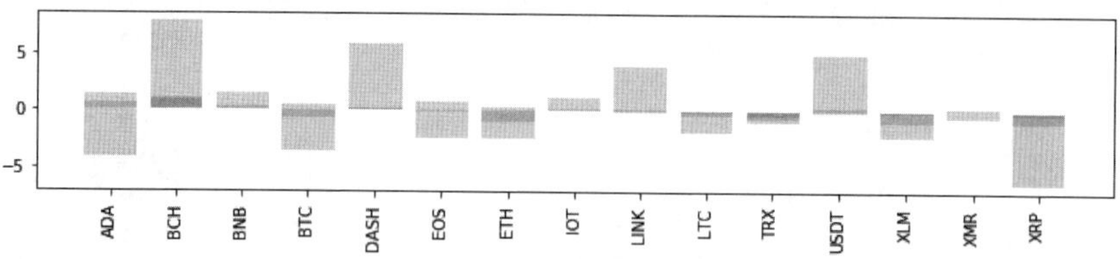


```
Episode 1/50 epsilon 1.0
```

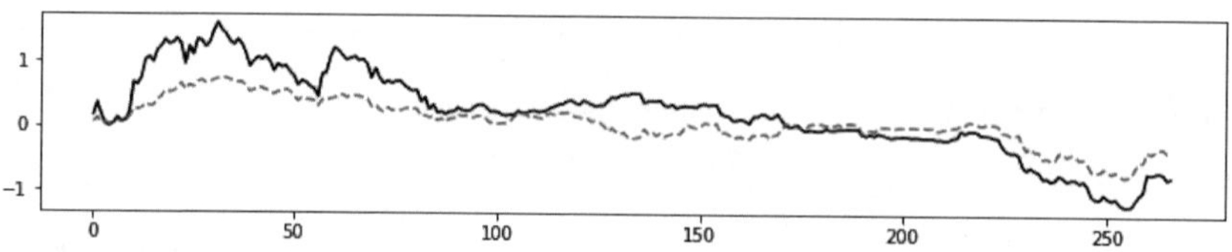

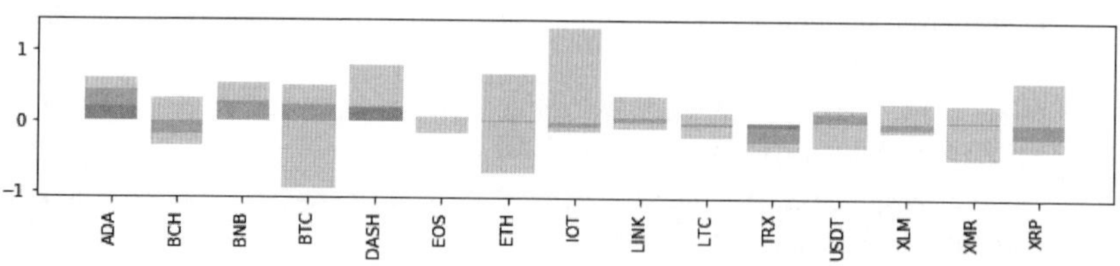


```
Episode 48/50 epsilon 1.0
```

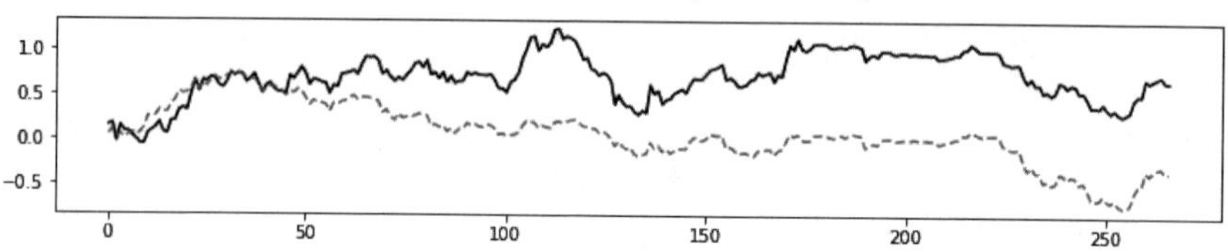

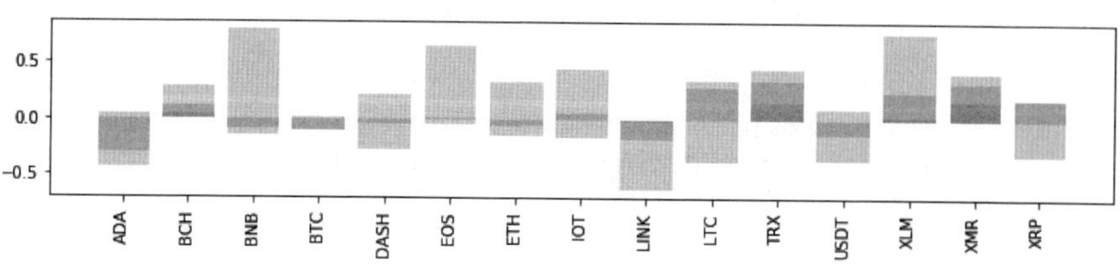

```
Episode 49/50 epsilon 1.0
```

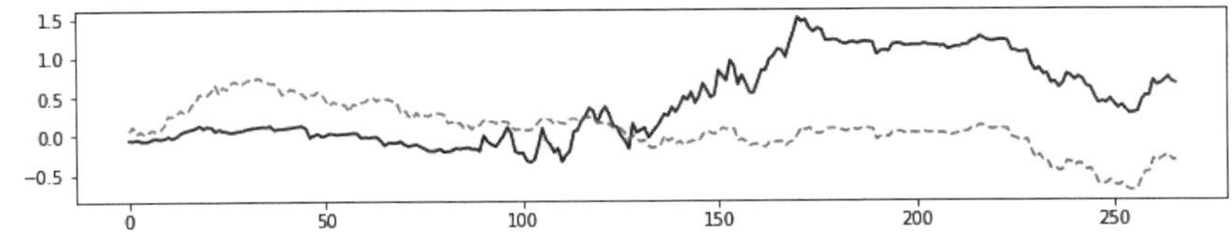

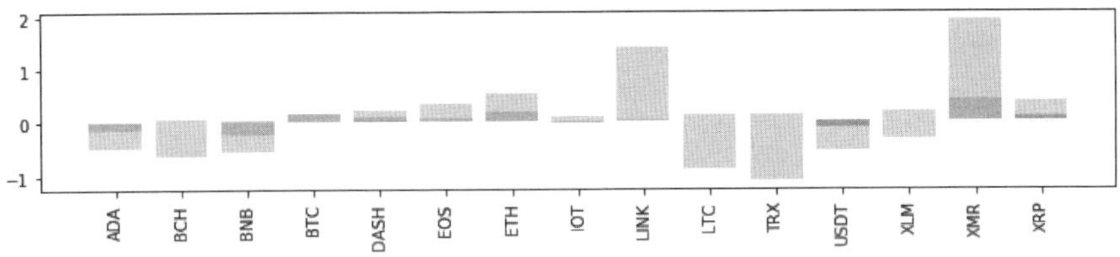

O gráfico esboça os detalhes da alocação de portfólio dos dois primeiros e dos dois últimos episódios. Os detalhes dos outros episódios podem ser vistos no Jupyter notebook no repositório do GitHub para este livro. A linha preta mostra a performance do portfólio e a linha pontilhada cinza mostra a performance do benchmark, que é um portfólio igualmente ponderado de criptomoedas.

No início dos episódios zero e um, o agente não tem conhecimento prévio das consequências de suas ações, realizando ações aleatórias para observar os retornos, que são bastante voláteis. O episódio zero mostra um exemplo claro do comportamento de performance errática. O episódio um apresenta um movimento mais estável, mas acaba tendo uma performance abaixo do benchmark. Isso é evidência de que a recompensa cumulativa por episódio flutua de modo significativo no início do treinamento.

Os últimos dois gráficos dos episódios 48 e 49 mostram o agente começando a aprender com seu treinamento e descobrindo a estratégia ideal. Os retornos gerais são relativamente estáveis e se saem melhor que o benchmark. No entanto, os pesos do portfólio como um todo são ainda bastante voláteis devido às curtas séries temporais e à alta volatilidade dos ativos subjacentes de criptomoedas. Idealmente, conseguiríamos aumentar o número de episódios de treinamento e o comprimento dos dados históricos para melhorar a performance de treinamento.

Vejamos os resultados do teste.

5. Testando os dados

Lembre-se de que a linha preta mostra a performance do portfólio e que a linha pontilhada cinza é a de um portfólio igualmente ponderado de criptomoedas:

```
agent.is_eval = True

actions_equal, actions_rl = [], []
result_equal, result_rl = [], []

for t in range(window_size, len(env.data), rebalance_period):
```

```
        date1 = t-rebalance_period
        s_ = env.get_state(t, window_size)
        action = agent.act(s_)

        weighted_returns, reward = env.get_reward(action[0], date1, t)
        weighted_returns_equal, reward_equal = env.get_reward(
          np.ones(agent.portfolio_size) / agent.portfolio_size, date1, t)

        result_equal.append(weighted_returns_equal.tolist())
        actions_equal.append(np.ones(agent.portfolio_size) / agent.
portfolio_size)

        result_rl.append(weighted_returns.tolist())
        actions_rl.append(action[0])

result_equal_vis = [item for sublist in result_equal for item in sublist]
result_rl_vis = [item for sublist in result_rl for item in sublist]

plt.figure()
plt.plot(np.array(result_equal_vis).cumsum(), label = 'Benchmark', \
color = 'grey',ls = '--')
plt.plot(np.array(result_rl_vis).cumsum(), label = 'Deep RL portfolio', \
color = 'black',ls = '-')
plt.xlabel('Time Period')
plt.ylabel('Cumulative Returnimage::images\Chapter9-b82b2.png[]')
plt.show()
```

Apesar de ter uma performance pior no período inicial, a performance do modelo foi melhor de forma geral, principalmente por evitar o declínio íngreme pelo qual o portfólio de benchmark passou na última parte da janela de teste. Os retornos parecem bem estáveis, talvez devido à rotação para longe das criptomoedas mais voláteis.

```
Output
```

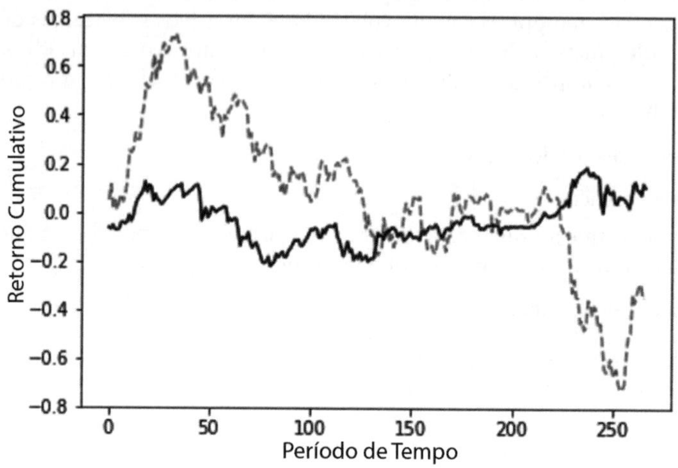

Vamos inspecionar o retorno, a volatilidade, o índice de Sharpe, o alfa e o beta do portfólio e do benchmark:

```
import statsmodels.api as sm
from statsmodels import regression
def sharpe(R):
    r = np.diff(R)
    sr = r.mean()/r.std() * np.sqrt(252)
    return sr

def print_stats(result, benchmark):

    sharpe_ratio = sharpe(np.array(result).cumsum())
    returns = np.mean(np.array(result))
    volatility = np.std(np.array(result))

    X = benchmark
    y = result
    x = sm.add_constant(X)
    model = regression.linear_model.OLS(y, x).fit()
    alpha = model.params[0]
    beta = model.params[1]

    return np.round(np.array([returns, volatility, sharpe_ratio, \
      alpha, beta]), 4).tolist()
print('EQUAL', print_stats(result_equal_vis, result_equal_vis))
print('RL AGENT', print_stats(result_rl_vis, result_equal_vis))
```

Output

```
EQUAL [-0.0013, 0.0468, -0.5016, 0.0, 1.0]
RL AGENT [0.0004, 0.0231, 0.4445, 0.0002, -0.1202]
```

De forma geral, o portfólio de AR se sai melhor em todos os sentidos, com retorno maior, índice de Sharpe mais alto, volatilidade menor, um alfa discreto e uma correlação negativa com o benchmark.

Conclusão

Neste estudo de caso, fomos além da fronteira clássica de eficiência para a otimização de portfólio e aprendemos diretamente uma norma de alteração dinâmica dos pesos do portfólio. Treinamos um modelo baseado em AR ao criar um ambiente padronizado de simulação. Essa abordagem facilitou o processo de treinamento e pode ser explorada ainda mais para o treinamento geral de modelos baseados em AR.

O modelo treinado baseado em AR se saiu melhor que o benchmark com ponderação igual no conjunto de teste. A performance do modelo baseado em AR pode ser melhorada ainda mais, ao otimizar os hiperparâmetros ou ao usar uma série temporal mais longa para o treinamento. Contudo, dada a alta complexidade e a baixa interpretabilidade de um modelo baseado em AR, o teste deve ocorrer em diferentes períodos de tempo e ciclos de mercado antes de implementar o modelo para os tradings reais. Outro detalhe, como analisado no estudo de caso 1: devemos selecionar cuidadosamente os componentes de AR, como a função de recompensa e o estado, e garantir que compreendamos seu impacto nos resultados gerais do modelo.

O framework disponibilizado neste estudo de caso pode permitir que os profissionais da área financeira realizem a alocação de portfólio e o rebalanceamento com uma abordagem muito flexível e automatizada.

Resumo do Capítulo

A maximização das recompensas é um dos princípios fundamentais que conduz o trading algorítmico, a gestão de portfólios, a precificação de derivativos, o hedge e a execução de tradings. Neste capítulo, vimos que quando usamos abordagens baseadas em AR, definindo explicitamente a estratégia ou a norma para os tradings, o hedge de derivativos ou a gestão de portfólio é desnecessária. O algoritmo determina a norma por si só, o que pode levar a uma abordagem muito mais simples e com princípios do que outras técnicas de aprendizado de máquina.

No "Estudo de Caso 1: Estratégia de Trading Baseada em Aprendizado por Reforço", vimos que o AR transforma o trading algorítmico em um jogo simples, que pode ou não envolver a compreensão de informações fundamentais. No "Estudo de Caso 2: Hedge de Derivativos", exploramos o uso do aprendizado por reforço para um problema tradicional de hedge de derivativos. Esse exercício demonstrou que podemos aproveitar o eficiente cálculo numérico do AR em hedges de derivativos para lidar com algumas desvantagens dos modelos mais tradicionais. No "Estudo de Caso 3: Alocação de Portfólio", realizamos a alocação de portfólio ao aprender uma norma de alteração dinâmica de pesos de portfólio em um ambiente de mercado com mudanças contínuas, levando à maior automação do processo de gestão de portfólio.

Embora o AR tenha alguns desafios, como ser computacionalmente caro, ter intensidade de dados e falta de interpretabilidade, ele se alinha perfeitamente com algumas áreas financeiras que são adequadas para frameworks de normas com base na maximização de recompensas. O aprendizado por reforço conseguiu alcançar uma performance super-humana em espaços de ações finitas, como nos jogos Go, xadrez e Atari. Olhando para frente, com a disponibilidade de mais dados, com algoritmos de AR mais refinados e com uma infraestrutura superior, o AR continuará sendo imensamente útil nas finanças.

Exercícios

- Usando as ideias e conceitos apresentados nos estudos de caso 1 e 2, implemente uma estratégia de trading com base em um algoritmo de policy gradiente para FX. Varie os componentes-chave (como função de recompensa, estado etc.) para essa implementação.
- Implemente o hedge de um derivativo de renda fixa usando os conceitos apresentados no estudo de caso 2.
- Incorpore um custo de transação no estudo de caso 2 e veja o impacto nos resultados como um todo.
- Com base nas ideias apresentadas no estudo de caso 3, implemente uma estratégia de alocação de portfólio baseada em Q-learning em um portfólio de ações, FX ou instrumentos de renda fixa.

CAPÍTULO 10

Processamento de Linguagem Natural

O processamento de linguagem natural (PLN) é um subcampo da inteligência artificial usado para ajudar os computadores a entender a linguagem humana. A maioria das técnicas de PLN faz uso do aprendizado de máquina para extrair significado das linguagens humanas. Quando texto é fornecido, o computador utiliza algoritmos para extrair significado associado com cada frase e coleta dados essenciais a partir deles. O PLN se manifesta de diferentes formas em diversas disciplinas sob vários codinomes, incluindo (mas não se limitando a) análise textual, mineração de texto, linguística computacional e análise de conteúdo.

No cenário financeiro, uma das primeiras aplicações do PLN foi implementado pela Comissão de Valores Mobiliários dos EUA (SEC)[1]. O grupo usou a mineração de texto e o processamento de linguagem natural para detectar fraudes de contabilidade. A habilidade dos algoritmos de PLN para escanear e analisar documentos legais e de outros tipos com uma alta velocidade fornece a bancos e a outras instituições financeiras ganhos enormes de eficiência para ajudá-los a cumprir com regulações de compliance e combater fraudes.

No processo de investimento, revelar insights de investimentos exige não apenas um sólido conhecimento de finanças, mas também uma forte compreensão dos princípios da ciência de dados e do aprendizado de máquina. As ferramentas de PLN podem ajudar a detectar, mensurar, prever e antecipar características e indicadores importantes do mercado, tais como volatilidade de mercado, riscos de liquidez, estresse financeiro, preços de imóveis e desemprego.

As notícias sempre são um fator essencial nas decisões de investimentos. Está bem estabelecido o fato de que notícias específicas de empresas, macroeconômicas e políticas influenciam muito os mercados financeiros. À medida que a tecnologia avança e que os participantes do mercado se tornam mais conectados, o volume e a frequência das notícias continuarão a crescer rapidamente. Até mesmo hoje, o volume de dados diários em texto sendo produzido torna a tarefa de navegar por eles irrealizável até mesmo para uma grande equipe de pesquisadores fundamentalistas. A análise fundamentalista auxiliada por técnicas de PLN é agora crucial para revelar o panorama completo que mostra qual é o sentimento de especialistas e das massas com relação ao mercado.

Em bancos e outras organizações, equipes de analistas estão dedicadas a se debruçar, analisar e tentar quantificar dados qualitativos a partir das notícias e dos relatórios

1 N. do RT. No Brasil, a Comissão de Valores Imobiliários (CVM) é uma entidade autárquica vinculada ao Ministério da Economia do Brasil.

obrigatórios. A automação usando PLN é bastante adequada para esse contexto. O PLN pode fornecer um bom suporte para a análise e interpretação de diversos relatórios e documentos. Isso reduz a tensão de tarefas repetitivas e de baixo valor que recaem sobre funcionários humanos. Ele também disponibiliza um nível de objetividade e consistência a interpretações de outro modo subjetivas; os erros cometidos por humanos são diminuídos. O PLN também pode permitir que uma empresa obtenha insights que podem ser usados para avaliar o risco de um credor ou avaliar o sentimento relacionado a uma marca a partir de conteúdos em toda a internet.

Com o crescimento de popularidade do software de bate-papo em tempo real em bancos e instituições financeiras, chatbots baseados em PLN são uma evolução natural. Espera-se que a combinação de robô advisors com chatbots automatize todo o processo de gestão de riqueza e de portfólios.

Neste capítulo, apresentamos três estudos de caso baseados em PLN que abarcam aplicações de PLN em trading algorítmico, criação de chatbots e interpretação de documentos e automatização. Os estudos de caso seguem um processo de desenvolvimento de modelo padronizado com sete passos apresentado no Capítulo 2. Os passos fundamentais do modelo para problemas baseados em PLN são o pré-processamento de dados, a representação de features e a inferência. Sendo assim, tais áreas, juntamente com os conceitos relacionados e exemplos baseados em Python, são esboçadas neste capítulo.

O "Estudo de Caso 1: PLN e Estratégias de Trading Baseadas na Análise de Sentimento", na página 340, demonstra a utilização da análise de sentimento e word embedding para uma estratégia de trading. O estudo destaca áreas fundamentais de foco para a implementação de uma estratégia de trading baseada em PLN.

No "Estudo de Caso 2: Chatbot Assistente Digital", na página 359, criamos um chatbot e demonstramos como o PLN habilita os chatbots, entende mensagens e responde de forma adequada. Aproveitamos os pacotes e módulos baseados em Python para desenvolver um chatbot usando poucas linhas de código.

O "Estudo de Caso 3: Sumarização de Documentos", na página 368, ilustra o uso de uma técnica de modelação de tópicos baseada em PLN para descobrir tópicos ou temas ocultos nos documentos. O propósito é demonstrar a utilização do PLN para resumir automaticamente grandes coleções de documentos e facilitar a organização e a gestão, assim como busca e recomendações.

Além dos assuntos mencionados, este capítulo abordará:

- Como realizar o pré-processamento de dados com PLN, incluindo passos como tokenização, marcação de classe gramatical ou reconhecimento de entidade mencionada, usando poucas linhas de código.
- Como diferenciar técnicas supervisionadas, incluindo LSTM, para a análise de sentimento.

- Entender os principais pacotes Python (NLTK, spaCy e TextBlob) e como usá-los para diversas tarefas relacionadas ao PLN.
- Como criar um pipeline de pré-processamento usando o pacote spaCy.
- Como usar modelos pré-treinados, como word2vec, para representação de features.
- Como usar modelos como LDA para modelagem de tópicos.

Repositório de Código para Este Capítulo

O código Python para este capítulo está incluso na pasta Chapter 10 - Natural Language Processing (*https://oreil.ly/J2FFn*) do repositório online no GitHub. Para qualquer novo estudo de caso baseado em PLN, use o template comum do repositório de código e modifique os elementos específicos ao estudo de caso. Os templates estão projetados para serem executados na nuvem (Kaggle, Google Colab e AWS).

Processamento de Linguagem Natural: Pacotes Python

Python é uma das melhores opções para criar um sistema especialista baseado em PLN, e uma grande variedade de bibliotecas de PLN com código aberto estão disponíveis para programadores em Python. Tais bibliotecas e pacotes contêm módulos e funções prontas para serem usados para incorporar passos e algoritmos complexos de PLN, tornando a implementação fácil, rápida e eficiente.

Nesta seção, descreveremos três bibliotecas de PLN baseadas em Python que consideramos ser as mais úteis e que serão usadas neste capítulo.

NLTK

NLTK (*https://www.nltk.org*) é a biblioteca de PLN em Python mais famosa, protagonizando inovações incríveis em diversas áreas. Sua estrutura modularizada a torna excelente para o aprendizado e a exploração de conceitos de PLN. No entanto, ela tem uma funcionalidade pesada com uma curva íngreme de aprendizado.

O NLTK pode ser instalado usando o procedimento normal de instalação. Após instalar essa biblioteca, o NLTK Data precisa ser baixado. O pacote inclui o tokenizador `punkt` pré-treinado para inglês, que também pode ser baixado:

```
import nltk
import nltk.data
nltk.download('punkt')
```

TextBlob

O TextBlob (*https://oreil.ly/tABh4*) é desenvolvido sobre o NLTK. É uma das melhores bibliotecas para prototipação rápida ou para criar aplicativos com exigências mínimas de performance. Ele simplifica o processamento de texto ao fornecer uma interface intuitiva para o NLTK. O TextBlob pode ser importado usando este comando:

```
from textblob import TextBlob
```

spaCy

spaCy (*https://spacy.io*) é uma biblioteca de PLN projetada para ser rápida, otimizada e pronta para produzir. Sua filosofia é apresentar apenas um algoritmo (o melhor) para cada propósito. Não precisamos escolher e podemos nos concentrar em sermos produtivos. O spaCy usa o próprio pipeline para realizar múltiplos passos de pré-processamento ao mesmo tempo. Demonstraremos essa biblioteca em uma seção subsequente.

Os modelos do spaCy podem ser instalados como pacotes Python, assim como qualquer outro módulo. Para carregar um modelo, use `spacy.load` com o link de atalho do modelo, com o nome do pacote ou com um caminho para o diretório de dados:

```
import spacy
nlp = spacy.load("en_core_web_lg")
```

Além dessas, há algumas outras bibliotecas, como gensim, que exploraremos em alguns dos exemplos neste capítulo.

Processamento de Linguagem Natural: Teoria e Conceitos

Como já estabelecemos, o PLN é um subcampo da inteligência artificial relacionado com a programação de computadores para processar dados textuais de modo a ganhar insights proveitosos. Todas as aplicações de PLN passam pelos mesmos passos sequenciais comuns, que incluem uma certa combinação de dados textuais pré-processados e a representação do texto como features preditivos antes de alimentá-los em um algoritmo de inferência estatística. A Figura 10-1 esboça os principais passos em uma aplicação baseada em PLN.

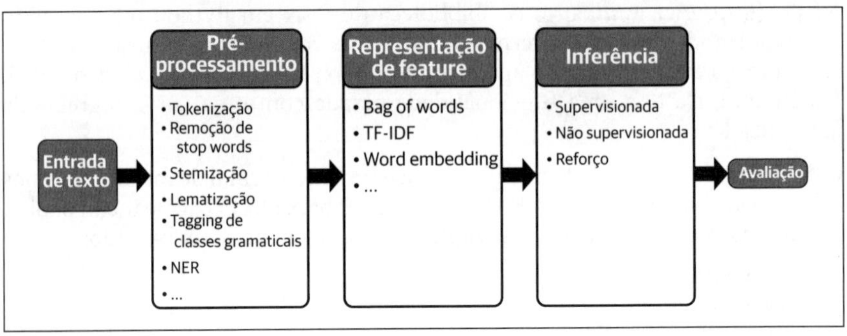

Figura 10-1. Pipeline do processamento de linguagem natural

A próxima seção analisa esses passos. Para obter uma cobertura extensiva sobre o tema, recomendamos a leitura de *Natural Language Processing with Python* [Processamento de linguagem natural com Python] de Steven Bird, Ewan Klein e Edward Loper.

1. Pré-processamento

Normalmente, há diversos passos envolvidos no pré-processamento de dados textuais para PLN. A Figura 10-1 mostra os componentes essenciais dos passos do pré-processamento para PLN: tokenização, remoção de stop words, stemização, lematização, tagueamento de classes gramaticais e NER.

1.1. Tokenização

Tokenização é a tarefa de dividir um texto em segmentos significativos, chamados tokens. Esses segmentos podem ser palavras, pontuação, números ou outros caracteres especiais que são a base de uma frase. Um conjunto de regras predeterminadas nos permite converter eficazmente uma frase em uma lista de tokens. O trecho de código a seguir mostra um exemplo da tokenização de palavras usando os pacotes NLTK e TextBlob:

```
# Texto a ser tokenizado
text = "This is a tokenize test"
```

O pacote de dados NLTK inclui um tokenizador `Punkt` pré-treinado para a língua inglesa, que foi previamente carregado:

```
from nltk.tokenize import word_tokenize
word_tokenize(text)
```

Output

```
['This', 'is', 'a', 'tokenize', 'test']
```

Vejamos a tokenização usando TextBlob:

```
TextBlob(text).words
```

Output

```
WordList(['This', 'is', 'a', 'tokenize', 'test'])
```

1.2. Remoção de stop words

Às vezes, palavras extremamente comuns que oferecem pouco valor na modelagem são excluídas do vocabulário. Tais palavras são denominadas "stop words", ou "palavras de parada". O código para removê-las usando a biblioteca NLTK é este:

```
text = "S&P and NASDAQ are the two most popular indices in US"

from nltk.corpus import stopwords
from nltk.tokenize import word_tokenize
stop_words = set(stopwords.words('english'))2
text_tokens = word_tokenize(text)
tokens_without_sw= [word for word in text_tokens if not word in stop_words]

print(tokens_without_sw)
```

2 N. do RT. Para reproduzir o código utilizando a língua portuguesa, altere o parâmetro 'english' para 'portuguese'. Vale ressaltar que a biblioteca foi desenvolvida especialmente para a língua inglesa, e, até a publicação desse texto, ainda não contemplava todas as stop words em português. Essa alteração vale também para as funções de Stemização (p. 330) e Lematização.

```
Output

    ['S', '&', 'P', 'NASDAQ', 'two', 'popular', 'indices', 'US']
```

Primeiro, carregamos o modelo de linguagem e o armazenamos na variável stop words. O `stop words.words('english')` é um conjunto-padrão de palavras de parada para o modelo em inglês no NLTK. Depois, apenas iteramos por cada palavra no texto de entrada, e se a palavra está no conjunto de stop words no modelo de linguagem NLTK, ela é removida. Como podemos ver, esse tipo de palavras, como *are* e *most*, é removido da frase.

1.3. Stemização

Stemização é o processo de redução de palavras flexionadas (ou às vezes derivadas) para sua raiz (stem, em inglês, daí o nome deste passo) ou base (geralmente uma forma escrita de palavra). Por exemplo, se aplicássemos esse processo nas palavras *Stems*, *Stemming*, *Stemmed* e *Stemitization*, o resultado seria uma única palavra: *Stem*. O código para a stemização usando a biblioteca NLTK é este:

```
text = "It's a Stemming testing"

parsed_text = word_tokenize(text)

# Inicializar stemmer.
from nltk.stem.snowball import SnowballStemmer
stemmer = SnowballStemmer('english')

# Stemizar cada palavra.
[(word, stemmer.stem(word)) for i, word in enumerate(parsed_text)
  if word.lower() != stemmer.stem(parsed_text[i])]
```

```
Output
  [('Stemming', 'stem'), ('testing', 'test')]
```

1.4. Lematização

Uma leve variação da stemização é a *lematização*. A principal diferença entre os dois processos é que a stemização pode geralmente criar palavras não existentes, ao passo que a lematização ocorre com palavras reais. Um exemplo de lematização é a palavra *correr* como a forma base de palavras como *correndo* e *correu* ou as palavras *melhor* e *bom* sendo consideradas como o mesmo grupo. O código para lematização usando a biblioteca TextBlob é este:

```
text = "This world has a lot of faces "

from textblob import Word
parsed_data= TextBlob(text).words
[(word, word.lemmatize()) for i, word in enumerate(parsed_data)
  if word != parsed_data[i].lemmatize()]
```

```
Output
  [('has', 'ha'), ('faces', 'face')]
```

1.5. Tagueamento de classes gramaticais

O *tagueamento de classes gramaticais* é o processo de atribuir um token à sua categoria gramatical (verbo, substantivo etc.) de modo a entender seu papel dentro de uma frase. Os tags de classes gramaticais têm sido usados para uma variedade de tarefas de PLN e são extremamente proveitosos, visto que oferecem um sinal linguístico de como uma palavra está sendo usada dentro do escopo de uma oração, frase ou documento.

Depois que uma frase é dividida em tokens, tags ou tags de classes gramaticais, ela é usada para atribuir cada token a uma categoria de classe gramatical. Historicamente, os modelos ocultos de Markov (HMM, da sigla em inglês) (*https://oreil.ly/OpuRm*) eram usados para criar essas tags. Mais recentemente, redes neurais artificiais têm sido aproveitadas para tanto. O código para o tagueamento de classes gramaticais usando a biblioteca TextBlob é o seguinte:

```
text = 'Google is looking at buying U.K. startup for $1 billion'
TextBlob(text).tags
```

Output

```
[('Google', 'NNP'),
 ('is', 'VBZ'),
 ('looking', 'VBG'),
 ('at', 'IN'),
 ('buying', 'VBG'),
 ('U.K.', 'NNP'),
 ('startup', 'NN'),
 ('for', 'IN'),
 ('1', 'CD'),
 ('billion', 'CD')]
```

1.6. NER

O *reconhecimento de entidade nomeada* (NER – named entity recognition) é um passo seguinte opcional no pré-processamento de dados que busca localizar e classificar entidades nomeadas no texto em categorias pré-definidas. Tais categorias podem incluir nomes de pessoas, organizações, locais, expressões de tempo, quantidades, valores monetários ou porcentagens. O NER realizado usando spaCy é mostrado a seguir:

```
text = 'Google is looking at buying U.K. startup for $1 billion'

for entity in nlp(text).ents:
    print("Entity: ", entity.text)
```

Output

```
Entity:  Google
Entity:  U.K.
Entity:  $1 billion
```

A visualização de entidades nomeadas no texto usando o módulo `displacy`, como mostra a Figura 10-2, também pode ser incrivelmente útil para acelerar o desenvolvimento e depuração do código e do processo de treinamento:

```
from spacy import displacy
```

```
displacy.render(nlp(text), style="ent", jupyter = True)
```

Figura 10-2. Output do NER

1.7 spaCy: Todos os passos anteriores em um só

Todos os passos de pré-processamento mostrados anteriormente podem ser realizados em apenas um usando o spaCy. Quando chamamos *nlp* em um texto, o spaCy primeiro tokeniza o texto para produzir um objeto *Doc*. O *Doc* é então processado em diversos passos diferentes. Isso também é denominado de *pipeline de processamento*. O pipeline usado pelos modelos-padrão consiste em um *taguer*, um *parser* e uma *entidade reconhecedora*. Cada componente do pipeline retorna o Doc processado, que é então passado para o componente seguinte, como demonstra a Figura 10-3.

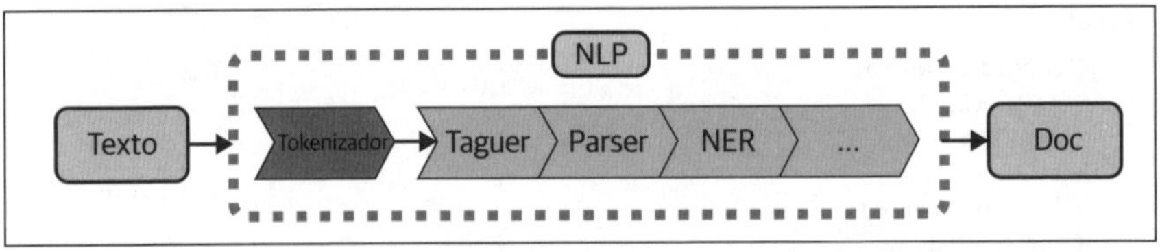

Figura 10-3. Pipeline do spaCy (com base em uma imagem do site do spaCy, em https://oreil.ly/ZhMlp).

```
Python code text = 'Google is looking at buying U.K. startup for $1 billion'
doc = nlp(text)
pd.DataFrame([[t.text, t.is_stop, t.lemma_, t.pos_]
              for t in doc],
             columns=['Token', 'is_stop_word', 'lemma', 'POS'])
```

Output

	Token	is_stop_word	lemma	POS
0	Google	False	Google	PROPN
1	is	True	be	VERB
2	looking	False	look	VERB
3	at	True	at	ADP
4	buying	False	buy	VERB
5	U.K.	False	U.K.	PROPN
6	startup	False	startup	NOUN
7	for	True	for	ADP
8	$	False	$	SYM
9	1	False	1	NUM
10	10 billion	False	billion	NUM

O output para cada um dos passos de pré-processamento é mostrado nessa tabela. Dado que o spaCy realiza uma ampla gama de tarefas relacionadas ao PLN em um único passo, é um pacote altamente recomendado. Como tal, faremos uso extensivo dele em nossos estudos de caso.

Além desses passos de pré-processamento, há outros bastante usados, como *colocar em minúsculas* ou *remoção de dados não alfanuméricos*, que podemos realizar dependendo do tipo dos dados. Por exemplo, dados retirados de um site precisam passar por uma limpeza maior, incluindo a remoção de tags HTML. Dados de um relatório em PDF precisam ser convertidos em um formato de texto.

Outros passos de pré-processamento incluem análise de dependências, resolução de correferência, extração de tripletos e extração de relação:

Análise de dependências
: Atribui uma estrutura sintática às frases para entender como as palavras nela se relacionam entre si.

Resolução de correferência
: O processo de conectar tokens que representam a mesma entidade. É comum, nos idiomas, introduzir um sujeito em uma frase e, depois, fazer referência a ele como ele/ela nas frases subsequentes.

Extração de tripletos
: O processo de registrar tripletos de sujeito, verbo e objeto quando disponíveis na estrutura frasal.

Extração de relações
: Uma forma mais ampla da extração de tripletos em que as entidades podem ter interações múltiplas.

Esses passos adicionais devem ser realizados apenas se forem ajudar a tarefa em questão. Demonstraremos exemplos desses passos de pré-processamento nos estudos de caso deste capítulo.

2. Representação de Feature

A grande maioria de dados relacionados ao PLN, como feeds de notícias, relatórios em PDF, publicações em redes sociais e arquivos de áudio, é criada para o consumo humano. Como tal, são geralmente armazenados em um formato não estruturado, que não pode ser prontamente processado por computadores. Para que as informações pré-processadas sejam transmitidas ao algoritmo de inferência estatística, os tokens precisam ser traduzidos em features preditivos. Um modelo é usado para incorporar o texto bruto em um *espaço vetorial*.

A representação de feature envolve duas coisas:

- Vocabulário de palavras conhecidas.
- Mensuração da presença de palavras conhecidas.

Alguns dos métodos de representação de feature são:

- Bag of words [bolsa de palavras].
- TF-IDF.
- Word embedding [incorporação de palavras]:
  - — Modelos pré-treinados (como word2vec, GloVe (*https://oreil.ly/u9SZG*), modelo de incorporação de palavras do spaCy).
  - — Representação de feature customizada baseada em aprendizado profundo[3].

Vamos aprender um pouco mais sobre cada um desses métodos.

2.1. Bag of words: contagem de palavras

No processamento de linguagem natural, uma técnica comum para extrair features do texto é colocar todas as palavras que ocorrem nele em um balde. Essa abordagem é chamada modelo de *bag of words*. É referido como "bolsa de palavras" porque qualquer informação sobre a estrutura da frase fica perdida. Nessa técnica, criamos uma matriz única a partir de uma coleção de textos, como mostra a Figura 10-4, em que cada linha representa um token e cada coluna representa um documento ou uma frase em nosso corpus. Os valores da matriz representam a contagem do número de vezes que o token aparece.

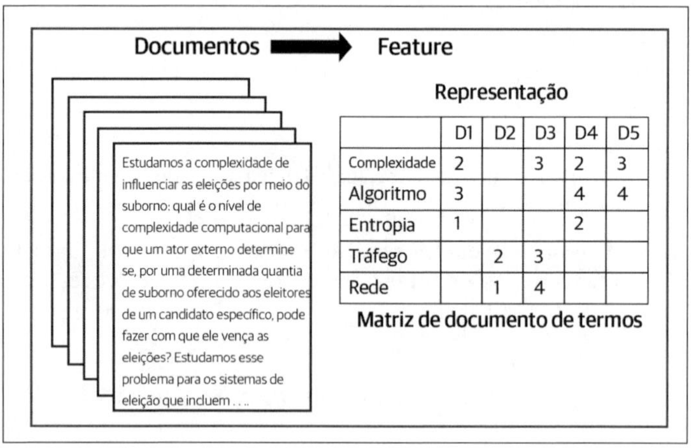

Figura 10-4. Bag of words

O `CountVectorizer` do sklearn fornece uma maneira simples de tokenizar uma coleção de documentos de texto e codificar novos documentos usando esse vocabulário. A função `fit_transform` aprende o vocabulário com um ou mais documentos e codifica cada documento na palavra como um vetor:

```
sentences = [
'The stock price of google jumps on the earning data today',
'Google plunge on China Data!'
```

3 Um modelo de representação de feature baseado em aprendizado profundo é criado no estudo de caso 1 deste capítulo.

```
]
from sklearn.feature_extraction.text import CountVectorizer
vectorizer = CountVectorizer()
print( vectorizer.fit_transform(sentences).todense() )
print( vectorizer.vocabulary_ )
```

Output

```
[[0 1 1 1 1 1 1 0 1 1 2 1]
 [1 1 0 1 0 0 1 1 0 0 0 0]]
{'the': 10, 'stock': 9, 'price': 8, 'of': 5, 'google': 3, 'jumps':\
 4, 'on': 6, 'earning': 2, 'data': 1, 'today': 11, 'plunge': 7,\
 'china': 0}
```

Podemos ver uma versão em matriz do vetor codificado mostrando uma contagem de uma ocorrência para cada palavra, exceto os artigos *o/a, os/as* (índice 10), que têm uma ocorrência de dois. As contagens de palavras são um bom ponto de partida, mas são o básico do básico. Uma questão com contagens simples é que algumas palavras, como *o, a, os, as*, aparecerão muitas vezes, e isso não será muito significativo nos vetores codificados. Essas representações de bolsas de palavras são dispersas porque os vocabulários são vastos, e uma dada palavra ou documento seria representado por um grande vetor composto basicamente de valores zero.

2.2. TF-IDF

Uma alternativa é calcular a frequência das palavras e, de longe, o método mais popular é o *TF-IDF*, que significa *term frequency - inverse document frequency (frequência de termo - frequência inversa de documento).*

Frequência de Termo
: Resume a frequência em que determinada palavra aparece em um documento.

Frequência Inversa de Documento
: Reduz o número de palavras que aparecem muito nos documentos.

Dito de forma simples, o TF-IDF é um score de frequência de palavras que procura destacar aquelas que são mais interessantes (ou seja, mais frequentes *dentro* de um documento, mas não *ao longo* dos documentos). O *TfidfVectorizer* tokeniza os documentos, aprende o vocabulário e inverte as ponderações de frequência do documento, permitindo que você codifique novos documentos:

```
from sklearn.feature_extraction.text import TfidfVectorizer
vectorizer = TfidfVectorizer(max_features=1000, stop_words='english')
TFIDF = vectorizer.fit_transform(sentences)
print(vectorizer.get_feature_names()[-10:])
print(TFIDF.shape)
print(TFIDF.toarray())
```

Output

```
['china', 'data', 'earning', 'google', 'jumps', 'plunge', 'price', 'stock', \
'today']
(2, 9)
[[0.         0.29017021 0.4078241  0.29017021 0.4078241  0.
  0.4078241  0.4078241  0.4078241 ]
 [0.57615236 0.40993715 0.         0.40993715 0.         0.57615236
```

```
    0.          0.          0.          ]]
```

No trecho de código disponibilizado, um vocabulário de nove palavras é aprendido a partir dos documentos. Cada uma recebe um índice representado por um número inteiro singular no vetor de saída. As frases são codificadas como uma matriz dispersa com nove elementos, e podemos avaliar os scores finais de cada palavra com valores diferentes a partir de outras palavras no vocabulário.

2.3. Incorporação de palavras

Uma *incorporação de palavras* representa palavras e documentos que usam uma representação densa de vetor. Em uma incorporação, palavras são representadas por vetores densos nos quais o vetor representa a projeção da palavra em um espaço vetorial contínuo. A posição de uma palavra dentro do setor vetorial é aprendida a partir do texto e se baseia nas palavras ao redor daquela palavra quando é usada. A posição de uma palavra no espaço vetorial aprendido é referida como sua *incorporação (embedding).*

Alguns dos modelos de aprendizado de incorporação de palavras a partir do texto incluem word2Vec, o modelo pré-treinado de incorporação de palavras do spaCy e GloVe. Além desses métodos cuidadosamente criados, um incorporador de palavras pode ser aprendido como parte de um modelo de aprendizado profundo. Pode ser uma abordagem mais lenta, porém personaliza o modelo para um conjunto de dados específico de treinamento.

2.3.1. Modelo pré-treinado: spaCy

O spaCy vem com uma representação embutida de textos como vetores em níveis diferentes de palavra, frase e documento. As representações subjacentes de vetor vêm de um modelo de incorporação de palavras, que geralmente produz uma representação semântica densa e multidimensional de palavras (como mostra o exemplo a seguir). O modelo de incorporação de palavras inclui 20 mil vetores singulares com 300 dimensões. Ao usar essa representação vetorial, podemos calcular semelhanças e dessemelhanças entre tokens, entidades nomeadas, frases nominais, frases e documentos.

A incorporação de palavras no spaCy é realizada ao primeiramente carregar o modelo e, depois, ao processar o texto. Os vetores podem ser acessados diretamente usando o atributo `.vector` de cada token processado (ou seja, a palavra). O vetor médio da frase inteira também é calculado simplesmente ao usar o vetor, fornecendo uma entrada muito conveniente para os modelos de aprendizado de máquina baseados em frases:

```
doc = nlp("Apple orange cats dogs")
print("Vector representation of the sentence for first 10 features: \n", \
doc.vector[0:10])
```

`Output:\`

```
Vector representation of the sentence for first 10 features:
 [ -0.30732775 0.22351399 -0.110111   -0.367025   -0.13430001
   0.13790375 -0.24379876 -0.10736975 0.2715925   1.3117325 ]
```

A representação vetorial da frase para os primeiros dez atributos do modelo pré-treinado é mostrada no output.

2.3.2. Modelo pré-treinado: Word2Vec usando o pacote gensim

A implementação baseada em Python do modelo word2vec usando o pacote gensim (*https://oreil.ly/p9hOJ*) é demonstrada a seguir:

```
from gensim.models import Word2Vec

sentences = [
['The','stock','price', 'of', 'Google', 'increases'],
['Google','plunge',' on','China',' Data!']]

# treinar o modelo
model = Word2Vec(sentences, min_count=1)

# resumir o modelo carregado
words = list(model.wv.vocab)
print(words)
print(model['Google'][1:5])
```

Output

```
['The', 'stock', 'price', 'of', 'Google', 'increases', 'plunge', ' on', 'China',\
' Data!']
[-1.7868265e-03 -7.6242397e-04  6.0105987e-05  3.5568199e-03
]
```

Essa é a representação vetorial da frase para os primeiros cinco features do modelo word2vec pré-treinado.

3. Inferência

Assim como com outras tarefas de inteligência artificial, uma inferência gerada por aplicação de PLN geralmente precisa ser traduzida em uma decisão, de modo a ser acionável. A inferência entra em três categorias de aprendizado de máquina abordadas nos capítulos anteriores (aprendizado supervisionado, não supervisionado e por reforço). Embora o tipo de inferência exigida dependa do problema empresarial e do tipo de dados de treinamento, os algoritmos mais comumente utilizados são supervisionados e não supervisionados.

Uma das metodologias supervisionadas mais usada no PLN é o modelo *Naive Bayes*, pois é capaz de produzir acurácia razoável usando premissas simples. Uma metodologia supervisionada mais complexa é usar as arquiteturas da rede neural artificial. Nos últimos anos, essas arquiteturas, como as redes neurais recorrentes (RNR), dominaram a inferência baseada em PLN.

A maior parte da literatura existente sobre PLN foca o aprendizado supervisionado. Sendo assim, as aplicações de aprendizado não supervisionado constituem um subdomínio relativamente menos desenvolvido em que mensurar a *semelhança de documentos* está entre as tarefas mais comuns. Uma técnica popular não supervisionada aplicada em PLN é a *Análise Semântica Latente* (LSA, da sigla em inglês). A LSA procura relações entre um conjunto de documentos e as palavras que contêm ao produzir um conjunto de conceitos latentes relacionados com os documentos e os termos. A LSA abriu caminho para uma abordagem mais sofisticada chamada *Alocação Latente de Dirichlet* (LDA, da sigla em inglês), na qual os documentos são modelados como uma mistura finita de tópicos. Esses tópicos, por sua vez, são modelados como uma mistura finita sobre as palavras no vocabulário. A LDA tem sido extensivamente usada para a *modelagem de tópicos* — uma área crescente de pesquisa na qual os profissionais de PLN criam modelos generativos probabilísticos para revelar possíveis atribuições de tópicos para palavras.

Uma vez que já analisamos muitos modelos de aprendizado supervisionado e não supervisionado nos capítulos anteriores, daremos detalhes apenas sobre os modelos Naive Bayes e LDA nas próximas seções. Eles são muitíssimo usados em PLN e não foram abordados anteriormente neste livro.

3.1. Exemplo de aprendizado supervisionado: Naive Bayes

Naive Bayes é uma família de algoritmos baseados na aplicação do *teorema de Bayes* (*https://oreil.ly/bVeZK*) com uma forte (naive, ou ingênua) premissa de que cada feature usado para prever a categoria de determinada amostra é independente das outras. São classificadores probabilísticos e, portanto, calcularão a probabilidade de cada categoria usando o teorema de Bayes. A categoria com a probabilidade mais alta será o output.

No PLN, uma abordagem Naive Bayes presume que todos os features de palavras são independentes dos outros considerando os rótulos de classes. Devido a essa premissa simplificadora, Naive Bayes é muito compatível com uma representação de palavras bag of words e tem demonstrado ser rápido, confiável e acurado em diversas aplicações de PLN. Além do mais, apesar de suas premissas simplificadoras, ele é competitivo com classificadores mais complicados (e às vezes até se sai melhor).

Vejamos o uso do Naive Bayes para a inferência em um problema de análise de sentimento[4]. Pegamos um dataframe no qual há duas frases com sentimentos atribuídos a cada uma. No passo seguinte, convertemos as frases em uma representação de feature usando `CountVectorizer`. Os features e os sentimentos são usados para treinar e testar o modelo usando Naive Bayes:

```
sentences = [
'The stock price of google jumps on the earning data today',
'Google plunge on China Data!']
sentiment = (1, 0)
data = pd.DataFrame({'Sentence':sentences,
        'sentiment':sentiment})

# extração de feature
from sklearn.feature_extraction.text import CountVectorizer
vect = CountVectorizer().fit(data['Sentence'])
X_train_vectorized = vect.transform(data['Sentence'])

# Execução do modelo naive bayes
```

4 N. do RT. A análise de sentimento, assim como outros problemas de NLP, foram inicialmente treinados utilizando a língua inglesa como base e, por este motivo, podem não produzir os melhores resultados quando utilizados em língua portuguesa. A sugestão da equipe de revisores é utilizar pacotes como googletrans para traduzir o seu texto para o inglês antes de tokenizá-lo. Assim, a análise poderá trazer resultados mais fidedignos.

```
from sklearn.naive_bayes import MultinomialNB
clfrNB = MultinomialNB(alpha=0.1)
clfrNB.fit(X_train_vectorized, data['sentiment'])

#Teste do modelo
preds = clfrNB.predict(vect.transform(['Apple price plunge',\
 'Amazon price jumps']))
preds
```

Output

```
array([0, 1])
```

Como podemos ver, o Naive Bayes treina o modelo muito bem a partir de duas frases. Ele dá um sentimento de zero e um para as frases de teste "Apple price plunge" (preço da Apple despenca) e "Amazon price jumps" (preço da Apple dispara), respectivamente, uma vez que as frases usadas para o treinamento também continham as palavras-chave "plunge" e "jumps", com atribuições correspondentes de sentimento.

3.2. Exemplo de aprendizado não supervisionado: LDA

A LDA é extensivamente usada para a *modelagem de tópicos,* pois tende a produzir tópicos significativos que os humanos podem interpretar, a atribuir tópicos a novos documentos e é extensível. Ela funciona ao, primeiramente, fazer uma premissa fundamental: os documentos são gerados ao selecionar *tópicos* primeiro e, em seguida, para cada tópico, um conjunto de *palavras.* O algoritmo então faz a engenharia reversa desse processo para encontrar os tópicos em um documento.

No seguinte trecho de código, mostramos uma implementação da LDA para a modelagem de tópicos. Pegamos duas frases e as convertemos em representação de feature usando `CountVectorizer`. Tais features e os sentimentos são usados para treinar o modelo e produzir duas matrizes menores representando os tópicos:

```
sentences = [
'The stock price of google jumps on the earning data today',
'Google plunge on China Data!'
]

#Obter o bag of words
from sklearn.decomposition import LatentDirichletAllocation
vect=CountVectorizer(ngram_range=(1, 1),stop_words='english')
sentences_vec=vect.fit_transform(sentences)

#Executar LDA no bag of words.
from sklearn.feature_extraction.text import CountVectorizer
lda=LatentDirichletAllocation(n_components=3)
lda.fit_transform(sentences_vec)
```

Output

```
array([[0.04283242, 0.91209846, 0.04506912],
       [0.06793339, 0.07059533, 0.86147128]])
```

Usaremos a LDA para a modelagem de tópicos no terceiro estudo de caso deste capítulo e analisaremos em detalhes seus conceitos e interpretação.

Revisando: para abordarmos qualquer problema baseado em PLN, precisamos seguir os passos de pré-processamento, extração de feature e inferência. Agora, vamos mergulhar nos estudos de caso.

Estudo de Caso 1: PLN e Estratégias de Trading Baseadas na Análise de Sentimento

O processamento de linguagem natural oferece a habilidade de quantificar textos. Surgem, então, perguntas como "Essa notícia é positiva ou negativa?" e "Como podemos quantificar palavras?".

Talvez a aplicação mais notável do PLN seja seu uso em trading algorítmico. O PLN fornece uma maneira eficaz de monitorar os sentimentos de mercado. Ao aplicar as técnicas de análise de sentimento baseadas em PLN em notícias, relatórios, rede social ou outro conteúdo da internet, é possível determinar de forma eficaz se essas fontes têm score positivo ou negativo de sentimento. Os scores de sentimento podem ser usados como sinal direcional para comprar ações com scores positivos e vender aquelas com scores negativos.

Estratégias de trading baseadas em dados textuais estão se tornando mais populares à medida que a quantidade de dados não estruturados aumenta. Neste estudo de caso, veremos como é possível usar os sentimentos baseados em PLN para criar uma estratégia de trading.

Neste estudo de caso, vamos nos concentrar em:

- Produzir sentimentos sobre notícias usando algoritmos supervisionados e não supervisionados.
- Melhorar a análise de sentimento usando um modelo de aprendizado profundo, como LSTM.
- Comparar diferentes metodologias de geração de sentimento para o propósito de criar uma estratégia de trading.
- Usar vetores de sentimentos e palavras eficazmente como features em uma estratégia de trading.
- Coletar dados de fontes diferentes e fazer seu pré-processamento para a análise de sentimento.
- Usar pacotes Python de PLN para a análise de sentimento.
- Criar um framework para fazer o backtest de resultados de uma estratégia de trading usando os pacotes Python disponíveis.

Este estudo de caso combina conceitos apresentados em capítulos anteriores. Os passos gerais de desenvolvimento de modelo deste estudo de caso são similares aos sete passos para o desenvolvimento de modelos dos casos anteriores, com leves modificações.

Blueprint para Criar uma Estratégia de Trading Baseada na Análise de Sentimento

1. Definição de problema

Nosso objetivo é (1) usar o PLN para extrair informações de manchetes de notícias, (2) atribuir um sentimento a essas informações e (3) usar a análise de sentimento para criar uma estratégia de trading.

Os dados usados para este estudo de caso serão extraídos das seguintes fontes:

Dados de manchetes de notícias compilados dos feeds RSS de diversos sites de notícias
: Para o propósito deste estudo, veremos apenas as manchetes, e não o texto integral das reportagens. Nosso conjunto de dados contém 82 mil manchetes de maio de 2011 a dezembro de 2018.[5]

Site do Yahoo Finance para dados de ações
: Os dados retornados para as ações usadas neste estudo de caso são dos dados de preços disponíveis no Yahoo Finance.

Kaggle (https://www.kaggle.com)
: Usaremos os dados rotulados de sentimentos de notícias para um modelo de análise de sentimento baseado em classificação. Observe que esses dados podem não ser totalmente aplicáveis para o caso em questão, e são usados aqui com o propósito de demonstração.

Léxico do mercado de ações
: *Léxico se refere ao componente de um sistema de PLN que contém informações (semânticas e gramaticais) sobre palavras individuais ou sequências de palavras. Isso é criado com base em conversas sobre o mercado de ações em serviços de microblog.*[6]

Os passos fundamentais deste estudo de caso estão esboçados da Figura 10-5.

---

5 As notícias podem ser baixadas por um programa simples de "web scraping" em Python usando pacotes como Beautiful Soup. É importante entrar em contato com o site ou seguir seus termos de serviço para usar as notícias para propósitos comerciais.

6 A fonte desse léxico é Nuno Oliveira, Paulo Cortez e Nelson Areal, "Stock Market Sentiment Lexicon Acquisition Using Microblogging Data and Statistical Measures", *Decision Support Systems* 85 (março de 2016): 62–73.

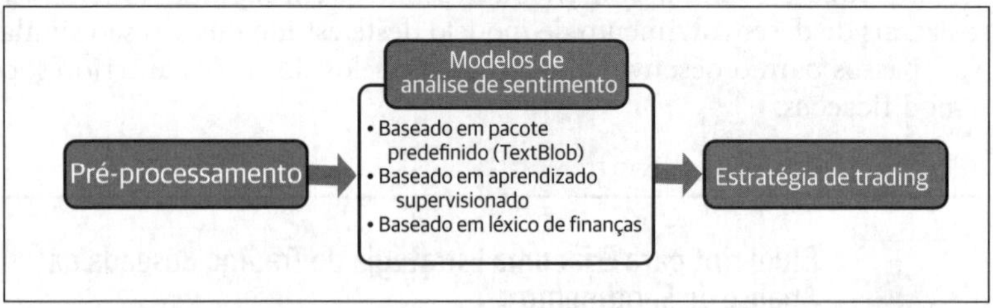

Figura 10-5. Passos em uma estratégia de trading baseada na análise de sentimentos

Feito esse pré-processamento, veremos os diferentes modelos de análise de sentimento. Os resultados do passo de análise de sentimento são usados para desenvolver a estratégia de trading.

2. Dando o primeiro passo — carregando os dados e os pacotes Python

2.1. Carregando os pacotes Python. O primeiro conjunto de bibliotecas a ser carregado é aquele com as bibliotecas específicas de PLN analisadas há pouco. Consulte o Jupyter notebook deste estudo de caso para obter mais detalhes sobre as outras bibliotecas.

```
from textblob import TextBlob
import spacy
import nltk
import warnings
from nltk.sentiment.vader import SentimentIntensityAnalyzer
nltk.download('vader_lexicon')
nlp = spacy.load("en_core_web_lg")
```

2.2. Carregando os dados. Neste passo, carregamos os dados dos preços das ações a partir do Yahoo Finance. Selecionamos dez ações para este estudo. São algumas das maiores no S&P 500 em participação de mercado:

```
tickers = ['AAPL','MSFT','AMZN','GOOG','FB','WMT','JPM','TSLA','NFLX','ADBE']
start = '2010-01-01'
end = '2018-12-31'
df_ticker_return = pd.DataFrame()
for ticker in tickers:
   ticker_yf = yf.Ticker(ticker)
   if df_ticker_return.empty:
      df_ticker_return = ticker_yf.history(start = start, end = end)
      df_ticker_return['ticker']= ticker
   else:
      data_temp = ticker_yf.history(start = start, end = end)
      data_temp['ticker']= ticker
      df_ticker_return = df_ticker_return.append(data_temp)
df_ticker_return.to_csv(r'Data\Step3.2_ReturnData.csv')

df_ticker_return.head(2)
```

	Open	High	Low	Close	Volume	Dividends	Stock Splits	ticker
Date								
2010-01-04	26.40	26.53	26.27	26.47	123432400	0.0	0.0	AAPL
2010-01-05	26.54	26.66	26.37	26.51	150476200	0.0	0.0	AAPL

Os dados contêm informações de preço e volume das ações, juntamente com o código de negociação (ticker). No próximo passo, veremos os dados de notícias.

3. Preparação de dados

Neste passo, carregamos e pré-processamos os dados de notícias e, em seguida, combinamos esses dados com aqueles dos retornos das ações. O conjunto de dados combinados será usado para o desenvolvimento do modelo.

3.1. Pré-processamento dos dados de notícias. Os dados de notícias são baixados do feed News RSS e o arquivo está disponível no formato JSON. Os arquivos nesse formato para datas diferentes estão compactados em uma pasta. Eles são baixados usando o pacote-padrão de web scraping do Python, Beautiful Soup, que é um framework de código aberto. Vejamos o conteúdo do arquivo JSON baixado:

```
z = zipfile.ZipFile("Data/Raw Headline Data.zip", "r")
testFile=z.namelist()[10]
fileData= z.open(testFile).read()v
fileDataSample = json.loads(fileData)['content'][1:500]
fileDataSample
```

Output

```
'li class="n-box-item date-title" data-end="1305172799" data-start="1305086400"
data-txt="Tuesday, December 17, 2019">Wednesday, May 11,2011</li><li
class="n-box-item sa-box-item" data-id="76179" data-ts="1305149244"><div
class="media media-overflow-fix"><div class-"media-left"><a class="box-ticker"
href="/symbol/CSCO" target="blank">CSCO</a></div><div class="media-body"<h4
class="media-heading"><a href="/news/76179" sasource="on_the_move_news_
fidelity" target="_blank">Cisco (NASDAQ:CSCO): Pr'
```

Podemos ver que o formato JSON não é adequado para o algoritmo. Precisamos obter as notícias dos arquivos JSON. O Regex se torna a parte vital deste passo. Ele pode encontrar um padrão em textos brutos e bagunçados, e realizar as ações necessárias. A seguinte função analisa o HTML usando informações codificadas no arquivo JSON:

```
def jsonParser(json_data):
  xml_data = json_data['content']

  tree = etree.parse(StringIO(xml_data), parser=etree.HTMLParser())

  headlines = tree.xpath("//h4[contains(@class, 'media-heading')]/a/text()")
  assert len(headlines) == json_data['count']

  main_tickers = list(map(lambda x: x.replace('/symbol/', ''),\
     tree.xpath("//div[contains(@class, 'media-left')]//a/@href")))
  assert len(main_tickers) == json_data['count']
  final_headlines = [''.join(f.xpath('.//text()')) for f in\
```

```
        tree.xpath("//div[contains(@class, 'media-body')]/ul/li[1]")]
    if len(final_headlines) == 0:
        final_headlines = [''.join(f.xpath('.//text()')) for f in\
            tree.xpath("//div[contains(@class, 'media-body')]")]
        final_headlines = [f.replace(h, '').split('\xa0')[0].strip()\
                           for f,h in zip (final_headlines, headlines)]
    return main_tickers, final_headlines
```

Vejamos como está o output depois de executar o parser JSON:

```
jsonParser(json.loads(fileData))[1][1]
```

```
Output
```

```
'Cisco Systems (NASDAQ:CSCO) falls further into the red on FQ4
 guidance of $0.37-0.39 vs. $0.42 Street consensus. Sales seen flat
 to +2% vs. 8% Street view. CSCO recently -2.1%.'
```

Como podemos observar, o output é convertido em um formato mais legível depois do parse nos arquivos JSON.

Ao mesmo tempo em que avaliamos os modelos de análise de sentimento, também analisamos a relação entre os sentimentos e a subsequente performance da ação. Para entendermos a relação, usamos o *retorno do evento*, que é o retorno que corresponde ao evento. Fazemos isso porque, às vezes, a notícia é dada atrasada (ou seja, depois que os participantes do mercado já sabem a respeito dela) ou depois do fechamento do pregão. Ter uma janela levemente mais ampla garante a captação da essência do evento. O *retorno do evento* é definido como:

$$R_{t-1} + R_t + R_{t+1}$$

em que R_{t-1} e R_{t+1} são os retornos antes e depois dos dados da notícia e R_t é o retorno no dia da notícia (ou seja, tempo *t*).

Vamos extrair o retorno do evento a partir dos dados:

```
#Computando o retorno
df_ticker_return['ret_curr'] = df_ticker_return['Close'].pct_change()
#Computando o retorno do evento
df_ticker_return['eventRet'] = df_ticker_return['ret_curr']\
+ df_ticker_return['ret_curr'].shift(-1) + df_ticker_return['ret_curr'].shift(1)
```

Agora, temos todos os dados prontos. Prepararemos um dataframe combinado que conectará as manchetes das notícias com os dados, os retornos (retorno de evento, retorno atual e retorno do dia seguinte) e o ticker da ação. Esse dataframe será usado para criar o modelo de análise de sentimento e a estratégia de trading:

```
combinedDataFrame = pd.merge(data_df_news, df_ticker_return, how='left', \
left_on=['date','ticker'], right_on=['date','ticker'])
combinedDataFrame = combinedDataFrame[combinedDataFrame['ticker'].
isin(tickers)]
data_df = combinedDataFrame[['ticker','headline','date','eventRet','Close']]
data_df = data_df.dropna()
data_df.head(2)
```

```
Output
```

	ticker	headline	data	eventRet	Fech
5	AMZN	Whole Foods (WFMI) -5,2% depois de um rebaixamento...	02/05/2011	0,017650	201,19
11	NFLX	Ações da Netflix (NFLX +1,1%) com ganhos iniciais...	02/05/2011	-0,013003	33,88

Vejamos o estado geral dos dados:

```
print(data_df.shape, data_df.ticker.unique().shape)
```

```
Output
```

```
(2759, 5) (10,)
```

Neste passo, preparamos um dataframe limpo com ticker, manchete, retorno do evento, retorno em determinado dia e retorno futuro para 10 tickers de ações, totalizando 2.759 linhas de dados. Vamos avaliar os modelos para análise de sentimento no próximo passo.

4. Avaliação de modelos para análise de sentimento

Nesta seção, veremos as três abordagens de computação de sentimentos para as notícias:

- Modelo pré-definido: pacote TextBlob.
- Modelo ajustado: algoritmos de classificação e LSTM.
- Modelo baseado em léxico financeiro.

Vamos analisar os passos.

4.1. Modelo pré-definido: pacote TextBlob. A função `TextBlob sentiment` é um modelo pré-treinado com o algoritmo de classificação Naive Bayes. A função conecta adjetivos que são frequentemente encontrados em críticas de filmes[7] com scores de polaridade de sentimento indo de –1 a +1 (negativo para positivo), convertendo uma frase para um valor numérico. Aplicamos isso em todas as manchetes. Um exemplo de obter o sentimento para um texto de notícias é mostrado a seguir:

```
text = "Bayer (OTCPK:BAYRY) started the week up 3.5% to €74/share in Frankfurt, \
touching their
highest level in 14 months, after the U.S. government said \
a $25M glyphosate decision against the
company should be reversed."

TextBlob(text).sentiment.polarity
```

```
Output
```

```
0.5
```

O sentimento com relação à afirmação é 0,5. Aplicamos isso em todas as manchetes que temos nos dados:

7 Também treinamos um modelo de análise de sentimento com os dados financeiros na seção subsequente e comparamos os resultados com o modelo TextBlob.

```
data_df['sentiment_textblob'] = [TextBlob(s).sentiment.polarity for s in \
data_df['headline']]
```

Vejamos o gráfico de dispersão dos sentimentos e retornos para examinar a correlação entre os dois para as dez ações.

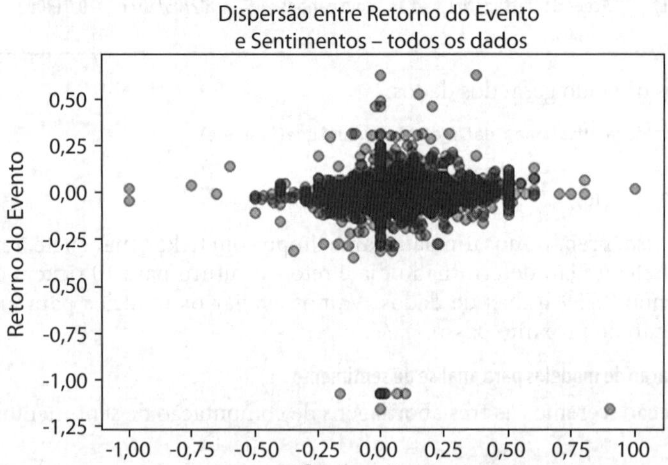

O gráfico para uma única ação (APPL) também é mostrado a seguir (para obter mais detalhes sobre o código, consulte o Jupyter notebook no repositório no GitHub:

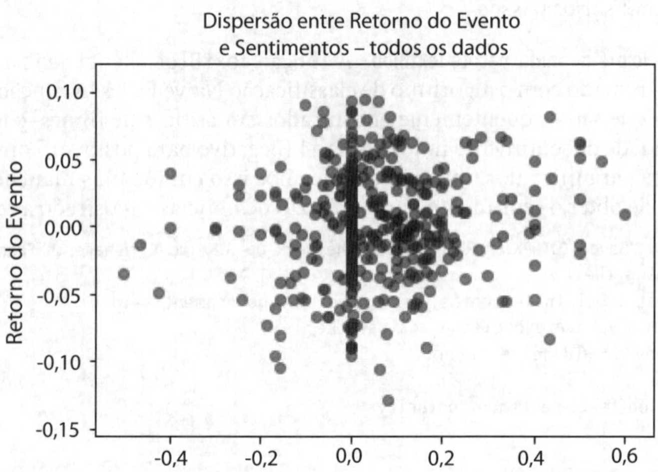

A partir dos gráficos de dispersão, podemos ver que não há uma relação forte entre as notícias e os sentimentos. A correlação entre retorno e sentimento é positiva (4,27%), o que significa que a notícia com sentimentos positivos leva a retornos positivos e é esperada. No entanto, a correlação não é muito alta. Mesmo se observarmos o gráfico como um todo, constatamos que a maioria dos sentimentos se concentrou ao redor de zero. Isso levanta a questão sobre se o score de um sentimento treinado com críticas de filmes é adequado para os preços de ações. O atributo `sentiment_assessments` lista os valores subjacentes para cada token e pode nos ajudar a entender o motivo para o sentimento geral de uma frase:

```
text = "Bayer (OTCPK:BAYRY) started the week up 3.5% to €74/share\
in Frankfurt, touching their highest level in 14 months, after the\
U.S. government said a $25M glyphosate decision against the company\
should be reversed."
TextBlob(text).sentiment_assessments
```

Output

```
Sentiment(polarity=0.5, subjectivity=0.5, assessments=[(['touching'], 0.5, 0.5, \
None)])
```

Vemos que a afirmação tem um sentimento positivo de 0,5, mas parece que foi a palavra "touching" que fez o sentimento positivo aumentar. Palavras mais intuitivas, como "high", não fazem isso. Esse exemplo mostra que o contexto do treinamento dos dados é importante para que o score do treinamento seja significativo. Há diversos pacotes e funções pré-treinados disponíveis para a análise de sentimento, mas é importante ter cuidado e compreender profundamente o contexto do problema antes de usar uma função ou um algoritmo para a análise de sentimento.

Para este estudo de caso, talvez precisemos que os sentimentos sejam treinados com notícias financeiras. Vamos dar uma olhada nisso a seguir.

4.2. Aprendizado supervisionado: algoritmos de classificação e LSTM

Neste passo, desenvolvemos um modelo customizado para a análise de sentimento baseada em dados rotulados disponíveis. Esses dados foram obtidos no site do Kaggle (*https://www.kaggle.com*):

```
sentiments_data = pd.read_csv(r'Data\LabelledNewsData.csv', \
encoding="ISO-8859-1")
sentiments_data.head(1)
```

Output

	data/hora	manchete	ticker	sentimento
0	16/1/2020 17h25	$MMM caiu em momentos difíceis, mas pode estar se re...	MMM	0
1	11/1/2020 18h43	Wolfe Research Eleva 3M $MMM à Performance...	MMM	1

Os dados têm manchetes de notícias sobre 30 ações, totalizando 9.470 linhas, e os sentimentos estão rotulados com 0 e 1. Realizamos os passos de classificação usando o template de desenvolvimento de modelo de classificação apresentado no Capítulo 6.

Para executar um modelo de aprendizado supervisionado, precisamos inicialmente converter as manchetes em representações de features. Para este exercício, as representações vetoriais subjacentes vêm do *modelo de incorporação de palavras spaCy*, que normalmente produz uma representação semântica densa e multidimensional de palavras (como mostra o exemplo a seguir). O modelo de incorporação de palavras inclui 20 mil vetores únicos com 300 dimensões. Aplicamos isso às manchetes nos dados processados no passo anterior:

```
all_vectors = pd.np.array([pd.np.array([token.vector for token in nlp(s) ]).\
mean(axis=0)*pd.np.ones((300))\
for s in sentiments_data['headline']])
```

Agora que preparamos a variável independente, treinamos o modelo de classificação de modo semelhante ao que vimos no Capítulo 6. Rotulamos os sentimentos com zero ou um como a variável independente. Primeiro, dividimos os dados em conjuntos de treinamento e de teste e executamos os modelos-chave de classificação (regressão logística, CART, SVM, floresta aleatória e rede neural artificial).

Também incluímos LSTM, que é um modelo baseado em RNR,[8] na lista de modelos considerados. Um modelo baseado em RNR performa bem para o PLN, pois ele armazena as informações para os features atuais bem como para os vizinhos para previsão. Ele mantém uma memória baseada em informações passadas, o que permite que o modelo preveja o output atual condicionado a features de longa distância e observa as palavras no contexto da frase inteira, em vez de apenas observar as palavras individuais.

Para conseguirmos alimentar os dados em nosso modelo LSTM, todos os documentos de entrada devem ter o mesmo comprimento. Usamos a função `tokenizer` do Keras para fazer sequências de palavras. Mais detalhes podem ser obtidos no site do Keras (*https://oreil.ly/2YS-P*). Limitaremos o comprimento máximo de críticas para *max_words* ao truncarmos críticas mais longas e preencheremos as curtas com um valor nulo (0). Podemos realizar isso usando a função `pad_sequences`, também no Keras. O terceiro parâmetro é *input_length* (ajustado para 50), que é o comprimento de cada sequência de comentário:

```
### Criar sequência
vocabulary_size = 20000
tokenizer = Tokenizer(num_words= vocabulary_size)
tokenizer.fit_on_texts(sentiments_data['headline'])
sequences = tokenizer.texts_to_sequences(sentiments_data['headline'])
X_LSTM = pad_sequences(sequences, maxlen=50)
```

No trecho de código a seguir, usamos a biblioteca Keras para criar um classificador de rede neural artificial com base em um modelo LSTM subjacente. A rede começa com uma camada *incorporadora*. Essa camada possibilita ao sistema expandir cada token para um vetor maior, permitindo que a rede represente uma palavra de forma significativa. A camada contém 20 mil como o primeiro argumento (ou seja, o tamanho do nosso vocabulário) e 300 como o parâmetro da segunda entrada (a dimensão da incorporação). Por fim, visto que este é um problema de classificação e que o output precisa ser rotulado como zero ou um, a função `KerasClassifier` é usada como wrapper sobre o modelo LSTM para produzir um output binário (zero ou um):

8 Consulte o Capítulo 5 para obter mais detalhes sobre os modelos RNR (ou RNN).

```
from keras.wrappers.scikit_learn import KerasClassifier
def create_model(input_length=50):
    model = Sequential()
    model.add(Embedding(20000, 300, input_length=50))
    model.add(LSTM(100, dropout=0.2, recurrent_dropout=0.2))
    model.add(Dense(1, activation='sigmoid'))
    model.compile(loss='binary_crossentropy', optimizer='adam', \
    metrics=['accuracy'])
    return model
model_LSTM = KerasClassifier(build_fn=create_model, epochs=3, verbose=1, \
    validation_split=0.4)
model_LSTM.fit(X_train_LSTM, Y_train_LSTM)
```

Veja a comparação de todos os modelos de aprendizado de máquina:

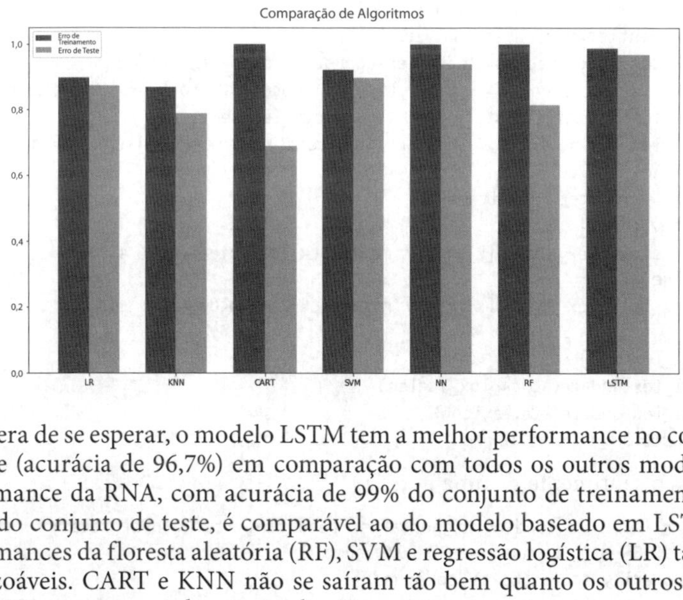

Como era de se esperar, o modelo LSTM tem a melhor performance no conjunto de teste (acurácia de 96,7%) em comparação com todos os outros modelos. A performance da RNA, com acurácia de 99% do conjunto de treinamento e de 93,8% do conjunto de teste, é comparável ao do modelo baseado em LSTM. As performances da floresta aleatória (RF), SVM e regressão logística (LR) também são razoáveis. CART e KNN não se saíram tão bem quanto os outros modelos. CART mostra um sobreajuste alto. Nos passos a seguir, usaremos o modelo LSTM para a computação dos sentimentos nos dados.

4.3. Não supervisionado: modelo baseado em um léxico financeiro

Neste estudo de caso, atualizamos o léxico VADER com palavras e sentimentos de um léxico adaptado a conversas sobre o mercado de ações em serviços de microblogs:

Léxicos

> Dicionários ou vocabulários especiais que foram criados para analisar sentimentos. A maioria tem uma lista de palavras *polares* positivas e negativas com certo score associado a elas. Usando diversas técnicas, como a posição das palavras, as palavras ao redor, contexto, classes gramaticais e orações, os scores são atribuídos aos documentos textuais para os quais queremos computar o sentimento. Depois de agregar esses scores, obtemos o sentimento final.

VADER (Valence Aware Dictionary for Sentiment Reasoning)
: Um modelo de análise de sentimento pré-criado incluído no pacote NLTK. Ele pode dar scores de polaridade positivos e negativos, assim como a força da emoção de uma amostra de texto. É baseado em regras e depende muito de textos avaliados por humanos. São palavras ou qualquer forma textual de comunicação rotuladas de acordo com sua orientação semântica como positiva ou negativa.

Esse recurso lexical foi criado automaticamente usando várias métricas estatísticas e um grande conjunto de mensagens rotuladas do StockTwits, que é uma plataforma social com o propósito de compartilhamento de ideias entre investidores, traders e empreendedores.[9] Os sentimentos ficam entre –1 e 1, semelhante aos sentimentos do TextBlob. No trecho de código a seguir, treinamos o modelo com base nos sentimentos financeiros:

```
# léxico do mercado de ações
sia = SentimentIntensityAnalyzer()
stock_lex = pd.read_csv('Data/lexicon_data/stock_lex.csv')
stock_lex['sentiment'] = (stock_lex['Aff_Score'] + stock_lex['Neg_Score'])/2
stock_lex = dict(zip(stock_lex.Item, stock_lex.sentiment))
stock_lex = {k:v for k,v in stock_lex.items() if len(k.split(' '))==1}
stock_lex_scaled = {}
for k, v in stock_lex.items():
   if v > 0:
      stock_lex_scaled[k] = v / max(stock_lex.values()) * 4
   else:
      stock_lex_scaled[k] = v / min(stock_lex.values()) * -4

final_lex = {}
final_lex.update(stock_lex_scaled)
final_lex.update(sia.lexicon)
sia.lexicon = final_lex
```

Vejamos o sentimento de uma notícia:

```
text = "AAPL is trading higher after reporting its October sales\
rose 12.6% M/M. It has seen a 20%+ jump in orders"
sia.polarity_scores(text)['compound']
```

Output

```
0.4535
```

Obtemos os sentimentos para todas as manchetes com base em nosso conjunto de dados:

```
vader_sentiments = pd.np.array([sia.polarity_scores(s)['compound']\ for s in
data_df['headline']])
```

Vejamos a relação entre os retornos e sentimentos, que é computada usando a metodologia baseada em léxico para o conjunto inteiro de dados.

9 A fonte desse léxico é Nuno Oliveira, Paulo Cortez e Nelson Areal, "Stock Market Sentiment Lexicon Acquisition Using Microblogging Data and Statistical Measures", *Decision Support Systems* 85 (março de 2016): 62–73.

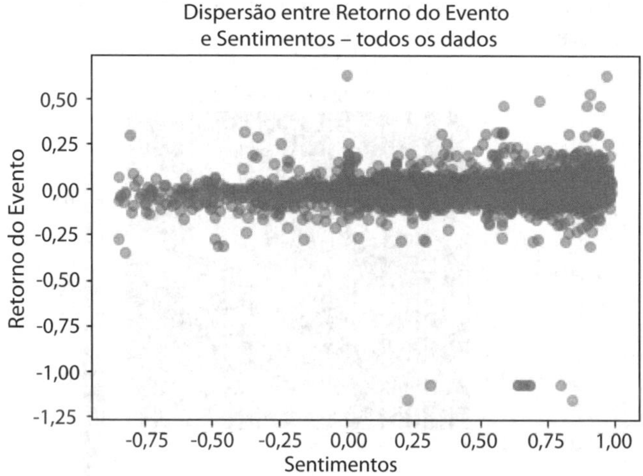

Não há muitas instâncias de retornos altos para scores baixos de sentimentos, mas talvez os dados não estejam muito claros. Na próxima seção, olharemos mais de perto a comparação de diferentes tipos de análises de sentimento.

4.4. Análise exploratória de dados e comparação

Nesta seção, comparamos os sentimentos computados usando as diferentes técnicas apresentadas há pouco. Vejamos as amostras de manchetes e os sentimentos a partir de três metodologias e, depois, por uma análise visual:

	ticker	manchete	sentiment_textblob	sentiment_LSTM	sentiment_lex
4620	TSM	A TSMC (TSM +1,8%) está sendo negociada em alta após informar que suas vendas de outubro aumentaram 12,6% M/M. O DigiTimes acrescenta que a TSMC registrou um salto de mais de 20% nos pedidos da QCOM, NVDA, SPRD e Mediatek. Os números sugerem que a TSMC poderia superar seu guidance para o quarto trimestre (embora dezembro tenda a ser fraco), e que a demanda por chips poderia estar se estabilizando depois de ser duramente atingida por correções de inventário (anteriormente) (vendas da UMC)	0,036667	1	0,5478

Observando uma das manchetes, o sentimento dessa frase é positivo. No entanto o resultado de sentimento do TextBlob é menor em magnitude, sugerindo que o sentimento é mais neutro. Isso nos leva de volta à premissa anterior de que o modelo treinado com sentimentos relacionados a filmes não será acurado para os sentimentos de ações. O modelo baseado em classificação sugere corretamente que o sentimento é positivo, mas é binário. O `Sentiment_lex` tem uma saída mais intuitiva com um sentimento significativamente positivo.

Esta é a correlação de todos os sentimentos de diferentes metodologias em comparação aos retornos:

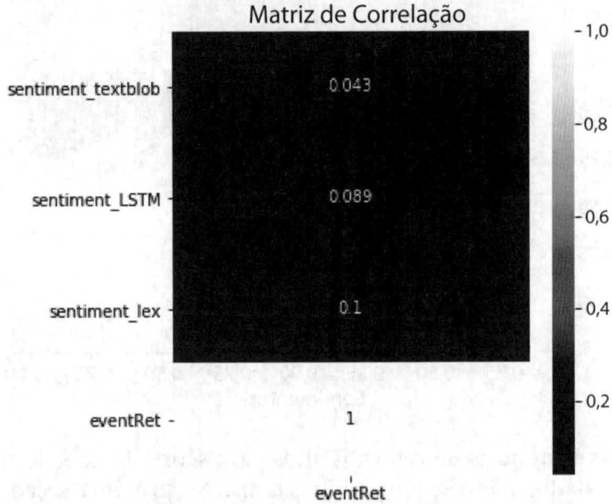

Todos os sentimentos têm relações positivas com os retornos, o que é intuitivo e esperado. Os sentimentos da metodologia de léxico são os mais altos, ou seja, o evento de retorno da ação pode ser previsto da melhor forma usando essa metodologia. Lembre-se de que ela impulsiona os termos financeiros no modelo. O método baseado em LSTM também tem uma performance melhor do que a abordagem TextBlob, mas é levemente pior em comparação com a metodologia baseada em léxico.

Vejamos a performance da metodologia no nível do ticker. Escolhemos alguns tickers com a maior capitalização de mercado para a análise:

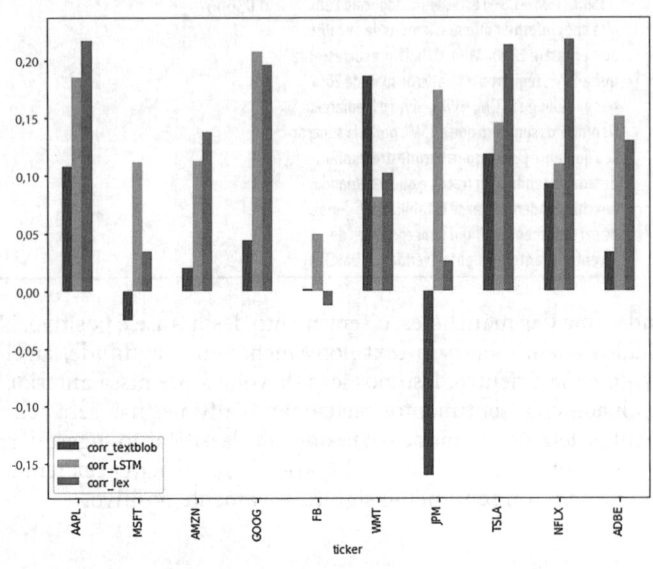

Observando o gráfico, a correlação da metodologia de léxico é a maior entre todos os tickers de ações, o que corrobora a conclusão da análise prévia. Isso significa que os retornos podem ser previstos da melhor forma ao usar a metodologia de léxico. Os sentimentos baseados em TextBlob mostram resultados não intuitivos em alguns casos, como com o ticker JPM.

Vamos analisar o gráfico de dispersão comparando as metodologias de léxico e TextBlob para AMZN e GOOG. Deixaremos de lado o método baseado em LSTM visto que os sentimentos binários não serão significativos na dispersão:

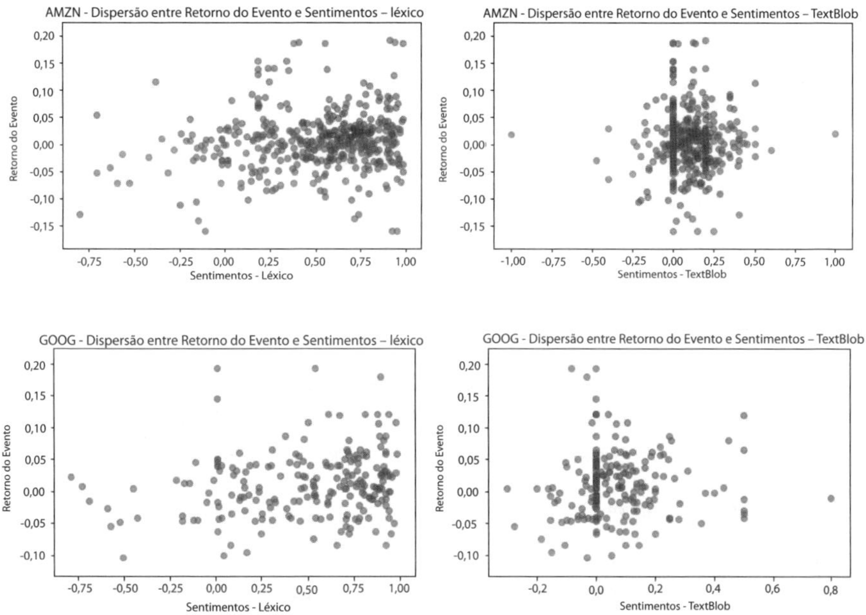

Os sentimentos baseados em léxico à esquerda mostram uma relação positiva entre os sentimentos e os retornos. Alguns dos pontos com os retornos mais altos estão associados com as notícias mais positivas. Além disso, o gráfico de dispersão está distribuído de forma mais uniforme no caso do léxico em comparação com o TextBlob. Os sentimentos do TextBlob estão concentrados ao redor de zero, provavelmente porque o modelo não consegue categorizar bem os sentimentos financeiros. Para a estratégia de trading, usaremos os sentimentos baseados em léxico, pois são os mais adequados com base na análise desta seção. Os sentimentos baseados em LSTM também são bons, mas estão rotulados como zero ou um. Os sentimentos mais granulares baseados em léxico são os preferidos.

5. Avaliação de modelos: criando uma estratégia de trading

Os dados de sentimentos podem ser usados de diversas maneiras para criar uma estratégia de trading. Eles podem ser usados como um sinal independente para decidir comprar, vender ou manter as ações. O score de sentimento ou os vetores de palavras também podem ser utilizados para prever o retorno ou o preço de uma ação. Essa previsão pode ser usada para criar uma estratégia de trading.

Nesta seção, demonstramos uma estratégia de trading na qual compramos ou vendemos uma ação com base na seguinte abordagem:

- Comprar a ação quando a mudança no score de sentimento (score de sentimento atual/score do sentimento anterior) for maior que 0,5. Vender a ação quando a mudança no score de sentimento for menor que –0,5. O score de sentimento usado aqui se fundamenta nos sentimentos baseados em léxico computados no passo anterior.
- Além dos sentimentos, estamos usando a média móvel (com base nos últimos quinze dias) para tomar a decisão de compra ou venda.
- As negociações (compra ou venda) são em lotes de cem ações. A quantidade inicial disponível para trading é estabelecida em US$100 mil.

O limiar da estratégia, o tamanho do lote e o capital inicial podem ser ajustados dependendo da performance da estratégia.

5.1. Configurando uma estratégia. Para configurar a estratégia de trading, usamos o *backtrader*, que é um framework conveniente baseado em Python para a implementação e backtesting dessas estratégias. O backtrader nos permite escrever estratégias de trading, indicadores e analisadores, todos reutilizáveis, em vez de precisar gastar tempo criando a infraestrutura. Usamos o código Quickstart na documentação do backtrader (*https://oreil.ly/lyYs4*) como uma base e o adaptamos para nossa estratégia de trading baseada em sentimento.

O trecho de código a seguir resume a lógica de compra e venda para a estratégia. Consulte o Jupyter notebook deste estudo de caso para ver a implementação detalhada:

```
# comprar se o fechamento atual estiver acima da média móvel simples
(sma)
# E sentimento aumentado por >= 0,5
if self.dataclose[0] > self.sma[0] and self.sentiment - prev_sentiment >= 0.5:
self.order = self.buy()
# vender se o fechamento atual estiver abaixo da média móvel simples
(sma)
# E sentimento diminuído por >= 0,5
if self.dataclose[0] < self.sma[0] and self.sentiment - prev_sentiment <=
-0.5:
self.order = self.sell()
```

5.2. Resultados para ações individuais. Primeiro, executamos nossa estratégia com a ação GOOG e observamos os resultados:

```
ticker = 'FB'
run_strategy(ticker, start = '2012-01-01', end = '2018-12-12')
```

O output mostra o registro de tradings de alguns dias e o retorno final:

`Output`

```
Starting Portfolio Value: 100000.00
2013-01-10, Previous Sentiment 0.08, New Sentiment 0.80 BUY CREATE, 369.36
2014-07-17, Previous Sentiment 0.73, New Sentiment -0.22 SELL CREATE, 572.16
2014-07-18, OPERATION PROFIT, GROSS 22177.00, NET 22177.00
2014-07-18, Previous Sentiment -0.22, New Sentiment 0.77 BUY CREATE, 593.45
2014-09-12, Previous Sentiment 0.66, New Sentiment -0.05 SELL CREATE, 574.04
```

```
2014-09-15, OPERATION PROFIT, GROSS -1876.00, NET -1876.00
2015-07-17, Previous Sentiment 0.01, New Sentiment 0.90 BUY CREATE, 672.93
.
.
.
2018-12-11, Ending Value 149719.00
```

Analisamos o resultado do backtesting no gráfico a seguir produzido pelo pacote backtrader. Consulte o Jupyter notebook deste estudo de caso para obter a versão detalhada do gráfico.

Os resultados mostram um lucro global de US$49.719. Esse é um gráfico típico[10] produzido pelo pacote backtrader e está dividido em quatro painéis.

Painel superior
: É o *cash value observer*. Ele monitora o dinheiro e o valor total do portfólio enquanto durar a execução do backtasting. Nessa execução, começamos com US$100 mil e terminamos com US$149.719.

Segundo painel
: É o *trade observer*. Ele mostra os prejuízos/lucros realizados de cada trade. Um trade é definido como abrir uma posição e fechá-la em zero novamente (de forma direta ou passando de long para short ou de short para long). Observando esse painel, cinco dos oito trades são lucrativos para a estratégia.

Terceiro painel
: É o *buy sell observer*. Ele indica quando as operações de compra e venda ocorreram. Em geral, vemos que a operação de compra ocorre quando o preço da ação está aumentando, e a operação de venda ocorre quando o preço da ação começou a cair.

10 Consulte a seção de plotagem no site do backtrader (*https://oreil.ly/j2pT0*) para obter mais detalhes sobre os gráficos e painéis.

Painel inferior
: Mostra o score de sentimento, variando entre –1 e 1.

Agora, escolhemos um dos dias (17/07/2015) em que a operação de compra foi acionada e analisamos as notícias sobre o Google nesse dia e no anterior:

```
GOOG_ticker= data_df[data_df['ticker'].isin([ticker])]
New= list(GOOG_ticker[GOOG_ticker['date'] == '2015-07-17']['headline'])
Old= list(GOOG_ticker[GOOG_ticker['date'] == '2015-07-16']['headline'])
print("Current News:",New,"\n\n","Previous News:", Old)
```

Output

```
Current News: ["Axiom Securities has upgraded Google (GOOG +13.4%, GOOGL
+14.8%)
to Buy following the company's Q2 beat and investor-pleasing comments about
spending discipline, potential capital returns, and YouTube/mobile growth. MKM
has launched coverage at Buy, and plenty of other firms have hiked their
targets.
Google's market cap is now above $450B."]

Previous News: ["While Google's (GOOG, GOOGL) Q2 revenue slightly missed
estimates when factoring traffic acquisitions costs (TAC), its ex-TAC revenue
of
$14.35B was slightly above a $14.3B consensus. The reason: TAC fell to 21% of
ad
revenue from Q1's 22% and Q2 2014's 23%. That also, of course, helped EPS beat
estimates.", 'Google (NASDAQ:GOOG): QC2 EPS of $6.99 beats by $0.28.']
```

Claramente, as notícias no dia selecionado mencionam que o Google teve seu rating aumentado, uma notícia positiva. No dia anterior, as notícias mencionam que a receita veio abaixo do esperado, o que é negativo. Portanto, houve uma mudança significativa no sentimento quanto às notícias no dia selecionado, resultando em uma operação de compra acionada pelo algoritmo de trading.

Em seguida, executamos a estratégia para o Facebook (o ticker antigo era FB e passou a ser negociado como META em 9 de junho de 2022):

```
ticker = 'FB'
run_strategy(ticker, start = '2012-01-01', end = '2018-12-12')
```

Output

```
Start Portfolio value: 100000.00
Final Portfolio Value: 108041.00
Profit: 8041.00
```

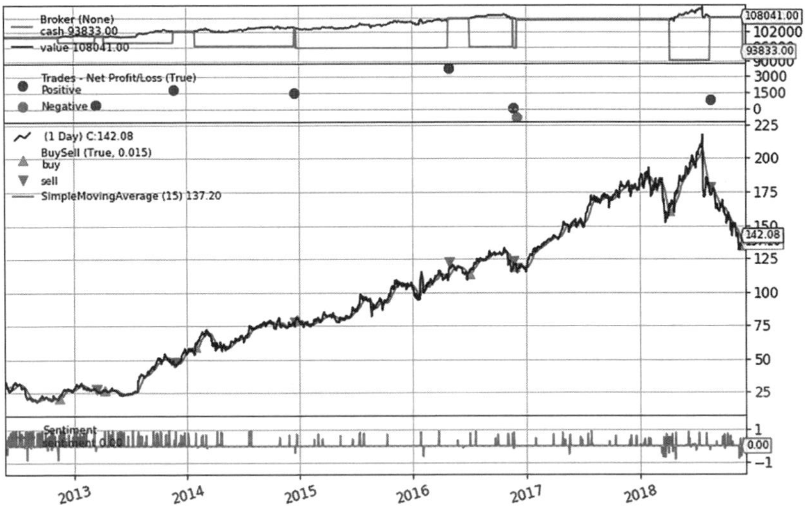

Estes são os detalhes dos resultados do backtesting da estratégia:

Painel superior
: O painel de cash value mostra um lucro global de US$8.041.

Segundo painel
: O painel do trade observer mostra que seis de sete operações foram lucrativas.

Terceiro Painel
: O buy/sell observer mostra que, de forma geral, a operação de compra (venda) aconteceu quando o preço da ação estava aumentando (diminuindo).

Painel inferior
: Mostra um alto número de sentimentos positivos para a empresa entre 2013 e 2014.

5.3. Resultados para diversas ações. No passo anterior, executamos a estratégia de trading em ações individuais. Aqui, vamos executá-la em todas as dez ações para as quais computamos os sentimentos:

```
results_tickers = {}
for ticker in tickers:
  results_tickers[ticker] = run_strategy(ticker, start = '2012-01-01', \
  end = '2018-12-12')
pd.DataFrame.from_dict(results_tickers).set_index(\
  [pd.Index(["PerUnitStartPrice", StrategyProfit'])])
```

Output

	AAPL	MSFT	AMZN	GOOG	FB	WMT	JPM	TSLA	NFLX	ADBE
PerUnitStartPrice	50.86	21.96	179.03	331.46	38.23	48.78	27.31	28.08	10.32	28.57
StrategyProfit	3735.00	4067.00	75377.00	49719.00	8041.00	1152.00	2014.00	15755.00	25181.00	17027.00

A estratégia se sai muito bem e produz um lucro global para todas as ações. Como mencionamos antes, as operações de compra e venda são realizadas em lotes de cem ações. Dessa forma, a quantia de dinheiro usada é proporcional ao preço da ação. Vemos que o maior lucro nominal foi das ações AMZN e GOOG, devido principalmente às altas quantias investidas nelas por terem um preço alto por ação. Além do lucro global, diversas outras métricas, como índice de Sharpe e drawdown máximo, podem ser usadas para analisar a performance.

5.4. Variando o período de tempo da estratégia

Na análise anterior, usamos o período entre 2011 e 2018 para nosso backtesting. Neste passo, para analisar ainda mais a eficácia de nossa estratégia, variamos o tempo do período do backtesting e analisamos o resultado. Primeiro, executamos a estratégia para todas as ações considerando o período entre 2012 e 2014:

```
results_tickers = {}
for ticker in tickers:
    results_tickers[ticker] = run_strategy(ticker, start = '2012-01-01', \
    end = '2014-12-31')
```

`Output`

	AAPL	MSFT	AMZN	GOOG	FB	WMT	JPM	TSLA	NFLX	ADBE
StockPriceBeginning	50.86	21.96	179.03	331.46	38.23	48.78	27.31	28.08	10.32	28.57
StrategyProfit	2794.00	617.00	-2873.00	23191.00	3528.00	-313.00	2472.00	11994.00	2712.00	3367.00

A estratégia produz um lucro global para todas as ações, exceto AMZN e WMT. Agora, executamos a estratégia considerando o período entre 2016 e 2018:

```
results_tickers = {}
for ticker in tickers:
   results_tickers[ticker] = run_strategy(ticker, start = '2016-01-01', \
   end = '2018-12-31')
```

`Output`

	AAPL	MSFT	AMZN	GOOG	FB	WMT	JPM	TSLA	NFLX	ADBE
PerUnitStartPrice	97.95	50.26	636.99	741.84	102.22	54.97	55.84	223.41	109.96	91.97
StrategyProfit	-262.00	3324.00	67454.00	31430.00	648.00	657.00	0.00	10886.00	25020.00	12551.00

Vemos uma boa performance na estratégia baseada em sentimento para todas as ações, exceto AAPL, e podemos concluir que ela se sai muito bem considerando períodos diferentes. A estratégia pode ser ajustada ao modificar as regras de trading ou o tamanho dos lotes. Métricas adicionais também podem ser usadas para compreender a performance da estratégia. Os sentimentos também podem ser usados juntamente com os outros features, como variáveis correlacionadas e indicadores técnicos para previsão.

Conclusão

Neste estudo de caso, vimos diversas maneiras pelas quais os dados não estruturados podem ser convertidos em estruturados e usados para a análise e previsão por meio de ferramentas de PLN. Demonstramos três abordagens diferentes, incluindo modelos de aprendizado profundo para desenvolver um modelo que compute os sentimentos. Realizamos uma comparação de modelos e concluímos que um dos passos mais importantes no treinamento do modelo para análise de sentimento é usar um vocabulário específico à área em questão.

Também usamos um modelo pré-treinado pelo spaCy para converter uma frase em sentimentos e usar os sentimentos como sinais para desenvolver uma estratégia de trading. Os resultados iniciais sugeriram que o modelo treinado com sentimentos baseados em léxico financeiro podem ser um modelo viável para uma estratégia de trading. Melhorias adicionais a isso podem ser feitas usando modelos de análise de sentimento pré-treinados mais complexos, como BERT do Google ou outros modelos de PLN pré-treinados de plataformas com código aberto. Bibliotecas existentes de PLN preenchem alguns dos passos de pré-processamento e codificação e nos permitem focarmos o passo de inferência.

Poderíamos aprimorar a estratégia de trading ao incluir mais variáveis correlacionadas, indicadores técnicos ou até mesmo análises melhoradas de sentimento ao usarmos passos e modelos de pré-processamento mais sofisticados baseados em dados textuais financeiros mais relevantes.

Estudo de Caso 2: Chatbot Assistente Digital

Chatbots são programas de computador que mantêm uma conversa com o usuário usando linguagem natural. Eles podem entender a intenção do usuário e enviar respostas com base nas regras e dados de negócio de uma organização. Os chatbots usam aprendizado profundo e PLN para processar linguagem, permitindo que entendam o discurso humano.

Os chatbots estão sendo implementados cada vez mais em muitos domínios de serviços financeiros. Robôs de bancos permitem que os clientes verifiquem o saldo, façam transferências, paguem contas e mais. Robôs de corretagem permitem que os clientes encontrem opções de investimentos, invistam e acompanhem os resultados. Robôs de atendimento ao consumidor fornecem respostas instantâneas, aumentando drasticamente a satisfação do consumidor. Robôs de notícias entregam informações personalizadas de eventos atuais, ao passo que robôs empresariais permitem que os funcionários verifiquem férias, incluam despesas, verifiquem inventários e aprovem transações. Além de automatizar o processo de auxiliar consumidores e funcionários, os chatbots podem ajudar instituições financeiras a obter informações sobre seus clientes. O fenômeno do "bot" tem o potencial de causar uma ampla disrupção em muitas áreas dentro do setor financeiro.

Dependendo da forma que os bots são programados, podemos categorizá-los em duas variantes:

Baseado em regra
: Esta variedade de chatbots é treinada de acordo com regras. Eles não aprendem por meio de interações e, às vezes, podem não responder perguntas complexas que estejam fora das regras definidas.

Autoaprendizado
: Esta variedade de bots faz uso de tecnologias de AM e de IA para interagir com os usuários. Os chatbots autodidatas são divididos ainda em *baseados em recuperação* e *generativos*:

Baseado em recuperação

Estes chatbots são treinados para escolher a melhor resposta a partir de um conjunto finito de repostas predefinidas.

Generativo

Estes chatbots não são criados com respostas predefinidas. Em vez disso, são treinados com um grande número de conversas anteriores. Eles demandam uma quantidade muito grande de dados conversacionais para o treinamento.

Neste estudo de caso, prototiparemos um chatbot autodidata que pode responder a perguntas financeiras.

Neste estudo de caso, vamos nos concentrar em:

- Criar um parser customizado lógico e com regras usando PLN para um chatbot.
- Entender a preparação necessária de dados para a criação de um chatbot.
- Compreender os fundamentos básicos de um chatbot.
- Aproveitar pacotes e corpora disponíveis em Python para treinar um chatbot usando poucas linhas de código.

Blueprint para a Criação de um Chatbot Customizado Usando PLN

1. Definição do problema

O objetivo deste estudo de caso é criar um protótipo básico de um chatbot conversacional alimentado por PLN. O propósito principal desse chatbot é ajudar um usuário a recuperar um índice financeiro sobre uma empresa específica. Tais chatbots são programados para recuperar rapidamente os detalhes sobre uma ação ou um instrumento que ajude o usuário a tomar uma decisão de trading.

Além de recuperar um índice financeiro, o chatbot também pode se engajar em conversas casuais com o usuário, realizar cálculos matemáticos básicos e fornecer respostas a perguntas a partir de uma lista usada para treiná-lo. Pretendemos usar pacotes e funções Python para a criação do chatbot e customizar diversos componentes de sua arquitetura para adaptá-lo às nossas necessidades.

O protótipo do chatbot criado neste estudo de caso pretende entender as entradas e intenções dos usuários e recuperar as informações que estejam buscando. É um protótipo pequeno, que pode ser melhorado para uso como bot de recuperação de informações em bancos, corretoras ou atendimento ao consumidor.

2. Dando o primeiro passo — carregando as bibliotecas

Para este estudo de caso, usaremos duas bibliotecas baseadas em texto: spaCy e ChatterBot (*https://oreil.ly/_1DPE*). Já apresentamos a biblioteca spaCy anteriormente; o ChatterBot é uma biblioteca do Python usada para criar chatbots simples com uma programação mínima necessária.

Uma instância não treinada do ChatterBot começa sem nenhum conhecimento sobre como se comunicar. Sempre que um usuário envia uma frase, a biblioteca salva a entrada e o texto de resposta. À medida que o ChatterBot recebe mais entradas, o número de respostas que pode oferecer e a acurácia dessas respostas aumenta. O programa seleciona a resposta ao pesquisar qual é a frase conhecida que esteja mais próxima de se relacionar com a entrada. Depois, ele retorna a resposta mais provável à solicitação com base na frequência em que cada resposta é dada pelas pessoas com as quais o bot se comunica.

2.1. Carregar bibliotecas. Importamos a biblioteca spaCy usando este código Python:

```
import spacy #Modelo NER customizado.
from spacy.util import minibatch, compounding
```

A biblioteca ChatterBot tem os módulos `LogicAdapter`, `ChatterBotCorpusTrainer` e `ListTrainer`. Esses módulos são usados por nosso bot para desenvolver respostas a perguntas dos usuários. Começamos a importação assim:

```
from chatterbot import ChatBot
from chatterbot.logic import LogicAdapter
from chatterbot.trainers import ChatterBotCorpusTrainer
from chatterbot.trainers import ListTrainer
```

Estas são outras bibliotecas usadas neste exercício:

```
import random
from itertools import product
```

Antes de passarmos ao chatbot customizado, vamos desenvolver um chatbot usando os features padrão do pacote ChatterBot.

3. Treinando um chatbot padrão

O ChatterBot e muitos outros pacotes de chatbots vêm com um módulo de utilidade de dados que pode ser usado para treinar os robôs. Estes são os componentes do ChatterBot que usaremos:

Adaptadores lógicos
: Determinam a lógica de como o ChatterBot seleciona uma resposta para determinada frase de entrada. É possível inserir qualquer número de adaptadores lógicos para seu bot utilizar. No exemplo a seguir, usamos dois adaptadores embutidos: *BestMatch*, que retorna as melhores respostas conhecidas, e *MathematicalEvaluation*, que realiza operações matemáticas.

Pré-processadores
: Os pré-processadores do ChatterBot são funções simples que modificam a frase de entrada que um chatbot recebe antes que a frase seja processada pelo adap-

tador lógico. Os pré-processadores podem ser customizados a realizar passos diferentes de pré-processamento, como tokenização e lematização, de modo a ter dados limpos e processados. No exemplo a seguir, o pré-processador padrão usado para limpar espaços em branco é o `clean_whitespace`.

Treinamento de corpus

O ChatterBot vem com um dado de corpus e um módulo de utilidade que facilita treinar o bot rapidamente para se comunicar. Usamos os corpora já existentes *english, english.greetings* e *english.conversations* para treinar o chatbot.

Treinamento com listas

Assim como no treinamento de corpus, treinamos o chatbot com as conversas que podem ser usadas neste caso usando o *ListTrainer.* No exemplo a seguir, treinamos o chatbot usando alguns comandos simples. O bot pode ser treinado usando uma quantidade significativa de dados de conversas.

```
chatB = ChatBot("Trader",
                preprocessors=['chatterbot.preprocessors.clean_whitespace'],
                logic_adapters=['chatterbot.logic.BestMatch',
                                'chatterbot.logic.MathematicalEvaluation'])

# Treinamento de corpus
trainerCorpus = ChatterBotCorpusTrainer(chatB)

# Treinamento baseado no corpus de língua inglesa
trainerCorpus.train(
   "chatterbot.corpus.english"
)
# Treinamento baseado no corpus de cumprimentos em inglês
trainerCorpus.train("chatterbot.corpus.english.greetings")

# Treinamento baseado no corpus de conversas em inglês
trainerCorpus.train("chatterbot.corpus.english.conversations")

trainerConversation = ListTrainer(chatB)
# Treinamento baseado em conversas

# Treinamento com listas
trainerConversation.train([
   'Help!',
   'Please go to google.com',
   'What is Bitcoin?',
   'It is a decentralized digital currency'
])

# Você pode usar uma segunda lista para acrescentar variações de
respostas
trainerConversation.train([
  'What is Bitcoin?',
  'Bitcoin is a cryptocurrency.'
])
```

Depois que o chatbot for treinado, podemos testá-lo com a seguinte conversa:

```
>Hi [Oi]
How are you doing? [Como vai?]

>I am doing well. [Estou bem]
That is good to hear [Que bom]

>What is 78964 plus 5970 [Quanto é 78964 mais 5970?]
78964 plus 5970 = 84934 [78964 mais 5970 = 84934]

>what is a dollar [o que é dólar]
dollar: unit of currency in the united states. [dólar: unidade monetária dos
estados unidos]

>What is Bitcoin? [O que é Bitcoin?]
It is a decentralized digital currency [É uma moeda digital descentralizada]

>Help! [Me ajude!]
Please go to google.com [Por favor, acesse google.com]

>Tell me a joke [Conte uma piada]
Did you hear the one about the mountain goats in the andes? It was "ba a a a
d". [Adaptação: Você ouviu aquela sobre os piratas? É ruuu(i)m]

>What is Bitcoin? [O que é Bitcoin?]
Bitcoin is a cryptocurrency. [Bitcoin é uma criptomoeda]
```

Neste exemplo, vemos um chatbot que oferece uma resposta intuitiva à entrada. As primeiras duas respostas se devem ao treinamento com os corpora de cumprimentos e conversas. Além disso, as respostas a *Tell me a joke* e *what is a dollar* são devidas ao treinamento com o corpus de língua inglesa. A computação na quarta linha é o resultado do treinamento do chatbot com o adaptador lógico `MathematicalEvaluation`. As respostas a *Help!* e *What is Bitcoin?* são o resultado dos treinamentos com listas customizadas. Além disso, vemos duas respostas diferentes à pergunta *What is Bitcoin?*, uma vez que treinamos o bot usando os treinamentos com listas.

Em seguida, passaremos à criação do chatbot projetado para usar um adaptador lógico customizado para dar índices financeiros.

4. Preparação dos dados: chatbot customizado

Queremos que nosso chatbot consiga reconhecer e agrupar perguntas sutilmente diferentes. Por exemplo, alguém pode perguntar sobre a empresa *Apple Inc.* referindo-se a ela simplesmente como *Apple*, e queremos conectá-la com um ticker, *AAPL*, neste caso. Desenvolver frases bastante usadas para se referir a empresas pode ser feito com um dicionário:

```
companies = {
      'AAPL': ['Apple', 'Apple Inc'],
      'BAC': ['BAML', 'BofA', 'Bank of America'],
      'C': ['Citi', 'Citibank'],
      'DAL': ['Delta', 'Delta Airlines']
}
```

De maneira similar, queremos criar uma conexão para os índices financeiros:

```
ratios = {
      'return-on-equity-ttm': ['ROE', 'Return on Equity'],
      'cash-from-operations-quarterly': ['CFO', 'Cash Flow from Operations'],
      'pe-ratio-ttm': ['PE', 'Price to equity', 'pe ratio'],
      'revenue-ttm': ['Sales', 'Revenue'],
}
```

As palavras deste dicionário podem ser usadas para fazer uma conexão com um sistema interno ou API. Por fim, queremos que o usuário consiga fazer a pergunta usando diversos formatos. Dizer *Quero o [ÍNDICE] da [EMPRESA]* deve ser entendido da mesma forma que *Qual é o [ÍNDICE] da [EMPRESA]?* Criamos esses templates de frases para nosso modelo ser treinado criando uma lista desta forma:

```
string_templates = ['Get me the {ratio} for {company}',
                    'What is the {ratio} for {company}?',
                    'Tell me the {ratio} for {company}',
                   ]
```

4.1. Criação de dados. Começamos a desenvolver nosso modelo criando *dicionários reversos*:

```
companies_rev = {}
for k, v in companies.items():
  for ve in v:
     companies_rev[ve] = k
  ratios_rev = {}
  for k, v in ratios.items():
     for ve in v:
       ratios_rev[ve] = k
  companies_list = list(companies_rev.keys())
  ratios_list = list(ratios_rev.keys())
```

Em seguida, criamos templates de frases para nosso modelo. Criamos uma função que nos dá uma estrutura aleatória de frase, perguntando sobre um índice financeiro aleatório para uma empresa aleatória. Começaremos criando uma entidade customizada chamada recognition_model no framework spaCy. Isso exige o treinamento do modelo para que pegue a palavra ou expressão em uma frase de amostra. Para treinar o modelo spaCy, precisamos lhe fornecer um exemplo, como *(Quero o ROE da Citi, {"entidades": [(11, 14, ÍNDICE), (19, 23, EMPRESA)]})*.

4.2. Treinando os dados. A primeira parte do exemplo de treinamento é a frase. A segunda é um dicionário que consiste em entidades e o índice inicial e final do rótulo:

```
N_training_samples = 100
def get_training_sample(string_templates, ratios_list, companies_list):
  string_template=string_templates[random.randint(0, len(string_templates)-1)]
      ratio = ratios_list[random.randint(0, len(ratios_list)-1)]
      company = companies_list[random.randint(0, len(companies_list)-1)]
      sent = string_template.format(ratio=ratio,company=company)
      ents = {"entities": [(sent.index(ratio), sent.index(ratio)+\
```

```
len(ratio), 'RATIO'),
                (sent.index(company), sent.index(company)+len(company), \
                'COMPANY')]}
        return (sent, ents)
```

Vamos definir os dados de treinamento:

```
TRAIN_DATA = [
get_training_sample(string_templates, ratios_list, companies_list) \
for i in range(N_training_samples)
]
```

5. **Criação e treinamento do modelo.** Depois do treinamento dos dados, criamos um modelo em *branco* no spaCy. Os modelos do spaCy são estatísticos, e cada decisão que tomam — por exemplo, qual tag de classe gramatical atribuir ou se uma palavra é uma entidade nomeada — é uma previsão. Essa previsão se baseia nos exemplos que o modelo viu durante o treinamento. Para treinar um modelo, é necessário primeiro ter dados de treinamento — exemplos de texto e os rótulos que você quer que o modelo preveja. Isso pode ser uma tag de classe gramatical, uma entidade nomeada ou qualquer outra informação. O texto não rotulado é então mostrado ao modelo, que faz uma previsão. Uma vez que sabemos qual é a resposta correta, podemos dar feedback ao modelo sobre sua previsão na forma de um *error gradient* da função de perda. Isso calcula a diferença entre o exemplo de treinamento e a saída esperada, como mostra a Figura 10-6. Quanto maior a diferença, mais significativo o gradiente precisará ser e mais atualizações precisaremos fazer em nosso modelo.

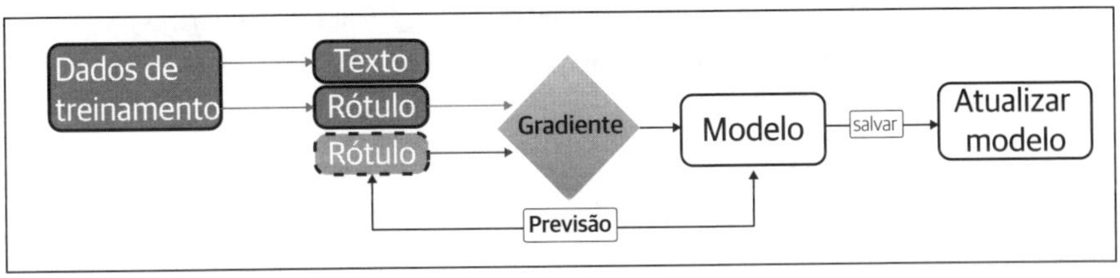

Figura 10-6. Treinamento baseado em aprendizado de máquina no spaCy

```
nlp = spacy.blank("en")
```

Em seguida, criamos um pipeline NER para nosso modelo:

```
ner = nlp.create_pipe("ner")
nlp.add_pipe(ner)
```

Depois, acrescentamos os rótulos de treinamento que usamos:

```
ner.add_label('RATIO')
ner.add_label('COMPANY')
```

5.1. Função de otimização do modelo

Agora, começamos a otimização de nossos modelos:

```
optimizer = nlp.begin_training()
move_names = list(ner.move_names)
pipe_exceptions = ["ner", "trf_wordpiecer", "trf_tok2vec"]
```

```
other_pipes = [pipe for pipe in nlp.pipe_names if pipe not in
pipe_exceptions]
with nlp.disable_pipes(*other_pipes): # apenas treinar NER
   sizes = compounding(1.0, 4.0, 1.001)
   # criar lotes de exemplos usando o minilote do spaCy
   for itn in range(30):
     random.shuffle(TRAIN_DATA)
     batches = minibatch(TRAIN_DATA, size=sizes)
     losses = {}
   for batch in batches:
     texts, annotations = zip(*batch)
     nlp.update(texts, annotations, sgd=optimizer,
     drop=0.35, losses=losses)
print("Losses", losses)
```

Treinar o modelo NER é como atualizar os pesos de cada token. O passo mais importante é usar um bom otimizador. Quanto mais exemplos de dados de treinamento fornecermos ao spaCy, melhor ele será para reconhecer resultados generalizados.

5.2. Adaptador lógico customizado

Em seguida, criamos nosso adaptador lógico customizado:

```
from chatterbot.conversation import Statement
class FinancialRatioAdapter(LogicAdapter):
     def __init__(self, chatbot, **kwargs):
       super(FinancialRatioAdapter, self).__init__(chatbot, **kwargs)
     def process(self, statement, additional_response_selection_ parameters):
     user_input = statement.text
     doc = nlp(user_input)
     company = None
     ratio = None
     confidence = 0
     # Precisamos exatamente de uma empresa [company] e de um índice [ratio]
     if len(doc.ents) == 2:
     for ent in doc.ents:
         if ent.label_ == "RATIO":
              ratio = ent.text
             if ratio in ratios_rev:
                 confidence += 0.5
          if ent.label_ == "COMPANY":
                 company = ent.text
               if company in companies_rev:
                  confidence += 0.5
     if confidence > 0.99: (its found a ratio and company)
     outtext = '''https://www.zacks.com/stock/chart\
               /{comanpy}/fundamental/{ratio} '''.
format(ratio=ratios_rev[ratio]\
     , company=companies_rev[company])
     confidence = 1
     else:
       outtext = 'Sorry! Could not figure out what the user wants'
```

```
            confidence = 0
        output_statement = Statement(text=outtext)
        output_statement.confidence = confidence
    return output_statement
```

Com esse adaptador lógico customizado, nosso chatbot pegará cada frase de entrada e tentará reconhecer um *ÍNDICE/RATIO* e/ou *EMPRESA/COMPANY* usando nosso modelo NER. Se o modelo encontrar exatamente uma *COMPANY* e exatamente um *RATIO*, ele criará um URL para guiar o usuário.

5.3. Uso do modelo: treinamento e teste

Agora, começamos a usar nosso chatbot com a seguinte importação:

```
from chatterbot import ChatBot
```

Criamos nosso chatbot acrescentando o adaptador lógico `FinancialRatioAdapter` que desenvolvemos no passo anterior para o chatbot. Embora o trecho de código a seguir apenas mostre o acréscimo do `FinancialRatioAdapter`, observe que outros adaptadores lógicos, listas e corpora usados no treinamento anterior do chatbot também estão inclusos. Por favor, consulte o Jupyter notebook deste estudo de caso para obter mais detalhes.

```
chatbot = ChatBot(
    "My ChatterBot",
    logic_adapters=[
     'financial_ratio_adapter.FinancialRatioAdapter'
    ]
)
```

Chegou a hora de testarmos nosso chatbot usando as seguintes frases:

```
converse()

>What is ROE for Citibank?
https://www.zacks.com/stock/chart/C/fundamental/return-on-equity-ttm

>Tell me PE for Delta?
https://www.zacks.com/stock/chart/DAL/fundamental/pe-ratio-ttm

>What is Bitcoin?
It is a decentralized digital currency

>Help!
Please go to google.com

>What is 786940 plus 75869
786940 plus 75869 = 862809

>Do you like dogs?
Sorry! Could not figure out what the user wants
```

Como mostrado no código, o adaptador lógico customizado para nosso chatbot encontra um RATIO e/ou uma COMPANY na frase usando nosso modelo de PLN. Se um par exato for detectado, o modelo desenvolve um URL para guiar o usuário à resposta. Além disso, outros adaptadores lógicos, como avaliação matemática, funcionam como esperado.

Conclusão

De forma geral, este estudo de caso fornece uma introdução a diversos aspectos do desenvolvimento de um chatbot.

A utilização da biblioteca ChatterBot em Python nos permite criar uma interface simples para resolver as entradas de usuários. Para treinar um modelo em branco, é preciso ter um conjunto de dados substancial de treinamento. Neste estudo de caso, vimos os padrões disponíveis e os usamos para gerar amostras de treinamento. Obter a quantidade certa de dados de treinamento é normalmente a parte mais difícil na criação de um chatbot customizado.

Este estudo de caso é um projeto de demonstração, e melhoras significativas podem ser feitas a cada componente para ampliar seu uso para uma ampla variedade de tarefas. Passos adicionais de processamento podem ser acrescentados para obter dados mais limpos com os quais trabalhar. Para gerar uma resposta de nosso bot às perguntas de entrada, a lógica pode ser mais refinada para incorporar métricas e inserções com uma melhor similaridade. O chatbot pode ser treinado com um conjunto maior de dados por meio de técnicas mais avançadas de AM. Uma série de adaptadores lógicos customizados pode ser usada para desenvolver um ChatterBot mais sofisticado. Isso pode ser generalizado para tarefas mais interessantes, como recuperar informações de um banco de dados ou pedir mais entradas do usuário.

Estudo de Caso 3: Sumarização de Documentos

A sumarização de documentos se refere à seleção dos pontos e tópicos mais importantes em um documento e organizá-los de forma abrangente. Como já vimos, os analistas em bancos e outras organizações de serviços financeiros se debruçam, analisam e tentam quantificar dados qualitativos a partir de notícias, relatórios e documentos. A sumariação de documentos usando PLN pode fornecer um suporte profundo em tal análise e interpretação. Quando customizada para documentos financeiros, como relatórios de resultados e notícias financeiras, ela pode ajudar os analistas a derivar rapidamente tópicos-chave e sinais do mercado a partir do conteúdo. A sumarização de documentos também pode ser usada para melhorar a atividade de criação de relatórios, além de oferecer atualizações rápidas sobre assuntos importantes.

No PLN, *modelos de tópicos* (como a LDA, apresentada anteriormente neste capítulo) são as ferramentas mais utilizadas para a extração de features textuais sofisticados e interpretáveis. Esses modelos trazem à tona tópicos, temas ou sinais fundamentais a partir de grandes coleções de documentos, podendo ainda serem usados eficazmente para a sumarização de documentos.

Neste estudo de caso, vamos nos concentrar em:

- Implementar o modelo LDA para a modelagem de tópicos.
- Entender a preparação necessária dos dados (ou seja, a conversão de um PDF para um problema relacionado ao PLN).
- Visualizar tópicos.

Blueprint para usar o PLN na Sumarização de Documentos

1. Definição do problema

O objetivo deste estudo de caso é descobrir efetivamente tópicos comuns a partir de teleconferências de resultados financeiros de empresas negociadas na bolsa usando a LDA. Uma vantagem central dessa técnica, quando comparada com outras abordagens, é que não é necessário haver conhecimento prévio sobre os tópicos.

2. Dando o primeiro passo — carregando os dados e os pacotes Python

2.1. Carregando os pacotes Python. Para este estudo de caso, extrairemos o texto de um PDF. Sendo assim, a biblioteca Python *pdf-miner* é usada para processar os arquivos PDF em formato de texto. As bibliotecas de extração de features e modelagem de tópicos também são carregadas. As bibliotecas para a visualização serão carregadas posteriormente neste estudo de caso:

```
Bibliotecas para conversão de pdf

    from pdfminer.pdfinterp import PDFResourceManager, PDFPageInterpreter
    from pdfminer.converter import TextConverter
    from pdfminer.layout import LAParams
    from pdfminer.pdfpage import PDFPage
    import re
    from io import StringIO

Bibliotecas para extração de features e modelagem de tópicos

    from sklearn.feature_extraction.text import CountVectorizer,TfidfVectorizer
    from sklearn.decomposition import LatentDirichletAllocation
    from sklearn.feature_extraction.stop_words import ENGLISH_STOP_WORDS

Outras bibliotecas

    import numpy as np
    import pandas as pd
```

3. Preparação dos dados

A função `convert_pdf_to_txt` definida a seguir puxa todos os caracteres de um documento em PDF, exceto as imagens. A função simplesmente pega o PDF, extrai todos os caracteres do documento e, como saída, traz o texto extraído como uma lista de strings em Python:

```
def convert_pdf_to_txt(path):
        rsrcmgr = PDFResourceManager()
        retstr = StringIO()
        laparams = LAParams()
        device = TextConverter(rsrcmgr, retstr, laparams=laparams)
        fp = open(path, 'rb')
        interpreter = PDFPageInterpreter(rsrcmgr, device)
        password = ""
        maxpages = 0
        caching = True
        pagenos=set()

for page in PDFPage.get_pages(fp, pagenos,\
        maxpages=maxpages, password=password,caching=caching,\
        check_extractable=True):
    interpreter.process_page(page)
text = retstr.getvalue()

fp.close()
device.close()
retstr.close()
return text
```

No próximo passo, o PDF é convertido para texto usando a função acima e é salvo em arquivo de texto:

```
Document=convert_pdf_to_txt('10K.pdf')
f=open('Finance10k.txt','w')
f.write(Document)
f.close()
with open('Finance10k.txt') as f:
    clean_cont = f.read().splitlines()
```

Vejamos o documento bruto:

```
clean_cont[1:15]
```

Output

```
['  ',
 '',
 'SECURITIES AND EXCHANGE COMMISSION',
 '  ',
 '',
 'Washington, D.C. 20549',
 '  ',
 '',
 '\xa0',
 'FORM ',
 '\xa0',
 '',
 'QUARTERLY REPORT PURSUANT TO SECTION 13 OR 15(d) OF',
 '  ']
```

O texto do documento em PDF contém caracteres não informativos que precisam ser removidos. Eles reduzem a eficácia de nossos modelos, pois fornecem uma proporção desnecessária de contagem. A função a seguir usa uma série de buscas regulares de expressões (*regex*), bem como uma list comprehension para substituir os caracteres não informativos com um espaço em branco:

```
doc=[i.replace('\xe2\x80\x9c', '') for i in clean_cont ]
doc=[i.replace('\xe2\x80\x9d', '') for i in doc ]
doc=[i.replace('\xe2\x80\x99s', '') for i in doc ]

docs = [x for x in doc if x != ' ']
docss = [x for x in docs if x != '']
financedoc=[re.sub("[^a-zA-Z]+", " ", s) for s in docss]
```

4. Criação e treinamento do modelo

A função `CountVectorizer` do módulo sklearn é usada com um ajuste mínimo de parâmetros para representar o documento limpo como uma *matriz de termos do documento*. Isso é realizado porque nossa modelagem exige que as strings sejam representadas por números inteiros. O `CountVectorizer` mostra o número de vezes que uma palavra ocorre na lista depois da remoção das stop words. A matriz de termos do documento foi formatada em um dataframe Pandas para inspecionar o conjunto de dados. Esse dataframe mostra a contagem de ocorrência de palavras de cada termo no documento:

```
vect=CountVectorizer(ngram_range=(1, 1),stop_words='english')
fin=vect.fit_transform(financedoc)
```

No próximo passo, a matriz de termos do documento será usada como dados de entrada para o algoritmo LDA, para a modelagem de tópicos. O algoritmo foi ajustado para isolar cinco contextos distintos de tópicos, como mostra o código a seguir. Esse valor pode ser ajustado dependendo do nível de granularidade pretendida a ser obtida da modelagem:

```
lda=LatentDirichletAllocation(n_components=5)
lda.fit_transform(fin)
lda_dtf=lda.fit_transform(fin)

sorting=np.argsort(lda.components_)[:, ::-1]
features=np.array(vect.get_feature_names())
```

O código a seguir usa a biblioteca *mglearn* para mostrar as dez principais palavras dentro de cada modelo específico de tópicos:

```
import mglearn
mglearn.tools.print_topics(topics=range(5), feature_names=features,
sorting=sorting, topics_per_chunk=5, n_words=10)
```

`Output`

```
topic 1       topic 2      topic 3      topic 4       topic 5
--------      --------     --------     --------      --------
assets        quarter      loans        securities    value
balance       million      mortgage     rate          total
losses        risk         loan         investment    income
credit        capital      commercial   contracts     net
period        months       total        credit        fair
derivatives   financial    real         market        billion
```

```
liabilities   management   estate       federal   equity
derivative    billion      securities   stock     september
allowance     ended        consumer     debt      december
average       september    backed       sales     table
```

Espera-se que cada tópico na tabela represente um tema mais amplo. Contudo, dado que treinamos o modelo com apenas um único documento, os temas ao longo dos tópicos podem não ser muito diferentes entre si.

Ao observarmos o tema mais amplo, o tópico 2 discute trimestres, meses e unidades monetárias relacionados ao valuation de ativos. O tópico 3 revela informações sobre rendas com imóveis, financiamentos mobiliários e instrumentos relacionados. O tópico 5 também tem termos relacionados com o valuation de ativos. O primeiro tópico faz referência a itens do balanço e derivativos. O tópico 4 é levemente similar ao tópico 1 e tem palavras relacionadas com um processo de investimento.

Em termos de temas gerais, os tópicos 2 e 5 são bastante distintos dos outros. Também pode haver alguma semelhança entre os tópicos 1 e 4 com base nas principais palavras. Na próxima seção, tentaremos entender a separação entre esses tópicos usando a biblioteca Python *pyLDAvis*.

5. Visualização

Nesta seção, visualizamos os tópicos usando diferentes técnicas.

5.1. Visualização de tópicos. A *visualização de tópicos* facilita a evolução da qualidade dos tópicos usando o julgamento humano. *pyLDAvis* é uma biblioteca que exibe as relações globais entre os tópicos ao mesmo tempo em que facilita sua avaliação semântica ao inspecionar os termos mais intimamente associados com cada tópico e, de modo inverso, os tópicos associados com cada termo. Ela também lida com o desafio de que termos frequentemente usados em um documento tendem a dominar a distribuição de palavras que definem um tópico.

A seguir, a biblioteca *pyLDAvis_* é usada para visualizar os modelos de tópicos:

```
from __future__ import print_function
import pyLDAvis
import pyLDAvis.sklearn

zit=pyLDAvis.sklearn.prepare(lda,fin,vect)
pyLDAvis.show(zit)
```

```
Output
```

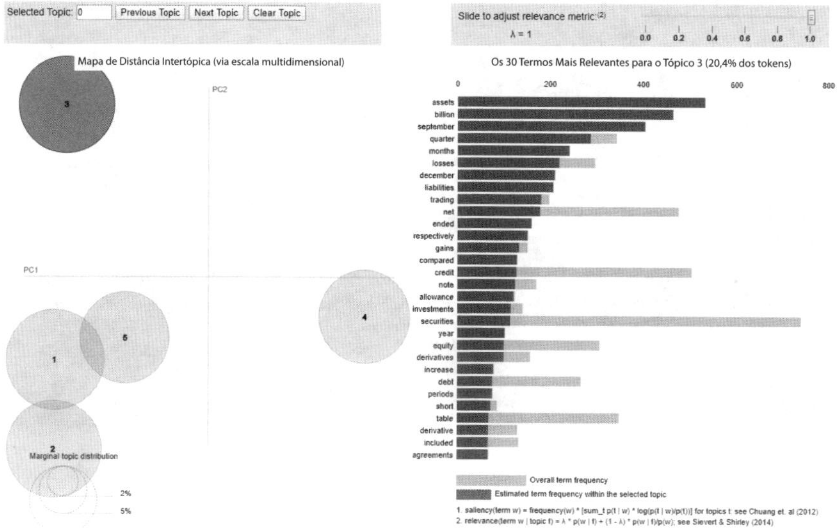

Podemos observar que os tópicos 2 e 5 estão bem distantes entre si. É isso que observamos na seção anterior a partir dos temas gerais e da lista de palavras pertencentes a esses tópicos. Os tópicos 1 e 4 estão bem próximos, o que valida nossa observação anterior. Esses tópicos próximos devem ser analisados mais intrinsecamente e podem ser combinados se necessário. A relevância dos termos sob cada tópico, como mostra o painel à direita no gráfico, também pode ser usada para entender as diferenças. Os tópicos 3 e 4 estão relativamente próximos também, embora o tópico 3 esteja bem distante dos outros.

5.2. Nuvem de palavras. Neste passo, uma *nuvem de palavras/word cloud* é gerada para o documento inteiro de modo a observar os termos mais recorrentes:

```
#Carregar os pacotes adicionais para a word cloud
from os import path
from PIL import Image
import numpy as np
import matplotlib.pyplot as plt
from wordcloud import WordCloud,STOPWORDS

#Carregar o documento e gerar a word cloud
d = path.dirname(__name__)
text = open(path.join(d, 'Finance10k.txt')).read()
stopwords = set(STOPWORDS)
wc = WordCloud(background_color="black", max_words=2000, stopwords=stopwords)

wc.generate(text)
plt.figure(figsize=(16,13))
plt.imshow(wc, interpolation='bilinear')
plt.axis("off")
plt.show()
```

Output

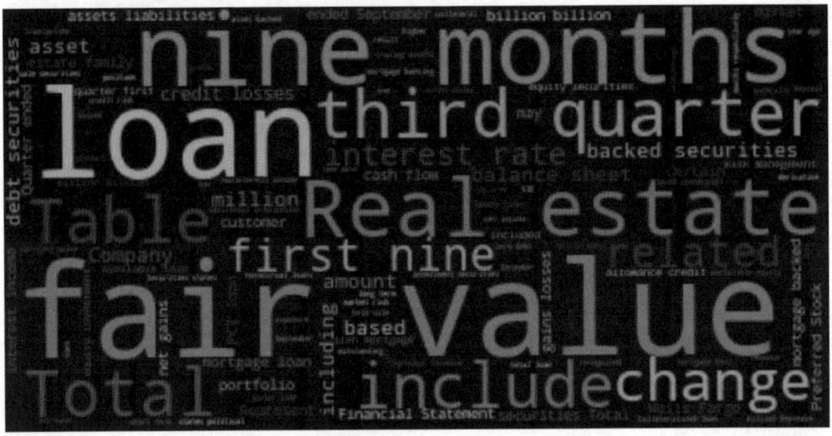

A nuvem de palavras geralmente concorda com os resultados da modelagem de tópicos, visto que as palavras recorrentes, tais como *loan [empréstimo]*, *real estate [imóveis]*, *third quarter [terceiro trimestre]* e *fair value [valor justo]*, estão maiores e com mais negrito.

Ao integrarmos as informações dos passos anteriores, podemos obter a lista de tópicos representados pelo documento. Para o documento em nosso estudo de caso, vemos que palavras como *third quarter*, *first nine* e *nine months* ocorrem com muita frequência. Na lista de palavras, há diversos tópicos relacionados a itens de um balanço. Assim, o documento pode ser um balanço financeiro do terceiro trimestre com todos os valores de ativos e créditos relacionados ao período.

Conclusão

Neste estudo de caso, exploramos o uso da modelagem de tópicos para obtermos insights sobre o conteúdo de um documento. Demonstramos o uso do modelo LDA, que extrai tópicos plausíveis e nos permite ganhar uma compreensão de alto nível sobre grandes quantidades de texto de uma maneira automatizada.

Realizamos a extração do texto a partir de um documento em formato PDF e fizemos ainda um pré-processamento dos dados. Os resultados, juntamente com as visualizações, demonstraram que os tópicos são intuitivos e significativos.

De forma geral, o estudo de caso mostra como o aprendizado de máquina e o PLN podem ser aplicados em diversos domínios — como análises de investimento, modelagem de ativos, gestão de risco e compliance regulatória — para sumarizar documentos, notícias e relatórios de modo a reduzir significativamente o processo manual. Considerando a habilidade de acessar e verificar rapidamente informações filtradas e relevantes, os analistas podem disponibilizar relatórios mais abrangentes e informativos nos quais os gestores baseiem as decisões.

Resumo do Capítulo

O campo do PLN obteve um progresso significativo, resultando em tecnologias que revolucionaram — e continuarão a fazê-lo — como as instituições financeiras operam. Em curto prazo, possivelmente veremos um aumento nas tecnologias baseadas em PLN em diferentes domínios das finanças, incluindo a gestão de ativos, de risco e a automatização de processos. A adoção e a compreensão das metodologias de PLN e das infraestruturas relacionadas são importantíssimas para as instituições financeiras.

De modo geral, os conceitos sobre Python, aprendizado de máquina e finanças apresentados neste capítulo por meio dos estudos de caso podem ser usados como blueprint para quaisquer outros problemas em finanças baseados em PLN.

Exercícios

- Usando os conceitos do estudo de caso 1, aplique técnicas baseadas em PLN para desenvolver uma estratégia de trading usando dados do Twitter.
- No estudo de caso 1, use o método de incorporação de palavras word2vec para gerar os vetores de palavras e incorporá-los na estratégia de trading.
- Usando os conceitos do estudo de caso 2, teste mais alguns adaptadores lógicos no chatbot.
- Usando os conceitos do estudo de caso 3, realize a modelagem de tópicos com um conjunto de notícias financeiras para um dia específico e recupere os temas-chave do dia.

Índice

Sobre os Autores

Hariom Tatsat trabalha atualmente como vice-presidente da Divisão de Análises Quantitativas de um banco de investimentos em Nova York. Ele tem vasta experiência como *quant* nas áreas de modelagem preditiva, precificação de instrumentos financeiros e gestão de risco obtida em diversos bancos de investimento e organizações financeiras globais. Concluiu seu mestrado em ciências na UC Berkeley e seu bacharelado em engenharia na IIT Kharagpur (Índia). Hariom também concluiu as certificações FRM (Gestor de Risco Financeiro) e CQF (Certificado em Finanças Quantitativas) e é candidato para o Nível 3 do CFA.

Sahil Puri trabalha como pesquisador quantitativo. Suas pesquisas envolvem testar premissas de modelos e encontrar estratégias para múltiplas classes de ativos. Ele vem aplicando diversas técnicas baseadas em aprendizado de máquina e em estatística numa ampla variedade de problemas. Exemplos incluem a geração de features textuais, a rotulagem de anomalias de curvas, a detecção de fator de risco não linear e a previsão de séries temporais. Ele concluiu o mestrado em ciências na UC Berkeley e bacharelado em engenharia na Delhi College of Engineering (Índia).

Brad Lookabaugh trabalha como vice-presidente de gestão de portfólios na Union Home Ownership Investors, uma startup de investimentos em imóveis sediada em São Francisco, EUA. Seu trabalho se concentra na implementação do aprendizado de máquina e de modelos de decisão de investimento em processos administrativos, sistemas internos e produtos voltados ao consumidor. Assim como seus coautores, ele concluiu o mestrado em ciências na UC Berkeley.

Sobre os Autores

Colofão

O animal na capa deste livro é a codorna europeia (*Coturnix coturnix*), um pássaro migratório que se reproduz na Europa, na Turquia e na Ásia Central até a China, passando o inverno em partes do Sudoeste Asiático e em todo o continente africano.

É um pássaro pequeno e arredondado, manchado de marrom e com uma faixa branca ao redor dos olhos, e nos machos, um queixo branco. Tem asas longas para facilitar sua natureza migratória e tem vários centímetros de comprimento. Seu tamanho e plumagem permitem que se mescle bem no ambiente. Sua aparência, juntamente com a natureza reservada, significa que a codorna europeia é raramente vista, sendo normalmente detectada pelo enfático cantar do macho.

A codorna europeia consome primordialmente sementes, grãos e nozes, mas as fêmeas precisam de uma dieta rica em proteínas, sendo assim, servem-se de besouros, formigas e tesourinhas, entre outros insetos. Seja bicando insetos ou sementes espalhadas pelo vento, a codorna europeia se alimenta principalmente junto ao solo. Embora viaje enormes distâncias migratórias, a ave reluta em voar, mesmo quando perturbada.

Esse pássaro foi retratado em hieróglifos egípcios que remontam a 5000 AEC e vem sendo criado para o consumo humano desde a construção das Grandes Pirâmides. A codorna europeia bota 13 ovos por ninhada e os filhotes conseguem voar com apenas 11 dias de idade.

Embora o status de conservação da codorna europeia tenha sido listado como sendo de baixa preocupação, as capturas em escala industrial estão levando a um declínio da espécie. Muitos dos animais nas capas dos livros da editora O'Reilly correm perigo de extinção; todos eles são importantes para o mundo.

A ilustração de capa é de Karen Montgomery, com base em uma gravura em preto e branco de *Shaw's Zoology*. As fontes da capa são Gilroy Semibold e Guardian Sans. A fonte do texto é Adobe Minion Pro; a fonte dos títulos é Adobe Myriad Condensed; e a fonte dos códigos é Ubuntu Mono, de Dalton Maag.

Este livro foi impresso nas oficinas gráficas da Editora Vozes Ltda.,
Rua Frei Luís, 100 – Petrópolis, RJ.